Panos Terz

Völkerrechtswissenschaft

Panos Terz

Völkerrechtswissenschaft

Völkerrechtstheorie Völkerrechtsphilosophie Völkerrechtssoziologie Völkerrechtsmethodologie

Lehrbuchverlag

Imprint
Any brand names and product names mentioned in this book are subject to trademark, brand or patent protection and are trademarks or registered trademarks of their respective holders. The use of brand names, product names, common names, trade names, product descriptions etc. even without a particular marking in this work is in no way to be construed to mean that such names may be regarded as unrestricted in respect of trademark and brand protection legislation and could thus be used by anyone.

Cover image: www.ingimage.com

Publisher:
Der Lehrbuchverlag
is a trademark of
International Book Market Service Ltd., member of OmniScriptum Publishing Group
17 Meldrum Street, Beau Bassin 71504, Mauritius

Printed at: see last page
ISBN: 978-620-0-27090-0

Panos Terz

Dimensionen der Völkerrechtswissenschaft

Völkerrechtstheorie, Völkerrechtsphilosophie,
Völkerrechtssoziologie, Völkerrechtsmethodologie
Eine transdisziplinäre Untersuchung

In honorem patrum hispanorum Scientiae Iuris inter Gentes
Francisco de Vitoria et Francisco Suárez

INHALTSVERZEICHNIS

Abkürzungen

AdV	Archiv des Völkerrechts
AFDI	Annuaire Francais de Droit International
AJIL	The American Journal of International Law
DZfPh	Deutsche Zeitschrift für Philosophie
ÖZföRV	Österreichische Zeitschrift für öffentliches Recht und Völkerrecht
RdC	Recueil de Cours, Academie de Droit International, Den Haag
RGDIP	Revue Général de Droit International Public
SJMP	Sowjetskij jeshewodnik meschdunarodnowo prawa
SGiP	Sowjetskoje gossudarstwo y prawo
ZaöRV	Zeitdschrift für ausländisches öffentliches Recht und Völkerrecht

EINLEITUNG *

Die zunehmenden Völkerrechtsverletzungen speziell unter den Bedingungen der objektiv determinierten Globalisierung, die Geringschätzung der Völkerrechtslehre in den Ländern mit einer starken rechtspositivistischen, monoklonalen und betont theorienihilistischen Tradition innerhalb der internationalen Völkerrechtswissenschaft und nicht zuletzt der Frontalangriff der „Political Scienses", vor allem der „Theory of international Relations" aus den USA auf die Völkerrechtslehre machen es erforderlich, die Völkerrechtswissenschaft durch weitestgehend feinspezialisierte Untersuchungen, vor allem durch eine systematische und prognostische Grundlagenforschung, weiter zu entwickeln.

Bei allem Respekt vor wissenschaftlichen Leistungen der Vergangenheit kann die gebetsmühlenartige Wiederholung größtenteils überholter Auffassungen und Theoreme dem oben anvisierten Ziel nicht dienlich sein. Es bedarf vielmehr des wissenschaftlichen Mutes nach Horizonterweiterung und nach Erkenntniszuwachs, d. h. in conreto, nach der Schaffung eines neuen Forschungsansatzes. Dabei steht eine transdisziplinäre Sicht, die den schon längst ideenarm und kreativitätsbremsend gewordenen Rechtspositivismus über Bord wirft, im Mittelpunkt. So gilt es, bei den völkerrechtswissenschaftlichen Forschungsarbeiten, vor allem philosophische und wissenschaftstheoretische Erkenntnisse, gebührend zu beachten und entsprechend anzuwenden. Nur so ist es möglich, unter anderem den terminologischen Wirrwar innerhalb der internationalen Völkerrechtslehre zu beenden. Daher sind zu diesem Zweck auch linguistische, d. h. insbesondere etymologische und semantische Untersuchungen notwendig.

Innerhalb der Völkerrechtswissenschaft hat es sich immer wieder als notwendig erwiesen, an Erscheinungen einer rechtspositivistischen und damit einseitigen Sicht massive Kritik zu üben. So schreibt Bruno Simma: „Eine isoliert betriebene Völkerrechtsdogmatik ist nicht in der Lage, ein auch nur einigermaßen vollständiges Bild von Wesen, Funktion und Wirkungsweise des modernen Völkerrechts zu vermitteln".[1]

* Die Einleitung stützt sich im Wesentlichen auf den folgenden Grundsatzbeitrag:
P. Terz: Die Polydimensionalität der Völkerrechtswissenschaft oder Pro scientia lata iuris inter gentes. In: AdV, 1992 (30 –4), S. 442 – 481.

Es gilt vielmehr, die Komplexität der bereits geregelten bzw. der noch zu regelnden Seinszustände in den internationalen Beziehungen zu berücksichtigen. Hieraus ergibt sich konsequenterweise die Notwendigkeit, interdisziplinär zu forschen. Weil jedoch dies in der Realität mitunter schwer zu bewerkstelligen ist, bleibt als Ausweg eine transdisziplinäre Sicht übrig. Ist z. B. Gegenstand der völkerrechtswissenschaftlichen Untersuchung der Normenbildungsprozess in den internationalen Beziehungen, so ist die Beachtung rechtstheoretischer, philosophischer, soziologischer, historischer, methodologischer und linguistischer Aspekte[2] der Problemstellung unerlässlich. In der Geschichte der internationalen Völkerrechtswissenschaft hat sich gezeigt, dass eine einseitige z. B. eine rechtspositivistische, naturrechtliche oder eine soziologische Betrachtungsweise keine befriedigende Lösungsmöglichkeit für die theoretischen Fragen bietet.

Bereits Mitte der 70er-Jahre ist von P. Terz ein prognostisches Forschungsprojekt im Sinne der Grundlagenforschung zu der komplexen Problematik der Dimensionen der Völkerrechtswissenschaft in Angriff genommen worden. Die Forschungsarbeit sollte sich auf über 30 Jahre erstrecken. So konnte ohne irgendwelche Brüche sukzessive dieses Forschungsvorhaben realisiert werden. Inzwischen liegt nach anfänglichen unzureichenden Versuchen eine in sich geschlossene Konzeption (Völkerrechtswissenschaft, Völkerrechtstheorie, Völkerrechtsphilosophie, Völkerrechtssoziologie, Völkerrechtsmethodologie) vor.

Hierbei handelt es sich um völkerrechtswissenschaftliches Neuland und infolge dessen um die Erlangung von Erkenntniszuwachs. Insgesamt geht es um einen neuen Forschungsansatz, dessen tragende methodologische Säule die Transdisziplinarität ist. In erster Linie auf diese Einzeluntersuchungen stützt sich die vorliegende Monographie.

Für die Völkerrechtswissenschaft gelten bestimmte Erkenntnisse, die sich auf die Wissenschaft schlechthin beziehen, dass z. B. die Wissenschaft „ein Gesamt von Sätzen über einen thematischen Bereich (ist), die mit diesem in einem Begründungszusammenhang stehen.“[3] Weitere allgemeinwissenschaftliche Erkenntnisse sind ebenfalls zu nennen: Die grundlegenden Kriterien der Wissenschaft sind Systematik und Methodik; die Wissenschaft sammelt Tatsachen und organisiert diese zu Systemen.[4]

Geht man forschungsmäßig vom Allgemeinen zum Besonderen vor, so kann man konstatieren, dass mehrere rechtswissenschaftliche Erkenntnisse allgemeinen Charakters für die Völkerrechtswissenschaft von besonderem Interesse sind. In diesem Kontext kann der Auffassung Ota Weinbergers zugestimmt werden, der die Rechtswissenschaft (Jurisprudenz) wie folgt auffasst:

a) Als eine Normenwissenschaft, deren Forschungsgegenstand die Normen sind. Die Rechtswissenschaft muss die Normen erfassen und „in ihren Zusammenhängen und in ihrer Dynamik" darstellen.

b) Die Rechtswissenschaft ist ferner eine Sozialwissenschaft, „denn sie hat das Recht in den sozialen Zusammenhängen zu verstehen".

c) Die Rechtswissenschaft gehört außerdem zu den „hermeneutischen (verstehenden und deutenden) Wissenschaften".

d) Die Rechtswissenschaft ist nicht zuletzt eine praktische Wissenschaft.[5]

Die Rechtswissenschaft erfasst eine Reihe allgemeiner Fachdisziplinen wie z. B. die Rechtstheorie, die Rechtsdogmatik, die Rechtsgeschichte, die Rechtsphilosophie, die Rechtspolitik und die Rechtssoziologie.[6] Diese Fachdisziplinen befassen sich mit verschiedenen Aspekten des Rechts. Von den von ihnen gewonnen Erkenntnissen kann die Völkerrechtswissenschaft sowohl allgemein als auch mitunter in konkreten Fällen profitieren. Dass dabei die vorhandenen Unterschiede zwischen dem nationalen Recht und dem Völkerrecht zu berücksichtigen sind, versteht sich von selbst.

Eine Selbstverständlichkeit ist auch die Unterscheidung zwischen dem Völkerrecht als einer objektiven Rechtsordnung und der Völkerrechtswissenschaft. Letztere stellt eigentlich die Summe und das System von Kenntnissen, Erkenntnissen und Methoden über den Normenbildungsprozess sowie die Struktur und die Wirkung des Völkerrechts (hauptsächlich Normendurchsetzungsprozess) in den internationalen Beziehungen dar. Daher ist es möglicherweise irreführend, zwischen dem „gelehrten Recht" („droit enseigné") und dem „angewandten Recht" (droit appliqué") zu unterscheiden.[7] Während das Völkerrecht eine selbständige Rechtsordnung darstellt, kann die Völkerrechtswissenschaft als Teil, wenn auch ein besonderer, der Rechtswissenschaft aufgefasst werden. Die Unterschiede also zwischen dem nationalen Recht und dem Völkerrecht vor allem hinsichtlich der Rechtsquellen, der Rechtssubjekte und des Durchsetzungsmechanismus

ändern nichts daran, dass der Völkerrechtler ein Jurist ist[8] und dass die „juristische Denkweise“[9] die wichtigste Gemeinsamkeit zwischen den Vertretern der beiden Rechtsordnungen ist. Juristen beider Rechtsordnungen denken größtenteils in den gleichen Kategorien und bedienen sich fast des gleichen juristischen Instrumentariums. Hierdurch besteht die Möglichkeit der gegenseitigen Bereicherung.
Die Völkerrechtswissenschaft ist in erster Linie eine „normative Wissenschaft“[10], denn ihr Hauptgegenstand sind die Normen des Völkerrechts als der Rechtsordnung der internationalen Gemeinschaft.[11] Obwohl die Normen im Mittelpunkt der völkerrechtswissenschaftlichen Untersuchungen stehen, kann und muss der Gegenstand der Völkerrechtswissenschaft wesentlich erweitert werden. Hierzu gehören z. B. philosophische (Werte, Moral), politische (Macht, Einfluss) und soziologische (Bedürfnisse, Interessen) Fragestellungen, vorausgesetzt, dass zwischen ihnen und jenen völkerrechtstheoretischen ein inhaltlicher Zusammenhang besteht.
Es ist Aufgabe der Völkerrechtswissenschaft, das Völkerrecht zu erkennen, zu beschreiben und zu erklären, d. h. in concreto, die völkerrechtsnormativen Sinngehalte, welche die Völkerrechtsordnung bilden, zu erfassen und systematisch geordnet darzustellen und dieses Recht polydimensional, komplex und transdisziplinär zu untersuchen. Eine weitere Aufgabe der Völkerrechtswissenschaft besteht darin, die praktische Wirksamkeit des Rechts zu analysieren.[12] Weil der Völkerrechtler nicht nur ein homo juridicus, sondern in erster Linie ein homo sociologicus et politicus ist, hat er als Wissenschaftler das Völkerrecht „in seiner friedensorientierten und am Gemeinwohl ausgerichteten Intention“[13] zu verdeutlichen. Eine nicht zu unterschätzende Aufgabe der Völkerrechtswissenschaft ist, Entwicklungen in den internationalen Beziehungen bereits in statu nascendi einzufangen und prognostische Überlegungen de lege ferenda anzustellen.[14] Die konkreten Aufgaben der Völkerrechtswissenschaft sind in dem auf der Manila-Konferenz von 1978 der International Law Association ausgearbeiteten Papier „Theory and Methodology of International Law“ aufgezeigt worden. In diesem Dokument wird u. a. die Weiterentwicklung speziell der Völkerrechtstheorie gefordert. Gleiches gilt auch für die Völkerrechtsmethodologie.[15] Angesichts der weiteren Zuspitzung der globalen Probleme der Menschheit, vor allem jener der Bedrohung der menschlichen Umwelt so-

wie nach wie vor der Unterentwicklung, ist berechtigterweise anzunehmen, dass die Völkerrechtswissenschaft in besonderem Maße gefordert ist. Es dürfte klar sein, dass eine rechtsposivistisch betriebene Völkerrechtswissenschaft den vorhandenen Aufgaben nicht gerecht werden kann.
Deshalb ist es an der Zeit, sich Gedanken über die Weiterentwicklung der Völkerrechtswissenschaft zu machen. Es gibt im Prinzip zwei Möglichkeiten, dieses Ziel zu erreichen: Zum einen kann ein Gegenstand transdisziplinär untersucht werden. So ist es z. B. erforderlich, den rechtstheoretischen, rechtsphilosophischen, rechtssoziologischen, rechtshistorischen und rechtsmethodologischen Aspekten des internationalen Normenbildungsprozesses Aufmerksamkeit zu schenken. Gleiches gilt auch bezüglich des Normendurchsetzungsprozesses.
So gäbe es unter dem Oberbegriff der Völkerrechtswissenschaft die folgenden integralen Bestandteile: die Völkerrechtstheorie, die Völkerrechtsphilosophie, die Völkerrechtssoziologie, die Völkerrechtsdogmatik, die Völkerrechtsgeschichte, die Geschichte der Völkerrechtswissenschaft und die Völkerrechtsmethodologie (Methodologie des Völkerrechts und Methodologie der Völkerrechtswissenschaft). Die Grenzen zwischen diesen Bestandteilen der Völkerrechtswissenschaft sind fließend. Zwischen ihnen gibt es zahlreiche inhaltliche Verbindungskanäle. Deswegen wäre eine Gegenüberstellung dieser Bestandteile der Völkerrechtswissenschaft unannehmbar, sogar absurd. Es geht nicht um die Genese neuer und voneinander völlig unabhängiger Wissenschaftsdisziplinen. Es handelt sich hierbei schlicht und einfach um eine Wissenschaftsdisziplin mit ihren ausgeprägten bzw. ausgeformten Dimensionen und Bestandteilen, die sich jedoch zum gegenwärtigen Zeitpunkt höchstens im Anfangsstadium befindet. Dabei kann der Auffassung K. Ginthers nicht zugestimmt werden, der die Völkerrechtswissenschaft in der Völkerrechtstheorie und in der Völkerrechtsdogmatik nahezu erschöpft sieht.[16]

---

[1] B. Simma wendet sich in diesem Sinne gegen eine völkerrechtswissenschaftliche Methodik, „die ihre Aufgabe im bloßen Erkennen und Beschreiben positivrechtlicher Norminhalte erschöpft sieht". Vgl. Völkerrechtswissenschaft und Lehre von den Internationalen Beziehungen: Erste Überlegungen zur Interdependenz zweier Disziplinen, ÖZöR 1972 (23), S. 300, 305. Ibid. Völkerrecht und Friedensschöpfung, Die Friedens-Warte, (1974), S. 74, 78.

[2] In der völkerrechtswissenschaftlichen Fachliteratur sind zahlreiche Ungereimtheiten bzw. ein großes terminologisches Chaos festzustellen: Vgl. stellvertretend für mehrere: C. Creifelds: Rechtswörterbuch. München 1968, S. 928. A. Bleckmann wiederum betrachtet die Methodenlehre als möglichen Bestandteil der Völkerrechtstheorie. Vgl. Die Aufgaben einer Methodenlehre des Völkerrechts. Heidelberg 1978, S. 72. Wozu Rechtsphilosophie heute? Frankfurt/M. 1971, sieht die Methodologie als „Untergebiet" der Rechtstheorie; M. Kortmann/K. Schubert: Theorien und Methoden im Forschungsprozess. In: S.-U. Schmitz/K. Schubert (Hrsg.): Einführung in die politische Theorie und Methodenlehre. Opladen 2006, S. 34 ff. (Gleichsetzung von Theorie und Methodologie); Oeter: Zur Zukunft der Völkerrechtswissenschaft in Deutschland. In: ZaöRV, 67, 2007 (67), S. 681 (Er spricht von Methodik, gemeint ist aber die Methodenlehre).
[3] A. Diemer: Was heißt Wissenschaft? 1964, S. 67. Vgl. ähnlich F. Kambartel: Stichwort „Wissenschaft". In: Enzyklopädie, Philosophie und Wissenschaftstheorie. (Hrsg. Jürgen Mittelstaß, Stuttgart, Weimar 2004, S. 758 (folgend Enzyklopädie). K. Larenz definiert die Wissenschaft als „auf die Gewinnung von Erkenntnissen gerichtete planvolle geistige Tätigkeit". Methodenlehre der Rechtswissenschaft, 6. Aufl. Berlin et alt. 1991, S. 6.
[4] W. Theimer: Was ist Wissenschaft? Tübingen 1985, S. 9. H. Tschamler nennt als Konstituierungslemente der Wissenschaft die Subjekt-Objekt-Beziehung, die Methode (Induktion und Deduktion) und das System (Ordnungszusammenhang); Wissenschaftstheorie, München 1977, S. 23.
[5] O. Weinberger: Norm und Institution. Eine Einführung in die Theorie des Rechts. München 1988, S. 45 ff. In der Fachliteratur wird ferner die Rechtswissenschaft im weiteren Sinne als „jede wissenschaftliche Beschäftigung mit dem Recht" (B. Dombek: Das Verhältnis zur Tübinger Schule zur deutschen Rechtssoziologie. Berlin 1969, S. 43) und im engeren Sinne als eine „deskriptiv-dogmatische Beschäftigung mit dem Recht" (T. Geiger: Vorstudium zu einer Soziologie des Rechts. Berlin 1964, S. 40) aufgefasst.
[6] C. Creifelds: Rechtswörterbuch. München 1990, 10. Aufl., S. 928. W. Maihofer betrachtet die Rechtstheorie als Reflexion des Rechts auf seine Wissenschaftlichkeit, die Rechtsdogmatik als Reflexion des Rechts auf seine Gesetzlichkeit, die Rechtsphilosophie als Reflexion des Rechts auf seine Menschlichkeit und die Rechtssoziologie als Reflexion des Rechts auf seine Gesellschaftlichkeit; siehe Maihofer: Zum Verhältnis von Rechtssoziologie und Rechtstheorie. In: G. Jahr/W. Maihofer (Hrsg.): Rechtstheorie, Frankfurt/M. 1971, S. 247 ff.
[7] So z. B. M. Virally: Panorama du Droit International Contemporain. Dordrecht et alt. 1983, p. 367.
[8] Mit besonderem Nachdruck weist auch C. Kimminich darauf hin, siehe seine Einführung in das Völkerrecht, München et alt. 1990, S. 22.
[9] Vgl. ähnlich auch A. M. Wassiljew: Über Systeme des sowjetischen Rechts und des Völkerrechts. In: SGiP 1985 (1), S. 72 (in Russisch).
[10] O. Kimminich: Völkerrecht und internationale Beziehungen. In: AVR, 1974 (16), S. 132.
[11] Vgl. ähnlich auch B. Simma (Anm. 1), 1972, S. 293 ff. indirekt auch W. Rudolf: Völkerrecht und deutsches Recht. Tübingen 1967, S. 21.
[12] Vgl. auch L. Henkin: How nations behave (Law and foreign policy). London 1968, p. 28.
[13] H. Weber/H. v. Wedel: Grundkurs Völkerrecht. Frankfurt/M. 1977, S. 21.
[14] Eine ähnliche Forderung erhob Max Huber bereits vor acht Jahrzehnten. Siehe sein Werk: Die soziologischen Grundlagen des Völkerrechts. Tübingen 1910. Nachdruck, Berlin 1923, S. 6 f.
[15] Vgl. näher ILA, Report of the fifty-eighth Conference in Mamila 1978, 1980, p. 198. ("The extent to which the traditional approaches to the theory of international law are relevant in providing a basis on which new theories can be built").
[16] W. Wengler zählt die folgenden Teile der Völkerrechtswissenschaft auf: die Völkerrechtssoziologie, das Völkerrecht als normative Wissenschaft, die Völkerrechtsphilosophie, die Völkerrechtskritik bzw. die Völkerrechtspolitik, Völkerrecht, Berlin et alt. 1964 (1) S. 100.

1. Völkerrechtstheorie als Bestandteil der Völkerrechtswissenschaft sowie als Wissenschaftsgebiet in statu nascendi*

1.1 Philosophie und die Allgemeine Rechtstheorie als Grundlage der Völkerrechtstheorie

Es erweist sich zunächst als erforderlich, sich linguistischen, d. h. in erster Linie etymologisch-semantischen Aspekten, zuzuwenden. Das Substantiv Theoria (Θεωρία) ist auf das altgriechische Verb theorein (θεωρείν) zurück zu führen. Das Verb bedeutet im ursprünglichen Sinne des Wortes betrachten oder auch untersuchen.

Infolge dessen bedeutet Theorie Beobachtung oder Untersuchung.[1] Erst durch die bahnbrechenden wissenschaftlichen Arbeiten der altgriechischen Philosophie erlangte der Begriff Theorie die gehobenere Bedeutung der rationalen Betrachtung, der wissenschaftlich ausgerichteten Überlegung, Untersuchung, Erwägung, Beurteilung, des Verstehens sowie des wissenschaftlichen Erkennens.[2]

In diesem Zusammenhang ist auf Aristoteles (Αριστοτέλης: Edler Zweck) hinzuweisen: „Wer einen Zweig des Wissens wirklich wissenschaftlich behandeln und nicht bloß auf die Praxis sein Augenmerk richten will, dem ist es angetan, dass er nichts übersieht und nichts unentschieden lässt, sondern in jedem Stücke die Wahrheit an den Tag zu bringen sucht“.[3] Die beeindruckende Auffassung des großen Stageiriten enthält m. E. die folgenden Kerngedanken: Ablehnung des Praktizismus, Gründlichkeit, Bestimmtheit, Praxisbezogenheit und Wahrheitssuche. Es gibt Grund zu der berechtigten Annahme, dass Aristoteles das Theorie-Verständnis noch bis heute beeinflusst.

In der Philosophie werden bei der Theorie-Bestimmung grundsätzlich übereinstimmend eine Reihe von typischen Merkmalen erwähnt wie z. B. a) die „systematisch geordnete Menge von Aussagen bzw. Aussagesätzen“[4], manche Autoren sprechen von „einem System von Aussagen, die in einem Begründungszusammenhang stehen“[5] oder von „einem konsistenten System von Aussagen“[6]; b) diese Aussagen beziehen sich auf einen „Bereich“

* Dieses Kapitel stütz sich teilweise auf den folgenden Grundsatzbeitrag:
P. Terz: Die Völkerrechtstheorie. Versuch einer Grundlegung in den Hauptzügen. Pro theoria generalis scientiae iuris gentes. In: Papel Politico 2006 (2 – 11), pp. 683 – 737.

der objektiven Realität oder des Bewusstseins"[7] auf alle Fälle auf ein „Phänomen", c) Problemlösung bzw. Phänomenerklärung.[8] Hieraus ergibt sich u. a., dass die Theorie sich in einem bestimmten Bezug zur Realität sowie genauer, in einem Wechselverhältnis befindet.[9] Bei der Erforschung der objektiven Realität geht der Forscher von der Theorie aus, d. h. er bringt theoretische Voraussetzungen mit. Das erkennende Bewusstsein prüft bei der theoretischen Durchdringung der Wirklichkeit seine Erkenntnisse, die keinen statischen und absolut gültigen Charakter besitzen. Es kommt unweigerlich dazu, dass das angewandte Wissen korrigiert, weiterentwickelt oder aber auch verworfen und durch ein anderes, geeigneteres ersetzt wird.[10]

In der Fachliteratur sind wissenschaftlich sehr interessante Theorie-Kriterien erarbeitet worden. Hier sollen sie zusammengefasst werden: a) innere Logik der Aussagen, d. h. widerspruchlose und systematische Zusammenhänge; b) klare und unzweideutige Formulierung der Zusammenhänge; c) Wahrhaftigkeit der Aussagen, d. h. sie sind plausibel und entsprechen dem „gesunden Menschenverstand" und außerdem tragen sie zur „Entdeckung und Verwirklichung des Wahren und Guten" bei; d) sie können durch wiederholte empirische Überprüfungen anhand der Realität nicht widerlegt werden[11]; e) sie dienen einer wissenschaftlichen Untersuchung als Bezugsrahmen; f) sie ermöglichen eine begrifflich-systematische Ordnung der Untersuchungsergebnisse; g) sie können zum praktischen Handeln befähigen[12]; h); die Aussagen beanspruchen nicht nur für die Vergangenheit und die Gegenwart, sondern auch für Beobachtung in der Zukunft Geltung.[13]

Zum einen als Erkenntnisbedingung, d. h. als Voraussetzung für systematische Erkenntnis und zum anderen selbst als Erkenntnisprodukt[14] hat die Theorie Funktionen, um die wichtigsten zu nennen: a) Rationalisierungsfunktion[15]; b) Selektionsfunktion: Herausfiltern in der gewaltigen Informationsfülle nur das Relevante; c) Ordnungsfunktion: die Information nicht nur selektieren, sondern auch „zusammenfügen, ordnen und systematisch darstellen"; d) Erklärungsfunktion: Sinngebung der Informationen so, dass zwischen ihnen Zusammenhänge erklärt werden. Dabei kommt es auf die Kausalität der Zusammenhänge an[16]; e) prognostische Funktion: Voraussa-

ge, wie noch unbekannte Probleme eines Gegenstandbereiches beschaffen und wissenschaftlich gelöst werden könnten.[17]
Die Erkenntnisse über die Allgemeine Rechtstheorie sind, verglichen mit jenen der Philosophie, etwas eingeschränkt, sie dürften jedoch für die Zwecke der Erarbeitung einer Völkerrechtstheorie doch von Bedeutung sein. Es fällt interessanterweise auf, dass die meisten Rechtstheoretiker im deutschsprachigen Raum die philosophischen Erkenntnisse über die Theorie kaum oder höchstens nur sporadisch zur Kenntnis nehmen. Dieses seltsame Phänomen hängt möglicherweise zumindest in Deutschland mit dem uneingeschränkten Fortwirken des rechtspositivistischen Denkens zusammen, das scheinbar auch ohne Philosophie auszukommen vermag. Ein weiterer Grund könnte die sich allmählich ausbreitende Geringschätzung der Grundlagenforschung sein.

Im Großen und Ganzen wird die Rechtstheorie als „die Lehre vom logischen Aufbau der Rechtsordnung und der Struktur der Rechtssätze sowie von der Methodik der Gewinnung rechtlicher Erkenntnisse“ aufgefasst.[18] Bei dieser Rechtstheorie-Definition fällt unschwer auf, dass zum einen die möglichen Gegenstände dieser Wissenschaftsdisziplin nur lückenhaft erwähnt werden. Zum anderen werden unzulässigerweise die Rechtstheorie und die Rechtsmethodik fast wie Synonyme verwendet.[19] Ebenso unausgegoren ist eine andere Ansicht, nach der die Rechtstheorie eine Mischung von „legal philosophy, methodology of law, sociology of law“ etc. sei.[20] Sehr allgemein gehalten und fast oberflächlich ist es, wenn die Rechtstheorie als „Versuch“ bezeichnet wird, das Recht insgesamt „systematisch zu beobachten, darüber nachzudenken und so nachprüfbare Erkenntnisse zu gewinnen.[21]
Es ist eher jenen Rechtstheoretikern grundsätzlich zu folgen, die sich ernsthafter den Funktionen bzw. Aufgaben der Rechtstheorie zuwenden. Es wird im Prinzip zwischen drei Funktionen der Rechtstheorie unterschieden: a) die empirische Funktion: systematische Beobachtung von Gegenständen; b) die analytische Funktion: Untersuchung der Rechtssprache, der Rechtsnormen und der gesamten Rechtsordnung; c) die normative Funktion: Erforschung normativer Fragen.[22] Diese Funktionen können durchaus durch konkretere Aufgaben sinnvoll ergänzt werden wie z. B. die Klassifizierung

oder die Abgrenzung der Rechtstheorie von anderen Rechtsdisziplinen, die Systematisierung von Bestandteilen der Rechtsordnung, und nicht zuletzt könnte die Rechtstheorie selbst zum Gegenstand rechtstheoretischer Betrachtungen werden.[23] Bereits Anfang des 20. Jahrhunderts sprach Rudolf Stammler von der „Theorie der Rechtswissenschaft", die er als Synonym mit der „Reinen Rechtslehre" betrachtete.[24]

Es drängt sich nun die Frage danach auf, welche Erkenntnisse für die Zwecke der Erarbeitung einer Allgemeinen Völkerrechtstheorie sich besonders eignen. Zunächst ist sachlich festzustellen, dass die philosophischen Kenntnisse, verglichen mit den rechtstheoretischen, bezüglich der Qualität sowie der Quantität eine viel höhere Eignung für den genannten Zweck aufweisen. Ferner kann konstatiert werden, dass die Mehrheit der Vertreter der Rechtstheorie die philosophischen Erkenntnisse über die Theorie im Allgemeinen ignorieren und deswegen vergeblich versuchen, die Rechtstheorie aus der Rechtstheorie heraus zu erarbeiten und zu erklären. Daher ist es nicht verwunderlich, dass Aussagen von Rechtstheoretikern über den Begriff Rechtstheorie größtenteils lapidar, sporadisch und grundsätzlich unzureichend sind. Dies gilt ebenso für die Auffassung der ohnehin sehr wenigen Völkerrechter über eine mögliche Völkerrechtstheorie. So ist es nicht überzeugend, wenn die Völkerrechtstheorie im Grunde darauf reduziert wird, sozusagen als „Apologetik", das Völkerrecht als Recht auszuweisen.[25] Es kann ebenso wenig jener Auffassung beigepflichtet werden, nach der zum einen die Allgemeine Rechtstheorie sich genauer mit der Völkerrechtswissenschaft befassen sollte, um zur „Grundlagenwissenschaft für die gesamte Rechtswissenschaft" zu werden. Es sei nach dieser Ansicht unbedingt erforderlich, eine „Allgemeine Rechtslehre" zu erarbeiten, die für das Landesrecht sowie gleichermaßen für das Völkerrecht von Nutzen wäre.[26] Zum einen ist es eine Illusion anzunehmen, dass Vertreter der sich auf das innerstaatliche Recht beziehende Rechtstheorie sich mit dem Völkerrecht bzw. mit der Völkerrechtstheorie gründlich befassen würden. Hans Kelsen war ohne Zweifel eine große Ausnahme.[27] Zum zweiten wäre es doch zweckmäßiger, würde sich ein Völkerrechtstheoretiker, wohlgemerkt in seinem eigenen wissenschaftlichen Interesse, mit der allgemeinen Rechtstheorie systematisch befassen, um daraus für die Völkerrechtstheorie

Nutzen zu ziehen. Zum dritten ist die Eignung rechtstheoretischer Erkenntnisse, zumindest, was den Begriff Theorie betrifft, nur bedingt brauchbar für die Völkerrechtstheorie. Empfehlenswert ist es, einen anderen Weg einzuschlagen: Die Theorie-Erkenntnisse der Philosophie gründlich auszuwerten und anzuwenden.

Ebenso kann der Versuch nicht zum Erfolg führen, von einer rechtspositivistischen Grundposition ausgehend, eine allgemeine Völkerrechtstheorie in der Perspektive zu erarbeiten. Der in diesem Kontext geführten kritischen Auseinandersetzung mit Hans Kelsens These von einer „einheitlichen Grundnorm" für alles Recht kann hingegen vorbehaltlos zugestimmt werden. Auch in diesem Fall werden die umfangreichen Erkenntnisse der Philosophie über den Begriff schlichtweg ignoriert.[28] Im Unterschied davon können jene Bemühungen Zustimmung finden, die eine „stärkere rechtstheoretische Durchdringung des Völkerrechts" anstreben.[29]

Für die Zwecke der Erarbeitung einer Allgemeinen Völkerrechtstheorie – Teiltheorien gibt es bereits[30] – können mehrere Theorie-Erkenntnisse, hauptsächlich der Philosophie, übernommen und verwertet werden. Dies soll unter Beachtung der Völkerrechtsordnung erfolgen. Es geht dabei nicht darum, eine exakte Definition zu schaffen, sondern zunächst darum, die Hauptelemente und Hauptfunktionen der Völkerrechtstheorie zu erarbeiten.

Die Völkerrechtstheorie stellt dem Wesen nach eine systematisch-logisch geordnete Menge von Aussagen bzw. Erkenntnissen dar über die gesamte objektiv bestehende Völkerrechtsordnung (vor allem Wesen des Völkerrechts als Recht, System und Struktur des Völkerrechts, der völkerrechtlichen Prinzipien und Normen, Völkergewohnheitsrecht, „Allgemeine Rechtsgrundsätze", Hierarchie der Normen, Normenbildung und Normendurchsetzung, Kodifikation des Völkerrechts, Zweige und Institute des Völkerrechts) sowie über das Wesen, die Hauptmerkmale und die Hauptfunktionen eben derVölkerrechtstheorie, über die Bestandteile der Völkerrechtstheorie und nicht zuletzt über das Verhältnis der Völkerrechtstheorie in erster Linie zu der Völkerrechtsphilosophie und der Völkerrechtsmethodologie. Die Völkerrechtstheorie steht insgersamt in einem dialektischen Wechselverhältnis zu der gesamten Völkerrechtsordnung.

1.2 Rechtscharakter und die Hauptfunktionen des Völkerrechts als Gegenstände der Völkerrechtstheorie

Bei der Bestimmung des Rechtscharakters des Völkerrechts stützt sich die Völkerrechtstheorie grundsätzlich auf die Allgemeine Rechtstheorie. Letztere definiert das objektive Recht im Großen und Ganzen als die Gesamtheit der Rechtsvorschriften[31], die das Zusammenleben der Menschen regeln. Dabei sei die Gerechtigkeit das prägende Merkmal des Rechts.[32] Fast übereinstimmend wird von der Mehrheit der Rechtstheoretiker die Auffassung vertreten, dass der Zwang ein wesentliches Merkmal des Rechts sei.[33] Aber bereits Ende des 19. Jahrhunderts, als Rudolph Ihering das „Festhalten an dem Zwange als wesentlichem Erfordernis des Rechts" als den einzig richtigen Weg ansah[34], sind daran Zweifel geäußert worden.[35]
Das Recht enthält darüber hinaus Verhaltensregeln[36] und Handlungsmuster.[37] Das Recht weist einige essentielle Attribute auf wie z. B. die Reflexivität, die Widerspiegelung von materiellen sozialen Verhältnissen, ferner die Normativität, das verbindliche Verhaltenselement sowie die Funktionalität als Mittel der Macht, wirksam zu sein.[38]
Das Recht hat eine Reihe von Funktionen, die von Rechtstheoretikern herausgearbeitet worden sind. Folgend sollen sie zusammengefasst und systematisch dargestellt werden.

1. Ordnungsfunktion[39]: In erster Linie geht es bei dieser Funktion vorwiegend durch Organisation[40] und Verhaltenssteuerung[41], das friedliche Zusammenleben in der Gemeinschaft zu sichern[42], den sozialen Zusammenhang zu festigen[43] und das Zusammenspiel der Kräfte zu erreichen.
2. Regulierungsfunktion: Sie besteht darin, Konflikte[44], vor allem Interessenstreitigkeiten, in einem geregelten Verfahren zu bereinigen.[45]
3. Stabilisierungsfunktion[46]: Man kann sie auch als Bewahrungsfunktion[47] oder als Sicherungsfunktion[48] bezeichnen. Hier geht es um die Bewahrung und Stabilisierung der gesellschaftlichen Verhältnisse, darunter auch des Rechts.
4. Friedensfunktion: Wahrung des Friedens zwischen den Mitgliedern der menschlichen Gesellschaft.[49]

5. Rechtssicherheitsfunktion[50]: In ihrer Anwendung setzt diese Funktion „Stetigkeit und Vorhersehbarkeit“ voraus.[51]
6. Verfassungs- und Legitimierungsfunktion: Durch die Verfassung als oberstes Gesetz wird die Herrschaft im Staate organisiert und in Sonderheit legitimiert.[52]
7. Gestaltungsfunktion: Es geht vorwiegend um die Gestaltung und Formung der Rechts- und Sozialstaatlichkeit.[53]
8. Kontrollfunktion: Es handelt sich um die berechtigte und notwendige Kontrolle des gesellschaftlichen Zusammenlebens.[54]
9. Überwachungsfunktion: Es geht darum, die Rechtspflege zu überwachen.[55]
10. Schutzfunktion[56]: Schutz der Gesellschaft, des Staates und der Bürger.
11. Entscheidungsfunktion: Sie ergibt sich daraus, dass das Recht verbindliche Normen zur Verfügung stellt, um die Beziehungen zwischen den Mitgliedern der Gesellschaft zu bestimmen.[57]
12. Autoritätsfunktion[58]: Das Recht verleiht den Verfassungsorganen die höchste Autorität im Staat.
13. Gerechtigkeitsfunktion: Das Recht hat die Aufgabe, in jedem Streitfall eine „gerechte Entscheidung“ herbeizuführen.[59]
14. Anpassungs- und Innovationsfunktion: Sie ergibt sich daraus, dass das Recht Potentiale sozialen Wandels zur Verfügung stellt.[60]

Es kann zunächst konstatiert werden, dass bezüglich der Funktionen des Rechts umfangreiche Erkenntnisse der Allgemeinen Rechtstheorie vorliegen. Es kommt darauf an, sie für die Zwecke der Allgemeinen Völkerrechtstheorie zu nutzen. Das setzt allerdings voraus, dass die Völkerrechtswissenschaftler bereit und gewillt sind, über den eigenen Tellerrand ihres Fachgebietes hinaus zu schauen und die für ihre Wissenschaft geeigneten Erkenntnisse nicht nur allgemein zur Kenntnis zu nehmen, sondern auch im eigenen Interesse genau zu kennen und auch zu verwenden.

Unabhängig davon, wie man das Völkerrecht definiert oder was man von ihm hält, ist unbedingt zu beachten, dass es zwischen dem Völkerrecht und dem innerstaatlichen Recht wesentliche Unterschiede gibt, wie um die wichtigsten zu nennen: a) Der Geltungsgrund des Völkerrechts ist in erster

Linie in der Vereinbarung zwischen souveränen Staaten zu suchen; b) Subjekte des Völkerrechts sind insbesondere souveräne Staaten und internationale zwischenstaatliche Organisationen; c) von souveränen Staaten gemeinsam und freiwillig geschaffene Organisationen und Institutionen sind dafür vorgesehen, die Durchsetzung des Völkerrechts zu garantieren. Völkerrechtssoziologisch betrachtet, hängt jedoch die Völkerrechtsdurchsetzung von dem jeweiligen internationalen politisch-militärischen Kräfteverhältnis ab. Zum einen bedeutet die Missachtung grundlegender Völkerrechtsprinzipien keinesfalls, dass es kein Recht in den internationalen Beziehungen gäbe. Denn eben auf der Basis der Völkerrechtsbestimmungen ist es relativ leicht nachzuweisen, dass hin und wieder Verbrechen gegen den Frieden und die Menschlichkeit sowie Kriegsverbrechen begangen werden. Eine derartige Qualifizierung von Staatshandlungen dürfte ein großer Wert an sich sein. Zum anderen darf das Völkerrecht nicht, wie es im Allgemeinen üblich geworden ist, auf seine grundlegenden Prinzipien reduziert werden. Die Völkerrechtsordnung umfasst konkrete Rechtsgebiete/Zweige, deren Normen durchaus eingehalten werden. Hierzu gehören vor allem das Völkerrechtsvertragsrecht, das Völkerseerecht, das Diplomaten- und Konsularrecht, das Weltraumrecht u. a. Hieraus ergibt sich, dass die internationalen Beziehungen nicht in jedem Fall rechtsfrei sind.
Aus einem Vergleich einiger Völkerrechtsdefinitionen geht hervor, dass das Völkerrecht zum einen die Gesamtheit oder die Summe oder einen Komplex von Rechtsprinzipien und Rechtsnormen darstellt und zum anderen die Beziehungen zwischen den Staaten untereinander sowie zwischen den anderen Völkerrechtssubjekten regelt.[61] Dieser Definition kann grundsätzlich zugestimmt werden. Obwohl sie stark abstrakt ist. Es wäre allerdings weder machbar noch ratsam, eine Definition derart zu überfrachten, dass z. B. alle Gegenstände, Aufgaben und Funktionen des Völkerrechts in die Definition aufgenommen werden. In der Definition geht es schließlich darum, das Wesentliche knapp zu bestimmen.

Für das Rechtswesen des Völkerrechts sprechen einige Fakten: a) Die Staaten gehen davon aus, dass das von ihnen gemeinsam geschaffene Recht für sie bindet ist, d. h. hieraus erwachsen für sie nicht nur Rechte, sondern auch konkrete Pflichten, die sie zu erfüllen haben, was im Allgemeinen auch geschieht. Die Staaten sind sich dessen voll bewusst, dass z. B. bei den internationalen Konventionen – bei den bilateralen Verträgen ohnehin – ihre voluntas juris – bei den Gewohnheitsrechtsnormen die opinio juris – zum Ausdruck kommt und nicht eine opinio generalis oder etwa nur eine conscientia generalis.[62] b) Die Staaten erkennen das von ihnen geschaffene Recht als verbindlich an. So ist der Meinung Charles Roussau uneingeschränkt zu folgen, wenn er schreibt: „Ce charactére obligatoire résulte du fait qu´il est ´reconnu´par les Etats".[63] c) Das Völkerrecht ist kein zahnloser Tiger, sondern es verfügt schon über ein Zwangsinstrumentarium im Interesse seiner Durchsetzung wie z. B. das gesamte Kapitel VII der UN-Charta sowie die Bestimmungen des Humanitären Völkerrechts. („Kriegsrecht", Jus in bello, Gesetze und Gebräuche des Krieges) gegen Verbrechen gegen den Weltfrieden, gegen die Menschlichkeit sowie gegen Kriegsverbrechen.[64] d) Zu nennen ist außerdem ein anderes Argument eher aus der allgemeinen Logik. Es kann kein Zufall sein, dass das Wort Recht seit Jahrhunderten in den internationalen Beziehungen in allen wichtigen Kultur- und Rechtskreisen geprägt worden ist. Die genaue Bezeichnung, ob z. B. Ius gentium oder Ius inter gentes etc., ist dabei nicht von entscheidender Bedeutung.

Es ist beeindruckend, das große Bekenntnis von Gustav Adolf Walz zum Rechtscharakter des Völkerrechts aus den 30er-Jahren des 20. Jahrhunderts zu lesen: „Jene internationale Normenordnung ist das Völkerrecht: Es ist nach allen Merkmalen echtes Recht". Seine bemerkenswerte Schrift „Wesen des Völkerrechts und Kritik der Völkerrechtsleugner" endet mit einer Klarstellung: „Das Völkerrecht ist Recht. Weder bloße Moral noch bloße Sitte, sondern echtes Recht. Aber ein Recht eigentümlicher Prägung mit starken Besonderheiten gegenüber dem staatlichen Recht". Mit Vehemenz verteidigt Walz das Völkerrecht gegenüber all jenen, „die das Völkerrecht als unvollkommenes, als werdendes, als minderwertiges Recht bezeichnen".[65]

Walz konnte nicht ahnen, dass auch Jahrzehnte lang nach dem Zweiten Weltkrieg „Völkerrechtler" sich fast als Völkerrechtsleugner und Völkerrechtsnihilisten betätigen würden, anstatt mit ihren wissenschaftlichen Mitteln ihr eigenes Fachgebiet zu verteidigen. Das Völkerrecht wird z. B. als ein „primitives Recht" bezeichnet. Diese extrem pessimistische und zu-

gleich ungerechtfertigte Auffassung wird fast übereinstimmend damit begründet, dass es keine zentrale Gewalt gibt, die etwa im Sinne eines Weltstaates das Völkerrecht durchsetzen könnte. So schreibt beispielsweise Pierre Vellas: „Parce que, en raison de son primitivisme et du manque d´organisation dans l'aménagement des pouvoirs".[66] Eine fast identische Ansicht vertritt ebenfalls Hearsh Lauterpacht: „It ist form this side that come most of the current 'defences' of international law which, it is said, is primitive law and must remain so under the penalty of its own extinction. The absence of a central legislative authority."[67] Möglicherweise schwebt ihnen ein „Weltstaat" vor, das eine große Illusion ist. Es ist eine nicht zu übersehende Realität, dass souveräne Staaten durch „Zusammenwirken"[68] das Völkerrecht schaffen.
Einige Völkerrechtler gehen weiter und stellen die Behauptung auf, dass das Völkerrecht eigentlich kein Recht sei. So mein Latham Brown: „Nevertheles international law lacks the quality of the law".[69]

Völkerrechtsnihilistische Auffassungen wie die obigen sind immer wieder auf den Widerstand der Völkerrechtsverteidiger gestoßen.[70] Die Theorie des Sanktionscharakters des Rechts bzw. des Zwangsapparates geht möglicherweise auf die „Command Theory" Austins zurück, nach der das Recht ist „a Body of external rules parking of the nature of a command set and enforced by a sovereign authority and habitually by those subjekt to it".[71] Während Völkerrechtsnihilisten und Völkerrechtsleugner die Normativität des Völkerrechts direkt angreifen, haben US-amerikanische Völkerrechtler bereits gleich nach dem Zweiten Weltkrieg damit begonnen, das Völkerrecht als Rechtsordnung sowie die Völkerrechtswissenschaft systematisch so auszuhöhlen, dass zum Schluss von den beiden nicht so viel übrig bleibt. Früher „ausgezeichnete Völkerrechtler haben das Völkerrecht aufgegeben und sind mit wehenden Fahnen ins Lager des 'Neo-Realismus' übergegangen.[72]

Vor allem Vertreter der „Yale Law School", allen voran M. S. McDougal, haben das Völkerrecht im wahren Sinne des Wortes durchlöchert. Im Mittelpunkt ihrer völkerrechtsnihilistischen Schriften stehen Kommunikations- und Entscheidungsprozesse („flow of decisions"), Erwartungshaltungen

(„shares expetations") der Staaten und das so genannte Prinzip der „maximizations of values".[73] Es drängt sich nun die durchaus gerechtfertigte Frage danach auf, ob zwischen dem Völkerrechtsnihilismus bzw. der Völkerrechtsleugnung durch eine Reihe von führenden amerikanischen „Völkerrechtlern" auf der einen Seite und der nicht seltenen Völkerrechtsmissachtung durch die USA auf der anderen Seite ein Zusammenhang besteht.[74]
Das Völkerrecht stellt „Verhaltensmuster mit Geltungsanspruch"[75] für die Beziehungen aller Völkerrechtssubjekte untereinander dar. Dies gilt insbesondere für die Staaten als Hauptsubjekte des Völkerrechts.

Dem Wesen nach ist das Völkerrecht größtenteils ein Vereinbarungsrecht, denn die Staaten schaffen es gemeinsam. Ohne ihre souveräne Entscheidungsfreiheit und Zustimmung können für sie keine Völkerrechtsnormen entstehen. Hierbei handelt es sich um eine allgemeine Erkenntnis der Völkerrechtswissenschaft.[76] Das Völkerrecht trägt dazu bei, die Interessen der souveränen Staaten mit dem Ziel zu koordinieren, dass ein Interessenausgleich entsteht. Somit hat es einen Koordinierungscharakter[77] und ist damit ein Koordinationsrecht. Hieraus ergibt sich, dass kein Staat sich über andere erheben kann und den anderen souveränen Staaten seinen Willen diktiert, um seine egoistischen nationalen Interessen auf Kosten anderer durchzusetzen. Gerade das tun gegenwärtig die USA als die einzige Supermacht. Der Zielstellung nach ist das Völkerrecht ein Ius pacis sowie ein Ius cooperationis. Unter Umständen könnte man es auch als ein Ius progressionis betrachten, denn eine seiner wichtigsten Aufgaben ist die allseitige, vor allem die ökonomische Entwicklung in den ärmeren Regionen der Welt.
Jahrzehntelang wurde das Völkerrecht in erster Linie als ein Koexistenzrecht betrachtet. Dabei ging es in erster Linie um die friedlichen Beziehungen zwischen den Staaten unterschiedlicher Gesellschaftsordnung.[78] Wolfgang Friedmann war wohl der erste Völkerrechtler, der von einem Übergang von dem „Law of coexistence" zu einem „Law of cooperation" sprach.[79] Diese beeindruckende Erkenntnis ist auf allgemeine Akzeptanz gestossen.[80] Die Frage ist nun, ob das Völkerrecht in der Epoche der Globalisierung als „Law of coexistence", allerdings mit einem anderen

Inhalt, bezeichnet werden kann: Friedliche Koexistenz der Staaten unterschiedlicher Kultur- und Rechtskreise.[81] Alles in den internationalen Beziehungen der Gegenwart spricht dafür, dass es möglich sowie notwendig ist, von einem neuen „Koexistenzrecht“ zu sprechen.
Bei den gegenwärtig existierenden wichtigen Kultur- und Rechtskreisen geht es hauptsächlich um die recht unterschiedlichen Menschen- und Gesellschaftsbilder. An einem knappen Vergleich zwischen dem abendländischen und dem islamischen Kultur- und Rechtskreis können die gewaltigen Unterschiede zwischen ihnen erwähnt werden: Im Abendland (Westen) herrscht der Anthropozentrismus, im Orient der Theozentrismus; im Westen gibt es funktionierende Demokratien, im Orient herrschen Diktaturen als die moderne Form des altorientalischen Despotismus oder in einigen Staaten höchstens Karrikaturen von Demokratien etc. Die unterschiedlichen Menschen und Gesellschaftsbilder haben Tradition, Mentalität und Identität der Völker und Menschen geprägt. Deswegen wird jeder Versuch, vor allem seitens der USA, ihr Menschen- und Gesellschaftsbild, speziell die Demokratie, auf islamisch orientierte Länder mit aller Gewalt zu übertragen, als ein aggressiver Akt gegen ihre Identität betrachtet. Die entsprechenden Reaktionen der betroffenen islamischen Völker lassen nicht lange auf sich warten.

Auch deswegen irrt sich Samuel Huntington[82], wenn er zwar bestimmte Tendenzen einfängt, jedoch sie so interpretiert, als ging es in den internationalen Beziehungen nicht um zivilisierte Völkerrechtssubjekte bzw. Akteure, sondern um irgendwelche schießwütige Cowboys, so etwa nach dem Grundmuster amerikanischer Cowboy-Filme in Texas, wo die Cowboys sich in einer Prärie begegnen und aus nichtigem Grund den Colt ziehen und sich gegenseitig umbringen.[83] Wenn man weiß, dass Huntington auch als Berater des US-Außenministeriums tätig war, dann wird einem klar, wieso die damalioge US-Regierung wie ein Terminator in der Weltpolitik auftrat.
Nach dem common sense und den elementaren Regeln der Logik können kulturelle Unterschiede in der Gegenwart zu keinem „Kampf“ führen. Kulturelle Unterschiede sind niemals originäre, sondern nur zweitrangige Konfliktursachen gewesen.[84] Weil die Religion in gewisser Hinsicht zur Kultur gehört, ist mit Nachdruck darauf hinzuweisen, dass sich aus der Religion

nicht zwangsläufig die Gewalt ergibt. Vielmehr ist es eher so, dass die Politik die Religion instrumentalisiert und in der Gegenwart ziemlich unreligiös missbraucht wird.[85] Der Terrorismus ist kein „Kampf der Kulturen", sondern das Werk fanatischer Islamisten, d. h. in concreto, Anhänger eines fast irrationalen politisierten Islam. Die Islamisten stellen eine verschwindende Minderheit der größtenteils friedliebenden Moslems dar. Anders hätte es ausgesehen, wenn islamische Staaten Terrorakte begangen hätten. Dann hätte Huntington recht. Die Arabische Liga hat aber gleich nach dem Massenmord vom 11. September 2002 höchstoffiziell klar gestellt, „dass sie es nicht hinnimmt, dass Terrorismus mit dem Islam in Verbindung gebracht wird".[86]

Es gibt einen weiteren Grund, warum die seltsame These vom „Kampf der Kulturen" weder überzeugend noch stichhaltig, geschweige denn wissenschaftlich seriös ist. Der erste Schritt des Wissenschaftlers ist, zunächst die Welt genauer zu beobachten, also sie soziologisch zu betrachten, d. h. erkenntnistheoretisch, sie adäquat zu widerspiegeln, sonst käme es zu einer verzerrten Widerspiegelung, was auf große ideologische sowie auf Mentalitätsprobleme des Betrachters zurück zu führen wäre. Aus einer völlig unvoreingenommenen objektiven und damit gerechten Beobachtung der wichtigsten Kultur- und Rechtskreise wie z. B. des abendländischen, des islamischen, des konfuzianischen und des hinduistischen, ergibt sich die berechtigte Feststellung, dass es keinen „Kampf der Kulturen" gibt, es sei denn im Kopf Huntingtons.

Das Gegenteil ist der Fall: Staaten, die diesen Kultur- und Rechtskreisen angehören, leben friedlich nicht etwa neben-, sondern miteinander und kooperieren untereinander. Dieser Zustand entspricht aber dem Inhalt und Wesen der friedlichen Koexistenz zwischen den Staaten unterschiedlicher Kultur- und Rechtskreise. Hieraus folgt konsequenterweise, dass das heutige Völkerrecht nicht nur ein Ius pacis, Ius cooperationis und Ius progressionis, sondern auch ein Ius coexistentiae ist.

Die Kassandra-Rufe und die fast Paralogismen Huntingtons, sind somit – erkenntnistheoretisch betrachtet – eine völlig verzerrte Widerspiegelung der Realität in der gegenwärtigen Welt.

Unter Beachtung der durch die Allgemeine Rechtstheorie erarbeiteten Funktionen des Rechts soll folgend auf die Hauptfunktionen des Völkerrechts eingegangen werden. Dabei sind die Spezifika des Völkerrechts als einer internationalen Rechtsordnung gebührend zu berücksichtigen.

1. Ordnungsfunktion: Sie besteht in erster Linie darin, das Verhalten der Staaten so zu steuern, dass das friedliche Zusammenleben der Völker gesichert wird. Hierdurch wird in den internationalen Beziehungen völlige Anarchie verhindert. Die Ordnungsfunktion liegt im Interesse aller Staaten.[87]

2. Friedensfunktion: Gewährleistung der internationalen Sicherheit und des Weltfriedens als wichtige Voraussetzung für die Lösung vor allem der globalen Probleme der Menschheit sowie für das Wohlergehen aller Völker.[88]

3. Kooperationsfunktion: Förderung der Zusammenarbeit der Staaten auf allen relevanten Gebieten der internationalen Beziehungen durch entsprechende internationale Rechtsinstrumente.[89]

4. Stabilisierungsfunktion: Sie wird realisiert hauptsächlich durch die Schaffung stabiler ínternationaler Vertragsbeziehungen, vorausgesetzt, dass die Verträge auch tatsächlich erfüllt werden (Pacta sunt servanda).

5. Anpassungs- und Umgestaltungsfunktion: Zwischen ihr und der oben erwähnten Stabilisierungsfunktion besteht ein dialektisches Wechselverhältnis. Daher kann Michel Virally nicht beigepflichtet werden, wenn er schreibt: „Cést qu´on veut faire de lui instrument de changement, au lieu d´un instrument de stabilisation, ce qui lud confere une fonction vouvelle“.[90] Diese für die Weiterentwicklung des Völkerrechts unentbehrliche Funktion wird weder automatisch noch durch einzelne Staaten, sondern durch die hierfür vorgesehenen internationalrechtlichen Organe und Verfahren und ohne Zweifel auf der Grundlage von entsprechenden internationalen Konventionen realisiert.

6. Sicherungs- und Konfliktregulierungsfunktion: Es geht um die Sicherung der Prinzipien und Normen der gesamten Völkerrechtsordnung durch die dafür geeigneten Organe, Methoden und Maßnahmen.[91] Hierdurch wird ein höheres Maß an Rechtssicherheit in den internationalen zwischenstaatlichen Beziehungen erreicht.[92]

7. Gerechtigkeits- und Entwicklungsfunktion: Gewährleisten, dass ein Mindestmaß an Gerechtigkeit in den internationalen Beziehungen herrscht,

was in einigen Konventionen (z. B. Wiener Konvention über Staatennachfolge in Verträge von 1978, Seerechtskonvention der UNO von 1982) durch die sachbezogene bevorzugte und präferentielle Behandlung von Entwicklungsländern sowie durch die Anwendung des Grundsatzes der Nichtgegenseitigkeit beachtet worden ist.[93]
8. Legitimitätsfunktion: Es geht vorwiegend darum, dass Handlungen militärischen Charakters durch den UN-Sicherheitsrat gemäß Kapitel VII der UN-Charta legitimiert sein müssen. Aber gerade diese absolut notwendige völkerrechtliche Legitimation fehlte bei dem Krieg der USA gegen den Irak. Die verheerenden Folgen dieser völlig völkerrechtswidrigen Aktionen sind gegenwärtig nicht zu übersehen.
9. Sanktionsfunktion: Das Völkerrecht verfügt über viele Möglichkeiten, deren Anwendung von dem konkreten internationalen Kräfteverhältnis abhängt.
10. Schutzfunktion: Schutz hauptsächlich der kleinen und schwachen Staaten sowie der Menschenrechte.

1.3 System des Völkerrechts und der Völkerrechtswissenschaft als Gegenstand der Völkerrechtstheorie

Es sei erneut klargestellt, dass die Völkerrechtswissenschaft, hier speziell die Völkerrechtstheorie, die Systemproblematik ohne die entsprechenden Erkenntnisse der Philosophie nicht bewältigen kann. So versteht die Philosophie, unabhängig davon, ob es sich um materielle oder um ideelle Systeme handelt, unter „System" eine nach „Ordnungsprinzipien gegliederte Mannigfaltigkeit von materiellen Dingen, Prozessen usw. (materielles System) oder von Begriffen, Aussagen usw. (ideelles System).[94] Nach vorherrschender Auffassung müssen drei Voraussetzungen vorliegen, damit ein Phänomen die Qualität eines Systems aufweisen kann: a) ein Ordnungsprinzip; b) ein Zusammenhängendes, durchgegliedertes Ganzes, d. h. keine bloße Fülle von zusammenhanglosen Einzelheiten;[95] c) Unterscheidbarkeit eines Systems von seiner Umwelt.[96]
Es wird zwischen den Objektsystemen und den Ideen oder wissenschaftlichen Systemen unterschieden. Letztere können Strukturähnlichkeiten (Isomorphien) mit den Objektsystemen aufweisen, ohne jedoch getreues

Abbild zu sein.[97] Man unterscheidet ferner zwischen „geschlossenen" (eher in den Naturwissenschaften) und offenen (sozialen und sozialwissenschaftliche) Systemen.[98] Es ist jenen Autoren zu folgen, die bei den „offenen" Systemen solche Eigenschaften hervorheben wie z. B. Unabgeschlossenheit, Entwicklungsfähigkeit und Modifizierbarkeit.[99] Es leuchtet ein, dass weder die sozialen Phänomene noch die sich auf diese beziehenden Wissenschaften statisch und ewig, sondern dynamisch und wandelbar sind. Dies ergibt sich m. E. aus den Wechselbeziehungen zwischen den Elementen eines Systems sowie aus gegenseitigen Beziehungen des Systems mit seiner Umgebung. Systeme sind ferner prinzipiell hierarchisch. Dies ist abhängig von den Ordnungsprinzipien bzw. Ordnungskriterien. Bedingung ist, dass zwischen den hierarchischen Systemen innere Beziehungen existieren. Es gibt im Allgemeinen Systeme und Subsysteme bzw. Teilsysteme. Zwischen ihnen bestehen ebenso solche Wechselbeziehungen.

Die oben behandelten philosophischen Erkenntnisse über die System-Problematik sind teilweise von der Allgemeinen Rechtstheorie übernommen und entsprechend angewandt sowie partiell wegen der Konkretheit des Gegenstandes modifiziert worden. So wird das Rechtssystem als „ein soziales Ordnungsgefüge" definiert, das aus normierten Handlungen und Entscheidungen der Mitglieder der Rechtsgemeinschaft besteht.[100] Die Teile des Rechtssystems stehen zueinander „in Beziehungen zwangsläufiger Art", d. h. es gibt gegenseitige Abhängigkeiten[101] sowie genetische Zusammenhänge, speziell zwischen den Normen des Rechtssystems, d. h. die Gültigkeit einer Norm hängt von Gültigkeit der anderen Normen ab.[102] Hierbei handelt es sich – philosophisch betrachtet – m. E. um ein eindeutig gnoseologisches Systemverständnis. Gerade diesem Systemverständnis entspricht das „innere Rechtssystem", bei dem es in erster Linie um die einem „Sinnganzen innewohnenden Sinnzusammenhänge" geht.[103] Davon zu unterscheiden ist das „äußere Rechtssystem", bei dem es im wesentlichen darum geht, auf der Grundlage der formalen Logik die Rechtsmaterie zu Darstellungszwecken zu gliedern.[104] Hierbei handelt es sich eher um ein ontologisches Systemverständnis, bei dem das Seiende im Mittelpunkt der wissenschaftlichen Widerspiegelung steht.

Ausgehend von der vorherrschenden philosophischen Erkenntnis, dass soziale Systeme grundsätzlich offen sind, ist jener Ansicht zuzustimmen, nach der ein Rechtssystem ebenso offen ist.[105] Rechtssysteme sind dynamisch, sie ändern sich und passen sich ihrer Umgebung an.[106] Unter den verschiedenen Elementen eines Rechtssystems haben die Rechtsnormen eine Sonderstellung inne. Diese Besonderheit besteht darin, dass sie alle anderen Elemente derart beeinflussen[107], dass mitunter sie zum Rechtssystem im eigentlichen Sinne gehören.[108]

Folgend soll der Versuch unternommen werden, die oben gewonnenen philosophischen und rechtstheoretischen Erkenntnisse auf das Völkerrecht und auf die Völkerrechtswissenschaft anzuwenden. Demnach könnte das Völkerrechtssystem folgendermaßen definiert werden: Ein Ordnungsgefüge in den internationalen Beziehungen, das eine nach Ordnungskriterien gegliederte Mannigfaltigkeit von Prinzipien und Normen sowie anderen Elementen darstellt, wodurch das Verhalten der Völkerrechtssubjekte untereinander geregelt wird. Das Völkerrecht ist also ein System, weil es a) Ordnungskriterien, die grundlegenden Prinzipien besitzt; b) seine Elemente miteinander eng zusammenhängen und c) sich von anderen Systemen, z. B. von dem System des Landesrechts deutlich unterscheidet. Es reicht möglicherweise nicht aus, wenn das Völkerrechtssystem als ein „Konglomerat von verschiedenen Elementen, die die Beziehungen zwischen den Völkerrechtssubjekten regulieren“ definiert wird.[109] Ebenso einseitig ist es, wenn das Völkerrecht als ein dynamisches Normensystem „institutionalisierte Rechtserzeugungsprozesse“ besitzt[110] oder das Völkerrecht doch ein Rechtssystem ist, obwohl es über keine „vollständige Normsetzungs- und Normbefolgungsapparate“ verfügt.[111] Möglicherweise von einem ausschließlich ontologischen Systemverständnis ausgehend, wird ferner behauptet, dass das Völkerrecht kein „inneres System“ hätte.[112] Im Gegenteil, die Sinnzusammenhänge innerhalb des sinnvollen Ordnungsgefüges des Völkerrechts kann als sein inneres System angesehen werden.
Jene, die das Völkerrecht als System ablehnen, gehen entweder von der These eines geschlossenen Systems[113] aus, obwohl das Völkerrechtssystem eindeutig ein offenes System ist, oder sie bemängeln das Fehlen einer Grundregel, die für die Völkerrechtsnormen ein allgemeines Gültigkeitskri-

terium liefern könnte.[114] Sie übersehen jedoch dabei, dass das Völkerrecht über mehrere grundlegende Prinzipien verfügt, die Maßstab und Kriterium für alle Normen sind. Ebenso wenig kann der Auffassung zugestimmt werden, nach der die Betrachtung des Völkerrechts als System Veränderungen und Korrekturen als Folge hätte.[115] Es wird offenkundig irrtümlicherweise von einem statischen Systemcharakter ausgegangen. Möglicherweise führt die Nicht- oder die unzureichende Beachtung philosophischer Grunderkenntnisse über die Systemproblematik dazu, dass in der Fachliteratur größtenteils knappe Meinungsäußerungen ohne systematisch-methodische Grundlage so gemacht werden, dass eine nicht zu übersehende große Einseitigkeit und auch Oberflächlichkeit zu konstatieren ist. Diese Meinungsäußerungen werden kaum begründet. Dies betrifft vor allem jene Auffassungen, nach denen das gesamte Völkerrechtssystem entweder auf seine Normen beschränkt wird[116], ohne jedwede Differenzierung zwischen ihnen, oder auch nur eine oder zwei Normenarten[117] erwähnt werden. Eine soziologische Betrachtungsweise zeigt allerdings unzweifelhaft, dass zum Völkerrechtssystem die grundlegenden Prinzipien, die Jus cogens – Prinzipien, die Völkervertragsnormen, die Völkergewohnheitsnormen, die „Allgemeinen Rechtsgrundsätze“ gemäß Art. 38 des IGH-Status, bestimmte Beschlüsse internationaler zwischenstaatlicher Organisationen vorwiegend universellen Charakters sowie Urteile des Internationalen Gerichtshofes gehören.[118] Erkenntnistheoretisch betrachtet, handelt es sich hier um eine adäquate Widerspiegelung der objektiven Realität. Durch die genannten Elemente des Völkerrechtssystems wird das Verhalten der Staaten in den internationalen Beziehungen geregelt.

Das wichtigste Element des Völkerrechtssystems sind die in der UN-Charta verankerten und durch die Prinzipien-Deklaration von 1970 authentisch interpretierten sieben grundlegende Prinzipien des Völkerrechts. Es ist nicht übertrieben, zu sagen, dass diese Prinzipien die Grundlage der gesamten internationalen Rechtsordnung sind.[119] Ihre besondere Bedeutung besteht darin, das Kernstück der Völkerrechtsordnung, Maßstab und Kriterium für die Rechtsmäßigkeit, insbesondere der Völkervertragsnormen, ferner für die Interpretation der anderen Völkerrechtsnormen zu sein[120] sowie dem gesamten Völkerrechtssystem die eigentliche innere Einheit zu verleihen und hierdurch eine entscheidende Rolle sowohl in funktionaler als auch in struktureller Hinsicht zu spielen.[121] Erst durch die grundlegenden Prinzipien existiert ein Völkerrechtssystem überhaupt.[122]

Die sieben grundlegenden Prinzipien stellen selbst ein System dar. Dies ergibt sich vor allem aus der folgenden Schlussbestimmung der Prinzipiendeklaration von 1970: „Es wird erklärt, dass die bevorstehenden Prinzipien in ihrer Auslegung und Anwendung miteinander verknüpft sind und jedes Prinzip im Zusammenhang mit den anderen Prinzipien zu interpretieren ist".[123] Die grundlegenden Prinzipien bilden ein offenes System, das dem Wesen und der Zielstellung nach eine Dynamik aufweist. Diese Prinzipien bedingen und durchdringen sich gegenseitig derart eng[124], dass es kaum möglich ist, sie beliebig voneinander zu trennen und etwa sich auf ein Prinzip zu berufen und ein anderes zu verletzen.[125]

Ausgehend von den bereits gewonnenen Erkenntnissen der Allgemeinen Rechtstheorie über das „innere" und über das „äußere" Rechtssystem, kann das oben behandelte Völkerrechtssystem als ein „inneres" eingeschätzt werden, während zu dem „äußeren" Völkerrechtssystem die Völkerrechtswissenschaft in ihrer gesamten Breite und Vielfalt gehört. Sie stellt ein ideelles, ein wissenschaftliches System dar, das aus mehreren Teilen besteht, die bereits eingangs erwähnt worden sind (Völkerrechtstheorie, Völkerrechtsphilosophie, Völkerrechtssoziologie, Völkerrechtsmethodologie Völkerrechtsdogmatik und Geschichte der Völkerrechtswissenschaft). Unter Anwendung philosophisch-gnoseologischer Aspekte[126] liegt ein System erster Ordnung vor. Die Bestandteile machen ein System der zweiten Ordnung und zugleich Teilsysteme aus. Sie jedoch haben ihrerseits ihre eigenen Systeme. Hierbei geht es dem Wesen, den Funktionen und den Zielstellungen nach um Systeme der dritten Ordnung. In ihrem Verhältnis zu dem jeweiligen Teilsystem sind die Subsysteme. So besitzt die Völkerrechtsphilosophie als Teilsystem der Völkerrechtswissenschaft die Subsysteme Theorie, Methodologie und Geschichte der Völkerrechtsphilosophie.[127] Das Teilsystem Völkerrechtssoziologie hat ebenso seine eigenen Subsysteme, und zwar Theorie, Methodologie, Dogmatik und Geschichte der Völkerrechtssoziologie.[128]

Es ist geradezu ein Gebot wissenschaftlicher Vernunft gewesen, sich der Erarbeitung dieser Teilsysteme und ihrer Subsysteme bereits Ende der 70er-Jahre zuzuwenden, vorwiegend um eine wissenschaftlich gestützte

Klarheit im Makrokosmos, ja Universum von rechtlichen, politischen und moralischen Normen zu schaffen. Es ist z. B. bereits darauf hingewiesen worden, dass der Völkerrechtsphilosoph die neuesten Forschungsergebnisse des Völkerrechtssoziologen genau kennen muss, sonst bestünde die große Gefahr, die Idealität mit der Realität, die abstrakten Gerechtigkeitspostulate mit den knallharten Staatsinteressen zu verwechseln.[129] Diese Teil- und Subsysteme existieren nicht statisch nebeneinander, sondern zwischen ihnen gibt es eine wechselseitige Bedingtheit. Ebenso ist es mit den Elementen innerhalb ein- und desselben Subsystems. Besonders interessant dürfte auch das Wechselverhältnis zwischen den Rechtsnormen (Völkerrechtstheorie), Moralnormen (Völkerrechtsphilosophie) und den politischen Normen (Völkerrechtssoziologie) sein.

1.4 Struktur des Völkerrechts und der Völkerrechtswissenschaft als Gegenstand der Völkerrechtstheorie

Die Völkerrechtstheorie muss bei der Behandlung der Strukturproblematik des Völkerrechts und der Völkerrechtswissenschaft unbedingt auf den philosophisch-gnoseologischen Strukturbegriff zurück greifen, sonst bestünde die Gefahr, über das Niveau der einfachen Beobachtung, d. h. über den ersten Schritt, nicht hinauszugehen.
Fast einmütig wird in der philosophischen Literatur die Struktur als eine „Menge der die Elemente eines Systems miteinander verknüpfenden Relationen" definiert.[130] Hieraus lässt sich ableiten, dass die Struktur eines Systems drei wesentliche Merkmale aufweist: Zum einen besteht eine Menge; ein geordnetes Ganzes.[131] Zum anderen existieren zwischen den Elementen des Ganzen wechselseitige Beziehungen, auf die es ankommt. Zum dritten macht erst die Struktur das System dynamisch[132] und damit entwicklungsfähig. Deswegen kann m. E. die Völkerrechtstheorie dieser gnoseologisch-dynamischen Strukturdefinition folgen und nicht einer ontologisch-statischen.[133]

Es ist ein Verdienst der Rechtstheoretiker Karl. A. Mollnau und Hermann Klenner gewesen, bereits wesentliche Elemente einer Strukturtheorie innerhalb der Allgemeinen Rechtstheorie herausgearbeitet zu haben. Ihre

Grunderkenntnisse können von der Allgemeinen Völkerrechtstheorie fast ohne Einschränkungen übernommen werden. Deswegen sollen hier ihre Untersuchungsergebnisse kurz vorgestellt werden. Mollnau stellt folgende Strukturebenen im makrostrukturellen Bereich fest:
a) Beziehungen zwischen den Zweigen sowie innerhalb von Rechtszweigen, was noch zu behandeln sein wird; b) Beziehungen zwischen Rechtsnormen verschiedener hierarchischer Stufen als Ausdruck verschiedener Rechtserzeugungsverfahren; c) Beziehungen zwischen Rechtsnormen gleicher oder hierarchischer Stufen, gleicher oder verschiedener Rechtszweige, horizontaler oder vertikaler Normenverknüpfungen; d) Beziehungen zwischen Rechtsnormen und Rechtsnormengruppen; e) Beziehungen zwischen Rechtsnormen verschiedener semantischer Stufen (z. B. zwischen Objekt- und Metanormen, strukturelle Bedeutung von Legaldefinitionen etc.). Er betrachtet dieses Beziehungsgeflecht als ein dynamisches Phänomen mit Übergängen zum Struktur-Mikrokosmos. Mollnau sieht ferner die Rechtsstruktur als eine „Momentaufnahme vom Veränderungs- und Entwicklungsprozess des Rechts“ und die Rechtsstruktur als „geronnene Rechtsentwicklung“ an.[134] Klenner wiederum lehnt eine Beschränkung auf die Mikro- und die Makrostruktur eines Rechtssystems ab und plädiert für die Beachtung der Sozialstruktur des Rechts, vorausgesetzt, dass an ihr das Recht als „produziertes oder produzierenden Element“ unmittelbar beteiligt ist. Er unterscheidet außerdem zwischen der ontologischen (Rechtsnormen, Recht als Produkt und auch Produzierendes) und der gnoseologischen (Strukturtheorie des Rechtssystems, insbesondere der Rechtsnorm) Dimension.[135]

Ein jahrzehntelanges systematisches Studium der völkerrechtlichen Literatur hat gezeigt, dass die Strukturproblematik ziemlich stiefmütterlich behandelt worden ist. Eine wohltuende Ausnahme bilden mehrere Völkerrechtswissenschaftler der ehemaligen Sowjetunion, die sich dieser Problematik sowie weiteren „weißen Flecken“ der Völkerrechtswissenschaft zugewandt haben. Völkerrechtler anderer Länder haben sich zur Strukturfrage des Völkerrechts entweder nur sporadisch und oberflächlich[136] oder äußerst ontologisch-statisch[137] geäußert.

Unter den Völkerrechtlern des ehemaligen Imperium Sovieticum Supremum sind in Sonderheit zwei zu nennen, die interessanterweise nicht im Zentrum des Imperiums, sondern in der Peripherie tätigen D. I. Feldmann (Kasan) und E. T. Rulko (Kiew) hervorzuheben. Gestützt auf philosophische Erkenntnisse, haben sie eine Strukturposition erarbeitet, der man grundsätzlich folgen kann. Beide, und zwar unabhängig voneinander, gelangen zu der Feststellung, dass die Wechselbeziehungen zwischen den einzelnen Elementen des Völkerrechtssystems seine Struktur darstellen.[138]

Andererseits ist zu bemerken, dass Bleckmann fast als einziger Völkerrechtler innerhalb der nach wie vor stark rechtspositivistisch ausgerichteten deutschen Völkerrechtswissenschaft sich mit völkerrechtstheoretischen Fragestellungen gründlich befasst hat. Sein rechtstheoretisches Verständnis ist jedoch größtenteils in der Tat ontologisch statisch. Es fehlt die absolut notwendige Anreicherung der Völkerrechtswissenschaft durch philosophische Grunderkenntnisse. Dies entspricht vollauf der Tradition fast der gesamten deutschen Rechtswissenschaft, spätestens seit der Gründung des Deutschen Reiches 1871. Die wenigen Naturrechtler haben, abgesehen von einer kurzen Zeit nach dem Zweiten Weltkrieg, kaum eine entscheidende Rolle gespielt.
Bei beiden ehemaligen sowjetischen Völkerrechtlern fehlt jedoch eine tiefergehende Behandlung der Beziehungen zwischen den Systemelementen. Unter Anwendung der in erster Linie von dem Rechtstheoretiker Karl A. Mollnau herausgearbeiteten Beziehungskriterien innerhalb des Rechtssystems und bei gebührender Beachtung des Völkerrechtssystems mit seinen Charakteristiken soll hier der Versuch unternommen werden, das ziemlich komplexe Beziehungsgeflecht der Völkerrechtsstruktur zu analysieren. Dabei kommt es auf das jeweilige Kriterium bzw. auf die jeweilige Ausgangsbasis an.
a) Wird der Aufbau – absichtlich wird der philosophische Strukturbegriff nicht verwendet – zugrunde gelegt, so gibt es zwischen den Zweigen wechselseitige Beziehungen horizontaler Art.
b) Werden die grundlegenden Prinzipien des Völkerrechts als Kriterium für die Rechtsnormen verwendet, dann gibt es hauptsächlich hierarchisch-vertikale Beziehungen im gesamten Normensystem des Völkerrechts.

c) Werden die Rechtsnormen in ihrer Gesamtheit in Erwägung gezogen, so bestehen Beziehungen zwischen ihnen. Derartige Beziehungen existieren ebenso zwischen den Rechtsnormen eines einzigen Völkerrechtszweiges.
d) Geht es nur um Völkervertragsnormen, dann werden sowohl vertikale als auch horizontale Beziehungen bejaht.
e) Bei den Völkervertragsnormen können ebenso vertikale sowie horizontale Relationen festgestellt werden.
f) Zwischen Völkervertragsnormen und Völkergewohnheitsnormen sind gleichfalls Beziehungen vorhanden.
g) Die „Allgemeinen Rechtsgrundsätze" stellen ebenso ein System (Subsystem) dar, welches seine eigene Struktur besitzt. Zwischen ihm und den anderen Subsystemen (siehe d) und e) stellt man ebenso Beziehungen fest etc.
h) Bisher sind hauptsächlich Beziehungen im Rahmen des Makrokosmos des Völkerrechtssystems erwähnt worden. Es gibt aber auch Beziehungen innerhalb des Normenmikrokosmos, z. B. die mikrostrukturellen Beziehungen innerhalb einer Norm, und zwar unabhängig von der Normenart.
Nicht zuletzt sind die Beziehungen zwischen den Rechtsnormen des Völkerrechts auf der einen Seite und den politischen sowie den Moralnormen auf der an anderen Seite unbedingt zu berücksichtigen, die – philosophisch betrachtet – zu der politischen und der sozial-ethischen „Umgebung" des Völkerrechtssystems gehören. Derartige Umgebungs- oder Umfeldbeziehungen sind möglich, weil alle drei Normensysteme namentlich die Völkerrechtsnormen, die politischen Normen und die Moralnormen einen sozialen Charakter besitzen und daher „offen" sind. In diesen Normenmakrokosmos existiert ein äußerst lebendiges, dynamisches, wandlungs- und entwicklungsfähiges, äußerst komplexes Beziehungsgeflecht in den internationalen Beziehungen.

In solchen internationalen Dimensionen und Zusammenhängen betrachtet, stellt das Völkerrechtssystem ein Subsystem des Hauptsystems der internationalen Beziehungen dar. Diese hierarchische Sicht ist allerdings nur gnoseologisch und formal-logisch gemeint. Eine ontologische Betrachtungsweise führt zu einem anderen Ergebnis: Das Normensystem des Völkerrechts steht im Mittelpunkt der internationalen Beziehungen, denn es ist ohne Zweifel älter und vor allem wichtiger als das System der politischen Normen und das System der Moralnormen.

Zwischen den bereits erwähnten Bestandteilen (Elementen) der Völkerrechtswissenschaft als System erster Ordnung, namentlich der der Völkerrechtstheorie, der Völkerrechtsphilosophie, Völkerrechtssoziologie, der Völkerrechtsmethodologie, der Völkerrechtsdogmatik und der Geschichte der Völkerrechtswissenschaft, die in ihrem Verhältnis zu dem System der Völkerrechtswissenschaft als System zweiter Ordnung bzw. als Teilsysteme zu betrachten sind, gibt es Verzahnungen, Querverbindungen, ja dialektische Wechselbeziehungen, die in ihrer Totalität die Struktur der Völkerrechtswissenschaft ausmachen.
Ähnlich ist es auch bei den Elementen eines Teilsystems, z. B. Elemente der Völkerrechtsphilosophie (Theorie, Methodologie und Geschichte). Sie sind in ihrem Verhältnis zu dem Teilsystem Völkerrechtsphilosophie Systeme der dritten Ordnung, dem Wesen nach Subsysteme. Ihre Beziehungen untereinander machen die Struktur der Völkerrechtsphilosophie aus.
Unabhängig davon, ob es sich um ein ontologisches oder um ein gnoseologisches System handelt, erlangt dieses durch die sich dynamisch abspielenden dialektischen Prozesse eine neue Qualität, die über die Qualität der einzelnen Bestandteile weit hinausgeht. Hieraus können neue Erkenntnisse erwachsen, die gleichermaßen für die Völkerrechtspraxis sowie für die Völkerrechtswissenschaft von eminenter Bedeutung sind.

1.5 Zweige des Völkerrechts als Gegenstand der Völkerrechtstheorie

Zunächst sei die Bemerkung vorangestellt, dass fast ausschließlich Völkerrechtler der ehemaligen Sowjetunion sich der Zweigproblematik zugewandt haben, und dass es außerdem über die Zweigkriterien keine einheitliche Auffassung festgestellt werden kann. Werden die verschiedenen Meinungen kritisch und wertend zusammengefasst, so müssen die folgenden Kriterien vorliegen, damit von einem Völkerrechtszweig gesprochen werden kann:

a) Ein bestimmter Bereich der internationalen Beziehungen, in concreto ein spezieller Gegenstand[139]; b) auf alle Fälle ein mit dem Gegenstand in enger Verbindung stehendes spezielles Ziel[140]; c) spezielle Rechtsnormen mit inhaltlich ebenso speziellen Rechten und Pflichten[141]; d) die Normengruppe stütz sich auf ein grundlegendes Völkerrechtsprinzip[142] und widerspricht keinem der sieben grundlegenden Völkerrechtsprinzipien; e) die Zweigmaterie, also der Gegenstand ist von der Mehrheit der Staaten als wichtig und als normierungsnotwendig betrachtet worden; f) möglicherweise liegt ein besonderes Rechtserzeugungsverfahren vor[143] wie z. B. bei der Internationalen Seerechtskonvention von 1982. Dagegen ist jedoch Einwand durchaus berechtigt, weil die Normierungsmethode bzw. der Regelungsmechanismus im Völkerrecht grundsätzlich einheitlich ist. Bedingt durch den Normierungsgegenstand kommt es allerdings zu Modifizierungen des einheitlichen völkerrechtlichen Rechtserzeugungs- und Normenbildungsprozesses[144], der auf den Kodifikationskonferenzen im allgemeinen als treaty making process bekannt ist. Es liegt bereits eine Definition des Völkerrechtszweiges vor: „Gesamtheit der Rechtsprinzipien und Normen, die die spezifischen Beziehungen zwischen den Völkerrechtssubjekten auf einem bestimmten Gebiet ihrer gegenseitigen Beziehungen regeln sowie ein Rechtsregime einer bestimmten Sphäre festlegen“.[145] Im Prinzip kann man dieser Definition zustimmen. Sie ist allerdings sehr allgemein. Daher soll hier versucht werden, auf der Grundlage der oben gewonnenen Erkenntnisse eine konkretere Definition zu formulieren: Der Völkerrechtszweig ist ein rechtlich geregelter, bestimmter Bereich der internationalen Beziehungen mit besonderen Normen sowie mit besonderen Rechten und Pflichten, der sich auf ein grundlegendes Völkerrechtsprinzip stützt, dessen Normen den sieben grundlegenden Völkerrechtsprinzipien nicht widersprechen, dessen Normierungsnotwendigkeit von der Staatenmehrheit akzeptiert worden ist und außerdem ein modifiziertes Rechtserzeugungsverfahren aufweist.
Will man die gegenwärtig tatsächlich vorhandenen Völkerrechtszweige aufzählen, so ist zunächst methodisch davon auszugehen, welche in den Völkerrechts-Lehrbüchern, international gesehen, normalerweise und traditionell Erwähnung finden. D. h. über sie liegt ein Consensus generalis professorum et doctorum vor: Diplomaten- und Konsularrecht, Humanitäres Völkerrecht („Jus in bello“, Bräuche und Gesetze des Krieges), Interna-

tionales Verwaltungsrecht, Internationales Vertragsrecht (Völkervertragsrecht), Internationales Seerecht (Völkerseerecht), Internationales Luftrecht, Weltraumrecht, Völkerrechtlicher Schutz der Menschenrecht, Internationales Flüchtlingsrecht, Internationales Recht der Staatennachfolge, Internationales Strafrecht, Internationales Wirtschaftsrecht (größtenteils). Weitere Völkerrechtszweige sind hinzugekommen: Internationales Atomrecht, Internationales Sicherheitsrecht, Vertragsrecht der internationalen zwischenstaatlichen Organisationen, das „Entwicklungsvölkerrecht“ in statu nascendi sowie – bedingt durch den wissenschaftlich-technischen Fortschritt[146] – das Internationale Umweltschutzrecht und das Internationale Informations- und Kommunikationsrecht.
Während einige Völkerrechtler weitere Zweige nennen wie z. B. das Internationale Medizinrecht, das Internationale Meteorologische Recht, das Internationale Handelsrecht[147], das Internationale Arbeitsrecht[148], finden andere diese Sicht übertrieben[149] oder lehnen sogar die Zweigproblematik im Völkerrecht überhaupt schlichtweg ab.[150]
Die Elemente, vor allem die Prinzipien und Normen eines Völkerrechtszweiges, machen dessen System aus. Die Wechselbeziehungen wiederum dieser Elemente untereinander stellen seine Struktur dar. Am perfektesten ist dies bei einigen Zweigen wie z. B. bei dem Völkerseerecht festzustellen, das einen gewaltigen Prinzipien- und Normenkomplex wie aus einem Guss bildet.

1.6 Institute des Völkerrechts als Gegenstand der Völkerrechtstheorie

Weil die ausführliche Behandlung der relativ komplizierten Instituts-Problematik den Rahmen des vorliegenden Beitrages bei weitem sprengen würde, kann darauf nur knapp eingegangen werden. Auch bei dieser Problemstellung gilt die Festlegung, dass sich fast ausschließlich Völkerrechtler der ehemaligen Sowjetunion ihr zugewandt haben. D. I. Feldmann schätzt allerdings den Diskussionsstand in den 60er-Jahren sehr kritisch ein: Das Institut werde häufig betrachtet als „zu umfassend, verschwommen und unbestimmt.[151] Es herrscht in der Tat ein Begriffswirrwarr vor.

Deswegen erweist sich der linguistisch-semantische Weg ad fontes als absolut notwendig. Das lateinische Wort Institutum bedeutet „jede durch Sitte, Gewohnheit, Verfassung … Anordnung des häuslichen und bürgerlichen Lebens[152] oder – etwa konkreter – das „durch positives (gesetzlich verankertes) Recht geschaffene Rechtsgebilde (z. B. Ehe, Familie, Eigentum o. ä.).[153] Hieraus ergibt sich die Schlussfolgerung, dass erst durch das Recht ein Wort zum Rechtsbegriff wird. Aus der Rechtspraxis (Gesetzesbücher) lässt sich ableiten, dass zu einem solchen Institut mehrere und sogar zahlreiche Spezialnormen gehören, die in ihrer Gesamtheit ein Rechtsgebiet bzw. einen Rechtszweig wie z. B. Familienrecht, Arbeitsrecht, Polizeirecht etc. ausmachen.
Diese Erkenntnis kann auf das Völkerrecht angewandt werden: Ein Völkerrechtsinstitut ist ein durch internationale Konventionen geschaffenes Rechtsgebilde oder Rechtsphänomen. Aus Platzgründen seien hier nur einige Beispiele genannt wie z. B. Staatennachfolge, die insgesamt in zwei Konventionen umfassend geregelt wird: „Wiener Konvention über die Staatennachfolge in Verträge“ von 1978 und „Wiener Konvention über Staatennachfolge in Staatsvermögen, Staatsarchive und Staatsschulden“ von 1983. Es entstehen mehrere Institute. Ferner ist der Vertrag zu erwähnen, dessen Regelung in der „Wiener Konvention über das Recht der Verträge“ von 1969 sowie in der „Wiener Konvention über das Recht der Verträge zwischen Staaten und internationalen Organisationen oder zwischen Staaten und internationalen Organisationen oder zwischen internationalen Organisationen“ von 1986 umfangreich erfolgt ist. Relativ viele Institute sind in der „Seerechtskonvention“ von 1982 enthalten wie z. B. Territorialgewässer, Anschlusszone, Meerengen, Festlandsockel, Offenes Meer und Meeresboden. Zu jedem dieser Institute gehören gleich geartete Normen, die ähnliche Materien regeln. Die Gesamtheit dieser Institute und Rechtsnormen bildet im Wesentlichen den Völkerrechtszweig Völkerseerecht.
Die Institute sind in den oben genannten Konventionen auf der Basis der grundlegenden Prinzipien des Völkerrechts rechtlich geregelt bzw. verankert worden. Dies ist durch zahlreiche Rechtsbestimmungen, Rechtsnormen geschaffen worden. Hieraus folgt, dass das jeweilige Institut zwischen den grundlegenden Prinzipien und den Spezialnormen steht. Gerade in diesem Verhältnis liegt auch seine Funktion. Eine andere Schlussfolgerung besteht

darin, dass zwischen den grundlegenden Völkerrechtsprinzipien und den Völkerrechtsinstituten ein vertikales Verhältnis besteht. Das Verhältnis jedoch zwischen den Instituten eines Völkerrechtszweiges ist eher horizontaler Natur. Dies gilt ebenso für die Beziehungen der zu einem Institut gehörenden Spezialnormen untereinander. Gehört aber dazu ein Prinzip, dann ist sein Verhältnis zu den Spezialnormen eindeutig vertikal. Weil aber Institute wichtige Elemente der jeweiligen Zweige sind, entsteht zumindest chronologisch eine interessante Kette: Grundlegende Völkerrechtsprinzipien – Völkerrechtsinstitute – Völkerrechtsnormen spezieller Natur – Völkerrechtszweige. In gnoseologischer Hinsicht sieht aber die Kette anders aus: Grundlegende Völkerrechtsprinzipien – Völkerrechtszweige – Völkerrechtsinstitute – Völkerrechtsnormen.[154]

1.7 Völkerrechtsnormen als Gegenstand der Völkerrechtstheorie

1.7.1 Charakter und Merkmale der Völkerrechtsnormen

Für die Zwecke der Normbildungstheorie im Völkerrecht ist jene Definition besonders geeignet, nach der die Rechtsnorm eine „allgemeinverbindliche, formal bestimmende allgemeine Verhaltensregel“[155] ist. Eine ähnliche Auffassung wird von mehreren Völkerrechtlern vertreten.[156] Als Verhaltensregel ist ferner die Rechtsnorm ein „allgemeinverbindlicher, gleicher Maßstab für das Handeln“ jedes Rechtssubjekts. Insofern besitzt jede Rechtsnorm Aufforderungscharakter. Demnach sind die Völkerrechtsnormen das allgemeinverbindliche Maß für das notwendige und mögliche Verhalten der Staaten innerhalb des Gesamtsystems der internationalen Beziehungen.

Die einzelne Rechtsnorm ist im Wesen nach „die kleinste sinnvolle Einheit des Systems des geltenden objektiven Rechts, für die die allgemeinen Eigenschaften des Rechts zutreffen“.[157] Dabei handelt es sich um folgende Eigenschaften des Rechts: a) Die Allgemeinheit (Generalität). Sie bedeutet in erster Linie, dass die Rechtsnormen für mehrfache Anwendung durch die Rechtssubjekte bestimmt sind und für ihr Verhalten gleiche Maßstäbe setzen. Es wird also von den konkreten Sachverhalten abstrahiert und es werden ungleiche, aber gleichartige Rechtssubjekte und Vorgänge am gleichen Maßstab gemessen. Die Generalität bedeutet ferner, dass die in den

Rechtsnormen fixierten Handlungsaufforderungen abstrakten Charakter besitzen. Die allgemeinen Verhaltensmaßstäbe können individualisiert werden. b) Die Rechtsnormen haben außerdem Aufforderungscharakter. Er kann von unterschiedlicher Intensität und Schärfe sein.

Diese rechtstheoretischen Erkenntnisse können etwa modifiziert und differenziert von der Völkerrechtstheorie übernommen und verwendet werden. In einem hohen Abstraktionsgrad stellt die Rechtsnorm auch im Völkerrecht die kleinste sinnvolle Einheit und die „primäre Zelle“ dar.[158] Während jedoch die Eigenschaften der Allgemeinheit, Allgemeinverbindlichkeit und Abstraktheit für allgemeine Prinzipien und Normen gelten, ist dies bei den konkreten Vertragsnormen nicht unbedingt der Fall. Die Eigenschaft hingegen, Verhaltensmaßstab zu sein, gilt für alle Rechtsnormen. Ebenso stellt das Völkerrecht als Recht gleichen Maß für ungleiche Sachverhalte und Subjekte dar. Gerade diese Eigenschaft macht die Normativität des Völkerrechts aus. Dabei sind jedoch neuere Entwicklungen wie z. B. die bevorzugte Behandlung von Entwicklungsländern zu beachten. In diesem Falle gilt eher der Grundsatz ungleiche Maßstäbe auf ungleiche Rechtssubjekte anzuwenden.

1.7.2 Struktur der Völkerrechtsnormen

Nach gängiger Auffassung in der Rechtstheorie hat eine Rechtsnorm drei Bestandteile: a) Prämisse (Hypothese). Sie gibt an, unter welchen Bedingungen eine Rechtsnorm verwirklicht werden muss. Sie legt ferner fest, unter welchen Umständen und Bedingungen für welche Rechtssubjekte Rechte und Pflichten entstehen. b) Disposition (Erlaubnis, Gebot, Verbot). Sie legt das Verhältnis fest, das beim Vorliegen der Prämisse von den betreffenden Rechtsadressaten verbindlich gefordert wird. Sie enthält damit die eigentlichen Verhaltensregeln. c) Sanktion. Sie bestimmt die Rechtsfolgen, die für jeden Normadressaten eintreten, der die Disposition verletzt bzw. nicht verwirklicht.
Da es aber schwierig ist, in jeder Rechtsbestimmung diese Elemente zusammen zu finden, wird seit einiger Zeit von einzelnen Rechtstheoretikern vorgeschlagen, in einer Rechtsnorm nur zwei Elemente zu sehen: Tatbe-

standteil und ein Folgehandlungsteil (hauptsächlich Sanktionen) mit einem Operator. Für gleichartige Situationen und Bedingungen (Tatbestand) gebietet, verbietet oder erlaubt (Operator) sie ein angegebenes Verhalten (Folgehandlung).[159] Dabei gestaltet der Operator („ist verpflichtet", „darf", „ist verboten", „muss"), eindeutig Rechtsnormen von allgemeinen Aussagen, Werturteilen und Fragen zu unterscheiden.[160] Gemäß der hier vorgestellten Zweigliederungs-Konzeption wird also jede Rechtsnorm betrachtet als eine durch einen deontischen (Gebots-, Verbots- oder Erlaubnis-) Operator verknüpfte Beziehungen zwischen einem Tatbestand und einer Folgehandlung.

Im Prinzip kann dieser modernen Konzeption von der Rechtsnormstruktur von der Völkerrechtswissenschaft übernommen werden. Zugleich ist jedoch darauf hinzuweisen, dass die Sanktion nicht in jeder einzelnen Rechtsnorm, sondern vielmehr im Völkerrechtssystem und zwar im Institut der völkerrechtlichen Verantwortlichkeit enthalten ist. Ginge man von der Dreigliederungs-These aus, so wäre es kaum möglich, alle drei Elemente in einer Völkerrechtsnorm zu finden. Deshalb ist in der Völkerrechtstheorie diese überholte These abzulehnen. Es kann somit festgestellt werden: Einerseits gehört die Sanktion zum Recht und ganz allgemein gesehen, auch zur Rechtsnorm[161], andererseits ist sie jedoch im Völkerrecht nicht unbedingt bei jeder Rechtsnorm als ein konkret ausgewiesenes Strukturelement anzutreffen, sondern im Gesamtsystem des Völkerrechts. Es kann aber auch festgestellt werden, dass es inzwischen im Interesse von Entwicklungsländern Völkerrechtsnormen gibt, die nicht unbedingt Sanktionen vorsehen. Hierbei handelt es sich um Normen zur bevorzugten und nichtreziproken Behandlung von Entwicklungsländern. Versucht man jedoch nachzuweisen, dass auch Resolutionen der UN-Vollversammlung Rechtsnormen seien[162] – sie sehen in der Regel keine Sanktionen vor – so ist dies nicht überzeugend. Die rechtliche Sanktion wird ferner ziemlich lato sensu so aufgefasst, dass Reaktionen der öffentlichen Meinung miterfasst werden. Im Völkerrecht sollte jedoch diese eminente Frage eher lege strictum betrachtet werden.

1.7.3 Bedeutung der Völkerrechtsnormen

Die Rechtsnorm ist das zentrale Element des Systems der rechtlichen Regelung[163], des gesamten rechtlichen Normenbildungs- und Durchsetzungsprozesses und damit das Kernstück des Völkerrechts. Dies gilt insbesondere für die Prinzipien und Normen mit einem Jus cogens-Charakter.
Auf Grund ihrer volitiven Natur vermögen die Rechtsnormen nicht nur Interessen widerzuspiegeln, sondern auch gesellschaftliche Verhältnisse aufrecht zu erhalten und auch zu gestalten. D. h., dass die Rechtsnormen eine passive sowie eine aktive, eine statische sowie eine dynamische Funktion haben. Entstehen zwischen der Widerspiegelungs- und der Gestaltungsfunktion der Rechtsnormen irgendwelche Widersprüche, dann können diese nur durch die souveränen Staaten im Rahmen des komplexen Normenbildungsprozesses überwunden werden. Dies bedeutet, dass angesichts der Existenz von souveränen Staaten die Rechtsnormen ex nihilo und automatisch weder entstehen noch vergehen. Es ist also so gut wie ausgeschlossen, dass sich über Nacht aus einer res necessaria (z. B. Entwicklung in der Dritten Welt) ein ius necessarium (z. B. ein „Recht auf Entwicklung“) herausbildet. Nur durch das konsensuale Wirken der souveränen Staaten und auf der Basis gegenseitiger Kompromisse können Rechtsnormen geschaffen werden.

1.7.4 Verhältnis von Prinzip und Norm im Völkerrecht

Der Begriff „Prinzip“ bedeutet in der Rechtstheorie eine grundlegende Idee des Rechtssystems, eine normative Aufforderung und vor allem einen „Leitgrundsatz“ im Recht. In den Prinzipien kristallisieren sich heraus und vereinen sich die typischen Züge des jeweiligen Rechtstyps.[164] Dabei unterscheiden sich die Prinzipien des Rechts „von anderen ähnlichen gesellschaftlichen Kategorien, insbesondere von den Prinzipien der Rechtswissenschaft, des Rechtsbewusstseins …“[165] weil der Begriff „Prinzip“ im innerstaatlichen Recht eben etwas Grundlegendes per definitionem bedeutet, ist es nicht üblich, noch dazu den Begriff „Grundprinzip“ zu verwenden. Abgesehen davon, der Begriff „Grundprinzip“ wäre eine Tautologie und

sogar bezüglich der Verwendung ein Pleonasmus. Die Prinzipien des Rechts besitzen Rechtsnormativität.
Die objektiven Erfordernisse in den internationalen Beziehungen finden über den consensus juris generalis der Staaten ihre Widerspiegelung in entsprechenden grundlegenden und allgemein anerkannten Prinzipien, die jedoch auch Rechtsgrundlage bei der Entscheidung konkreter Fälle sein können. Ein Prinzip des Völkerrechts ist wie jede Rechtsnorm eben eine normative Vorschrift. Seine typischen Merkmale sind hoher Abstraktionsgrad, universelle Geltung, allgemeine Anerkennung und zwingender Charakter. Es bringt ferner grundlegende und konsensfähige internationale Werte zum Ausdruck und regelt das Verhalten ausnahmslos aller Staaten in ihrer Eigenschaft als Völkerrechtssubjekte.

Mit dem Ziel, in das gegenwärtige terminologische Chaos Ordnung zu bringen, ist in der UNITAR-Studie vom Oktober 1984 in Verbindung mit der Herausbildung von Prinzipien der Neuen und Gerechten Internationalen Wirtschaftsordnung der Versuch unternommen worden, den Begriff „Prinzip" zu definieren. Dabei sind die Verfasser der Studie von der internationalen Praxis ausgegangen und haben insofern den Ist-Zustand eingefangen und beschrieben. Hiernach kann ein Prinzip folgendes sein: a) eine fundamentale Norm des Völkerrechts wie z. B. das Verbot der Gewaltandrohung und Gewaltanwendung; b) eine gut etablierte und tief verwurzelte Norm wie z. B. das Prinzip der Freiheit des offenen Meeres; c) eine Norm von allgemeiner Natur und größerer Reichweite als spezielle Normen.
Ausgehend von der Makrostruktur des Völkerrechtssystems könnte die Meinung vertreten werden, dass innerhalb dieses Systems sieben Prinzipien – sie sind in der UN-Prinzipien-Deklaration von 1970 genau formuliert worden – und dazu noch zahlreichen Normen existieren. Einige Normen haben allgemeinen Charakter, ohne jedoch die Qualität der Prinzipien zu besitzen. Die meisten Normen sind jedoch spezieller Natur. Geht es dann um das Verhältnis zwischen den Prinzipien und den anderen Normen, so sind diese Unterschiede zu beachten. Hierdurch entsteht ein differenzierteres Bild, als im Allgemeinen im Schrifttum angenommen wird. Zwischen ihnen kann in der Regel ein Wechselverhältnis bestehen. Auch ist es möglich, dass ein Prinzip Normen hervorbringt oder umgekehrt, d. h. es entstehen allmählich

Normen, die sich eines Tages zu einem Prinzip verdichten.[166] Prinzipien können von Normen spezifiziert werden. In diesem Falle gilt zwischen ihnen das Verhältnis von Allgemeinem (Prinzip) und Besonderem (Normen).[167] Diese möglichen Beziehungen gelten jedoch nicht für alle Normen. Sie gelten z. B. nicht für Normen, die zwar allgemein und allgemein anerkannt sind, ohne jedoch Prinzipien zu sein. In einem solchen Fall kann nicht davon die Rede sein, dass die Normen die Prinzipien konkretisieren, ergänzen oder allmählich formen. Andererseits ist es durchaus möglich, dass Normen mit allgemeinem Charakter von speziellen Normen konkretisiert und ergänzt werden.
Der wesentliche Unterschied zwischen einem Prinzip und einer Norm besteht darin, dass erstere einen höheren Grad normativer Verallgemeinerung besitzen.

1.7.5 Hierarchie der Völkerrechtsnormen

Innerhalb des Systems des Völkerrechts bedingen sich Prinzipien und Normen gegenseitig. Hierdurch werden Aufgaben und Funktionen des Völkerrechts realisiert. Demnach kann man innerhalb der Völkerrechtsordnung eine gewisse Rangordnung erkennen. Sie widerspiegelt indirekt materielle Erfordernisse, Interessen und Willen. Die Hierarchie von Prinzipien und Normen ist nicht zufällig. Sie besitzt dem Wesen nach einen dreifachen Charakter: a) Sie ist objektiv bedingt und wird durch die Willensübereinstimmung der Staaten geschaffen. b) Sie ist Widerspiegelung der oben genannten Art sowie der Rechtsstruktur. c) Sie stellt ferner eine Metawiderspiegelung dar, d. h. eine wissenschaftliche Widerspiegelung.

Rechtstheoretisch betrachtet, ergibt sich die Normenhierarchie aus der inneren Struktur, dem Begriff als eines Normensystems und aus der Makrostruktur des Rechts, aus der gegenseitigen Abhängigkeit der Normen, aus dem Normativitätscharakter und nicht zuletzt aus der besonderen Bedeutung von Prinzipien und Normen für die gesamte Völkerrechtsordnung sowie für die Lösung der globalen Probleme der Menschheit. Hieraus ergibt sich die Schlussfolgerung, dass zum einen das Bestimmen der Hierarchie nicht willkürlich sein kann und darf und zum anderen, dass es konkreter

Kriterien bedarf, um innerhalb des Völkerrechtssystems eine oder mehrere Rangordnungen aufstellen zu können.
Wird der Normativitätscharakter als Kriterium genommen, dann ist zwischen den jus cogens und den jus dispositivum Normen zu unterscheiden.[168] Erstere besitzen Priorität. Legt man die Bedeutung der Normen für den internationalen Normenbildungsprozess zugrunde, so stehen die sieben Prinzipien an erster Stelle. Wird die Bedeutung der Normen für die Lösung der globalen Probleme der Menschheit zum Maßstab erhoben, dann entsteht eine andere hierarchische Ordnung: a) Alle Prinzipien und Normen zur Erhaltung des Weltfriedens und der internationalen Sicherheit; b) die Prinzipien und Normen zum Schutze der menschlichen Umwelt; c) die Prinzipien und Normen zur Überwindung der Unterentwicklung. Hier handelt es sich offensichtlich um eine vertikale Struktur, die jedoch horizontale Strukturbeziehungen nicht ausschließt. Wird die Erhaltung des Weltfriedens zum entscheidenden Maßstab erhoben, dann sieht die vertikale Struktur etwas anders aus: An erster Stelle stehen die sieben Prinzipien. An zweiter Stelle stehen Normen in den multilateralen Verträgen universellen Charakters. Unter ihnen genießen wiederum jene Verträge Priorität, welche echte Abrüstungsmaßnahmen enthalten, von den in Frage kommenden Staaten ratifiziert und in Kraft gesetzt worden sind. Den dritten Platz könnten Normen bilateralen Charakters zwischen den USA und China einnehmen. Danach würden unter Umständen jene Jus cogens-Normen folgen, die nicht zu den sieben Prinzipien gehören. Schließlich würde man weitere Jus dispositivum-Normen in Betracht ziehen.
Unabhängig von den jeweiligen Kriterien stehen die sieben Prinzipien an erster Stelle. In bezug auf die Verbindlichkeit mögen sie gleichwertig sein. Damit käme ein horizontales Verhältnis in Frage. Es ist jedoch legitim, unter ihnen etwas zu differenzieren: Nimmt man als Kriterium das schwerwiegendste globale Problem der Menschheit, nämlich die Gefährdung des Weltfriedens, dann würde das Prinzip des Verbots der Gewaltandrohung und Gewaltanwendung den ersten Platz einnehmen. Wird das globale Problem der Unterentwicklung in Betracht gezogen, dann kämen in erster Linie die Prinzipien der friedlichen internationalen Zusammenarbeit und der souveränen Gleichheit in Frage.

Geht man insgesamt von den Erfordernissen des nuklear-kosmischen Zeitalters aus, so würde sich folgende politische Gewichtung innerhalb des Systems der sieben Prinzipien ergeben: Verbot der Gewaltandrohung und Gewaltanwendung, friedliche internationale Zusammenarbeit, souveräne Gleichheit der Staaten. Hieraus könnten hinsichtlich der staatlichen Souveränität schwerwiegende Konsequenzen erwachsen. Abgesehen davon, ist die politische Bedeutung auch der Prinzipien historisch bedingt. So stand z. B. in der Zeit des antikolonialen Kampfes das Selbstbestimmungsrecht der Völker im Mittelpunkt. In unserem Zeitalter wird dem Prinzip des Verbots der Gewaltandrohung und Gewaltanwendung Priorität zuerkannt. Im nachnuklearen Zeitalter wird bei einer weiteren Zuspitzung der globalen Probleme der Gefährdung der menschlichen Umwelt und der Unterentwicklung das Prinzip der friedlichen internationalen Zusammenarbeit höchstwahrscheinlich die wichtigste Rolle spielen. Gerade dieses grundlegnde Völkerrechtsprinzip scheint, in der Außenpolitik Chinas eine zunehmende Rolle zu spielen (z. B. „Seidenstrasse").

1.8 Schlussfolgerungen

1. Die Völkerrechtswissenschaft ist die Summe und das System von Kenntnissen, Erkenntnissen und Methoden über völkerrechtlich bedeutsame Materien. Ihr Gegenstand ist breiter als jener des Völkerrechts.
2. Die Völkerrechtswissenschaft hat folgenden Bestandteil und zugleich Wissenschaftsgebiete in statu nascendi: Völkerrechtstheorie, Völkerrechtsphilosophie, Völkerrechtssoziologie und Völkerrechtsmethodologie. Weitere integrale Bestandteile der Völkerrechtswissenschaft existieren bereits: Völkerrechtsdogmatik, Geschichte des Völkerrechts und Geschichte der Völkerrechtswissenschaft (Theorien).
3. Die Völkerrechtstheorie ist ein Bestandteil der Völkerrechtswissenschaft sowie ein Wissenschaftsgebiet in statu nascendi. Sie stützt sich größtenteils auf philosophische und teilweise auch auf rechtstheoretische Grundkenntnisse. Sie hat allgemeinen Charakter (Allgemeine Völkerrechtstheorie).
4. Die Völkerrechtstheorie stellt eine systematisch-logisch geordnete Menge von Aussagen bzw. Erkenntnissen über die gesamte Völkerrechtsord-

nung sowie über das Verhältnis der Bestandteile der Völkerrechtswissenschaft untereinander dar.

5. Zu den Gegenständen der Völkerrechtstheorie gehören vor allem das Wesen des Völkerrechts als Recht, das System und die Struktur des Völkerrechts und der Völkerrechtswissenschaft, die Prinzipien und Normen, das Völkergewohnheitsrecht, die „Allgemeinen Rechtsgrundsätze", die Normenhierarchie, die Normenbildung und Normendurchsetzung, die Zweige und die Institute des Völkerrechts.

6. Die Völkerrechtstheorie besitzt empirische Durchdringungs-, analytische Ordnung-, Erklärungsnormative und prognostische Funktion.

7. Das Völkerrecht ist größtenteils Koordinations- und Vereinbarungsrecht. Der Zielstellung nach ist es ein Ius pacis, Ius cooperationis, Ius progressionis sowie Ius coexistentiae zwischen Staaten der wichtigsten Kultur und Rechtskreise.

8. Das Völkerrecht besitzt Ordnungs-, Friedens-, Kooperations-, Stabilisierungs-, Anpassungs-/Umgestaltungs-, Sicherungs-/Konfliktregulierungs-, Gerechtigkeits-/Entwicklungs-, Legitimierungs-, Sanktions- und schließlich Schutzfunktion.

9. Das Völkerrechtssystem macht ein Ordnungsgefüge in den internationalen Beziehungen aus, das eine nach Ordnungskriterien gegliederte Mannigfaltigkeit von Prinzipien und Normen sowie anderen Elementen darstellt, wodurch das Verhalten der Völkerrechtssubjekte untereinander geregelt wird. Dies ist das „innere" System (ontologisches System) des Völkerrechts.

10. Die Völkerrechtswissenschaft ist das „äußere" System des Völkerrechts. Sie bildet ein ideelles (gnoseologisches) System, das sich aus mehreren Bestandteilen zusammensetzt. Sie besteht aus Teil- sowie aus Subsystemen.

11. Die Beziehungen zwischen den Elementen, vor allem zwischen den Normen des Völkerrechts, bilden die Völkerrechtsstruktur. Es gibt horizontale und vertikale Strukturbeziehungen. Die Beziehungen der Bestandteile der Völkerrechtswissenschaft untereinander machen die Struktur der Völkerrechtswissenschaft aus.

12. Ein Völkerrechtszweig ist ein geregelter Bereich der internationalen Beziehungen mit besonderen Normen sowie mit besonderen Rechten und

Pflichten, der sich auf ein grundlegendes Völkerrechtsprinzip stützt, dessen Normierungsnotwendigkeit von der Staatenmehrheit akzeptiert worden ist und außerdem ein modifiziertes Rechtserzeugungsverfahren aufweist.

13. Ein Völkerrechtsinstitut ist ein durch internationale Konventionen geschaffenes Rechtsgebilde oder Rechtsphänomen, zu dem in der Regel mehrere Normen gehören. In gnoseologischer Hinsicht besteht eine Kette: Grundlegende Völkerrechtsprinzipien – Völkerrechtszweige – Völkerrechtsinstitute – Völkerrechtsnormen.

14. Die Völkerrechtsnorm ist die kleinste sinnvolle Einheit und stellt die „primäre Zelle" dar. Die Sanktion ist nicht unbedingt ein Strukturelement der konkreten Völkerrechtsnorm. Sie ist vielmehr im Gesamtsystem des Völkerrechts angesiedelt.

15. Die Völkerrechtsnorm ist das zentrale Element des Völkerrechtssystems. Das Völkerrechtsprinzip ist per definitionem ein Leitgrundsatz mit normativem Charakter. Seine wichtigsten Merkmale sind hoher Abstraktionsgrad, universelle Geltung, allgemeine Verbindlichkeit sowie allgemeine Anerkennung.

1.9 Anmerkungen

[1] Vgl. In: Lexikon unregelmäßiger Verben der Altgriechischen Sprache (in Griechisch: „Lexikon anomálon rináton tis Arhéas Ellinikis Glóssis", «Λεξικόν ανωμάλων ρημάτων της Αρχαίας Ελληνικής Γλώσσης»), Thessaloniki 1958, S. 81 (in Griechisch). Das Verb theorein bedeutet außerdem auch Zuschauen, aber hierfür ist das Verb theamai (θέαμαι) auch theomai (θέομαι): ich schaue konzentriert hin, gedacht. Hieraus ergibt sich das Wort Theater. Es steht fest, dass beide Verben die gleiche Wurzel haben.

[2] Vgl. Geschichte des wissenschaftlichen Denkens im Altertum (Autorenkollektiv unter Leitung von Fritz Jürss), hrsg. von der Akademie der Wissenschaften der DDR, Berlin 1982, S. 153. Hierbei handelt es sich um ein hochwissenschaftliches Standardwerk.

[3] Aristoteles: Politik. (1279 b, 3. Buch), Leipzig 1922, S. 90.

[4] G. Klaus: Stichwort „Theorie". In: Philosophisches Wörterbuch (hrsg. von G. Klaus und M. Buhr, folgend: Philosophisches Wörterbuch). Band 2, Leipzig 1976, S. 1219; R. Stammler: Theorie der Rechtswissenschaft. 1. Auflage 1911, Halle 1923, S. 19.

[5] So beispielsweise A. Menne: Einführung in die Methodologie, Elementare allgemeinwissenschaftliche Denkmethoden im Überblick. Darmstadt 1980, S. 120.

[6] Beispielsweise R. Dreier: Recht – Moral – Ideologie, Studien zur Rechtstheorie. Frankfurt/M. 1981, S. 78.

[7] G. Klaus, (Anm. 4), S. 1219.

[8] Recht – Moral – Ideologie, Studien zur Rechtstheorie. Frankfurt/M. 1981, S. 78.

[9] So W.-D. Narr: Einführung in die moderne politische Theorie, I. Theoriebegriffe und Systemtheorie. Stuttgart et alt. 1969, S. 32.
[10] Eher überzeugend G. Stiehler: Dialektik und Gesellschaftswissenschaften. Berlin 1987, S. 87.
[11] Vgl. insbesondere D. Frei: Wozu Theorien der internationalen Politik. In: id. (Hrsg.), Theorien der internationalen Beziehungen. München 1973, S. 17.
[12] Vgl. vor allem H. Haftendorn: Bemühungen um eine Theorie der internationalen Beziehungen. Eine wissenschaftstheoretische Einführung. In: id. unter Mitarbeit von H. Hoyng und J. Krause: Theorie der Internationalen Politik, Gegenstand und Methode der Internationalen Beziehungen. Hamburg 1975, S. 9.
[13] Vgl. K. Larenz: Methodenlehre der Rechtswissenschaft. Berlin et alt. 1991, S. 16.
[14] Vgl. H. Haftendorn (Anm. 12), S. 10.
[15] Karl R. Popper schreibt hierüber: „Die Theorie ist das Netz, das wir auswerfen, um „die Welt" einzufangen – ist zu rationalisieren, zu erklären und zu beherrschen". Vgl. Logik der Forschung. Tübingen 1989, S. 31.
[16] D. Frei (Anm. 11, S. 13/14). Ferner K. Popper (Anm. 15), S. 31. Schon die altgriechischen Philosophen entwickelten Theorien, um die Welt, die Natur, den Menschen, die Erkenntnis, die Moral etc. zu erklären. Dies geschah vor der eigentlichen Klassischen Epoche, während die Wissenschaft des Alten Orients keine Theorie zu schaffen vermochte. Vgl. A. Pichot: Die Geburt der Wissenschaft. Von den Babyloniern zu den frühen Griechen. Darmstadt/Frankfurt/M. 1995, S. 275 (Übersetzung aus dem Französischen: „La naissance de la sience", Paris 1991).
[17] Vgl. B. Rüthers: Rechtstheorie. München 2005, S. 16.
[18] C. Greifelds: Rechtswörterbuch. München 1968, S. 928.
[19] Hierauf soll im vierten Kapitel ausführlich eingegangen werden.
[20] So beispielsweise A. Peczenik: Principles of Law. The Search for Legal Theory. In: Rechtstheorie. 1971 (2), p. 17. Auch auf die Abgrenzung der Rechtstheorie von der Rechtsphilosophie soll im passenden Abschnitt eingegangen werden.
[21] So beispielsweise R. Dubischar, Einführung in die Rechtstheorie, Darmstadt 1983, Ebenso unzureichend ist es, wenn die Rechtstheorie ganz allgemein als die theoretische Beschäftigung mit dem Recht definiert wird. Vgl. z. B. W. Fikentscher, Methoden des Rechts in vergleichender Darstellung, Band 1, Tübingen 1975, S. 26.
[22] So B. Rüthers (Anm. 17), S. 16. Eine ähnliche Auffassung vertritt auch O. Weinberger: Norm und Institution. Eine Einführung in die Theorie des Rechts. Wien 1988, S. 21/22. Weinberger betrachtet jedoch letztlich die Begriffe Rechtstheorie, Rechtsphilosophie und „Allgemeine juristische Methodenlehre" als Synonyme.
[23] Vgl. H. Rottleuthner: Rechtstheorie und Rechtssoziologie. Freiburg/München 1981, S. 24
[24] Vgl. R. Stammler: Theorie der Rechtswissenschaft. (1. Auflage 1911, Halle 1923, S. 19, 21/22.
[25] So beispielsweise K. Ginther: Systemwandel und Theoriendynamik im Völkerrecht. In: Multum non multa, Festschrift für Kurt Lipstein zum 70. Geburtstag. Heidelberg/Karlsruhe 1980, S. 47. In diesem Beitrag versucht Ginther, Begriffe aus der Physik auf das Völkerrecht anzuwenden.
[26] So z. B. J. T. Ussenko: Zum Verhältnis von Kategorien des Völkerrechts und des internationalen Rechts. In: Sowjetwissenschaft, Gesellschaftswissenschaftliche Beiträge. 1984 (2), S. 130, 137 (Übersetzung aus dem Russischen).
[27] Vgl. vor allem The Law of the United Nations. London 1951; id.: Principles of International Law. New York 1952.

[28] So vor allem A. Bleckmann: Die Aufgaben einer Methodenlehre des Völkerrechts. Probleme der Rechtsquellenlehre im Völkerrecht. Heidelberg/Karlsruhe 1978, S. 72, B. betrachtet die Methodenlehre als möglichen Bestandteil der Völkerrechtstheorie. Dieser Meinung kann nicht zugestimmt werden, weil bei allen Gemeinsamkeiten zwischen den beiden Gebieten doch die Unterschiede überwiegen.

[29] Vgl. K. Becher/C. Schulze: Zur stärkeren rechtstheoretischen Durchdringung des Völkerrechts. In: Staat und Recht. 9 (1986), S. 715 ff. Die Verfasser beachten genau die Unterschiede zwischen dem innerstaatlichen Recht und dem Völkerrecht.

[30] Vgl. z. B. P. Terz: Für eine moderne Normbildungstheorie in den internationalen Beziehungen und speziell im Völkerrecht im Zeitalter der globalen Probleme der Menschheit. In: P. Terz (Hrsg.): Normbildungstheorie im Völkerrecht – Gerechtigkeit – Neue Internationale Wirtschaftsordnung. Leipzig 1988; id.: For a modern theory of the creation of norms in the nuklear-cosmic era. In: Pax-Jus-Libertas, Misc. In: hon. D. S. Constantopuli: Aristotelea Universitas Thessalonicensis, Vo. B. Thessaloniki 1990; insbesondere id.: Cuestiones theóricas fundamentales del proceso de formación de las normas internacionales. Cali 1999.

[31] Vgl. u. a.: C. Creifelds (Anm. 18), S. 907; O. Weinberger (Anm. 22), S. 13; O. Höffe: Moral und Recht: Philosophische Perspektive. In: Recht und Sittlichkeit. Feiburg 1982, S. 21 (H. spricht etwas spezieller von einem „Inbegriff von qualifizierten Normen"); P. Koller: Theorie des Rechts. Eine Einführung. Wien et alt. 1992, S. 41.

[32] Vgl. u. a. E. Hirsch: Das Recht im sozialen Ordnungsgefüge. Berlin 1966, S. 328 (H. nennt expressis verbis den Satz „suum cuique tribuere"); G. Radbruch: Rechtsphilosophie. Stuttgart 1950, S. 123, 146. Nach R. dient das Recht der „Rechtsidee", d. h. der Gerechtigkeit); W. Sauer: Einführung in die Rechtsphilosophie für Unterricht und Praxis. Berlin 1954, S. 2 (S. spricht sogar von „dem Grundgesetz der Gerechtigkeit").

[33] Stellvertretend für mehrere vgl. P. Koller, (Anm. 31), S. 40 und O. Höffe, (Anm. 31), S. 21.

[34] R. Ihering: Begriff des Rechts. In: W. Maihofer: Begriff und Wesen des Rechts. Darmstadt 1973, S. 179, aus: Der Zweck im Recht, Erster Band, Leipzig 1877.

[35] So z. B. B. K. Bergbohm: Die Unsicherheit des Begriffes Recht. In: W. Maihofer, ibid; S. 87, aus: K. Bergbohm: Jusprudenz und Rechtsphilosophie, Erster Band. Leipzig 1892 sowie Anfang des 20. Jh. F. Somló: Der Begriff des Rechts. In: W. Maihofer, ibid., S. 446, 449, aus: Juristische Grundlehre. Leipzig 1927. Während K. Bergbohm vorsichtig formuliert, dass es auch andere Rechtsgebiete gäbe wie z. B. das Kirchenrecht und das Staatsrecht und „vielleicht das ganze Völkerrecht", bei denen der Zwang nicht unbedingt dazu gehört. Dann könne man sie etwa nicht als Recht betrachten. F. Somló hingegen deutlicher; Zwang ist „in keiner Form ein Begriffsmerkmal der Rechtsnorm".

[36] Vgl. stellvertretend für mehrere: F. Bydlinsky: Juristische Methodenlehre und Rechtsbegriff. Wien et alt. 1991, S. 191; H. Kantorowicz: Rechtswissenschaft und Soziologie, ausgewählte Schriften zur Wissenschaftslehre. (Hrsg. Th. Würtenberger), Karlsruhe 1962, S. 89; N. Luhmann: Rechtssoziologie. Opladen 1983, S. 105. L. weist konkreter auf die „Verhaltenserwartungen" hin. M. Bos: Will and order in the nation-state System. In: Netherlands International Law Review. (1982), p. 21. Über die wichtigsten Theorien zum Recht gibt G. Udke einen interessanten Überblick: a) Recht als Machtinstrument einer Gruppe von Menschen gegenüber einer anderen; b) Recht als Zwangsordnung; c) Recht als Verhaltensanforderung („Imperative Theorie"); d) Recht als von der Mehrheit anerkanntes Verhaltenssystem („Anerkennungstheorie"). Vgl. Rechtstheorie im Umbruch. München 1991, S. 23.

[37] Vgl. E. Hirsch (Anm. 32), S. 329. Nach einer anderen Auffassung geht das Recht über die Handlungen hinaus und etwas tiefer, indem es auch Motive und Ziele des Tätigwerdens erfasst. Vgl. H. Henkel: Einführung in die Rechtsphilosophie. München et alt. 1977, S. 80.

[38] Vgl. H. Klenner: Systemstrukturen als Gegenstand von Rechtstheorie und Rechtsphilosophie. In (als Kapitel 2): K. Mollnau (Hrsg.): Probleme einer Strukturtheorie des Rechts. Berlin 1985, S. 26.

[39] Vgl. H. Klenner: Vom Recht der Natur zur Natur des Rechts. Berlin 1984, S. 8.

[40] Vgl. H. Henkel, (Anm. 37), S. 47.

[41] Vgl. M. Rehbinder: Die gesellschaftlichen Funktionen des Rechts. In: Soziologie. Hrsg. von Albrecht/Daheim/Sack, Opladen 1973, S. 364/365.

[42] Vgl. G. Sommer/R. Hoffmann: Grundzüge der Rechtslehre. München 1981, S. 13.

[43] Vgl. M. Rehbinder (Anm. 41), S. 364/365.

[44] Vgl. E. M. Schur: Law and Society. New York 1968, p. 80.

[45] E. Hirsch (Anm. 32). S. 28; R. Zippelius: Juristische Methodenlehre, München 1983, S. 8; G. Udke (Anm. 36), S. 43; M. Rehbinder (Anm. 41), S. 364/365. Er verwendet für die Zwecke der Konfliktbereinigung den Begriff „Reaktionsfunktion".

[46] Vgl. H. Henkel (Anm. 37), S. 47.

[47] Vgl. aus der älteren Rechtsliteratur G.Jellinek: Die sozialethische Bedeutung von Recht, Unrecht und Strafe. Wien 1878, S. 42 ff.

[48] Vgl. H. Klenner (Anm. 39), S. 8.

[49] Vgl. A. Büllesbach: Systemtheoretische Ansätze. In: A. Kaufmann/W. Hassemar (Hrsg.): Rechtsphilosophie, Rechtstheorie. Heidelberg et alt. 1985, S. 365.

[50] Vgl. R. Zippelius (Anm. 45), S. 8; H. Henkel (Anm. 37), S. 47.

[51] G. Sommer/R. Hoffmann (Anm. 42), S. 13.

[52] Vgl. M. Rehbinder (Anm. 41), S. 13.

[53] Vgl. G. Udke (Anm. 36), S. 44.

[54] Vgl. H. L. A. Hart: Der Begriff des Rechts. (Übersetzung aus dem Englischen: The Concept of law",Oxford 1961), Frankfurt/M. 1973, S. 214; F. Bydlinskiy (Anm. 36), S. 191.

[55] Vgl. M. Rehbinder (Anm. 41), S. 364/365.

[56] Vgl. H. Henkel (Anm. 37), S. 47.

[57] Vgl. E. Schur (Anm. 44), p. 80.

[58] Id., p. 80.

[59] Vgl. G. Sommer/R. Hoffmann (Anm. 42), S. 13; R. Zippelius (Anm. 45), S. 8.

[60] Vgl. E. Schur (Anm. 44), p. 80.

[61] Vgl. stellvertretend für zahlreiche Völkerrechtler aus den wichtigsten Rechtskreisen: Ch. Rousseau: Principes du Droit International Public. en: RdC, 1958 (93-I), p. 374; G. Moreli: Nozioni di Diritto Internazionale. Padova 1963, p. 6; L. Delbez: Les principes généraux du droit international public. Paris 1964, p. 13; G. Glahn: Law among nations. An introduction to public international law. New York/London 1965, p. 3; T. Giehl: The legal Character and Sources of international Law. In: Scandinavian Studies in Law, 1957 (I), p. 51 (Er betont zugleich: „This Definition presupposes that the states constitute a society and that this society has a legal system"); M. A. Schukri: Einführung in das Allgemeine Friedensvölkerrecht (Al Madhál ilál-gánún adduwwali al-ámm wagt as-silm). Beirut 1973, S. 3 (in Arabisch); I. Seidl-Hohenveldern: Völkerrecht. Köln et alt. 1987, S. 1. Er betont, dass es sich um Völkerrechtsnormen handelt, „die die Verhaltensweisen festlegen, die zu einem geordneten Zusammenleben der Menschen dieser Erde notwendig sind". Dieses Definitionselement erinnert stark an die Definition des innerstaatlichen Rechts.

[62] Vgl. P. Terz: Cuestiones teóricas fundamentales del proceso de formación de las normas internacionales. Cali 1999, p. 85.
[63] Ch. Rousseau: Droit International Public, Tome I.. Paris 1970, p. 25. V; Vgl. ähnlich ferner J. G. Starke: An Introduction to International Law. London 1954, p. 28.
[64] Eine ähnliche Auffassung vertritt auch J. G. Starke; An Introduction to …, ibid., p. 28.
[65] G. A. Walz: Wesen des Völkerrechts und Kritik der Völkerrechtsleugner. Handbuch des Völkerrechts. Erster Band, Erste Abteilung. Stuttgart 1939, S. 235, 259, 261. An dieser Leistung ändert die spätere Entwicklung dieses Völkerrechtlers, der 1942, ausgerechnet im Zentralverlag der NSDAP eine völkerrechtliche Abhandlung mit dem Titel „Völkerrechtsordnung und Nationalsozialismus. Untersuchungen zur Erneuerung des Völkerrechts" veröffentlichte, nichts. Vgl. bei: K.-H. Ziegler: Völkerrechtsgeschichte. München 1994, S. 262.
[66] Vgl. stellvertretend für mehrere insbesondere: P. Vellas: Droit International Public, Institutions Internationales. Paris 1967, pp. 10 – 23.
[67] H. Lauterpacht: The Function of Law the International Community. Hamden Connecticut 1966, p. 405. Er führt weitere „Argumente" ins Feld: Fehlen von Gerichten, die zu bindender Rechtssprechung zur Streitbeilegung befugt wären; das Fehlen klarer und detaillierter Regeln etc. Ähnlich auch L. Delbez: Les principes généraux du droit international public. Paris 1964, p. 16; H. J. Morgenthau: Macht und Frieden. Grundlegung einer Theorie der internationalen Public. (Übersetzung aus dem Englischen: „Politics among Nations", New York 1948, 1954, 1960), Gütersloh 1963, S. 246. Diese Schrift ist als die „Bibel" der „Neorealisten" bekannt geworden; M. Barkum: Law without Sanctions. Order in Primitive Societies and the World Community. New Haven/London 1968, p. 34; J. Barberis: La liberté de traiter des états et le jus cogens. In: ZaöRV, p. 24; ferner der Rechtssoziologe Th. Geiger: Vorstudium zu einer Soziologie des Rechts. Neuwied/Berlin 1964, S. 225. Für Geiger sei das Völkerrecht nur ein „Recht in statu nascendi", Recht „in einem embryonalen Zustand".
[68] Vgl. ähnlich ebenfalls A. Verdross/B. Simma: Universelles Völkerrecht. Theorie und Praxis. Berlin, 1976, S. 53. Beide Autoren weisen mit Recht darauf hin, dass der Vergleich zwischen dem Völkerrecht und dem Landesrecht bezüglich der zentralen Gewalt „irreführend" ist.
[69] D. J. L. Brown: Public International Law. London 1970, p. 273. Er begründet seine Auffassung damit, „because it has no secondary regime: it owns no obligatory comprehensive procedure whereby, disputes must bei submitted to impartial inquiry". Vgl. Ähnlich auch Touret: Le Prinzipe de´égalité souveraine des états: fondement du droit international. In: RGDIP, 1973 (1), pp. 191 – 194.
[70] Vgl. beispielsweise: H. Briggs: The Law of Nations. Cases, Documents and Notes. London 1953, p. 19. B. betrachtet das Beharren auf der Behauptung, dass das Völkerrecht kein wirkliches Recht sei, als Zeugnis einer „deformierten Auffassung über das Völkerrecht"; H. Mosler: Völkerrecht als Rechtsordnung. In: ZaÖRV, 1976 (1 – 3), S. 6 ff; id.: The international society as a legal community. Alpen a. d. Rijin, 1980; W. Rudolf: Zum Begriff des Völkerrechts. In: Festschrift für Herbert Kraus. Würzburg 1964, S. 257 ff. Vgl. insbesondere auch W. C. Jenks: Law in the World Community. London 1967, p. 5. J. entwickelt zum Wesen des Rechts drei Argumente, denen beigepflichtet werden kann: „Only if our concept of law includes these three elements can we use the law as an effektive instrumente enabling international society to adopt a more positive approach to is political, economic and social problems, and accomplish is social purposes in a world age of growing economic, scientific and technological interdependence".
[71] Zit. nach H. Lauterpacht: International Law. Cambridge 1970, p. 11. L. sieht zwischen der Rechtsauffassung Austins und einem möglichen „Weltstaat" einen Zusammenhang (pp. 9 ss).

[72] So J. L. Kunz: Der heutige Stand der Wissenschaft und des Unterrichts des Völkerrechts in den Vereinigten Staaten. In: ÖZföR, 1956 (4), S. 407.
[73] Vgl. M. S. Mc Dougal: International Law, Power and Policy: A. Contemporary Conception. In: RdC, 1953 (93 – I), p. 170; id., Law and Power. In: AJIL, 1952 (46), p. 109; ferner id,. als Mitautor mit F. P. Feliciano: Land and Minimum World Public Order. The Legal Regulation of International Coercion. New Haven et alt. 1961/1967. Genannt seien außerdem: R. A. Falk: New approaches to the study of international law. In: AJIL., 61/1967, pp. 477, 488, 497; H. Morgenthau: Politics ... (Anm. 67); P. E. Corbett: Law and Society in the Relations of States. New York 1951. O. Schachter gibt hierüber eine aufschlussreiche Zusammenfassung: Towards a Theory of International Obligation. In: Virginia Journal of International Law. 8/1968; K. Krakau: Missionsbewusstsein und Völkerrechtsdoktorin in den Vereinigten Staaten von Amerika. Hamburg et alt. 1967. Zu der Kritik des „Neorealismus“ vgl. D. B. Lewin: Die Negierung des Völkerrechts in der zeitgenössischen amerikanischen Literatur. In: SGiP, S. 63 – 71 (in Russisch); B. Simma: Völkerrecht und Friedensforschung. In: Die Friedens-Warte, 1 – 4, 1974, S. 65 ff.; P. Terz: Die Polydimensionalität der Völkerrechtswissenschaft oder Pro scientia lata iuris inter gentes. In: AVR, 1992 (4), S. 460.
[74] Vgl. hierzu P. Terz: Die Völkerrechtssoziologie. Versuch einer Grundlegung in den Hauptzügen. Defensio Scientiae Juris Inter Gentes. In: Papel Politico 2006 (1), p. 294.
[75] K. Ipsen: Völkerrecht. München 1990, S. 1; Vgl. ferner: Whiteman: Digest of International Law, I (1963), p. 1: Nach Meinung eines Rechtsberaters der amerikanischen Regierung sei das Völkerrecht „der Verhaltensstandard“ („Standard of contuct“) in einer gegebenen Zeit für Staaten und anderen Subjekteinheiten“; I. Seidl-Hohenveldern: Völkerrecht. Köln et alt. 1987.
[76] Vgl. beispielsweise: R. Quadri: Diritto Internazionale Pubblico. Palermo 1963, pp. 166 – 168; A. Mahiou: Les implikations du nouvel ordre économique et le droit International. In: Revue belge de droit international, 1976 (2), 429.
[77] Vgl. A. P. Sereni: Diritto Internazionale. Tomo I. Milano 1956, pp. 86 ss; H. Mosler (Anm. 70), S. 19; L. Delbez: Les principes ... (Anm. 67), p. 28; T. Gebrehana: Duty to Negotiate, An Element of International Law. Uppsala 1978, p. 28; G. Moca: Dreptul International. Bucuresti 1983, pp. 29, 34.
[78] Vgl. stellvertretend für mehrere: O. Schachter: General course public international law. In: RdC, 1982 (178-V), p. 56; E. Betti: Problematica di diritto internazionale. Milano 1956, p. 91.
[79] Vgl. in Sonderheit seine berühmte Schrift „The Changing Structure of International Law“, New York 1964, pp. 62 ss. (hier 1966, pp. 57 ss S. 1).
[80] Es hat relativ lange gedauert, bis weitere Völkerrechtler sich dieser wahrhaftig bahnbrechenden Auffassung angeschlossen hatten: A, Bleckmann: Afrika und das Völkerrecht. In: Jahrbuch für Afrikanisches Recht, 1982 (3), S. 34; O. Kimminich: Einführung in das Völkerrecht. München, 1984, S. 115; E. Hofer: Stand und Zukunft der Weiterbildung und Kodifikation des Völkerrechts in den Vereinten Nationen. In: Schweizerisches Jahrbuch für internationales Recht, 1986 (41), S. 15. In einer UNITAR-Studie ist dies nunmehr offiziell international bestätigt worden (A/39/504/Add.1, 23. Oct. 1984, pp. 13 ss).
[81] Vgl. hierüber vor allem K. R. R. Systry: Hinduism and international law. In: RdC, 1966 (117-I), pp. 503 – 615: K. Iriye: The principles of international law in the ligth of Confucian doctrine. In: RdC, 1967 (120-I), pp. 1 – 59; K. N. Jayatilleke: The principles of international law in Buddist doctrine. In: ibid., pp. 441 – 567; S. Mahmassani: The principles of international law in the ligth of Islamic doctrin. In: RdC, 1966 (117 – I), pp. 201 – 328; R. Weil: Judaisme et le développement du droit international. In: RdC, 1976 (151 – III), pp. 253 – 336. Dennoch hat es in der europäischen Völkerrechtswissenschaft, abgesehen von Prosper Weil, lange gedauert, bis

man allmählich dazu überging, diesen Aspekten Aufmerksamkeit zu schenken. Vgl. z. B. R.-J. Dupuy (Éd.): L'Avenir du Droit International dans un Monde Multiculturel. Colloque 1983. The Hague 1984; P.-M. Dupuy: Le Droit International dans un Monde Pluriculturel. In: Revue de Droit International et Comparé, 1986 (38) pp. 583 – 599; R. Preiswerk: Die Stellung interkultureller Beziehungen im Studium der Internationalen Beziehungen. In: Annuaire Suisse de Science Politique, 14. 1974 (14), pp. S. 11 ff.

[82] Vgl. S. P. Huntington: Kampf der Kulturen. Die Neugestaltung der Weltpolitik im 21. Jahrhundert. München/Wien 1996.

[83] Diesen Eindruck bestätigt der US-amerikanische Verteidigungsminister Rumsfeld, der sich anlässlich des völkerrechtswidrigen Krieges gegen den Irak wie ein Dinosaurus Rex gebärdet hat.

[84] Vgl. hierzu ausführlicher und sehr zutreffend H. Müller: Das Zusammenleben der Kulturen: Ein Gegenentwurf zu Huntington. Frankfurt, 1998.

[85] Vgl. dazu sehr ausführlich E.-O. Czempiel: Glaubenskriege? Der Faktor Religion in politischen Auseinandersetzungen. In: K. Hofmeister/L. Bauerochse (Hrsg.): Die Zukunft der Religion. Spurensicherung an der Schwelle zum 21. Jahrhundert. Würzburg 1999, S.169 ff.; id.: Weltpolitik im Umbruch. Die Pax Americana, der Terrorismus und die Zukunft der internationalen Beziehungen. München 2003, S. 22, 53 – 57.

[86] Zit. in: Die Tageszeitung. Vom 11.11.2001.

[87] Vgl. ähnlich auch I. Seidl-Hohenfeldern (Anm. 61), S. 7.

[88] Vgl. teilweise ebenso P. Fischer/H. F. Köck: Allgemeines Völkerrecht. Ein Grundriss. Eisenstadt 1983, S. 10.

[89] Vgl. auch E. Menzel/K. Ipsen: Völkerrecht. Ein Studienbuch. München 1979, S. 20.

[90] M. Virally: Panorama du droit international contemporain. In: RdC, 1983 (83-V), pp. 33/34.

[91] Vgl. ähnlich auch E. Menzel/K. Ipsen (Anm. 89), S. 21.

[92] Vgl. auch K. Ipsen: Völkerrecht. Lehrbuch. München 1990, S. 44.

[93] Vgl. hierzu ausführlicher die Dissertationsschriften der ehemaligen Doktoranden und Mitglieder der von P. Terz geleiteten Forschungsgruppe „Normbildungstheorie/Neue und gerechte Internationale Wirtschaftsordnung" sowie „Entwicklungsländer und Völkerrecht"; R. Kossi: Normbildungstheoretische Aspekte der gleichberechtigten und bevorzugten Behandlung von Entwicklungsländern in den internationalen Beziehungen. Universität Leipzig 1987; K. Höhne: Die Bedeutung der Gerechtigkeit für das demokratische Völkerrecht. Eine normbildungstheoretische Untersuchung. Universität Leipzig 1986; H. Rambinintsoa: Zum Verhältnis von Gegenseitigkeit und Nichtgegenseitigkeit im Völkerrecht. Universität Leipzig 1990; E. Pastrana: Die Bedeutung der Charta der ökonomischen Rechte und Pflichten der Staaten von 1974 zur Schaffung einer neuen internationalen Wirtschaftsordnung. Universität Leipzig 1995; id.: El principio de la no-reciprocidat; entre el deber ser y su regulación jurídica en el marco de las relaciones económicas internacionales y de cooperación. In: Papel 2005 (17) pp. 67 – 117.

[94] G. Klaus/H. Liebscher: Stichwort System. In: Philosophisches Wörterbuch. Band 2, S. 1099,

[95] Vgl. stellvertretend für mehrere Autoren: J. Lotz: Stichwort System. In: W. Brugger (Hrsg.): Philosophisches Wörterbuch. Wien et alt. 1985, S. 244, 382; M. Müller/A. Halder (Hrsg.): Philosophisches Wörterbuch. Freiburg i. B. et alt. 1988, S. 305; C. W. Canaris: Systemdenken und Systembegriff in der Jurisprudenz. Berlin 1983, S. 12.

[96] Vgl. T. Eckhoff/N. K. Sundby: Rechtssysteme. Eine systemtheoretische Einführung in die Rechtstheorie. Berlin 1988, S. 19.

[97] Id.; S. 22 – 27 sowie ähnlich W. G. Afanasjew: Ganzheitliche Systeme. In: Gesellschaftswissenschaften, 1983 (2), S. 137.

[98] Vgl. Philosophisches Wörterbuch (Anm. 92), S. 1061; T. Eckhoff/N. K. Sundby (Anm. 94).
[99] Vgl. beispielsweise: K. Larenz: Methodenlehre der Rechtswissenschaft. Berlin et alt. 1991, S. 134; W. Sauer: Juristische Methodenlehre. Zugleich eine Einleitung in die Methodik der Geisteswissenschaften. Stuttgart 1940, S. 172; W. Canaris (Anm. 93), S. 67 – 73.
[100] So Garrn: Rechtsproblem und Rechtssystem. Bielefeld 1974, S. 19; vgl. ferner T. Eckhoff/N. K. Sundby (Anm. 94), S. 41 (sie sprechen von „Normen und Aktivitäten"); M. Sorensen: Principes de Droit International Public. In: RdC, 1960 (100-III), p. 53 (S. betont vor allem die Regulierungsfunktion der Rechtsnormen gegenüber den Rechtssubjekten).
[101] So J. Carbonnier: Rechtssoziologie. (Übers. Aus dem Französischen: „Sociologie juridique", Paris 1972), Berlin 1974, S. 131.
[102] Vgl. T. Eckhoff/N. K. Sundby (Anm. 96), S. 159.
[103] So K. Larenz: Methodenlehre der Rechtswissenschaft. Berlin et alt. 1991, S. 487. Vgl. auch T. Mayer-Maly: Rechtswissenschaft. München/Wien 1988, S. 71.
[104] Vgl. K. Larenz, ibid., S. 437 und T. Mayer-Maly, ibid., S. 71.
[105] Vgl. beispielsweise: H. Klenner: Systemstrukturen ... (Anm. 38), S. 28; K. A. Mollnau: Zum Charakter der Rechtsstruktur. In: id. (Hrsg.): Probleme einer Strukturtheorie des Rechts. Berlin 1985, S. 49; T. Mayer-Maly (Anm. 103), S. 81; K. Larenz (Anm. 103), S. 489. N. Luhmann hingegen betrachtet ein Rechtssystem als geschlossen, jedoch kognitiv auch als ein offenes System. Vgl. Rechtssoziologie. Opladen 1983, S. 356/357.
[106] N. Luhmann hingegen betrachtet ein Rechtssystem als geschlossen, jedoch kognitiv auch als ein offenes System. Vgl. Rechtssoziologie. Opladen 1983, S. 356/357.
[107] Vgl. T. Eckhoff/N. K. Sundby (Anm. 96), S. 43.
[108] Vgl. W. Grahn: Die Rechtsnorm, eine Studie. Leipzig 1979, S. 4.
[109] So z. B. D. I. Feldmann: Das System des gegenwärtigen Völkerrechts. Moskau 1983, S. 54 (in Russisch).
[110] So O. Weinberger (Anm. 22), S. 113.
[111] Beispielsweise T. Eckhoff/N. K. Sundby (Anm. 94), S. 178.
[112] So z. B. U. Fastenrath: Lücken im Völkerrecht, zu Rechtscharakter, Quellen, Zusammenhang, Methodenlehre und Funktionen des Völkerrechts. Berlin 1991, S. 145, aber auf S. 150 schreibt F., dass es ein organisches und inneres Völkerrechtssystem gäbe.
[113] Vgl. beispielsweise A. Bleckmann: Zur Strukturanalyse im Völkerrecht. In: Rechtstheorie. 1978, S. 148.
111 Beispielsweise T. Eckhoff/N. K. Sundby (Anm. 94), S. 178.
[114] So H. L. A. Hart (Anm. 54), S. 325.
[115] Z. B. K. Ipsen: Development policy and international law. In: Law and State. 1982 (25), p. 8.
[116] Vgl. stellvertretend für mehrere Autoren: G. I. Tunkin: Law and force in the international System. Moscow 1985, p. 44; A. N. Talalajew: Völkerrecht und die Gegenwart. Moskau 1984, S. 7, (in Russisch); D. Mazilu: Dreptul pacii. Bucuresti 1983, p. 31. M. reduziert wiederum die Völkerrechtsnormen auf die Friedenserhaltung; E. T. Rulko: Besonderheiten der Systementwicklung des Völkerrechts unter den gegenwärtigen Bedingungen. In: Westnik Kiewskowo Universiteta 1982 (15), S. 12 ff. (in Russisch).
[117] Vgl. z. B. D. I. Feldmann/G. I. Kurdjukow/N. N. Lichatschow: Über die Systembetrachtungsweise in der Völkerrechtswissenschaft. In: Prawowedenie 1980 (6), S. 43 (in Russisch).
[118] V. Bruns zählt zu den Elementen des Völkerrechtssystems allerdings etwa abstrakt und allgemein gehalten „Rechtsgrundsätze, Rechtsinstitute und Rechtssätze, die untereinander in einem Ordnungszusammenhang stehen". Vgl. Völkerrecht als Rechtsordnung. Darmstadt 1954, S. 7.

[119] Vgl. ähnlich auch I. I. Lukaschuk: Entstehung und Entwicklung des Völkerrechts. In: Westnik Kiewskowo Universiteta 1984 (18), S. 30 (in Russisch) und K. Becher: Die Grundprinzipien des Völkerrechts und ihre Bedeutung für das Völkerrechtssystem. In: Deutsche Außenpolitik 1982 (1), S. 90 ff.

[120] Vgl. auch D. I. Feldmann ... (Anm. 117), S. 46 und B. Graefrath: Zur Stellung der Grundprinzipien im gegenwärtigen Völkerrecht. Berlin 1968; id.: Zur Bedeutung der grundlegenden Prinzipien für die Struktur des allgemeinen Völkerrechts. In: K. A. Mollnau (Hrsg.): Probleme einer Strukturtheorie des Rechts. Berlin 1985, S. 180.

[121] Vgl. ähnlich E. a. Puschmin: Über den Begriff der Grundprinzipien des gegenwärtigen allgemeinen Völkerrechts. In: SEMP 1978, Moskau 1980, S. 83 ff. (in Russisch).

[122] Vgl. ähnlich auch A. N. Talalajew: Internationale Verträge in der Gegenwart. Moskau 1973, S. 7/8 (in Russisch) und D. I. Feldmann (Anm. 109), S. 48.

[123] Völkerrecht, Dokumente, Teil 3, Berlin 1980, S. 714. Zum Systemcharakter der grundlegenden Prinzipien, vgl. auch Völkerrecht, Moskau 1974, S. 152 (in Russisch).

[124] Vgl. ähnlich auch weitere Autoren: A. T. Schischkow: Die Prinzipien des heutigen Völkerrechts und die Errichtung einer neuen internationalen Wirtschaftsordnung. In: Prawa Misal 1983 (2), S. 54 ff. (in Bulgarisch); G. W. Ignatenko: Die Große Sozialistische Oktoberrevolution und das gegenwärtige Völkerrecht. In: SEMP 1977, S. 25 (in Russisch); A. P. Mowtschan: Probleme der Kodifikation und der progressiven Entwicklung des Völkerrechts. Moskau 1974, S. 10 (in Russisch); D. I. Feldmann ... (Anm. 117), S. 45 ff.

[125] Vgl. hierzu B. Graefrath, (Anm. 120), S. 165.

[126] Vgl. G. Klaus/H. Liebscher (Anm. 94), S. 1061, 1063.

[127] Vgl. ausführlicher P. Terz: Die Völkerrechtsphilosophie. Versuch einer Grundlegung in den Hauptzügen. Pro scientia ethica iuris inter gentes. In: ARSP, 2 (2000), S. 173 – 177.

[128] Vgl. ausführlich P. Terz: Die Völkerrechtssoziologie ... (Anm. 74), p. S. 269 – 273.

[129] Vgl. ausführlich P. Terz: Die Polydimensionalität der Völkerrechtswissenschaft oder Pro scientia lata iuris inter gentes. In: AdV, S. 453.

[130] in: Philosophisches Wörterbuch, Band 8, 1992 (4), G. Klaus, Stichwort „Struktur".

[131] Vgl. ähnlich auch: A. Rapoport: General Systems Theory. In: International Encyclopedia of the Social Sciences. 1967 (15), pp. 452 ss; S. T. Eckhoff/N. K. Sundby (Anm. 96), S. 18 (Sätze von Elementen und Beziehungen bilden ein „strukturiertes Ganzes"); M. Busse-Steffens: Systemtheorie und Weltpolitik, eine Untersuchung systemtheoretischer Ansätze im Bereich der internationalen Beziehungen. München 1980, S. 13, 22.

[132] Vgl. auch Philosophisches Wörterbuch (hrsg. von M. Müller/A. Halder), Freiburg i. B. et alt. 1988, S. 299, ferner G. Klaus (Anm. 130), S. 1180.

[133] Beispielsweise seien stellvertretend für mehrere genannt: E. Huber: Stichwort „Struktur". In: Philosophisches Wörterbuch (hrsg. von W. Brugger), Wien et alt. 1985, 381/382; F. Händle/S. Jensen (Hrsg.): Systemtheorie und Systemtechnik. München 1974, S. 31 ff.

[134] K. A. Mollnau: Zum Charakter der Rechtsstruktur (Anm. 103), S. 51.

[135] H. Klenner: Systemstrukturen ... (Anm. 105), S. 38 – 40.

[136] So beispielsweise: J. Stone: Poblems confronting sociological enquires concerning international law. In: RdC 1956 (89-I), pp. 68, 101, 124; G. Moca: Dreptul International. Bucuresti 1983, p. 28.

[137] Vgl. beispielsweise A. Bleckmann: Zur Strukturanalyse ...(Anm. 113), S. 151 – 154.

[138] D. I. Feldmann: Das System ... (Anm. 109), S. 10/11, 54; E. T. Rulko: Der Begriff der Struktur des Völkerrechts. Methodologische Aspekte. In: Westnik Kiewskowo Universiteta 1980 (10), S. 74 ff. Vgl. teilweise auch, wenn auch sehr lapidar. L. A. Alexidxe: Die Stellung

und Rolle des just cogens im Völkerrechtssystem. In: SEMP 1969, Moskwa 1970, S. 127 ff (alle drei Quellen in Russisch).

[139] Vgl. ähnlich z. B. I. T. Ussenko: Das Prinzip des demokratischen Friedens – die Grundlagen des Völkerrechts. In: SEMP 1973, Moskau 1975, S. 34; L. A. Iwanaschenko: Internationales Sicherheitsrecht – Ein neuer Zweig des modernen Völkerrechts. In: SGiP 1985 (6), S. 99 ff; W. I. Margiew: Zum System des Völkerrechts. In: Prawowedenije 1981 (2), S. 106/107; D. I. Feldmann (Anm. 109), S. 47 (alle Quellen in Russisch).

[140] Vgl. ähnlich auch L. A. Iwanaschenko, ibid., S. 99 ff; I. T. Ussenko, ibid., S. 34.

[141] Vgl. ähnlich auch J. A. Schibajewa: Das Recht der internationalen Organisationen als Zweig des gegenwärtigen Völkerrechts. In: SGiP 1978 (1), S. 105 (in Russisch); M. B. Ramirez: El derecho internacional del desarrollo, nueva rama del derecho internacional publico. In: Bolletin Mexicano des Derecho Comparado, 1986 (57 – XIX), p. 859.

[142] So I. T. Ussenko (Anm. 137), S. 34; L. A. Iwanaschenko (Anm. 137), S. 99 ff.; M. B. Kotzew: Die allgemein anerkannten Prinzipien und Normen des gegenwärtigen Völkerrechts, Rechtswesen und Bedeutung. In: Prawna Misal 1985 (2), S. 71 (in Bulgarisch).

[143] Vgl. M. B. Ramirez (Anm. 141), p. 859.

[144] Vgl. Hierzu ausführlich P. Terz: Cuestiones teóricas ... (Anm. 32), speziell pp. 65 – 71, ss. Vgl. ferner: W. I. Margiew (Anm. 139), S. 106; I. W. D. Sorokin: Die Methode der rechtlichen Regelung. Moskwa 1976, S. 118 (in Russisch).

[145] So das sowjetische Standardlexikon des Völkerrechts („Slowar meschdunarodnowo prawa“), (hrsg.) von B. F. Petrowski/B. M. Klimenko/J. M. Rybakow), Moskwa 1982, S. 142.

[146] Vgl. ähnlich auch J. Azud: Die wissenschaftlich-technische Revolution und das Völkerrecht. In: Právny Obzor 1980 (63 – 9), S. 769 ff. (in Tschechisch); M. I. lasarew: Das Völkerrecht und die wissenschaftlich-technische Revolution. In: SEMP 1978, Moskau 1980, S. 41 ff. (in Russisch).

[147] So beispielsweise S. A. Malinin: Friedliche Nutzung der Atomenergie. Völkerrechtliche Fragen. Moskwa 1971, S. 6 – 9 (in Russisch).

[148] Vgl. z. B. G. I. Tunkin: Ideologischer Kampf und Völkerrecht. Moskau 1967, S. 117 (in Russisch).

[149] So D. I. Feldmann (Anm. 109), S. 9.

[150] Vgl. z. B. J. A. Schibajewa (Anm. 141), S. 103.

[151] D. I. Feldmann: Die Anerkennung von Staaten im gegenwärtigen Völkerrecht. Kasan 1965, S. 39 (in Russisch).

[152] K. E. Georges: Kleines Handwörterbuch. Lateinisch-Deutscher Teil (2734 S.), Leipzig 1980, S. 1318.

[153] Duden, Das große Fremdwörterbuch, Herkunft und Bedeutung der Fremdwörter (1540 S.), Leipzig et alt. 2000, S. 629.

[154] E. A. Puschmin sieht eine „Struktur-Triade“: Norm – Institut – Zweig, Unter Anwendung der Dialektik betrachtet er ferner, ausgehend von dem Wechselverhältnis von Allgemeinem, Einzelnem und Besonderem, das Prinzip als das Allgemeine, das Institut als das Einzelne und die Norm als das Besondere. In Kenntnis seines Dialektik-Verständnisses kann ich seinen interessanten Gedankengängen folgen und grundsätzlich zustimmen. Vgl. seinen stark theoretischen Beitrag „Über den Begriff ...“ (Anm. 121), S. 81 – 82.

[155] Vgl. ähnlich: UNITAR-Studie vom Oktober 1984 (A/39/504/Add. 1) unter Berufung auf das „Concise Oxford Dictionary“ (Norm als legitimiertes rechtlich vorgeschriebenes Verhalten).

[156] Es seien beispielsweise einige genannt: I. I. Lukaschuk: Der Mechanismus der völkerrechtlichen Regulierung. Kiew 1980, S. 27; D. B. Lewin: Das Völkerrecht, die Außenpolitik und die

Diplomatie. Moskwa 1981, S. 96 (beides in Russisch); G. Morelli: Nozioni di diritto internazionale. Padova 1963, p. 60; H. Neuhold et alt.: Österreichisches Handbuch des Völkerrechts, Band 1. Wien 1983 (darin Herausgeber-Bemerkung: Normen als „Verhaltensmuster"), S. 2.

[157] W. Grahn: Die Rechtsnorm – eine Studie. Leipzig 1979, S. 6.

[158] Vgl. auch I. I. Lukaschuk, (Anm. 156), S. 30.

[159] W. Grahn: Recht als eine besondere Widerspiegelung der Gesellschaft. In: Staat und Recht. 1982 (2), S. 2.

[160] Vgl. H. Klenner: Zur logischen Struktur sozialistischer Rechtsnormen (Thesen). In: Wissenschaftliche Zeitschrift der Friedrich-Schiller-Universität Jena, 1966, S. 451 ff.

[161] Vgl. auch M. Bos: Will an order in: the nation-state system. In: Netherlands International Law Review, 1982 (XXIX – 1), p. 22.

[162] So R.-J. Dupuy im Zusammenhang mit dem Entwicklungsvölkerrecht und dem Umweltschutz. Vgl. Droit déclaratoire et droit programmatoire: de la coutume souvage a la „soft law". In: L'élaboration du droit international public, Paris 1975, p. 147.

[163] Vgl. auch W. Grahn/I. Wagner: Rechtstheoretische Aspekte, Probleme des Systems der rechtlichen Regelung. Universität Leipzig 1981, S. 5.

[164] S. S. Aleksejew: Allgemeine Theorie des sozialistischen Rechts. Swerdlowsk 1963, S. 150 und 151 (in Russisch).

[165] O. W. Smirnow: Das Wechselverhältnis von Normen und Prinzipien im sozialistischen Recht. In: SGiP, Nr. 2, 1977, S. 11 (in Russisch).

[166] UN-Doc. A/39/504/Add. 1, p. 34.

[167] Siehe ähnlich auch V. Outrata: Zum Begriff der allgemeinen und grundlegenden Prinzipien des Völkerrechts. In: Casopis pro mezinárodni právo, 1961 (3), S. 191 (in Tschechisch).

[168] Hierauf machen mehrere Autoren aufmerksam. Siehe beispielsweise R. Quadri: Diritto internazionale Pubblico. Palermo 1964, p. 86, et 87.

2. Die Völkerrechtsphilosophie als Bestandteil der Völkerrechtswissenschaft sowie als Wissenschaftsgebiet in statu nascendi*

2.1 Philosophie und die Rechtsphilosophie als Grundlage der Völkerrechtsphilosophie

Die Völkerrechtsphilosophie als eine besonders wichtige Säule der Völkerrechtswissenschaft stützt sich sowohl auf die Philosophie als auch auf die Rechtsphilosophie. Für den rechtsphilosophisch interessierten Völkerrechtler entsteht jedoch ein Arbeitsproblem: Unter den Rechtsphilosophen liegt über ihre Wissenschaftsdisziplin kein Meinungskonsens vor.[1] Es kommt auch darauf an, ob man sich mit der Rechtsphilosophie als Philosoph oder als Jurist befasst. Arthur Kaufmann machte auf diese Problem mit Nachdruck aufmerksam: Die Rechtsphilosophie der „reinen Philosophen" - sie kümmerten sich nicht um die eigentlichen Rechtsprobleme – sei ein ebensolches Übel wie die Rechtsphilosophie der „reinen Juristen", bei denen eine einseitige Orientierung am rechtswissenschaftlichen Denken festzustellen sei.[2] Nach Wilhelm Sauer wiederum sei die Rechtsphilosophie für die Philosophie eine Materie, ein Gebiet, ein Zweig, wie die Ethik, die Ästhetik etc. Aus der Sicht der Rechtswissenschaft sei die Rechtsphilosophie eine Methode, welche die „rein juristische Arbeitsweise" ergänze.[3] Im Allgemeinen herrscht unter den Rechtsphilosophen die Auffassung vor, dass die Rechtsphilosophie ein Zweig der Philosophie und nicht der Rechtswissenschaft sei.[4] Die Rechtsphilosophie reflektiert philosophisch-juristische Grundprobleme[5] und fragt als Wertwissenschaft vom Recht nach der Gerechtigkeit des Rechts und hat insofern mit der Idealität zu tun.[6] Sie befasst sich hauptsächlich mit Herkunft, Grund, Wesen, Inhalt und Zweck des Rechts. Zur Rechtsphilosophie zählt man ferner die Rechtsprinzipienlehre oder Allgemeine Rechtslehre und vor allem die Rechtswertlehre.[7] Andere Rechtswissenschaftler wiederum betrachten die Rechtsphilosophie weder als Teil der Philosophie noch als eine Kopplung von Philosophie und Rechtswissenschaft, sondern als eine neue Wissenschaftsdisziplin.[8] Einzelne

* Dieses Kapitel stützt sich teilweise auf den folgenden Grundsatzbeitrag: P. Terz: Die Völkerrechtsphilosophie. Versuch einer Grundlegung in den Hauptzügen. Pro sientia ethica iuris inter gentes. In: ARSP, 2/86. 1992 (2 – 86), S. 168 – 184.

Juristen fassen die Rechtsphilosophie als Teil der Rechtstheorie auf. Nach dieser Meinung soll die Rechtsphilosophie dazu dienen, die Anwendbarkeit philosophischer Kategorien auf der Recht aufzudecken.[9] Für den Zweck der Erarbeitung einer Völkerrechtsphilosophie dürfte die Auffassung Wilhelm Sauers nützlich sein, der zufolge Gerechtigkeit, Gemeinwohl und Rechtssicherheit zu den obersten Maßstäben der Rechtsphilosophie gehören.[10] Somit wird die Frage des Humanismus als des Bemühens um eine menschenwürdige Lebens- und Gesellschaftsgestaltung angesprochen.[11]
Über das innere Wesen der Rechtsphilosophie werden recht unterschiedliche Ansichten vertreten wie z. B.:
a) Gegenstand der Rechtsphilosophie seien eher „Fragen der richtigen, gerechten, legitimen Rechts- und Gesellschaftsordnung, deren Gestaltung und Bewertung". Die Rechtstheorie beschäftige sich „primär mit begrifflichen und normenlogischen Analysen.[12] Nach einer anderen Meinung sei, historisch gesehen, die Rechtstheorie die Theorie des positiven Rechts, während die klassische Rechts- und Sozialphilosophie als Natur- und Vernunfttheorie aufzufassen sei.[13]
b) Die Rechtsphilosophie sei ein Gebiet der Rechtstheorie, und zwar dasjenige, das die Gerechtigkeitslehre erwartet.[14]
c) Die Rechtsphilosophie beinhaltete sogar die Rechtssoziologie.[15]
Will man die oben gewonnenen allgemeinrechtswissenschaftlichen Erkenntnisse auf die Völkerrechtswissenschaft anwenden, so sind zum einen die Besonderheiten des Völkerrechts als eines Koordinationsrechts und als einer universellen Rechtsordnung und zum anderen die konkreten Erfordernisse der gegenwärtigen internationalen Beziehungen zu berücksichtigen. Zunächst ist darauf hinzuweisen, dass bis zum Verfall des Naturrechts Ende des 18. Jahrhunderts Rechtsphilosophie und Völkerrecht naturrechtlich angelegt waren und eigentlich zusammengehörten.[16] Gegenwärtig kann es jedoch nicht darum gehen, diesen naturrechtlichen status quo ante wiederherzustellen. Erst durch die teilweise naturrechtlich ausgerichteten Forderungen von Entwicklungsländern gewannen philosophische bzw. rechtsphilosophische Fragen des Völkerrechts an Bedeutung. Bei dem hier vorgenommenen skizzenhaften Versuch, eine Völkerrechtsphilosophie sicherlich nur in den Grundzügen zu erarbeiten, geht es in erster Linie um die Anwendung philosophischer bzw. rechtsphilosophischer Erkenntnisse auf

völkerrechtlich relevanten Materien der internationalen Beziehungen der Gegenwart.

Will die Völkerrechtsphilosophie von wissenschaftlichem sowie von praktischem Nutzen sein, kann sie nicht isoliert von den anderen Bestandteilen der Völkerrechtswissenschaft betrieben werden. Sie hat vielmehr die Arbeitsergebnisse der Völkerrechtstheorie, der Völkerrechtssoziologie und der Völkerrechtsmethodologie zu beachten. Andernfalls bestünde die große Gefahr, sich Illusionen hinzugeben und noch dazu vor allem durch die Verwechslung von Idealität und Realität, von Moralität und Normativität, von Rechtsvorstellungen und Rechtsnormen, von de lege lata und Überlegungen de lege ferenda und schließlich von Prinzipien der Gerechtigkeit und jenen des Rechts den Normativitätscharakter des Völkerrechts auszuhöhlen. In einem solchen Falle könnten allerdings das Ciceronische „Summun ius summa iniuria“ und vielleicht sogar der Spruch des J. Manlius „Fiat iustitia, pereat mundus“ zum Tragen kommen.
In der völkerrechtswissenschaftlichen Literatur sind Fragen des Verhältnisses von Philosophie und Völkerrecht allgemein[17] sowie des Einflusses philosophischer Erkenntnisse auf das Völkerrecht und die Völkerrechtswissenschaft[18] häufig behandelt worden. Auch unmittelbar axiologische Fragestellungen standen im Mittelpunkt völkerrechtswissenschaftlicher Arbeiten.[19] Speziell zur Völkerrechtsphilosophie liegen allerdings, abgesehen von Wilhelm Wengler, kaum Meinungsäußerungen vor.[20] Er geht davon aus, dass die Völkerrechtswissenschaft aus der „Völkerrechtssoziologie“, dem „Völkerrecht als normativer Wissenschaft“, „der Völkerrechtsphilosophie“ und schließlich der „Völkerrechtskritik bzw. Völkerrechtspolitik“ besteht. Wengler schreibt u. a.: „Bei der Völkerrechtsphilosophie handelt es sich … vor allem um wertphilosophische Betrachtungen, insbesondere eine wertphilosophische Kritik des vom Völkerrecht erfassten sozialen Geschehens und der mit dem Anspruch auf Befolgung verlautbarten Völkerrechtsnormen.“ Die wertphilosophische Betrachtungsweise stellt sich ferner die Frage, „ob es objektive Werte und objektive Rangfolgen der Werte gibt, und misst an solchen objektiven Werten diejenigen Wertvorstellungen, welche den zur Bildung von positivem Recht führenden Interessen der Menschen zugrunde liegen.“[21] Dies ist im Großen und Ganzen die Quintessenz des

Völkerrechtsphilosophie-Verständnisses Wenglers. Im Prinzip kann ihm zugestimmt werden, was natürlich weiterführende Untersuchungen und Gedanken nicht ausschließt.
Der gegenwärtige Wissensstand erlaubt zwar grundsätzlich keine weitergehenden Überlegungen, es ist dennoch möglich, sich über die Bestandteile bzw. Säulen der Völkerrechtsphilosophie Gedanken zu machen. Obwohl also die Völkerrechtsphilosophie als Wissenschaftsdisziplin sich in einem embryonalen Zustand befindet, könnte man die sich abzeichnenden Konturen der wichtigsten Bestandteile dieser Disziplin bereits erkennen.

Hierzu gehören vor allem:
a) Die Theorie der Völkerrechtsphilosophie. Unter Theorie wird hier eine systematisch geordnete Menge von Aussagen bzw. Aussagesätzen über einen bestimmten Bereich der internationalen Beziehungen und der sich darauf beziehenden Dimension der Völkerrechtswissenschaft verstanden.[22] Theorien dienen im allgemeinen dazu, die Welt „zu rationalisieren, zu erklären und zu beherrschen".[23] Theorien haben eine Reihe von Funktionen wie z. B. die Selektionsfunktion (aus einer Vielzahl von Daten nur die wichtigsten), die Ordnungsfunktion (Strukturierung der perzipierten Realität), die Erklärungsfunktion (Vermittlung von Einsichten) und die operative Funktion (Anwendung von Erkenntnissen in der Forschung sowie in der politischen Praxis).[24] Um diese Funktionen zu erfüllen, muss eine Theorie „mindestens den Anforderungen der Konsistenz und der Prüfbarkeit genügen"[25] und einer Überprüfung durch das Realitätskriterium standhalten können.[26]
Eine Theorie der Völkerrechtsphilosophie müsste sich u. E. mit den folgenden Gegenständen befassen: Bedeutung der Völkerrechtsphilosophie als wichtiger Bestandteil der Völkerrechtswissenschaft; Verhältnis der Völkerrechtsphilosophie zur Philosophie, zur Rechtsphilosophie sowie zu den anderen Bestandteilen der Völkerrechtswissenschaft, vor allem zur Völkerrechtstheorie, zur Völkerrechtssoziologie, zur Völkerrechtsmethodologie und zur Geschichte der Völkerrechtswissenschaft; Verhältnis der Theorie der Völkerrechtsphilosophie zu den noch zu nennenden Bestandteilen der Völkerrechtsphilosophie; Werte in den internationalen Beziehungen und speziell im Völkerrecht, Humanität und Völkerrecht, Gerechtigkeit und

Völkerrecht, Verhältnis von Gerechtigkeit und Gleichheit/Ungleichheit, Commune bonum humanitatis in den internationalen Beziehungen und speziell im Völkerrecht, Solidarität, philosophische Aspekte des Interesses und des Willens der Staaten, Wesen des Völkerrechts, philosophische Aspekte von System- und Strukturfragen des Völkerrechts und seiner Prinzipien und Normen, Widerspiegelungsproblematik bei der Normenbildung, Rolle des Rechtsbewusstseins bei der Völkerrechtserzeugung sowie bei der Völkerrechtsdurchsetzung, Verhältnis von Moral und Völkerrecht, Rolle der Moral bei der Normenbildung; die Moralprinzipien und die Moralnormen in voller Breite (Aufbau, Struktur, System, Hierarchiefragen), moralische Verbindlichkeit und moralische Verantwortlichkeit, allgemeine moralische Verantwortung und Pflicht in den internationalen Staatenbeziehungen.
b) Ein weiterer Bestandteil ist die Methodologie der Völkerrechtsphilosophie. (Hierauf soll im vierten Kapitel ausführlich eingegangen werden.)
c) Die Geschichte der Völkerrechtsphilosophie ist eine weitere Säule dieser Wissenschaftsdisziplin, obwohl sie sich in statu nascendi befindet. Genau genommen geht es um die Vorgeschichte der Völkerrechtsphilosophie. Hierzu gehören jene Teile der Philosophie, des Naturrechts und allgemeiner der Rechtsphilosophie, die sich auf Bereiche und Probleme der internationalen Beziehungen erstrecken. An erster Stelle sind die „Väter“ der Völkerrechtswissenschaft, die großen spanischen Moraltheologen und Juristen Francisco de Vitoria[27] und Francisco Suárez[28] zu nennen, denen das vorliegende Buch gewidmet ist. Zu beachten sind auch die bereits an anderer Stelle erwähnten Schriften.[29]

2.2 Hauptkategorien, Gegenstand und Aufgaben der Völkerrechtsphilosophie

Die Auswahl der nachfolgenden Hauptkategorien der Völkerrechtsphilosophie ist weder logisch-deduktiv noch willkürlich erfolgt. Sie ist vielmehr das Ergebnis einer fast zwanzigjährigen empirischen Arbeit auf der Basis einer soziologisch-induktiven Untersuchungsmethode. Zu Beginn dieser Forschungsarbeit spielten allgemeine philosophische, rechtsphilosophische und völkerrechtswissenschaftliche Fragen eigentlich eine untergeordnete Rolle. Es war u. a. erforderlich, zahlreiche Dokumente der UNO (vor allem

der Generalversammlung), des Internationalen Gerichtshofes (IGH) in Den Haag, der International Law Commission (ILC), der International Law Association (ILA), von wichtigen internationalen Staatenkonferenzen, vor allem der Kodifikationskonferenzen systematisch auszuwerten. Diese Dokumente machen deutlich, wie wichtig eine komplexe, globale und teilweise auch universalhistorische Sicht ist. Es hat sich auch als unabdingbar erwiesen, sich mit den Grundzügen nicht nur der europäischen bzw. der europäisch geprägten Philosophie und Völkerrechtswissenschaft, sondern auch mit jenen der außereuropäischen Kultur- und Rechtskreise zu befassen. Speziell bei den islamischen Ländern, bei Indien und China hat es sich als zweckmäßig erwiesen, sich auch der Geschichte, der Religion, der Kultur und der Literatur zuzuwenden. Hinsichtlich des subsaharischen Afrikas war die Kenntnisnahme ethnologischer Schriften notwendig. Es dürfte jedoch einleuchten, dass aus Platzgründen all diese hochinteressanten Aspekte in dieser Monographie keine Berücksichtigung finden können. Infolgedessen kann sich die Schrift nur auf einen Bruchteil des tatsächlich vorliegenden und ausgewerteten umfangreichen Quellenmaterials konzentrieren. Dies kann allerdings zu einigen Unzulänglichkeiten führen.
An anderer Stelle sind die wichtigsten Gegenstände der Säulen bzw. Bestandteile der Völkerrechtsphilosophie aufgezählt worden. Es ist zwar logisch, dass sie auch Gegenstände dieser Wissenschaftsdisziplin sind, dennoch sollten jetzt aus Sicht der Gesamtdisziplin jene Gegenstände mit Nachdruck erwähnt werden, die sozusagen Schwerpunktcharakter besitzen: Werte, Gerechtigkeit und Billigkeit, Gleichheit/Ungleichheit, Commune bonum humanitatis, Solidarität/Hilfeleistung, Moral Moralnormen und ihr Verhältnis zu den Völkerrechtsnormen, Verantwortung, Pflicht, Rechtsbewusstsein, Rechtsgefühl, System/Struktur.

Die Völkerrechtsphilosophie hat als integraler Bestandteil der Völkerrechtswissenschaft im Großen und Ganzen die folgenden Aufgaben:
a) Ihr eigenes Verhältnis zur Philosophie, zur Rechtsphilosophie und zu den anderen Bestandteilen der Völkerrechtswissenschaft (Völkerrechtstheorie, Völkerrechtssoziologie, Völkerrechtsmethodologie und Geschichte der Völkerrechtswissenschaft) zu untersuchen und inhaltliche Verbindungen nachzuweisen.

b) Den Humanitäts- und Sittlichkeitswert des Völkerrechts als einer internationalen Rechtsordnung aufzudecken.
c) Erscheinungen eines sterilen Rechtspositivismus und Rechtsformalismus sowie des Soziologismus innerhalb der Völkerrechtswissenschaft, international betrachtet, zu bekämpfen.

2.3 Werte als Gegenstand der Völkerrechtsphilosophie

Die Werte als „übergesetzliche Maßstäbe" und regulative Ideen[30] sind an objektive Interessen gebunden[31] und erwachsen aus der Sicht der Völkerrechtsphilosophie aus konkreten Bedürfnissen.[32] Das Völkerrecht ist zwar, historisch gesehen, in erster Linie eine Schöpfung Europas und damit die Konkretisierung europäischer Wertvorstellungen, heute basiert es jedoch auf einem Minimum an gemeinsamen und vorwiegend allgemeinmenschlichen Werten[33], die zumindest allgemein von allen Staaten anerkannt worden sind[34] und ist damit teilweise Ausdruck dieser Werte[35] und darüber hinaus Teil des immateriellen Erbes der Menschheit.[36] Es ist allerdings auch darauf hinzuweisen, dass einige Völkerrechtler die Existenz gemeinsamer Werte als Grundlage des Völkerrechts bestreiten.[37]
Das Völkerrecht wird, wie jedes positive Recht, an Werten gemessen.[38] Werte gehen ohnehin den Völkerrechtsnormen voraus und sind in diesem Sinne in gewisser Hinsicht ihre „genetischen Vorgänger".[39] Auch das Völkerrecht ist als eine positive Rechtsordnung für die Werte in den internationalen Beziehungen von Wichtigkeit. So setzt es in den bereits positivierten Werten „Richtmaße und Wertmaßstäbe" für die Beurteilung des Verhaltens der Völkerrechtssubjekte (Lenkungsfunktion). Das Völkerrecht hütet ferner die Werte und fördert das Wertstreben.[40]
Die Werte spielen also für das Völkerrecht sowohl allgemein als auch konkret (Normenbildung und Normendurchsetzung) eine positive Rolle und besitzen dabei Dynamik und Prozesscharakter.[41] Auf die Werte in den internationalen Beziehungen berufen sich hauptsächlich Juristen aus den Entwicklungsländern, und zwar mit der Begründung, dass das geltende, also das positive Völkerrecht keine ausreichende Handhabe für die Durchsetzung ihrer Interessen böte.[42] Im Grunde genommen wird der Versuch unternommen, durch eine als vorgegeben und natürlich aufgefasste welt-

weite Gerechtigkeit, eigentlich „eine neue naturrechtliche Fassung des Völkerrechts", die überlieferten und geltenden Völkerrechtssätze neu zu interpretieren.[43] Das Naturrecht kann aber weder eine Rechtsquelle des Völkerrechts sein[44], obwohl dem Wesen nach die Völkerrechtsentwicklung mit dem Naturrecht begann[45], noch dieses aus den Angeln heben.
Bei den Werten als Hauptkategorien der Völkerrechtsphilosophie geht es vorwiegend um die Gerechtigkeit und Billigkeit, die Gleichheit, das Commune bonum humanitatis, die Interessen der gesamten Menschheit bzw. der „internationalen Gemeinschaft"[46] und die Solidarität bzw. die Hilfeleistung.
Weitere Hauptkategorien der Völkerrechtsphilosophie sind Moralnormen und das Rechtsbewusstsein bzw. das Rechtsgefühl. Aus Platzgründen kann hier nur auf die Moralnormen eingegangen werden.

2.4 Moralnormen als Gegenstand der Völkerrechtsphilosophie

Moralnormen bringen gesellschaftliche Werte zum Ausdruck. Während jedoch die gesellschaftlichen Werte ganz allgemein Programme des Handelns darstellen, sind die Moralnormen in erster Linie Handlungsregulatoren, denn sie besitzen Aufforderungscharakter. Sie sind „im Bewusstsein fixierte Anforderungen" an das gesellschaftliche Verhalten der Akteure.[47]
Abgesehen von den Moralprinzipien, d. h. den grundlegenden Moralnormen, entstehen konkrete Moralnormen im Rahmen des internationalen Normenbildungsprozesses. Auch bei den Moralnormen, die z. B. in UN-Resolutionen enthalten sind, gehen mitunter harte Verhandlungen, Abstimmungen etc. voraus, d. h. auch bei dieser Normenart werden Interessen und Überzeugungen koordiniert. Das Endergebnis des mitunter langwierigen Prozesses stellt bei den konkreten Moralnormen einen consensus opinionis moralis und Verhaltensregeln dar. Infolgedessen verkörpert eine Moralnorm in der Regel die sachbezogene gemeinsame opinio moralis der betreffenden Staaten. Dies ist insbesondere bei jenen Moralnormen der Fall, die eine allgemeinmenschliche Komponente aufweisen. Es wäre jedoch nicht zutreffend, hieraus die Schlussfolgerung abzuleiten, die Staaten hätten insgesamt ähnliche Moralvorstellungen oder etwa eine gemeinsame

Moral. Hier geht es nicht um die Moral schlechthin, sondern um konkrete Moralnormen mit ebenfalls konkreten und sachbezogenen Inhalten.
Die Moralnormen weisen eine hohe Sozialstruktur auf, die im Beziehungsgefüge der Gesamtheit der internationalen Beziehungen der Gegenwart angesiedelt ist. Dabei erfolgt die Widerspiegelung sozialer Bedürfnisse nicht direkt, sondern mittelbar durch die Bewusstseinssphäre. Systemtheoretisch und makrostrukturell betrachtet, können wesentliche Herkunfts- sowie Bedeutungsunterschiede bis hin zu bestimmten Hierarchien festgestellt werden. So kann zunächst zwischen einem principium moralis und einer norma moralis unterschieden werden. Die Prinzipien der Moral sind die allgemeinsten und wichtigsten Normen der Moral. Sie bringen vor allem das historische Wesen der Moral zum Ausdruck.

Sie sind grundlegend, allgemeingültig und verpflichtend. Sie stellen das Kernstück innerhalb des Moralnormensystems der Gegenwart dar und beeinflussen alle anderen Moralnormen, sowohl die allgemeinen als auch die konkreten und speziellen. An ihnen werden zugleich alle anderen Moralnormen gemessen. Aus dem Charakter und der Bedeutung der Moralprinzipien in den internationalen Beziehungen ergibt sich, dass sie Ergebnis und Ausdruck eines consensus opinionis moralis generalis sind.
Nach dem gegenwärtigen Wissensstand und unter Berücksichtigung zuerst der Erfordernisse der Menschheit als Ganzes und danach der Interessen der einzelnen Staaten gehören zu den Moralprinzipien in erster Linie das Commune bonum humanitatis, die Gerechtigkeit, die Verantwortung und die Pflicht.
Gegenwärtig steht das Commune bonum humanitatis an der Spitze aller Moralprinzipien, denn dieses ist die vollkommenste Reflexion der Interessen der gesamten Menschheit und ein Gebot der Vernunft und des common sense im wahrsten Sinne des Wortes und fast ein Jus rationis. Dieses Moralprinzip fordert von den Staaten ein bestimmtes Verhalten: Unterordnung des eigenen Wohls unter das Gemeinwohl der Menschheit. Um dies zu realisieren, werden gerade in unserem Zeitalter Abstriche von den eigenen Interessen und von der eigenen Souveränität nicht zu vermeiden sein.
Wenn hier ferner von der Gerechtigkeit als einem weiteren Moralprinzip die Rede ist, so ist die Gerechtigkeit nicht in ihrer Ambi- oder sogar Multi-

valenz gemeint, sondern vielmehr die Gerechtigkeit unter Beachtung der globalen Herausforderungen der Menschheit. Das Moralprinzip der Verantwortung ist ebenfalls global und allgemeinmenschlich aufzufassen: Alle Staaten tragen Verantwortung für die Bewältigung der globalen Herausforderungen der Menschheit. Dabei ist die Verantwortung der Staaten differenziert zu betrachten. Es ist z. B. davon auszugehen, dass Länder, die eine fast unvorstellbare Überproduktion von Nahrungsmitteln haben, eine große moralische Verantwortung für die Beseitigung des Hungers in den Entwicklungsländern tragen. Natürlich soll dabei auch die spezifische Verantwortung der Herrschenden gegenüber der eigenen Bevölkerung in den Entwicklungsländern nicht übersehen werden. Ebenfalls global und in allgemeinmenschlichen Zusammenhängen eingeordnet ist das Moralprinzip der Pflicht zu sehen. Auch hier sind die globalen Herausforderungen der Menschheit Bezugspunkt. So ist es eine obligatio moralis jedes Staates, das Verhältnis von Ökologie und Ökonomie so zu gestalten, dass hieraus für die anderen Staaten keine Gefahren erwachsen.

Hauptsächlich die oben erwähnten Moralprinzipien sind die allgemeine Grundlage für die Moralnormen, die größtenteils in Resolutionen der Vereinten Nationen und anderer internationaler Organisationen enthalten sind. Dies gilt insbesondere für die Charta der ökonomischen Rechte und Pflichten der Staaten von 1974. Die in diesem Dokument enthaltenen Moralnormen verpflichten jene Staaten, die sie akzeptiert haben, zu einem bestimmten Verhalten. Bei einer weiteren Zuspitzung der globalen Herausforderung der Menschheit wird es sich höchstwahrscheinlich als notwendig erweisen, einen den Erfordernissen unseres Zeitalters adäquaten internationalen Moralkodex auszuarbeiten. Weil es sich um allgemeinmenschliche Werte bzw. Wertvorstellungen handelt, wird hierüber ein consensus generalis unschwer zu erreichen sein. Hierdurch würden sich die Staaten zwar nicht unbedingt zu societates sacrae entwickeln, möglicherweise würden sie aber nicht mehr dazu neigen, sich nach dem Wolfsgesetz zu richten.
In mikrostruktureller Hinsicht ist es schwierig, in den Moralprinzipien und -normen alle Normenbestandteile wie bei den Rechtsnormen exakt zu orten. Entscheidender ist aber, dass die Moralprinzipien und -normen die Staaten auf Ziele orientieren und sie zu einem bestimmten Verhalten auf-

fordern. Bleibt das gesollte und von anderen Staaten erwartete Verhalten aus, dann kann dies reaktive Maßnahmen moralischen Charakters zur Folge haben.
Hinsichtlich der Entstehung unterscheiden sich die Prinzipien von den Normen der Moral. Die Prinzipien der Moral werden von den Staaten nicht etwa im Rahmen des internationalen Normenbildungsprozesses geschaffen. Sie sind vielmehr Ausdruck des gesellschaftlichen Bewusstseins. In Ausnahmefällen bekennen sich jedoch die Staaten in völkerrechtlichen Verträgen universellen Charakters (z. B. in der UN-Charta) oder in UN-Resolutionen expressis verbis zu den Moralprinzipien. Es kommt auch hin und wieder vor, dass sie in Konventionen sachbezogen konkretisiert und positivrechtlich ausgestaltet werden wie z. B. die spezifische Form des Commune bonum-Gedankens, nämlich das bereits erwähnte „Commune bonum humanitatis“ in der Internationalen Seerechtskonvention der UNO von 1982.
Die Moralprinzipien und –normen haben mehrere Funktionen:
(1) Sie vermögen den internationalen Normenbildungsprozess vorzubereiten, zu erleichtern und voranzutreiben.
(2) Sie können zur Vertiefung der friedlichen internationalen Zusammenarbeit im Interesse der gesamten Menschheit bzw. des Gemeinwohls auf internationaler Ebene beitragen.
(3) Sie beeinflussen das Verhalten der Staaten, auch wenn dies nicht immer auf den ersten Blick zu sehen ist.
(4) Sie können zur Humanisierung der internationalen Beziehungen beitragen. Hierbei handelt es sich ohne Zweifel um die wichtigste Funktion. Moralnormen und Völkerrechtsnormen weisen Gemeinsamkeiten sowie Unterschiede auf. Das wichtigste gemeinsame Merkmal besteht darin, dass beide Normenarten die Staaten auf Ziele orientieren, Aufforderungscharakter besitzen und den Akteuren ein bestimmtes Verhalten vorschreiben. Beide können also verhaltensregulierend wirken. Auch widerspiegeln beide Bedürfnisse und Interessen.
Um eine für das Völkerrecht nachteilige Vermischung dieser unterschiedlichen Normenarten zu vermeiden[48], soll auf die zwischen ihnen bestehenden Unterschiede ebenfalls hingewiesen werden. Während z. B. die Rechtsnormen auch moralische Elemente enthalten, weist nicht jede Moralnorm

rechtliche Aspekte auf. Die Rechtsnormen sind ferner konkreter und in der Regel wirksamer als die Moralnormen. Desweiteren zieht die Verletzung der Rechtsnormen rechtliche Sanktionen nach sich. Über Streitigkeiten können Gerichte entscheiden.

Prinzipiell ist ein enges Wechselverhältnis zwischen den Moral- und den Rechtsnormen zu bejahen. So weisen vor allem die Prinzipien des Völkerrechts einen hohen Moralgehalt auf. Gerade auf der Basis der Prinzipien des Völkerrechts werden berechtigte Moralforderungen positivrechtlich ausgestaltet. Insofern sind Moral und Völkerrecht miteinander verflochten. Andererseits verleiht die moralische Komponente den Jus cogens-Normen einen absoluten Charakter. Auch deswegen darf von solchen Normen nicht abgewichen werden.[49]

Moralnormen sind innerhalb des Normenbildungsprozesses Ausgangspunkt für juristische Regelungen. Das humanitäre Völkerrecht, das Verbot des Völkermordes, der Piraterie, des Frauen- und Kinderhandels beweisen dies zur Genüge. Fehlen außerdem in bestimmten Bereichen der internationalen Beziehungen konkrete rechtliche Verhaltensnormen, dann können sich die Staaten nach vorhandenen und geeigneten Moralnormen richten. Dauert dieser Zustand etwas länger, dann besteht für die Moralnormen sogar die Möglichkeit, in Rechtsnormen umgewandelt zu werden. Derartiges geschieht jedoch auf konsensualer Grundlage und nicht dadurch, dass bestimmte Staaten, ausgehend von ihren berechtigten Interessen, von sich aus ihre eigenen Moralvorstellungen bzw. -forderungen zu Rechtsnormen erklären.[50] Hier gilt uneingeschränkt der Grundsatz ex consenso jus oritur und nicht etwa ex opinione jus onitur. Das „Recht auf Entwicklung" wird z. B. noch einige Zeit brauchen, um zu einer norma juris zu werden. Dabei wird die Haltung der Geber-Länder von entscheidender Bedeutung sein.

Weil die Moralnormen Verhaltensaufforderungen darstellen, sind sie von den Staaten, die sie freiwillig akzeptiert haben, zu respektieren. Dies ändert nicht viel daran, dass hier nicht eine rechtliche, sondern eine obligatio moralis vorliegt. Während jedoch bei den juristischen Verpflichtungen das Prinzip pacta sunt servanda gilt, käme für die aus den Moralnormen erwachsenden Verpflichtungen der allgemeine Grundsatz bona fides in Frage.

Dabei ist jedoch zu beachten, dass die Moralnormen hinsichtlich ihrer Einhaltung eine Besonderheit aufweisen: Sie bedürfen keiner Institution, welche die Einhaltung der Moralverpflichtungen erzwingen kann. Ihre Kraft liegt vielmehr in der Überzeugung, in der öffentlichen Meinung und in der moralischen Autorität. Gerade in der Überzeugung und in der moralischen Autorität scheinen die eigentlichen Wurzeln des Grundsatzes bona fides zu liegen.

Die Nichteinhaltung freiwillig übernommener moralischer Verpflichtungen bleibt nicht ohne Folgen. Innerhalb einer Menschengemeinschaft sieht es im allgemeinen so aus, dass die öffentliche Meinung auf Verletzungen von Moralprinzipien und -normen durch moralische Sanktionen wie z. B. Tadel, Kritik, Boykott, Isolierung der Betreffenden und Ausschluss aus bestimmten Gruppen reagiert. In etwa ähnlich ist es auch, wenn Staaten Moralprinzipien und -normen verletzen. Die entstehenden Folgen im Sinne einer allgemeinen moralischen Verantwortlichkeit und moralischer Sanktionen (moralische Reaktivmaßnahmen) dürfen in den internationalen Beziehungen nicht unterschätzt werden. Sanktionen moralischen Charakters beschränken sich nicht auf entsprechende Reaktionen der öffentlichen Meinung, wie mitunter behauptet wird. Darüber hinaus gibt es weitere Möglichkeiten moralischer Sanktionen wie: Verurteilung eines Staates durch die UNO oder durch eine andere internationale Organisation, internationale Isolierung des betreffenden Staates, wobei in diesem Falle politische Sanktionen mit einspielen; eventuell auch Bloßstellung von Politikern, ohne jedoch dabei die Regeln der internationalen Courtoisie und das völkerrechtlich Prinzip der Einmischung in die inneren Angelegenheiten anderer Staaten zu verletzen.

2.5 Schlussfolgerungen

1. Durch die teilweise naturrechtlich ausgerichteten Forderungen von Entwicklungsländern haben philosophische bzw. rechtsphilosophische Fragen des Völkerrechts an Bedeutung gewonnen.

2. Die Völkerrechtsphilosophie versteht sich als die Wissenschaft von der Anwendung philosophischer bzw. rechtsphilosophischer Erkenntnisse auf völkerrechtlich bedeutsame Materien in den internationalen Beziehungen.
3. Die Völkerrechtsphilosophie kann nicht isoliert von den anderen Säulen der Völkerrechtswissenschaft, vor allem von der Völkerrechtstheorie und der Völkerrechtssoziologie betrieben werden: Es darf zu keiner Verwechslung von Idealität und Realität, von Moralität und Normativität, von Rechtsvorstellungen und Rechtsnormen kommen.
4. Die Völkerrechtsphilosophie setzt sich aus den folgenden Bestandteilen zusammen: Theorie, Methodologie, Geschichte.
5. Die Theorie der Völkerrechtsphilosophie untersucht in erster Linie Wesen und Bedeutung der Völkerrechtsphilosophie, das Verhältnis der Völkerrechtsphilosophie zu den anderen Bestandteilen der Völkerrechtswissenschaft und durchdringt theoretisch alle Gegenstände der Völkerrechtsphilosophie selbst.
6. Zum Gegenstand der Völkerrechtsphilosophie gehören vor allem: Werte, Gerechtigkeit und Billigkeit, Gleichheit/Ungleichheit, Commune bonum humanitatis, Solidarität/Hilfeleistung, Moral, Moralnormen, Verantwortung, Pflicht, Interessen der gesamten Menschheit, Rechtsbewusstsein, Rechtsgefühl, System/Struktur.
7. Zu den Hauptkategorien der Völkerrechtsphilosophie gehören insbesondere die Werte (Gerechtigkeit und Billigkeit, Gleichheit, Commune bonum humanitatis, Interessen der gesamten Menschheit, Solidarität/Hilfeleistung) und die Moralnormen.
8. Die in Resolutionen der UN-Generalversammlung enthaltenen konkreten Moralnormen sind Ausdruck eines consensus opinionis moralis. Die allgemeinen Moralprinzipien (Commune bonum humanitatis, Gerechtigkeit, Verantwortung, Pflicht) bringen einen consensus opinionis moralis generalis zum Ausdruck.
9. Während die Rechtsnormen moralische Elemente enthalten, weist nicht jede Moralnorm rechtliche Aspekte auf. Moralnormen können im Rahmen des Normenbildungsprozesses Ausgangspunkt für juristische Regelungen werden. Unter Umständen können konkrete Moralnormen in Rechtsnormen umgewandelt werden.

10. Die Moralnormen stellen Verhaltensaufforderungen dar. Deswegen sind sie von den Staaten zu respektieren.

11. Aus der obligatio moralis ergibt sich die moralische Verantwortung. Bezüglich der Verpflichtungen aus den Moralnormen gilt nicht das Prinzip pacta sunt servanda, sondern vielmehr der allgemeine Grundsatz bona fides. Die Verletzung von Moralnormen zieht moralisch ausgerichtete Reaktivmaßnahmen (Sanktionen) nach sich.

2.6 Anmerkungen

[1] A. Troller meint zu Recht, dass es über die Rechtsphilosophie kein einheitliches theoretisches System gibt: Grundriss einer selbstverständlichen juristischen Methode und Rechtsphilosophie. Basel/Stuttgart 1975, S. 3.

[2] A. Kaufmann: Rechtsphilosophie, Rechtstheorie, Rechtsdogmatik. In: id. W. Hassemer (Hrsg.): Einführung in Rechtsphilosophie und Rechtstheorie der Gegenwart. Heidelberg 1985, S. 7/8.

[3] W. Sauer: Einführung in die Rechtsphilosophie für Unterricht und Praxis. Berlin 1954, S. 1.

[4] So beispielsweise Kaufmann (Anm. 2, S. 1. Vgl. ähnlich C. Creifelds: Rechtswörterbuch. München 1990, S. 922.

[5] A. Kaufmann (Anm. 2), S. 1.

[6] M. Rehbinder: Einführung in die Rechtssoziologie. Frankfurt/M. 1971, S. 2. Vgl. ähnlich E. Hirsch: Das Recht im sozialen Ordnungsgefüge. (darin als Anhang: „Aufriss einer Vorlesung Rechtssoziologie"), Berlin 1966, S. 320.

[7] C. Creifelds (Anm. 4), S. 222, teilweise ähnlich V. Peschka: Grundprobleme der modernen Rechtsphilosophie. Budapest 1974, S. 10 ff.

[8] So I. N. Grjazin: Methodologie des Rechts: Einige Fragen. In: SGiP, 6, 1982 (2), S. 21 ff. (in Russisch).

[9] So z. B. D A. Kerimow: Allgemeine Theorie des Staates und des Rechts. Moskwa 1977, S. 48/49 (in Russisch).

[10] W. Sauer (Anm. 3), S. 3.

[11] H.-L. Nastansky: Stichwort „Humanismus". In: J. Mittelstraß (Hrsg.): Enzyklopädie und Wissenschaftstheorie, Band 2. Mannheim et alt. 1984, S. 137 – 139, (folgend Enzyklopädie). Es wird zugleich auf „die Spannung zwischen der Humanität als Ziel politisch-gesellschaftlichen Handelns und der Humanität der Mittel" hingewiesen (S. 139).

[12] H. Rottleuthner: Rechtstheorie und Rechtssoziologie. Freiberg/München 1981, S. 11.

[13] R. Dreier: Recht – Moral – Ideologie. Studien zur Rechtstheorie. Frankfurt/M. 1981, S. 27.

[14] W. Fikentscher: Methoden des Rechts in vergleichender Darstellung, Bd. IV (Dogmatischer Teil), Tübingen 1977, S. 125, 664. Er zählt zur Rechtstheorie außerdem die Rechtsmethodik (S. 664) und die Rechtssoziologie (S. 669).

[15] J. Carbonnier: Rechtssoziologie. (Origin. Sociologie juridique, Paris 1972), Berlin 1974, S. 20/21.

[16] W. Jaeschke: Die Philosophie und das Völkerrecht. In: Jahrbuch der Ruhr-Universität Bochum 1987, S. 43 ff.

[17] Vgl. stellvertretend für mehrere: A.Verdross: Statisches und dynamisches Naturrecht. Freiburg 1979; id.: Die Idee der Staatengemeinschaft in der christlichen Rechtsphilosophie. In: Festschrift für W. Schätzel. Düsseldorf 1960, S. 505 ff.; R. Laun: Naturrecht und Völkerrecht. Göttingen 1954; J. Messner: Völkerrechtslehre und Geschichtsphilosophie. In: Festschrift für A. Verdross. Salzburg 1971, S. 293 ff.; G. del Vecchio: Das Naturrecht als Basis für eine Theorie der Weltgesellschaft. In: Archiv für Rechts- und Sozialphilosophie. 1962 (48), S 289 ff.; T. Veiter: Naturrecht und Rechtspositivismus im Völkerrecht der Gegenwart. In: Festschrift für Adolf Kindermann. München 1969, S. 75 ff.; W. Jaeschke (Anm.16).
[18] So P. Vellas: Droit International Public. Paris 1967, S. 24 ff.
[19] Vgl. insbesondere: A. Verdross: Die Wertgrundlagen des Völkerrechts. In: AVR, Bd. 4, 1953/1954, S. 129 ff.; D. Schröder: Die Dritte Welt und das Völkerrecht. Frankfurt/M., Berlin 1970; die von mir initiierte und wissenschaftlich betreute Doktorarbeit von Klaus Höhne, „Die Bedeutung der Gerechtigkeit für das demokratische Völkerrecht. Eine normbildungstheoretische Untersuchung unter Berücksichtigung von Positionen islamischer Staaten und ihrer Völkerrechtler". Universität Leipzig 1986.
[20] W. Wengler: Völkerrecht, 1964 (1). Berlin et alt., S. 103/104. Vgl. ferner W. Jaeschke (Anm. 16), der jedoch über ganz allgemeine Aspekte der Problemstellung nicht hinausgeht.
[21] ibid., S. 100, 103.
[22] In Anlehnung vor allem an W.-D. Narr: Einführung in die moderne politische Theorie. I. Theoriebegriffe und Systemtheorie. Stuttgart et alt. 1969, S. 31 ff. R. Dreier (Anm. 13), S. 82; A. Menne: Einführung in die Methodologie. Elementare allgemeinwissenschaftliche Denkmethoden im Überblick. Darmstadt 1980, S. 120 und teilweise auch an K. Larenz: Methodenlehre der Rechtswissenschaft. 6. Aufl. Berlin et alt. 1991, S. 16.
[23] K. R. Popper: Logik der Forschung. Tübingen 1989, S. 31.
[24] H. Haftendorn: Bemühungen um eine Theorie der Internationalen Beziehungen. Eine wissenschaftstheoretische Einführung. In: id. (Hrsg.): Theorie der internationalen Politik, Gegenstand und Methode der Internationalen Beziehungen. Hamburg 1975, S. 10.
[25] R. Dreier (Anm. 13), S. 82.
[26] Vgl. ähnlich D. Frei: Einführung: Wozu Theorien der internationalen Politik. In: id. (Hrsg.): Theorien der internationalen Beziehungen. München 1973, S. 17.
[27] Francisco de Vitoria: De Indis recenter inventis et de jure belli Hispanorum in barbaros, 1539, Die Klassiker des Völkerrechts (hrsg. Von W. Schätzel), Band II. Tübingen 1952.
[28] Francisco Suarez: De triplici virtute theologica, Fide Spe et Charitate, ibid, Band IV, Tübingen 1965, S. 108 – 205.
[29] Vgl. Anm. 16 – 19.
[30] W. Sauer (Anm. 3), S. 94.
[31] A. Eide: A Value-Based Approach: Methods and Problems in Peace Research. In: International Social Science Journal, 1974 (XXVI), p. 120.
[32] L. C. Mingasow: Der soziale Wert des Völkerrechts als sein Effektivitätsfaktor. In: SJMP 1984, Moskwa 1986, S. 65 (in Russisch).
[33] A. Verdross (Anm. 19), S. 139, Völkerrecht, Wien 1955, S. 12; W. I. Jewintow: Die allgemeinen Normen des Völkerrechts. In: SGiP 1983 (7), S. 118 (in Russisch).
[34] P.-M. Dupuy: Le Droit International dans un Monde Pluriculturel. In: Revue de Droit International et Compare, 1966 (38), p. 588 und G. R. Moncayo et alt.: Derecho Internacional Publiko. T. I. Buenos Aires 1981, p. 89/90.
[35] J. Stone: Problems Confronting Sociological Enquiries Conerning International Law. In: RdC 1956 (1 – 89), p. 115.

[36] S. Suchartikul: L'humanité ent tant qu élement contribuant au développement progressif du droit international contemporain. In: R.-J. Dupuy: L'avenir du droit international dans un monde multiculturee, Colloque 1983, The Hague et alt. 1984, pp. 425. Er beschränkt dies auf das humanitäre Völkerrecht und die Menschenrechte.

[37] So z. B. R.-J. Dupuy: Conclusions du Colloque. In: id. (Anm. 36), pp. 454/455 und H. Neuhold: Abgrenzungen, Strukturmerkmale und Besonderheiten der Völkerrechtsordnung. In: id. et alt.: Österreichisches Handbuch des Völkerrechts, 1 Textteil. Wien 1983, S. 5/6.

[38] U. Fastenrath: Lücken im Völkerrecht. Zu Rechtscharakter, Quellen, Systemzusammenhang, Methodenlehre und Funktionen des Völkerrechts. Berlin 1991, S. 44.

[39] J. Kukulka: Probleme der Theorie der internationalen Beziehungen. Moskwa 1980, S. 281 (in Russisch); N. Horn: Normative Problems of a New International Economic Order. In: Journal of World Trade Law, 1982 (16), Vol 16, 1982, p. 347.

[40] H. Henkel: Einführung in die Rechtsphilosophie. München, Berlin 1977, S. 351.

[41] A. Nastase nennt die folgenden möglichen Phasen: a) Entstehung der Werte in Verbindung mit der Entwicklung von Ideen und Konzeptionen als Ausdruck des „Bewusstwerdungsprozesses"; b) die internationale Anerkennung der Werte zumeist in bi- oder multilateralen politischen Dokumenten; c) den rechtlichen Schutz der Werte durch das Festschreiben in völkerrechtlichen Dokumenten; d) die Verwirklichung der Werte durch die Umsetzung in die Staatspraxis. Für eine axiologische Definition der Völkerrechtsprinzipien: D. Popescu/A. Nastase: Das System der Völkerrechtsprinzipien. Bukarest 1986, p. 17 (in Rumänisch).

[42] Statt mehrerer vgl. vor allem: I. Jazairy: Discours sur le Nouvel Ordre International et le droit. In: The New International Order in Development Countries. Belgrad 1980, pp. 138 ss.; T. Nawaz: Equity and the New International Economic Order. In: K. Hossain (Ed.): Legal Aspects of the New International Economic Order. London/New York 1980, pp. 113 ss.; J. Castaneda: La Charte des droits et des devoirs économiques des états: Note sur le procédé d'élaboration. In: Annuaire Francais de Droit International, 1974 (XX), p. 40/41; K. Hossain: Legal Aspects of an New International Economic Order (Preliminary report of the committee). In: The International Law Association, Report of the fifty-ninth Conference. Belgrad 1980, p. 270/271.

[43] Vgl. ähnlich: D. Schröder: Die Dritte Welt und das Völkerrecht. Frankfurt/M. Berlin, 1970, S. 44; B. V. A. Röling: International Law in an Expanded World. Amsterdam 1960, S. 96; E.-U. Petersmann: Das neue Recht des Nord-Süd-Handels. In: ZaöRV 1972 (32), S. 374: A. Bleckmann: Die Funktionen von der Lehre im Völkerrecht, Materialien zu einer Allgemeinen Methoden- und Völkerrechtslehre. Köln et alt. 1981, S. 203/204.

[44] R. Monaco: Observation sur la hiérarchie des sourses du droit international. In: Völkerrecht als Rechtsordnung, Internationale Gerichtsbarkeit, Menschenrechte. Festschrift für H. Mosler. Berlin et alt. 1983, S. 611 und K. Wolfram, Sonstige Quellen des Völkerrechts. In: H. Neuhold u. a. (Anm. 37), S. 104.

[45] W. Jaeschke (Anm. 16), S. 43 ff.

[46] Hierzu liegen bereits einige Publikationen vor. Vgl. z. B. C. Tomuschat: Die internationale Gemeinschaft. In: AVR, 1995 (33), S. 1 – 20.

[47] Vgl. H. F. Hörz/U. Wilke: Ethik. Berlin 1986, S. 118 – 122, 125.

[48] Vor einer Verwischung beider Normenarten wird immer wieder im Interesse der Völkerrechtsordnung gewarnt. Vgl. P. C. Vallindas: Das internationale öffentliche Recht. Thessaloniki/Athen 1959, S. 17 (in Griechisch: Το Διεθνές Δίκαιο) und das ILA-Papier „Theory und Methodology of International Law" von 1978, Report of the fifty-eight Conference, London 1980, S. 192/193.

[49] Vgl. P. Reuter: Principes de droit international public. In: RdC 1961 (103 – II), p. 481.

[50] Vgl. auch J.-J. Israel: Le Droit du Développement. In: Revue Général de Droit international public. 1983 (1), 11/12.

So beispielsweise G. I. Tunkin, Law and Force in the International Systems, Moscow 1985, p. 153.

Insgesamt zu der Normenproblematik vgl. P. Terz: Normenbildung in den internationalen Beziehungen der Gegenwart. In: Wissenschaftliche Zeitschrift der Universität Leipzig, 1990 (39 – 5), S. 443 – 459, id., For a Modem Theory of the Creation of Norms. In: Miscellanea in hon. D. S. Constantopuli, Pax – Jus – Libertas. Aristotelea Universitas Thessalonicensis, Vol. B. 1163 – 1175, Thessaloniki 1990; id., Cuestiones teóricas fundamentales del proceso de formación de las normas, internacionales, Cali 1999.

3. Die Völkerrechtssoziologie als Bestandteil der Völkerrechtswissenschaft und als Wissenschaftsgebiet in statu nascendi*

3.1 Soziologie, Rechtssoziologie als Grundlage der Völkerrechtssoziologie

Obwohl die Rechtssoziologie und die Völkerrechtssoziologie ideelle Widerspiegelung unterschiedlicher Rechtsordnungen sind, sollte eine wohl entscheidende Gemeinsamkeit nicht übersehen werden: Bei beiden handelt es sich um rechtswissenschaftliche Disziplinen. Weil aber die Rechtssoziologie länger existiert und sich als selbständige Rechtsdisziplin schon lange etabliert hat, scheint es bei der Ausarbeitung der Völkerrechtssoziologie ratsam, bestimmte Erkenntnisse der Rechtssoziologie zu übernehmen. Über die soziale Determiniertheit des Rechts gibt es seit Jahrzehnten eine umfangreiche Fachliteratur[1], die jedoch nur partiell verwendet und erwähnt werden kann. Bereits Anfang des 20. Jahrhunderts wies der große Rechtssoziologe Max Huber mit Nachdruck darauf hin, dass „jede Rechtsentwicklung auf der gesellschaftlichen Entwicklung beruht".[2] Letzten Endes besteht zwischen den Fakten des menschlichen Soziallebens und den Normen der rechtlichen Ordnung ein „funktioneller wechselseitiger Zusammenhang".[3] Hieraus leitet sich die Pflicht des Rechtswissenschaftlers ab, sich die Erkenntnisse der Rechtssoziologie, und allgemeiner der Soziologie, anzueignen.

Nach der vorherrschenden Auffassung der Rechtssoziologen befasst sich die Rechtssoziologie nicht mit den Rechtsnormen als solchen, sondern mit der Gesellschaftlichkeit des Rechts sowie mit der gegenseitigen Abhängigkeit zwischen dem Recht und dem Sozialleben.[4] Insbesondere befasst sich die Rechtssoziologie mit den sozialen Ursachen der Rechtsnormen und den sozialen Auswirkungen (Anwendung, Befolgung, Handhabung, Gebrauch).[5] Die hier gewonnenen Erkenntnisse über die Rechtssoziologie gelten grundsätzlich auch für die Völkerrechtssoziologie.

* Dieses Kapitel stützt sich teilweise auf den folgenden Grundsatzbeitrag: P. Terz: Die Völkerrechtssoziologie. Versuch einer Grundlegung in den Hauptzügen. Defensio Scientiae Juris Inter Gentes. In: Papel Politico, Pontificia, Universidad Javeriana 2006 (1 – 11), pp. 259 – 303.

3.2 Wesen der Völkerrechtssoziologie

Zunächst kann konstatiert werden, dass es bisher keine ausgeformte Völkerrechtssoziologie als eine Wissenschaftsdisziplin gibt. Die international vorliegenden Publikationen, übrigens auch jene mit dem viel versprechenden Titel „Völkerrechtssoziologie", behandeln vorwiegend die soziologisch ausgerichtete Sicht der Völkerrechtler. In den meisten Lehrbüchern findet man noch nicht einmal den Begriff „Völkerrechtssoziologie". Es ist nicht unbedingt Aufgabe des vorliegenden Beitrages, die diesbezüglichen Auffassungen in epischer Breite etwa im Sinne eines Literaturberichtes deskriptiven Charakters darzustellen. Deswegen seien eher summarisch die m. E. wichtigsten auf das Völkerrecht bezogenen Beiträge erwähnt.[6] Mit der vorliegenden Studie wird größtenteils völkerrechtswissenschaftliches Neuland beschritten, um Erkenntniszuwachs zu erlangen. Die Völkerrechtswissenschaft muss zwar eben als Rechtswissenschaft der Völkerrechtsdogmatik besondere Aufmerksamkeit schenken, sie darf jedoch dabei die sozialen Grundlagen und die politische Dimension des Völkerrechts nicht übersehen. So ist Bruno Simma vorbehaltlos zu folgen, wenn er schreibt, dass neben der Pflege der eigentlichen Völkerrechtsdogmatik „auch und gerade die empirische Untersuchung normrelevanter Seinstatsachen sozialer und politischer Natur der Völkerrechtswissenschaft, die Analyse der sozialen Daseinsqualität des Völkerrechts unbedingt zu beachten ist".[7] Es ist also möglich, um mit Otto Kimminich zu sprechen, die Rechtsdogmatik zu ehren und zu achten und zugleich den „statischen Dogmatismus" zu überwinden, die Methoden der modernen Sozialwissenschaften zu nutzen, ohne allerdings „Soziologismus" zu betreiben[8], weil er einer Leugnung „des Völkerrechts als einer Wert verwirklichenden und Wert gestützten Sollensordnung" gleichkäme.[9]

Gerade die starken sozialen Aspekte des Völkerrechts haben bereits zu Beginn des 20. Jahrhunderts Max Huber dazu veranlasst, in der hohen Zeit der begriffsjuristischen Herangehensweise, also in der Zeit eines hoch gezüchteten Rechtspositivismus und des sterilen Rechtsformalismus die besondere Wirklichkeitsnähe des Völkerrechts mit Nachdruck hervorzuheben: „Es kann wohl kaum fraglich sein, dass von allen Rechten dieses sich am engsten an seinem sozialen Unterbau anschließt und anschließend muss ..."[10] Hierdurch hat Max Huber die Völkerrechtswissenschaftler in vielen Ländern erheblich beeinflusst.[11] Die Beeinflussung des Völkerrechts durch soziale und andere Faktoren ist keine Einbahnstraße. Das Völkerrecht seinerseits übt vor allem im Rahmen des Normendurchsetzungsprozesses ebenso Einfluss auf diese Faktoren aus. Letzten Endes geht es um eine Wechselwirkung zwischen dem Völkerrecht und dem vielschichtigen sozialen Kontext, „zwischen Normativität und Faktizität".[12]

Beachtet die Völkerrechtswissenschaft die sozialen Determinanten der Völkerrechtsordnung, dann handelt es sich um eine soziologisch ausgerichtete Froschungsmethode.[13] Seit der hier erwähnten berühmten Schrift Max Hubers zu den soziologischen Grundlagen des Völkerrechts ist fast ein Jahrhundert vergangen. Dennoch können innerhalb der deutschen Völkerrechtswissenschaft immer noch Erscheinungen des Rechtspositivismus und Rechtsformalismus festgestellt werden. So ist Karl Kaiser uneingeschränkt beizupflichten, wenn er die „antiempirischen und ahistorischen Dimensionen der Völkerrechtswissenschaft"[14] kritisiert. Es kann sachlich konstatiert werden, dass der Rechtspositivismus deutscher Prägung sich als besonders zäh erwiesen hat und immer noch Triumphe feiert. Es gibt Grund zur Annahme, dass die Hauptursache für diese Einseitigkeit in der stark rechtspositivistisch-rechtsformalistisch ausgerichteten Jura-Ausbildung zu suchen ist. Denn, verglichen mit anderen europäischen Ländern, vor allem in Mittel- und Nordeuropa, an deren rechtswissenschaftlichen Fakultäten die Studenten 2 – 3 Semester Grundlagenfächer (z. B. Philosophie, Nationalökonomie, Ethik, Logik, Psychologie etc.) absolvieren, gibt es in Deutschland solche Fächer nicht. Die im Rahmen der Ausbildung eigentlich dahinvegetierenden Wahlfächer Rechtsphilosophie und Rechtssoziologie können dieses gewaltige Manko nicht ausgleichen.
Die völkerrechtssoziologische Betrachtungsweise darf sich nicht auf die sozialen Aspekte im engeren Sinne des Wortes beschränken, sondern sich darüber hinaus auch auf politische Fragestellungen erstrecken. Es geht u. a. darum, die Funktion von Völkerrechtsnormen unter konkreten außenpolitischen Situationen zu untersuchen[15], ferner herauszuarbeiten, wie auf der Grundlage des Völkerrechts außenpolitische Ziele der Staaten realisiert

werden können.[16] Grundsätzlich stimmt es schon, dass „all law is an Instrument of policy, broadly conceived. Law ist not an end in itself", aber der Ansicht Louis Henkins kann nicht zugestimmt werden, dass es keinen Gegensatz zwischen Recht und Politik gäbe.[17] Die völkerrechtsnihilistische Außenpolitik der USA zeigt genau das Gegenteil.

Die Völkerrechtsgeschichte in Europa liefert Beispiele dafür, dass die Völkerrechtslehre eng mit der Politik verbunden ist.[18] Genannt sei der „Vater" des Völkerrechts Hugo Grotius, der Konzepte entwickelte, um die Interessen seiner Auftraggeber verwirklichen zu helfen.[19] Dialektisch betrachtet, besteht zwischen dem Völkerrecht und der internationalen Politik eine enge Wechselbeziehung[20] die sich auf den Normenbildungs- sowie auf den Normendurchsetzungsprozess erstreckt. Geht es um den Stellenwert des Völkerrechts und der internationalen Politik, dann kann der in den Rechtsstaaten geltende Vorrang des Rechts gegenüber der Politik ohne weiteres auf die internationalen Beziehungen angewandt werden. D. h., das Völkerrecht besitzt uneingeschränkte Priorität gegenüber der internationalen Politik.[21]

3.3 Bestandteile der Völkerrechtssoziologie

Obwohl die Völkerrechtssoziologie eine Wissenschaftsdisziplin in statu nascendi ist, empfiehlt es sich, über ihre möglichen Säulen Überlegungen anzustellen. Im Rahmen der Völkerrechtswissenschaft zeichnen sich bereits einige diesbezügliche Konturen ab. Hierzu gehören in erster Linie:
a) Theorie der Völkerrechtssoziologie: Die Theorie dient im Allgemeinen dazu, die Welt zu rationalisieren und zu erklären. Die Theorie der Völkerrechtssoziologie müsste sich m. E. mit den folgenden Materien befassen: Bedeutung der Völkerrechtssoziologie als integraler Bestandteil der Völkerrechtswissenschaft; Verhältnis der Völkerrechtssoziologie zur Soziologie, zur Rechtssoziologie, zur Wissenschaft von den Internationalen Beziehungen sowie zu den anderen Bestandteilen der Völkerrechtswissenschaft, insbesondere zur Völkerrechtsphilosophie, zur Geschichte der Völkerrechtswissenschaft und zur Völkerrechtsmethodologie; Verhältnis der Theorie der Völkerrechtssoziologie zu den noch zu erwähnenden Bestandteilen

der Völkerrechtssoziologie; theoretische Aspekte des Interesses und des politischen Willens der Staaten; soziale und politische Aspekte des Völkerrechts; Interessen, Macht, Einfluss und Gleichgewicht in den internationalen Beziehungen; System- und Strukturfragen der politischen Normen; Entstehung politischer Normen; politische Verbindlichkeit; politische Verantwortlichkeit; Verhältnis zwischen politischen Normen einerseits und Rechtsnormen sowie Moralnormen andererseits. b) Methodologie der Völkerrechtssoziologie. Hierauf wird im entsprechenden Kapitel eingegangen. c) Dogmatik der Völkerrechtssoziologie: Sie befasst sich in erster Linie mit der politischen Normativität und den politischen Normen. Sie hat die Hauptaufgabe, die Gegenstände der Völkerrechtssoziologie zu ordnen sowie systematisch und lehrsatzmäßig darzustellen und zu erläutern, sollte sie sich in der Perspektive als eine Disziplin in Lehre durchsetzen. d) Geschichte der Völkerrechtssoziologie: Es ist ihre Aufgabe, ihren langwierigen Geneseprozess, angefangen im wesentlichen Ende des 19. Jahrhunderts bis zur Gegenwart aufzuzeigen. Es gilt insbesondere, die Gründe hierfür zu untersuchen.

3.4 Hauptkategorien, Gegenstand und Aufgaben der Völkerrechtssoziologie

Zum Gegenstand der Völkerrechtssoziologie gehören jene Elemente bzw. Faktoren der internationalen Beziehungen, die in enger Verbindung mit der Völkerrechtsordnung als Ganzes stehen. Speziell handelt es sich um Faktoren, die für beide Hauptstadien der Völkerrechtsnormen, namentlich für die Bildung sowie für die Durchsetzung von entscheidender Bedeutung sind. Es reicht nicht aus, wenn die Völkerrechtssoziologie sich auf die „Faktizität des Völkerrechts“ beschränkt, wie mitunter behauptet wird.[22] Der Gegenstand der Völkerrechtssoziologie ist in erster Linie in der Wirklichkeit der internationalen Beziehungen angesiedelt. Dabei geht es direkt oder indirekt um soziale und politische Aspekte völkerrechtlicher Problemstellungen.

Ohne Anspruch auf Vollständigkeit erheben zu wollen, müssten zum Gegenstand der Völkerrechtssoziologie hic et nunc die folgenden Faktoren bzw. Fragestellungen gehören: die globalen Herausforderungen der

Menschheit, die Interessen der Menschheit, der Völker und Staaten; der politische Wille der Staaten; die Macht, der Einfluss das internationale Kräfteverhältnis und nunmehr das fehlende Gleichgewicht; die Problemstellungen der Stabilität, der Entwicklung und Veränderung in den Beziehungen; die geopolitischen und geostrategischen Faktoren; das Verhalten der Staaten und die internationale öffentliche Meinung; die Verhandlungen, die Konsultationen, die politischen Abmachungen und Normen; das Verhältnis zwischen den politischen Normen und den Rechtsnormen; die Deklarationen/Resolutionen der UNO und anderer universeller zwischenstaatlicher Organisationen und die Schlussakten internationaler Staatskonferenzen; die politische Verantwortlichkeit; politische Gründe für Völkerrechtsverletzungen; Einfluss der internationalen Politik auf das Völkerrecht und umgekehrt; das Verhältnis zwischen Völkerrechtswissenschaft und der Wissenschaft von den Internationalen Beziehungen; soziale Aspekte des Verhältnisses von Völkerrecht und innerstaatlicher Rechtsordnung.[23]

Die Völkerrechtssoziologie hat im Großen und Ganzen die folgenden Aufgaben:
a) Ihr eigenes Verhältnis zur Soziologie, zur Rechtssoziologie, zur Wissenschaft von den Internationalen Beziehungen sowie zu den bereits erwähnten anderen Bestandteilen der Völkerrechtswissenschaft genau zu untersuchen.
b) Die sozialen und politischen Grundlagen des Völkerrechts zu erforschen und aufzudecken, um u. a. Illusionen über die Effektivität des Völkerrechts in den internationalen Beziehungen zu vermeiden. Hierdurch vermag sie, zu einer realistischen Einstellung zum Völkerrecht beizutragen.
c) Noch vorhandene Erscheinungen des Rechtspositivismus und Rechtsformalismus innerhalb der Völkerrechtswissenschaft zu bekämpfen. Dies gilt insbesondere für Deutschland.
d) Die Völkerrechtswissenschaft eben als Wissenschaftsdisziplin an den Universitäten vor inzwischen massiv gewordenen Verdrängungsversuchen seitens der Wissenschaft von den Internationalen Beziehungen zu verteidigen.
e) Nach Möglichkeit auf der Grundlage einer Analyse der gegenwärtigen internationalen Beziehungen prognostische Aussagen für die Zukunft zu

treffen. Es ist z. B. damit zu rechnen, dass nach 20 – 30 Jahren eine polygonale Welt entstehen wird und hierdurch die Problematik des Gleichgewichts an Bedeutung zunehmen wird. Das wird sich auf das Völkerrecht auswirken.

3.5 Verhältnis zwischen der Völkerrechtssoziologie und der Wissenschaft von den Internationalen Beziehungen

3.5.1 Wissenschaft von den Internationalen Beziehungen (knapper Überblick)

Es leuchtet ein, dass es nicht Aufgabe des vorliegenden Beitrages sein kann, die in der Tat polysynthetische und relativ komplizierte Wissenschaft von den Internationalen Beziehungen erschöpfend und in aller Ausführlichkeit zu behandeln. Hier soll lediglich der Versuch unternommen werden, einen knappen Überblick über diese eigentlich neue Wissenschaftsdisziplin zu geben. Dabei wird jenen Aspekten besondere Aufmerksamkeit geschenkt, die für die Zwecke der vorliegenden Abhandlung von Bedeutung sind. Die Wissenschaft von den Internationalen Beziehungen verdankt ihre Entstehung einem gemeinsamen Beschluss der britischen und amerikanischen Delegation auf der Pariser Friedenskonferenz 1919, eine wissenschaftliche Institution zu gründen, um die internationalen Beziehungen zu erforschen. Der Beschluss war konkreter Ausdruck des Schocks über den Zusammenbruch des traditionellen europäischen „Gleichgewichts der Mächte“.[24]

Nach dem 2. Weltkrieg ist es zu einem sprunghaften Wachstum der neuen Wissenschaftsdisziplin gekommen. Zugleich sind viele Meinungsdifferenzen entstanden.[25] Hinsichtlich der genauen Bezeichnung dieser Fachdisziplin besteht unter ihren Vertretern keine Übereinstimmung. Es werden im Großen und Ganzen die folgenden Bezeichnungen verwendet: „Lehre von den Internationalen Beziehungen“[26], „Wissenschaft von den Internationalen Beziehungen“[27], auch „Theorie Internationaler Beziehungen“[28] oder einfach „Internationale Beziehungen“. Eine übergreifende Theorie ist kaum zu erkennen. Es bestehen vielmehr mehrere Theorien[29] bzw. theoretische

Konzepte.[30] Unabhängig von der Bezeichnung wird diese Fachdisziplin fast einmütig als integraler Bestand der Politikwissenschaft betrachtet.[31]

Im Hinblick auf den eigentlichen Gegenstand liegt unter den Fachwissenschaftlern kein Meinungskonsens vor. Folgend seien die wichtigsten Strömungen vorgestellt: a) die Gesamtheit der internationalen Beziehungen unterschiedlicher Art zwischen staatlichen und nichtstaatlichen Akteuren[32], b) Inhaltliche Fragen wie z. B. Macht und Ohnmacht, internationale Politik und internationale Gesellschaft, Wohlstand und Armut, Aktivität und Apathie, Revolution und Stabilität etc.[33], c) Bei dieser Strömung stehen Handeln und vor allem Verhalten der Akteure[34] im behavioristischen Sinne im Mittelpunkt.
Zu den Akteuren der internationalen Beziehungen gehören in erster Linie die Völkerrechtssubjekte, vor allem die Staaten und die internationalen zwischenstaatlichen Organisationen sowie politische, gesellschaftliche, wirtschaftliche und andere internationale, supranationale, transnationale und auch private Organisationen und Personen.[35] Abgesehen von Ausnahmen[36] wird mehrheitlich die Auffassung vertreten, dass die Internationalen Beziehungen als Wissenschaft keine Theorie besitzen. Es gibt nur theoretische Konzepte[37]. Schränkt man noch dazu die Wissenschaft von den Internationalen Beziehungen auf rein empirische Aufgaben ein, so gäbe es die Gefahr, dass ein „Potpourri zusammenhangloser ungleichartiger, unvergleichbarer und isolierter Teilerkenntnisse“ entsteht.[38]

Die Hauptkategorien der Wissenschaft von den Internationalen Beziehungen sind das Interesse, die Macht, der Einfluss, die Interdependenz, das Kräfteverhältnis, das Gleichgewicht, das Verhalten und die Abhängigkeit. In methodologischer Hinsicht ist bei der Wissenschaft von den Internationalen Beziehungen eine große Variationsbreite festzustellen. Als Grundlage hierfür dienen die diesbezüglichen Untersuchungsergebnisse der beiden Autoren, Henning Behrens und Paul Noack. Nach ihrer Einschätzung liegt ein Methodenpluralismus vor: normatives methodisches Vorgehen, Konstitutionalismus (R. Falk, S. A. Mendlovitz); hermeneutische Gesamtschau der internationalen Beziehungen, „realistische Schule“ (H. J. Morgenthau, G. F. Kennan, H. Kissinger); dialektische Methoden, polit-ökonomische

Analyse (u. a. E. Krippendorf), empirisch-analytisches Vorgehen, allgemeine Systemtheorie (M. A. Kaplan, J. N. Rosenau); induktives Vorgehen, historische Soziologie (R. Aron, S. Hoffmann, R. Rosecrance); deduktives Vorgehen, kritische Entwicklungstheorie (G. Frank, F. H. Cardoso); quantitative Analyse, Arms-Control-Doktrin (u. a. W. Baudissin); komparatistisches Vorgehen, historische Soziologie (R. Aron, S. Hofmann, R. Rosecrance); experimentelle Konstruktion, politische Kybernetik (u. a. K. W. Deutsch); heuristische Funktion, allgemeine Systemtheorie (M. A. Kaplan, D. Singer, J. N. Rosenau, R. C. North).[39] Zwei Methoden sind etwas konkreter zu spezifizieren: Das „Billard-Ball-Model", das die internationalen politischen Beziehungen als Summe der nationalen Außenpolitiken auffasst, wie im Billardspiel die Kugeln aufeinander stoßen. Nach dieser Methode wäre es möglich, die Welt realistisch zu betrachten. Im Gegensatz zu dieser etwas seltsam anmutenden Konstruktion überzeugt durchaus das von James N. Rosenau entworfene „Linkage-Model"[40]. Darin kann man die logisch verständlichen Verknüpfungen zwischen den in einem System vorhandenen Faktoren bzw. Elementen erkennen. Es geht darüber hinaus um die Zusammenhänge zwischen den nationalen und den internationalen Systemen.

3.5.2 Verhältnis zwischen der Völkerrechtswissenschaft, speziell der Völkerrechtssoziologie und der Wissenschaft von den internationalen Beziehungen

Zunächst ist darauf hinzuweisen, dass bis zum 19. Jahrhundert Völkerrecht, Diplomatiegeschichte, Politik und Friedensforschung im Grunde zusammen gehörten.[41] Das Völkerrecht und in diesem Zusammenhang auch die Völkerrechtswissenschaft besaßen Priorität. Vor allem in der zweiten Hälfte des 19. Jahrhunderts haben Völkerrechtler die Friedens- und Konfliktforschung betrieben. Österreichische Wissenschaftler waren auf diesem Gebiet besondert erfolgreich.[42] Schon in der Epoche des Iustum potentiae Aequilibrium Europaeum dachten die Völkerrechtler auch in politischen Kategorien.[43] D. h., dass einzelne Völkerrechtler bereits im Sinne des methodologischen Grundsatzes der Komplexität dachten. Erst nach dem Zweiten Weltkrieg verloren das Völkerrecht und die Diplomatiegeschichte allmäh-

lich an Bedeutung. Die Wissenschaftler auf dem Gebiet der internationalen Politik richteten ihre Aufmerksamkeit auf substantielle Fragen wie z. B. Strukturen und Macht.[44]
Obwohl objektiv die Materien der Völkerrechtswissenschaft und der Lehre von den Internationalen Beziehungen sich teilweise überschneiden[45], kann im allgemeinen konstatiert werden, dass die Vertreter beider Wissenschaftsdisziplinen bestimmte Probleme haben. Während z. B. die meisten Völkerrechtler die Forschungsergebnisse der Wissenschaft von den Internationalen Beziehungen möglicherweise aus fehlender Lernbereitschaft ignorieren, neigen die Vertreter dieser Fachdisziplin dazu, das Völkerrecht als Normensystem gering zu schätzen.[46] Deswegen wird zu Recht vorgeschlagen, die „unselige Unterscheidung zwischen Legalisten und Realisten“[47], d. h. zwischen der Völkerrechtswissenschaft und der Wissenschaft von den Internationalen Beziehungen über Bord zu werfen. Es bedarf vielmehr einer engen Kooperation bzw. „Befruchtung“ zwischen den beiden Wissenschaftsgebieten. Es ist der von Karl Kaiser vertretenen Auffassung zu folgen, wenn er von der Wissenschaft von den Internationalen Beziehungen eine „Neudurchdenkung der Möglichkeiten des Völkerrechts“ und von der Völkerrechtswissenschaft eine „Hinwendung zu historisch soziologischen Methoden“ fordert. Er weist darauf hin, dass die Wissenschaft von den Internationalen Beziehungen auf die größeren normativen Systeme sowie auf die Handlungsanleitungen der Völkerrechtswissenschaft angewiesen ist. Diesbezüglich kann von der Völkerrechtswissenschaft „ein befruchtender Impuls“ ausgehen.[48] Von einzelnen Vertretern der Wissenschaft von den Internationalen Beziehungen wird das Völkerrecht als ein die „internationalen Interaktionen beeinflussendes Element“ betrachtet.[49]
Die Völkerrechtswissenschaft wiederum benötigt für die Zwecke der Untersuchung und des Verständnisses des „sozio-politischen Substrats“[50] des Völkerrechts, zumal dieses die internationale Wirklichkeit besonders widerspiegelt, zumindest Grundkenntnisse der Wissenschaft von den Internationalen Beziehungen.[51] Es kann festgestellt werden, dass hierüber die Völkerrechtler nur sporadisch und recht unsystematisch Überlegungen angestellt haben. Im Grunde ist vorwiegend die von den Internationalen Beziehungen breit angewandte Methode der Analyse erwähnt worden.[52] Im Gegensatz dazu sind Vertreter der Wissenschaft von den Internationalen Be-

ziehungen etwas kreativer gewesen. Zu nennen sind vor allem die folgenden Autoren: G. Doeker, der noch dazu nicht allgemein von der Völkerrechtswissenschaft, sondern expressis verbis von der Völkerrechtssoziologie spricht, während Völkerrechtler die Völkerrechtssoziologie entweder mit der „Lehre von den Internationalen Beziehungen“[53] oder mit der „Soziologie der Internationalen Beziehungen“ gleichsetzen.[54] G. Doeker zählt eine Reihe von theoretischen Ansätzen auf, die für die Völkerrechtssoziologie von Bedeutung wären: a) Analyse der außenpolitischen Entscheidungsprozesse. Im Mittelpunkt der Analyse stehen Reaktionsweisen und Motivationslagen bei der Völkerrechtsbefolgung. b) Darstellung der Simulation zwischenstaatlicher Beziehungen bei Berücksichtigung innenpolitischer und internationaler Entscheidungsfaktoren. c) Der theoretische Ansatz von „Systems analysis“, der durch Beachtung der Wechselbeziehungen zwischen komplexen Faktoren zu einer realistischeren Einschätzung des Wirkungsgrades des Völkerrechts führen kann. d) Außerdem sind die gemeinsamen Erwartungen („shared expectations“) zu berücksichtigen, um das mögliche Verhalten der Akteure in den internationalen Beziehungen einschätzen zu können.[55]

Ernst-Otte Czempiel, einer der führenden Vertreter der Wissenschaft von den Internationalen Beziehungen in Deutschland, empfiehlt für die Zwecke der Völkerrechtsforschung die folgenden, etwas spezielleren Untersuchungsmethoden: a) Das „Spinnweb-Model“, das sich auf alle Akteure in den internationalen Beziehungen bezieht. b) Das „Interaction unit“, das die Aktivitäten jedes Akteurs erfasst, der das internationale System mit gestaltet. c) Das „Penetrated System“, das eigentlich die Beeinflussung eines Staates durch seine politische und wirtschaftliche Umgebung zum Wesen hat. Dieses System besteht aus mehreren Subsystemen. d) In enger Verbindung damit steht das „Billard-Ball-Model“.[56]

Es ist klarzustellen, dass die vorwiegend rechtspositivistisch ausgerichtete Völkerrechtswissenschaft dem Wesen nach ein Relikt der zweiten Hälfte des 19. Jahrhunderts ist. Ihre Einseitigkeit reicht schon lange nicht aus, um die Völkerrechtsordnung allseitig und überzeugend zu erklären. Die Begrenzung auf die Völkerrechtsdogmatik schränkt den Forschungshorizont eines Völkerrechtswissenschaftlers erheblich ein. Deshalb hat es sich – wie eingangs erwähnt – als absolut notwendig erwiesen, nicht bei dem traditionellen Verständnis von der Völkerrechtswissenschaft zu bleiben, sondern Überlegungen über mögliche integrale Bestandteile dieser Wissenschaft sowie über weitere Forschungsgegenstände und Forschungsmethoden anzustellen, um zum einen den Anforderungen einer globalen Welt gerecht zu werden und zum anderen die Völkerrechtswissenschaft vor Verdrängungsgefahren, die von der dynamischeren Fachdisziplin der Internationalen Beziehungen ausgehen, zu schützen. In diesem Kontext sprechen einzelne Völkerrechtler sogar von einem „immer aussichtloser erscheinenden Existenzkampf.[57] Die Völkerrechtssoziologie geht von der Normativität des Völkerrechts aus, d. h. bei ihr stehen im Mittelpunkt die grundlegenden Völkerrechtsprinzipien, ihr Gegenstand jedoch ist viel breiter und umfassender. So betrachtet, weist sie einige Gemeinsamkeiten mit der Wissenschaft von den Internationalen Beziehungen auf. Im Gegensatz dazu ergibt sich aus der internationalen Fachliteratur der Fachdisziplin Internationale Beziehungen, dass ihre Vertreter dem Völkerrecht kaum Aufmerksamkeit schenken. Dem ist so, weil sie das Völkerrecht gering schätzen. Die Sache wird jedoch gefährlich für die internationalen Beziehungen, wenn Politikwissenschaftler und nicht Völkerrechtler Hauptberater von Regierungen sind. So ist es gegenwärtig bei der einzigen Supermacht der Welt und so war es auch bei der damaligen UdSSR.[58] Es ist erforderlich, dass sich Wissenschaftler mit der wichtigen Problematik der vielschichtigen Interessen befassen, jedoch dürfen sie dabei die Völkerrechtsordnung nicht vergessen. Andernfalls kommt es unweigerlich zu militärischen Abenteuern, mitunter mit verhängnisvollen Folgen für die Urheber einer derartigen Haltung zum Völkerrecht als internationale Rechtsordnung.

Die Völkerrechtssoziologie hat, wie bereits nachgewiesen worden ist, ihre eigene Methodologie mit ihren Grundsätzen (Objektivität, Analyse und Synthese, Induktion, Komplexität, Systemhaftigkeit, Globalität, Universalhistorismus und Differenziertheit). So .betrachtet, ist sie nicht unbedingt auf die von den Vertretern der „International Relations“ entwickelten theoretischen Ansätze angewiesen. Dennoch vermögen sie unter Umständen eine ergänzende methodische Rolle zu spielen.

Andere integrale Bestandteile der Völkerrechtswissenschaft, wie vor allem die Völkerrechtstheorie, die Völkerrechtsphilosophie und die Völkerrechts-

dogmatik benötigen nicht unbedingt die Methoden der Wissenschaft von den Internationalen Beziehungen. Insofern erscheint die Fragestellung nach dem Verhältnis zwischen der Völkerrechtswissenschaft und der Wissenschaft von den Internationalen Beziehungen nunmehr nicht ganz korrekt. Es geht vielmehr um das Verhältnis zwischen der Völkerrechtssoziologie und der Wissenschaft von den Internationalen Beziehungen.
Von diesem neuen Wissensstand ausgehend, wird hier den Vertretern der Wissenschaft von den Internationalen Beziehungen empfohlen, die folgenden integralen Bestandteile ihrer Fachdisziplin zu erarbeiten: Theorie, Philosophie, Soziologie und Geschichte. Auf der Grundlage der hier erarbeiteten Völkerrechtssoziologie wäre es prinzipiell durchaus möglich, dass ein Völkerrechtler ohne rechtspositivistische Scheuklappen dies täte, was allerdings den Rahmen der vorliegenden Studie bei weitem sprengen würde.

3.6 Politische Normen als Gegenstand der Völkerrechtssoziologie

3.6.1 Normbildungstheoretische Aspekte der politischen Normen

Die systematische Beschäftigung mit den politischen Normen wäre eigentlich eine der wichtigsten Aufgaben der Wissenschaft von den Internationalen Beziehungen. Es hat sich allerdings gezeigt, dass Derartiges außerhalb des Selbstverständnisses und der Sichtweise ihrer Vertreter liegt. Es wird ganz sachlich festgestellt, dass sie bisher, soweit überblickbar, keine Forschungsergebnisse auf diesem Gebiet vorgelegt haben. Möglicherweise liegt es daran, dass die Politikwissenschaftler nicht in normativen Kategorien zu denken vermögen. Daher wäre es durchaus gerechtfertigt, die folgenden Ausführungen über die politischen Normen als einen bescheidenen Beitrag eines Völkerrechtswissenschaftlers zur Weiterentwicklung auch der Wissenschaft von den Internationalen Beziehungen zu betrachten.

Unter Beachtung des methodologischen Grundsatzes der Komplexität kann man von einem einheitlichen Normenbildungsprozess sprechen, geht es um die Staaten als die bedeutsamsten Akteure in den internationalen Beziehungen und Hauptsubjekte des Völkerrechts.[59]

Der Normenbildungsprozess in den internationalen Beziehungen beginnt in der Regel damit, dass Staaten bestimmte Probleme kognitiv erfassen. Hierüber entsteht allmählich ein allgemeiner consensus (consensus generalis). Bereits an der kognitiven Seite des consensus der Staaten sind mehrere Determinanten (materielle und ideelle, ökonomische und politische, innerstaatliche und internationale) in ihrer Komplexität beteiligt. Sie beeinflussen in ihrerGesamtheit die Staatsinteressen. Danach wird von den Staaten aus ähnlichen oder aus unterschiedlichen Gründen die internationale Bedeutung der betreffenden Probleme erkannt. Diesbezüglich liegt ebenso ein consensus generalis oder sogar ein consensus omnium vor.
Das Einfangen der objektiv existierenden Probleme wird begleitet von einer Wertung. Ihr liegen Faktoren zugrunde, die in den materiellen Lebensbedingungen wurzeln. Über die Wahrnehmung, Erkenntnis und Bewertung der Probleme gelangen die Staaten zu einer Normierungsnotwendigkeit und Normierungswürdigkeit. Der Normierungsgegenstand besteht zwar unabhängig von den wahrnehmenden, erkennenden und wertenden Subjekten (Staaten), die Normierungsfrage ist jedoch subjektiv gefärbt, weil sie durch die Vorstellungswelt der Staaten hindurch geht.

Eine entscheidende Phase des konsensualen Prozesses bezieht sich auf die Regelung der substantiellen Fragen. In diesem Stadium spielen Interessen, Willen und Gerechtigkeitsempfinden der Akteure eine besondere Rolle. Im Verhandlungsprozess versuchen die Staaten einen Interessenausgleich zu erziehen. Daran sind hauptsächlich die folgenden Determinanten beteiligt: die globalen Herausforderungen der Menschheit, das internationale Kräfteverhältnis, unter Umständen die Bündnisverpflichtungen, die Interdependenz, die Globalisierung, die internationale öffentliche Meinung, der politische Standort der Staaten, die ökonomische Stärke, die geographische Lage, die innenpolitische Situation in einem Staat, die Rechtsanschauungen, die Wertvorstellungen, die Erwartungshaltung usw. Diese Faktoren wirken komplex und vorwiegend gleichzeitig. Sie stellen in philosophischer Hinsicht einen dialektischen und widersprüchlichen Prozess dar.
Im Verhandlungsprozess koordinieren die Akteure ihre Interessen, die darauf fußenden Willen und die von den vielschichtigen Interessen beeinflussten Überzeugungen (opiniones). Das Ergebnis dieses Vorganges ist

Ausdruck eines inhalts- und sachbezogenen consensus. Er findet seinen Niederschlag in Verträgen, Deklarationen/Resolutionen der UN-Generalversammlung, in Konferenzschlussakten etc. Hierdurch bezieht sich der consensus der Akteure auf Inhalt und Form der angenommenen Instrumente. Über die Normativitätsart und den Charakter der verschiedenen konkreten Ergebnisformen des konsensualen Normenbildungsprozesses wird aber noch nichts ausgesagt. Hinsichtlich des Charakters der Ergebnisformen ist davon auszugehen, dass die Staaten im Rahmen des Gesamtsystems der internationalen Beziehungen und damit des einheitlichen internationalen Normenbildungsprozesses Verhaltensregeln, d. h. Normen schaffen. Sie entscheiden gemeinsam darüber, ob diese Normen rechtlichen oder vielleicht nichtrechtlichen Charakter besitzen sollen. Ihre Absicht (intentio) bzw. ihr Wille (voluntas) oder die Überzeugung (opinio) sind hierfür ausschlaggebend.

In einer weiteren Phase des Normenbildungsprozesses bezieht sich der consensus der Staaten darauf, eine geschaffene Verhaltensnorm als verbindlich (rechtlich, politisch oder moralisch) zu akzeptieren. Schließlich erstreckt sich der consensus der Staaten auf ihre Bereitschaft, sich nach den akzeptierten Verhaltensnormen zu richten, d. h. die Bereitschaft, sie einzuhalten. Der internationale Normenbildungsprozess kann in zwei Säulen zerfallen: in eine rechtliche und in eine nichtrechtliche. Bei der nichtrechtlichen Säule des Normenbildungsprozesses geht es wiederum entweder um politische oder um Moralnormen. Danach richten sich die entsprechenden Ergebnisformen, d. h. in concreto die Normen und zwar die Rechtsnormen, die Moralnormen und die politischen Normen.
Die in den multilateralen Konventionen universellen Charakters verankerten Normen sind Ausdruck des consensus voluntatis iuris generalis. Sie sind Gegenstand der Völkerrechtstheorie.[60] Die vor allem in Deklarationen/Resolutionen der UN-Generalversammlung enthaltenden Moralnormen sind Ausdruck des consensus opinionis moralis generalis der Staaten. Sie sind Gegenstand der Völkerrechtsphilosophie.[61] Die in Deklarationen/Resolutionen politischen Charakters der UN-Generalversammlung bringen den consensus opinionis politicae generalis der Staaten zum Ausdruck, während die konkreteren politischen Normen in Abmachungen politischen

Charakters den consensus voluntatis politicae der daran beteiligten Staaten äußern. Diese Normen sind Gegenstand der Völkerrechtssoziologie. Abschließend zu diesem Abschnitt kann man zusammenfassen, dass die normbildungstheoretische „goldene Kette“ Bedürfnisse – Interessen – Willen – Norm – Verhalten uneingeschränkt gilt.

3.6.2 Merkmale, Funktion, System und Strukturfragen der politischen Normen

Zunächst sei die Bemerkung vorangestellt, dass es aus Platzgründen nicht möglich ist, die politischen Normen ausführlich und mit vielen Beispielen zu behandeln. Bereits in den 70er-Jahren war das in normbildungstheoretischer Hinsicht höchst interessante Phänomen zu registrieren, dass die Anzahl politischer Dokumente vor allem zur Regelung von sicherheits- und Abrüstungsfragen sowie zur zwischenstaatlichen Kooperation immer größer wurde. So nahm z. B. die UN-Generalversammlung zahlreiche Deklarationen und Resolutionen zu Fragen des Friedens, der Sicherheit, der Abrüstung und der Unterentwicklung an. Speziell in Europa wurden im Zuge eines beginnenden Entspannungsprozesses zwei wichtige politische Dokumente, namentlich die Schlussakte der Konferenz für Sicherheit und Zusammenarbeit in Europa von 1976 und die Stockholmer Deklaration über vertrauens-, sicherheitsbildende Maßnahmen und Abrüstung von 1986 angenommen. Die UN-Deklarationen und Resolutionen sowie die beiden europäischen politischen Dokumente enthalten politische Verhaltensnormen für die betreffenden Staaten. Ihr Ausgangspunkt sind – ähnlich wie bei den Völkerrechtsnormen – reale Bedürfnisse und konkrete Interessen der Staaten. Insofern besitzen sie – normbildungstheoretisch betrachtet – eine eminente Widerspiegelungsfunktion. Diese Verhaltensnormen sind sozusagen innerhalb des Gesamtsystems der internationalen Beziehungen konkreter Ausdruck des übereinstimmenden politischen Willens der Staaten. Er wiederum ist im Zeitalter der Globalisierung im Blickwinkel einer modernen Normbildungstheorie das konkrete Ergebnis nicht nur eines allgemeinen Willens, sondern in erster Linie einer konkreten Willensübereinstimmung. Sie wiederum kommt durch gegenseitige politische Kompromisse und auf konsensualer Grundlage zustande. Daher kann eine politische Norm nicht

die Widerspiegelung von mehreren Staatenwillen sein. Sie stellt vielmehr eine gemeinsame Verhaltensregel dar, aus der für die Partner gleichermaßen Ansprüche und Pflichten erwachsen. Auch hier gilt der Grundsatz, etwas abgewandelt: ex consenso norma politica oritur.
Politische Verhaltensnormen werden in der Regel dann geschaffen, wenn die Zeit für Völkerrechtsnormen noch nicht reif ist. Der diesbezügliche Normenbildungsprozess beansprucht ferner nicht so viel Zeit wie die Erarbeitung von Konventionen. Erfordernisse der internationalen Beziehungen werden also schneller erfasst und geregelt. Irgendwelche Ratifikationserfordernisse sind außerdem nicht vorgesehen. Hierdurch weisen politische Normen in der Regel in hohem Maße Dynamik, Anpassungsfähigkeit und Flexibilität auf.[62] Andererseits besteht jedoch, wie die UN-Resolutionen zum Frieden und zur Abrüstung zeigen, die Gefahr einer großen Inflation und schließlich Entwertung dieser Dokumente bzw. Normen. Ferner vermögen derartige Normen völkerrechtliche Regelungen erfolgreich zu ersetzen. Dies soll jedoch für die Völkerrechtler kein Grund sein, deswegen das Völkerrecht, wenn auch nur teilweise, als machtlos[63] abzuqualifizieren oder sogar darin eine Krise des Völkerrechts[64] zu erblicken. Hier zeigt sich, dass es für die Völkerrechtler an der Zeit ist, die heutigen internationalen Beziehungen nicht nur lege strictum zu sehen und zu werten. Es bedarf vielmehr der Bereitschaft, einzusehen, dass es außer dem völkerrechtsnormativen System weitere Normensysteme gibt, die mitunter von sehr großer Bedeutung und Wirksamkeit sind. Gerade die Wirksamkeit politischer Dokumente und Normen liefert den Beweis dafür, dass die Unterscheidung zwischen rechtlichen und politischen Normen in den internationalen Beziehungen der Gegenwart zwar notwendig, jedoch nicht immer von eminenter Bedeutung ist. Die politischen Normen sind nicht nur flexibler, sondern auch weniger kategorisch als die Rechtsnormen.[65] Die politischen Normen können zwar innerhalb eines konkreten Normenbildungsprozesses Vorläufer von Rechtsnormen sein bzw. es können auf der Basis politischer Dokumente völkerrechtliche Verträge entstehen. Politologisch und rechtssoziologisch die internationalen Beziehungen der Gegenwart betrachten, bedeutet jedoch, die prinzipielle Selbständigkeit der politischen Normen zu akzeptieren und sie nicht als Anhängsel der Völkerrechtsnormen anzusehen.[66] Aus der Selbständigkeit der politischen Normen folgt, dass sie nicht in jedem

Falle rechtlich Elemente enthalten. Sie besitzen vielmehr politische Verbindlichkeit. Dabei können politische Normen konkreten Rechtsnormen widersprechen.[67] Derartiges ist jedoch hinsichtlich der grundlegenden Völkerrechtsprinzipien unzulässig. Politische Normen können ferner unter Umständen durch Rechtsnormen realisiert werden. Umgekehrt ist es genauso. Bezüglich ihrer Sozialstruktur unterscheiden sich politische von rechtlichen Normen nicht wesentlich. Etwas komplizierter sieht es bei der Makrostruktur aus. Hierüber gibt es in der Fachliteratur, soweit überblickbar, keine Meinungsäußerungen. Es gibt eine einzige Möglichkeit, die Makrostruktur der politischen Normen zu untersuchen, nämlich die bei den Rechtsnormen übliche Methode hier mutatis mutandis anzuwenden. Dabei sollen einige der Realität der internationalen Beziehungen adäquate Bewertungskriterien erarbeitet werden wie z. B. Bezugsmaterie, Bedeutung für die Bewältigung der globalen Herausforderungen der Menschheit sowie ihre Nähe zu den grundlegenden Prinzipien des Völkerrechts.

Unter Zugrundelegung der Systembetrachtungsweise gibt es demnach hinsichtlich der Bezugsmaterie folgende Teilsysteme innerhalb des Subsystems der politischen Normen:
a) politische Normen zum Weltfrieden, zur internationalen Sicherheit und zur Abrüstung. b) politische Normen zu der globalen Herausforderung der Unterentwicklung. c) politische Normen zur globalen Herausforderung der Gefährdung der menschlichen Umwelt. Innerhalb des jeweiligen Teilsystems politischer Normen sind Wechselverhältnis und gegenseitige Bedingtheit festzustellen. Zwischen den Normen der einzelnen Teilsysteme sind zwar ebenfalls Wechselbeziehungen vorhanden, jedoch in der Regel eher losen Charakters. Durch diese Systematisierung kann man teilweise die Sozialstruktur und größtenteils die Makrostruktur der politischen Normen erklären.

Zur Mikrostruktur der politischen Normen liegt bisher, soweit überblickbar, nichts vor. Eine partielle Ausnahme bildet die von Lukaschuk vorgenommene Bestimmung der politischen Norm: „Eine politisch-verbindliche Verhaltensregel in den zwischenstaatlichen Beziehungen, die geschaffen, durchgesetzt und mit politischen Mitteln garantiert wird“.[68]

Obwohl es schwer ist, darin mikrostrukturelle Elemente festzustellen, kann im Prinzip dieser Definition zugestimmt werden. In Anlehnung an die Erkenntnisse der Rechtstheorie[69] könnte die politische Norm ebenfalls als die kleinste sinnvolle Einheit innerhalb des politischen Regelungssystems der internationalen Beziehungen bezeichnet werden. Hiervon ausgehend, könnten Mikrostruktur sowie Funktion der politischen Norm einigermaßen genau bestimmt werden.
Es wird hier prinzipiell davon ausgegangen, dass jede politische Norm in irgendeiner Weise den Adressaten ein bestimmtes Verhalten vorschreibt und Aufforderungscharakter besitzt. Insofern hat sie auch eine Gestaltungsfunktion. Die wesentlichen Merkmale der politischen Norm sind die Folgenden: a) Sie wird von den politischen Interessen, in der Regel vom politischen Willen sowie von der politischen Überzeugung der betreffenden Staaten bestimmt. Dabei werden Interessen, Willen und Überzeugung nicht nur von den materiellen Lebensbedingungen, sondern auch von Erscheinungen der Ideologie geprägt. Gerade bei den politischen Normen allein die materiellen Lebensbedingungen in Betracht ziehen hieße, einem Vulgärmaterialismus zu huldigen. Andererseits würde eine Einschränkung auf ideelle Prozesse Faktoren und Elemente eher Mystik und Sophistik bedeuten. b) Die politische Norm vermag ferner, gesellschaftliche Verhältnisse zu regeln. c) Im Falle ihrer Verletzung ist der betroffene Staat legitimiert, darauf adäquat und angemessen zu reagieren, d. h. in concreto, Sanktionen (Reaktivmaßnahmen) politischen Charakters einzuleiten.
In mikrostruktureller Hinsicht kann unter Umständen davon ausgegangen werden, dass eine politische Norm aus einem Tatbestandteil und einem Folgehandlungsteil besteht. Es wird jedoch in der Regel schwer sein, beide Teile bei jeder politischer Norm zu finden. Auch was die politischen Sanktionen anbelangt, wird es kompliziert sein, sie als Bestandteil jeder politischen Norm genau zu orten. Meistens wird es so sein, dass die Sanktion nicht unbedingt dazu gehört. Sie ist also ein Kann-Element.

Bezüglich der politischen Normen liegen ebenfalls keine Untersuchungen vor. Es herrscht mitunter ein babylonisch anmutender Begriffswirrwarr. Deswegen sollen die Erkenntnisse der Philosophie, der Logik, der Soziologie und der Rechtstheorie zugrunde gelegt werden, um wenigstens einen definitorischen Versuch zu unternehmen. Hiernach ist innerhalb des Gesamtsystems der internationalen Beziehungen ein politisches Prinzip (principium Politikum) eine politische Norm, die folgende Merkmale aufweist: a) Allgemeinheit und hoher Aktionsgrad; b) allgemeine politische Verbindlichkeit, d. h. sie ist politisch bindend für alle Staaten; c) grundlegende Bedeutung für die gesamte Staatengemeinschaft sowie für jeden Staat. Nur wenige politische Normen besitzen diese Qualitätsmerkmale: Weltfriede, friedliche Koexistenz der Hauptkulturkreise, Entwicklung, Umweltschutz, Abrüstung, um die wichtigsten zu nennen. Politische Prinzipien dieser Art bringen hauptsächlich einen consensus politicae generalis zum Ausdruck. Von ihnen sind spezielle politische Normen zu unterscheiden. Sie können zwar ebenfalls allgemein sein, ohne jedoch die Qualität von Prinzipien zu besitzen, oder sie sind konkret bzw. individualisiert. Hierbei handelt es sich der Bedeutung nach in erster Linie um jene Normen, die dazu dienen, den Abrüstungsprozess voranzutreiben. Einige sind in der Staatenpraxis sowie von Völkerrechtlern bereits teilweise formuliert und systematisiert worden.[70] Zu nennen sind in diesem Bereich hauptsächlich folgende Normen: Gegenseitigkeit, Gleichzeitigkeit, Gleichwertigkeit, Verhandlungsführung, bona fides, gegenseitige Kontrollen, gegenseitige Inspektionen etc.

3.6.3 Durchsetzung der politischen Normen

Auf der Grundlage der Freiwilligkeit und Gegenseitigkeit geschaffene politische Normen, d. h. politische Verhaltensregeln, sind in dem Sinne zu respektieren, dass die betreffenden Staaten ihr Verhalten danach richten.[71] Sind noch dazu konkrete Pflichten wie z. B. im Stockholmer Dokument fixiert, dann sind diese zu erfüllen. Und dies umso mehr, wenn im Dokument die Bestimmungen expressis verbis als politisch verbindlich bezeichnet werden. Hinsichtlich der vorgesehenen Maßnahmen bzw. der darin enthaltenen Bestimmungen heißt es: „Sie werden militärisch bedeutsam und politisch verbindlich sein“.

Es fragt sich nun, nach welchem Grundsatz politische Verpflichtungen zu erfüllen sind. Die Vertragstreue (pacta servanda) käme wohl nicht in Frage, weil sie sich historisch-traditionell, rechtsdogmatisch sowie positivrechtlich auf völkerrechtliche Verträge bezieht. Für politische Dokumente, Abmachungen und Normen würde sich eher der allgemein gehaltene Grundsatz bona fides eignen[72]. Die Staaten sind vor allem dazu angehalten, übernommene Verpflichtungen zu erfüllen, wenn diese dem Friedenserfordernis sowie den grundlegenden Prinzipien des Völkerrechts nicht widersprechen. Wenn sich aus der politischen Normativität die politische Verpflichtung ergibt, politische Normen einzuhalten, dann wäre es naheliegend, auch von der politischen Verantwortlichkeit zu sprechen. Bei Nichteinhaltung politischer Verpflichtungen würde dann das politische Einstehen müssen in Frage kommen. Dies würde in Gestalt konkreter und mitunter empfindlicher Gegenmaßnahmen (Reaktivmaßnahmen), also politischer „Sanktionen" erfolgen. Während sich jedoch Repressalie und Retorsion auf die entsprechenden, genau festgelegten Vertragsmaterien beschränken, sind politische „Sanktionen" viel umfangreicher. Sie gehen meistens über die konkreten politischen Abmachungen weit hinaus und erfassen mitunter mehrere Bereiche in den Beziehungen zwischen den Staaten. In den internationalen Beziehungen kommen politische Sanktionen hin und wieder vor: Einfrieren von politisch-diplomatischen und ökonomischen Beziehungen, eine bestimmte Ein- oder sogar Ausladungspolitik, Nichtabschluss von bereits in Aussicht gestellten Verträgen, auf deren Abschluss der betroffene Staat dringend angewiesen ist, usw.[73] Die Anwendung politischer Sanktionen kann jedoch nicht willkürlich erfolgen. Hierfür gibt es bestimmte Kriterien wie: Nichtgefährdung des Weltfriedens und der internationalen Sicherheit; keine weitere Zuspitzung der anderen globalen Herausforderungen der Menschheit wie z. B. der Unterentwicklung und der Gefährdung der menschlichen Umwelt; keine Verletzung des völkerrechtlichen Minimalkonsenses, nämlich der grundlegenden Prinzipien des Völkerrechts. Es wäre durchaus möglich, diese Kriterien auch als unabdingbare „Spielregel" in den zwischenstaatlichen Beziehungen im Zeitalter der Globalisierung zu betrachten. Sollte es jedoch bezüglich der Sanktionen zu weitergehenden Streitigkeiten zwischen den Staaten kommen, dann gäbe es keine gerichtliche Instanz, um sich mit dem Streitfall zu befassen. Das in statu nascendi befindliche internationale politische Normensystem sieht irgendeine Gerichtsbarkeit noch nicht vor.[74] Daher käme im Falle der Entstehung von Streitigkeiten Art. 33 der UN-Charta nicht in Frage.[75]

Dieser methodologische Ansatz, eben sich der Problematik politischer Normen die adäquate wissenschaftliche Aufmerksamkeit zu schenken, unterscheidet sich wesentlich von der etwas unbeholfenen Reaktion einiger Rechtspositivisten unter den Völkerrechtlern auf neuere Entwicklungen in den internationalen Beziehungen vor allem in den 70er-Jahren. Sie sahen zahlreiche Dokumente, vorwiegend Deklarationen und Resolutionen der Un-Generalversammlung durch die ziemlich eingeengte völkerrechtsdogmatische Brille und prägten zwar schillernde und beeindruckende Begriffe wie „soft law", „green law", „soft abligation", „droit recommandaire", droit declaratoire", „droit programmatoire", droit directif", „pára-droit", „pré-droit", „pre juridique"[76] etc, bis Prosper Weil diesen eigentlich unwissenschaftlichen Auswüchsen einer vernichtenden Kritik unterzogen hat.[77] Er tat dies jedoch ebenfalls rechtspositivistisch vorgehend. Deswegen gelang es ihm nicht, darüber hinaus zu gehen und die bereits existierenden politischen Normen in den internationalen Beziehungen zu beachten. Er hat geschrieben, was diese pseudowissenschaftlichen Konstruktionen nicht sind. Besser wäre es gewesen, sich nach dem Grundsatz „negatio est determinatio" des Spinoza zu richten. Offensichtlich fehlte sowohl ihm als auch seinen wissenschaftlichen Gegnern ein moderner methodologischer Ansatz, d. h. die Völkerrechtssoziologie sowie eine moderne Normbildungstheorie befanden sich außerhalb ihres Gesichtskreises. Somit hat die traditionelle rechtspositivistische und rein völkerrechtsdogmatische Forschungsmethode ihre Grenzen erreicht.[78] International betrachtet, haben sich nur wenige Völkerrechtler, der eine nur etwas, der andere jahrelang undsystematisch, mit der Problematik der politischen Normen befasst.[79] Andere Völkerrechtler hingegen waren jahrelang damit beschäftigt, sowohl das Völkerrecht als auch die Völkerrechtswissenschaft zu Grabe zu tragen. Sie haben die Völkerrechtswissenschaft dem Wesen nach im Dunstkreis der „political scienses" und des „Neo-Realismus" aufgelöst. Gerade die politisierenden und soziologisierenden Völkerrechtler hätten aber die Aufgabe, eben die politischen Normen in den internationalen Beziehungen zu entdecken.

3.7 Interessen der Staaten als Kategorie und Gegenstand der Völkerrechtssoziologie*

3.7.1 Allgemeine Bedeutung der Interessenproblematik

Die Interessenproblematik ist in den internationalen Beziehungen stets von großer Bedeutung und hoher Aktualität gewesen. Speziell in der Epoche der Globalisierung und der Existenz einer polygonalen Welt ist eine wachsende Rolle dieser Problematik zu konstatieren. Weil es sich um ein multisynthetisches Phänomen handelt, bedarf es bei der Untersuchung einer transdisziplinären Sichtweise. Daher gilt es, vor allem philosophische, epistemologische, historische, politologische, völkerrechtstheoretische und insbesondere völkerrechtssoziologische Aspekte der Interessenproblemstellung zu beachten.

In wissenschaftstheoretischer Hinsicht ist davon auszugehen, dass die Interessen eine theoretische (Was: Wesen, Arten etc.), eine philosophische (Warum: Gründe für ihre Existenz und Bedeutung) und eine methodologische (Wie: Wege und Methoden der Untersuchung) Komponente aufweisen. Letzteres ist weitestgehend fast deckungsgleich mit der Methodologie der Interessentheorie.
Die vorliegende Studie ist das Ergebnis wissenschaftlicher Teiluntersuchungen, die genau 1970 im Zusammenhang mit der Inangriffnahme der Habilitationsschrift[80] von P. Terz begannen und in mehreren Publikationen[81] ihren Niederschlag fanden. Völkerrechtswissenschaftstheoretisch erfolgten systematischere Studien Anfang der 90er-Jahre des 20. Jahrhunderts[82] sowie Ende der ersten Dekade des laufenden Jahrhunderts.[83] Bei der vorliegenden Studie geht es nunmehr darum, die Interessen als eine Kategorie in erster Linie der Völkerrechtssoziologie einer akribischeren Untersuchung im Sinne einer Interessentheorie zu unterziehen. Insgesamt handelt es sich um jahrzehntelange Grundlagenforschung.

* Dieser Unterabschnitt stützt sich im Wesentlichen auf den folgenden Grundsatzbeitrag: P. Terz: Interessentheorie. Eine Studie im Koordinatensystem von Philosophie, Epistemologie und Völkerrechtssoziologie. In: Papel Politico, 2009 (14 – 1), pp. 223 – 272.

3.7.2 Methodologie der Interessentheorie

Die Methodologie der Interessentheorie stützt sich auf die folgenden Grundsätze:

a) Komplexität: Es geht in erster Linie darum, die Vielschichtigkeit und Vielseitigkeit der Interessen zu beachten. Hierzu gehören z. B. nicht nur ökonomische, sondern auch politische, weltanschauliche, nationale, religiöse, diplomatische, wissenschaftliche, linguistische und strategische Aspekte. Daher wäre es sehr einseitig und verfehlt, die Interessen vulgärmaterialistisch zu betrachten, d. h. nur von ökonomischen Interessen zu sprechen. Dies wiederum darf an der mitunter entscheidenden Bedeutung dieser Interessenkategorie keine Zweifel aufkommen lassen. Insgesamt handelt es sich um materielle und ideelle Aspekte.

b) Transdisziplinarität: Sie hängt zwar im Prinzip mit der Komplexität zusammen, weist jedoch eine eminente Besonderheit auf, denn es geht um die transdisziplinäre Sichtweise durch einen und denselben Forscher. All dies setzt jedoch ein breites Wissen und eine gehobene Allgemeinbildung voraus. Das Wissen darf sich auf alle Fälle nicht auf die eigene Fachdisziplin beschränken, denn eine monoklonale Sichtweise kann kaum zu Erkenntniszuwachs führen. Das transdisziplinäre Denken entspricht eigentlich dem Aufbau des menschlichen Gehirns mit den 100 Milliarden Nervenzellen und den 20 Tausend Dendriden pro Nervenzelle, wodurch zahllose Synapsen entstehen (M. Mac. Donald, „Your Brain: The Missing Manual", 2008). In Ländern mit einem traditionell starken Rechtspositivismus erfolgt im Rechtsstudium eine Beschränkung auf die Rechtsdogmatik. Die Studierenden werden durch dieses storchbeinige und schmalbrüstige Studium völlig monoklonal ausgebildet, denn Philosophie, Soziologie, Logik, Wissenschaftstheorie und Psychologie sind für sie wie ein Buch mit sieben Siegeln. Die dahinvegetierenden Wahlfächer Rechtsphilosophie und Rechtssoziologie ändern daran nichts. Die Transdisziplinarität ist der entscheidende methodologische Grundsatz der vorliegenden Untersuchung.

c) Systemhaftigkeit: Die verschiedenen Elemente der Interessen existieren nicht losgelöst voneinander, sondern stellen, systemtheoretisch betrachtet, ein System dar. Zwischen ihnen bestehen Wechselbeziehungen und gegenseitige Beeinflussungen, die die Struktur dieses Systems ausmachen. Hierdurch gewinnt das Interessensystem eine hohe Dynamik, die sich in ihrer Effektivität sowie in ihrer Entwicklungs- und Veränderungsfähigkeit ausdrückt.

d) Globalität: Sie beeinflusst erheblich die vielschichtigen Interessen der einzelnen Staaten und vermag den Interessen-Hierarchiekatalog insofern so zu verändern, dass die Menschheitsinteressen an der Spitze der Interessen-Pyramide stehen. Dies erfolgt in enger Verknüpfung mit den globalen Herausforderungen der Menschheit, worauf noch ausführlich einzugehen sein wird.

e) Differenziertheit: Hier gilt es, Kriterien zu erarbeiten, um die relativ vielen Interessenkategorien nicht nur voreinander zu unterscheiden, sondern darüber hinaus überzeugende Abstufungen und Hierarchien in der Interessen-Typologie zu erzielen.

f) Historizität: (historische Methode): Sie bedeutet vor allem, dass bestimmte Interessen unter historisch-konkreten Bedingungen entstehen und dass sie Wandlungen unterworfen sind. Der Interessenforscher hat ferner die tatsächliche historische Interessenentwicklung sowie die sich darauf beziehenden philosophischen und anderen Anschauungen zu beachten.

g) Komparativität: Sie bezieht sich auf den Vergleich zwischen den Interessen unterschiedlicher Staaten nach bestimmten Kriterien wie z. B. nach den Menschheitsinteressen und nach dem Völkerrecht. Erst dieser Vergleich versetzt einen Staat in die Lage, seine Interessen in das internationale Interessen-Koordinatensystem besser einzuordnen. Sie erstreckt sich ferner auf die Art und Weise der Interessendurchsetzung.

h) Dialektik: Es geht um das logische Verhältnis von subjektiven und objektiven Faktoren. Es ist z. B. unphilosophisch und zutiefst undialektisch, sich nach dem archaisch-primitiven, neurotischen und infantil-pubertären Prinzip „Entweder-Oder“ als Ausdruck intellektueller Immobilität zu richten, das seit der Antike bis heute im Westen fast uneingeschränkt gilt: Entweder Idealist-Oder Materialist, Entweder Naturrechtler-Oder Rechtspositivist, Entweder liberal-Oder konservativ, Entweder Katholik Oder Protestant, in den 30 Jahren des 20. Jh., in Deutschland Entweder Nationalsozialist Oder Kommunist, „Entweder mit uns oder gegen uns“ (Bush jr.), Entweder Tag Oder Nacht etc. Man kommt nicht auf die einfache Idee, die Natur genauer zu betrachten: Es gibt nicht nur den Tag und die Nacht, sondern auch die Morgenröte und die Abenddämmerung. Der konfuzianische Methodologie-Ansatz „Sowohl-als-Auch" scheint empfehlenswerter zu sein. Darin liegen Vernunft, Verstand sowie Dialektik und nicht zuletzt auch Pragmatismus.

Dieses Prinzip ist also überzeugender und dialektischer. So wäre es richtiger für einen Staat, sowohl seine eigenen Interessen als auch die Menschheitsinteressen in einem dialektischen Sinne zu betrachten. Die konfuzianische Methode könnte im „Abendland" zur Lösung vieler wissenschaftlicher und anderer Probleme führen. Seine Anwendung könnte die Denkart der Wissenschaftler des „Abendlandes" positiv beeinflussen, vorausgesetzt, dass sie willens, fähig und bereit sind, die allgegenwärtige eurozentrische Grundhaltung zu überwinden.

i) Realitätsbezogenheit: Sie ist nur dann möglich, wenn sich die von den Akteuren erkannten Interessen auf echte Wahrnehmung, Vernunft, Verstand sowie auf die richtige Erkenntnisse stützen. Andernfalls besteht die große Gefahr, dass man sich mitunter gefährlichen Illusionen hingibt und sich nach gefährlichen nationalen Mythen richtet, die mitunter zu gewaltigen nationalen Katastrophen führen können (z. B. „Große Idee" = „Großgriechenland", „Großdeutschland", „Großserbien", vielleicht in den nächsten Jahren „Großalbanien"). Je größer die vernunftwidrigen Phantastereien sind, desto größer ist das Desaster.

j) Prognose: Sich in etwa vorstellen können, welche Interessenkategorien in der Perspektive Gewichts-Priorität erlangen könnten. Gegenwärtig wird die Friedliche Koexistenz zwischen Staaten unterschiedlicher Kultur- und Rechtskreise angewandt.[84] Zugleich existiert jedoch eine einzige Supermacht mit ihren besonderen Interessen (Trump: „America first"). Ansonsten ist die Welt polygonal. Von wissenschaftlichem Interesse dürfte ebenfalls die Frage danach sein, welche Haltung zu der Interessenproblematik die kommende Supermacht China haben wird.

3.7.3 Linguistische (etymologisch-semantische) Aspekte des Interessenbegriffes

Es erweist sich als absolut notwendig, bei einer seriösen Erforschung des Begriffes „Interesse" terminologische Klarheit zu schaffen. Es steht fest,

dass dieser Terminus nicht aus der römischen Antike stammt, sondern im europäischen Mittelalter geprägt worden ist.[85] Er besteht aus zwei Wörtern inter-esse und bedeutet wörtlich, dazwischen sein in Raum und Zeit, gegenwärtig sein, es ist von Wichtigkeit, es ist von Bedeutung. Aus dieser Substantivierung ist das Fachwort „Interesse" zur Bezeichnung des aus Ersatzpflicht entstandenen Schadens (13. Jh.) entstanden.[86] Es ging um ökonomische Verhältnisse (z. B. Preise, Werte und Zinsen). Erst im 15. Jh. ist dieses Fachwort für Nutzen, Vorteil und Gewinn verwendet worden.[87]
In philosophischer Hinsicht taucht der Begriff „Interesse" zuerst bei den französischen materialistischen Philosophen des 18. Jh., vor allem bei Helvetius und Holbach auf.[88]

Es wäre kurzsichtig, an der sprachlichen Oberfläche zu verweilen und sich vor anderen Deutungsmöglichkeiten blind zu stellen. Wie die weitere Entwicklung vor allem der europäischen Philosophie gezeigt hat, ging es dem Wesen nach um Nutzen bzw. Vorteil. Gegenwärtig ist es genau so. Unabhängig davon, welches konkrete Wort benutzt wird, bildet der Nutzen das Gravitationszentrum der gesamten Interessenproblematik. Ob lucrum und utilitas (Latein), avantage (Französisch), advantage, benefit oder interest (Englisch), provecho, ventaja oder beneficio (Spanisch) geht es um das, was die griechischen Sophisten und Epikur als Sympheron bezeichneten. Auf dieser realistischen Grundlage sind ganze Theorien entstanden, die noch heute der Schlüssel sind, um die Interessen-Problematik richtig begreifen zu können.

3.7.4 Philosophische und epistemologische Explikationen der Interessenproblematik

Es ist ein großes Faszinosum, wie bereits vor 2500 Jahren die Philosophen des Antiken Hellas das Wesen und die Bedeutung des Sympheron (Συμφέρον, Interesse, Nutzen, Vorteil)[89] erfassten. In der Morgenröte der abendländischen Wissenschaft sind bestechende Gedanken, wahre aeternae veritates, formuliert worden. In der Fruchtkapsel des antiken philosophein (φιλοσοφείν) und theorein (θεωρείν) ist schon der Humus enthalten, auf dem die Philosophen des modernen Europa ihre beeindruckenden Denkgebäude errichten. Von Anfang an war das Sympheron mit dem Atomon (Ατομον), dem Individuum verbunden. Es wurde zur Grundlage des sozialen Verhaltens des Individuums. Der streitbare Rhetor Lysias schreibt prägnant.[90]

Somit macht Lysias den Nutzen für den Polis-Bürger mit zur Grundlage der Polis. Die Sophisten Antiphon, Karneades und Protagoras wurden konkreter, was den Nutzen für das Individuum betrifft. Während aber Antiphon an das Individuum dachte, ging es bei Protagoras um den gesamtgesellschaftlichen Nutzen.[91] Der Unterschied zwischen Jeremy Bentham und John Mill wurde 2300 Jahre früher vorweggenommen.
Der individualistisch ausgerichtete Nutzen fand bei dem Komödien-Dichter Terenz (Publius Terentius Afer) sein Crescendo: „Proxumus sum egomet mihi"[92] (Andria IV, I; V. 636, „Jeder ist sich selbst der Nächste"').[93]
Erst durch die direkte Verbindung von Nutzen und Vereinigungstheorie erlangte das Sypheron eine gewaltige wissenschaftliche und soziale Bedeutung. Mitte des 5. / Ende des 4. Jh. v. d. Z., als in Athen die Polis-Demokratie voll entwickelt war, rückten anthropologisch-zentristische Fragestellungen in den Mittelpunkt philosophischer Überlegungen. Ihnen lag, was das Menschenbild anbelangt, das selbstbewusste Atomon, der Polis-Bürger zugrunde. Dabei wurden die Polites (Πολίτες) prinzipiell als gleiche angesehen. Atomon, Selbstbewusstsein und Gleichheit waren somit Voraussetzungen, um den Zusammenhalt der Polis und der Gesellschaft philosophisch zu erklären. Zu diesem Zweck ist die Vereinigungs-, oder Vereinbarungs- oder Vertragstheorie erarbeitet worden.
Am Anfang dieser bahnbrechenden Entwicklung standen die Sophisten Antiphon[94] und Protagoras.[95] Sie waren der sensationellen Auffassung, dass die Gesellschaft durch die Vereinigung (Vereinbarung, Vertrag) von ursprünglich voreinander isolierten Atoma (Individuen) entstanden ist.
Verglichen mit der Vereinigungskonzeption der Sophisten war jene der Epikur (Επίκουρος), der ebenfalls anthropozentrisch dachte, ausgereifter. Er betrachtete die erste Lebensform der menschlichen Gesellschaft als einen Zustand von isoliert lebenden Individuen, die sich durch Abmachungen über die gegenseitige Wahrung des Nutzens und die Vermeidung von Gewalt zu größeren Einheiten zusammenschlossen. Betont realistisch argu-

mentierend, meinte Epikur in dem Hauptlehrsatz 31: „Das der Natur gemäße Recht ist ein den Nutzen betreffendes Abkommen, mit dem Ziel, einander nicht zu schädigen, noch sich schädigen zu lassen".[96] So wurde von ihm das Sympheron zum Dreh- und Angelpunkt des sozialen Lebens erhoben. Er betrachtet das Sympheron sehr differenziert: „Die inhaltliche Bestimmung dieses Sympherons ist jeweils nach den konkreten Bedingungen des Landes und der Gesellschaft verschieden" (Hauptlehrsatz 36).[97]
Epikurs Nützlichkeitsdenken erfasst weitere Lebensbereiche. Zu nennen sind vor allem die Freundschaft[98], die Kunst[99] und sogar die Tätigkeit eines Forschers.[100]

Die Nützlichkeitstheorie Epikurs ist fester Bestandteil seines philosophischen Denkgebäudes, das sich auf die Glückseligkeit (Ευδαιμονία)[101] und zwar in ihrer hedonistischen Ausprägung stützt. Sein Hedonismus ist jedoch trotz seines Spruches „Der Anfang und die Wurzel alles Guten ist die Lust des Bauches „(Fragmente, Athenaios 12, 546 F)[102] nicht einseitig sinnlich orientiert. Epikur stellt klar: „Es ist unmöglich, lustvoll zu leben, wenn man nicht vernünftig, anständig und gerecht lebt" (Hauptlehrsatz 5)[103] und „... Daher sagte Epikur, die Philosophie sei eine Beschäftigung, die durch Gedanken und Diskussionen das glückliche Leben schafft" (Fragmente, Sextus, Empiricus, Gegen die Wissenschaftler 11, 169).[104] Es entspricht der historischen Wahrheit, dass Epikur das gesamte Spektrum der „geistigen Genüsse" höher als die sinnlichen schätzte, weil sie in der menschlichen Erinnerung reproduzierbar sind.[105] Durch Epikurs Lehre wurde die Entstehung des Staates aus dem mystifizierten Dunkel mythischer Berichte über göttliche Stifter und Gründer gerückt und auf menschliche Leistungen, bewusstes menschliches Handeln zurückgeführt.[106] Epikur, als ein materialistischer, realistischer, anthropozentrischer und humanistischer Philosoph, schuf eine bestechende Nützlichkeitstheorie. Daher kann er als Begründer des antiken Utilitarismus mit seinen spezifischen Merkmalen bezeichnet werden. Er hat seine Nützlichkeitsauffassung auch auf das Recht und die Gerechtigkeit ausgedehnt. Epikur erklärte z. B. den Nutzen zum Kriterium für die Gerechtigkeit der Rechtsnormen: Solange die Rechtsnormen nützlich sind, sind sie gerecht. Bringen sie unter veränderten Bedingungen keinen Nutzen, dann sind sie ungerecht (Hauptsatz 38).[107]

Im 17./18. Jh. haben sich unter völlig anderen historischen Bedingungen in erster Linie materialistische Philosophen nicht nur allgemein im Sinne des Eudämonismus mit der Nützlichkeitsproblematik befasst, sondern sie prägen den Begriff „interét" in der Philosophie. So betrachtet Holbach die Nützlichkeit als den rechten Maßstab für die Urteile der Menschen: „allein die Nützlichkeit" sei ein solches Kriterium. Nützlich sein, heißt nach Holbach „zum Glück seiner Mitmenschen beizutragen". Er stellt ferner klar, dass das Interesse stets nur das sein kann, was jeder von uns für seine Glückseligkeit als notwendig erachtet".[108] Dies ist Eudämonismus par excellence. Es geht konkret um das Interesse des bürgerlichen Individuums. Dem Wesen nach ist das so verstandene Interesse Ausdruck der Eigenschaften und Fähigkeiten des Menschen, sein Leben selbst zu bestimmen. Karl Marx meint zu Holbachs Auffassung: „Bei Holbach wird alle Betätigung der Individuen durch einen gegenseitigen Verkehr als Nützlichkeits- und Benutzungsverhältnis dargestellt." Und weiter: „Der materielle Ausdruck dieses Nutzens ist das Geld, der Repräsentant der Werte aller Dinge der Menschen und Gesellschaftsverhältnisse".[109]

Während Holbach an den gesamtgesellschaftlichen Nutzen denkt, beschränkt Helvetius ihn auf das Individuum, auf dessen Eigennutz. Die Überbetonung des Interesses durch Helvetius erinnert stark an Epikur, vor allem, indem er das Interesse als „die einzige Triebkraft der menschlichen Handlungen"[110] betrachtet. Er stellt eine Verbindung zwischen Interesse und Moral her, indem er seinen Blick auf die moralischen Überzeugungen der Menschen als Wirkung der Interessen ansieht.[111] Im Unterschied von ihm will Rousseau die natürlich angelegten Interessen durch moralische Erziehung erst so ausbilden, dass sie zu Triebkräften moralischen Handelns werden. Helvetius ist für das „interét privé", während Rousseau eher für das „amour de l´ordre´ und das „interét moral" eintritt, was letzten Endes zu dem „volonté géneral" führen kann.[112] Insgesamt kann die Auffassung von Holbach und Helvetius als realistisch, materialistisch und soziologisch eingeschätzt werden.[113] Dabei sind die hedonistischen Züge nicht zu übersehen.[114] Ihr Hedonismus hat eine bestimmte Stoßrichtung, die propagierte Askese für die niedergehaltenen Volksschichten durch das religiöse Weltbild des Feudalabsolutismus.[115]

Während es bei der französischen Nützlichkeitstheorie mehr um moralische und philosophische Fragestellungen geht, führt Jeremy Bentham die ökonomische Komponente ein, zumal England sich dynamisch zu dem ersten industriekapitalistischen Staat entwickelte. Bentham gilt als der Begründer des modernen Utilitarismus. Im Rahmen seines hedonistischen Utilitarismus wird die Nützlichkeit grundsätzlich auf Freud und Leid zurückgeführt. Nach dem „Nützlichkeitsprinzip" hängt die moralische Qualität der menschlichen Handlungen davon ab, ob sie das Glück aller Betroffenen vermehren („An Introduction to the Principles of Morals and Legislation").[116]

Sein Gemeinwohl-Gedanke wird jedoch subjektiv aufgefasst und zwar über die artikulierten Interessen der Bürger.[117] Durch den Utilitarismus wird theoretisch das menschliche Handeln in dem Sinne erklärt, dass die Erziehung des Nutzens das treibende Motiv des Handelns ist.[118] Dabei handelt der Einzelne nach seinem anlagebedingten Streben nach ökonomischer Vorteilsmaximierung.[119] Seine utilitaristische Auffassung ist letzten Endes individualistisch ausgerichtet.[120]
Zu der Entwicklung des englischen Utilitarismus trug ebenso John Mill bei („Utilitarianism"). Er sah sich veranlasst, klarzustellen: „Ich muss nochmals wiederholen, was die Angreifer des Nützlichkeitsprinzips selten anzuerkennen bereit sind: Dass die Glückseligkeit, welche für den utilitaristischen Moralisten den sittlichen Maßstab abgibt, nicht des Handelnden eigene Glückseligkeit, sondern die aller Beteiligten ist.[121] Nach ihm strebt jeder Mensch nachdem, was ihm nützlich ist, und hierdurch seine Lust (Glück) vergrößert werden kann. Der Einzelne hat aber mehr Nutzen, wenn er sein Streben dem allgemeinen Ziel anpasst. So kann kein Widerspruch zwischen dem persönlichen und dem allgemeinen Wohlergehen entstehen.[122] Es ist nicht zu übersehen, dass Mills Utilitarismus-Konzeption stark gemeinschaftlich orientiert ist.
Bentham und Mill schufen den englischen Utilitarismus, der eine universalistische Ethik konzipierte („the greatest happines of the greatest number").[123] Gerade der englische Utilitarismus bildet die Grundlage und die Rechtfertigung nationalökonomischer Lehren des Liberalismus, nach dem die Maximierung des Nutzens des Einzelnen zu erzielen ist.

Maximierung des Wohls der Gesellschaft führt.[124] Speziell die Auffassung Benthams, dass nur anerkannt werden kann, was tatsächlich menschlichem Verhalten ableitbar ist, führte zu einem regelrechten Credo der verschiedenen Schulen des Realismus.[125] Bentham konnte nicht ahnen, dass 200 Jahre später die Profitmaximierung im Sinne des Neoliberalismus zu Finanzorgien und Exzessen (z. B. die „Hedge Funds“) im Stile einer vernunft- und moralischen Hybris etwa im Sinne der altgriechischen Tragödien führen würde. Die Nemesis hat nicht lange auf sich warten lassen: Die große kapitalistische Finanzkrise. Somit liegt eine neoliberale Pervertierung des eudämonistischen und hedonistischen[126] englischer Utilitarismus vor.
Aus heutiger Sicht stellt sich der Utilitarismus als eine der vielen Dunstwolken aus der Zeit des aufkommenden Bürgertums dar. Letzten Endes hat sich schon längst ein nicht nur individualistischer, sondern darüber hinaus ein egoistischer Utilitarismus durchgesetzt. Dies hat sehr negative Folgen auch für die internationalen Beziehungen.

Im Gegensatz zu den französischen und englischen Interessen-Forschern besitzt die Interessen-Konzeption der deutschen Philosophen einen erheblich höheren theoretischen Abstraktionsgrad und insgesamt eine größere philosophische Tiefe. Karl Marx: Die anderen (Franzosen) haben die richtige Revolution gemacht, Deutschland hat die Revolution im Denken realisiert. Ihr Interessenverständnis liegt im gedankenreichen und ausschlaggebenden Koordinatensystem der Kardinal-Termini Wahrnehmung, Vernunft, Verstand, Wollen, Erkenntnis und Verhalten.

Bereits in der griechischen Antike war dem Materialisten Demokrit (Δημόκριτος), wenn auch nur in allgemeinen Zügen, das Verhältnis von Wahrnehmung, Verstand, Vernunft und Erkennen bewusst: „Die sinnlichen Eindrücke bieten also lediglich Interpretationen der Vorgänge auf atomarer Ebene. Nur der Verstand kann diese Prozesse erkennen – allerdings bedarf es als Basis der kritisch betrachteten, sinnlichen Wahrnehmungen. Demokrit reflektiert dieses Problem, welche Lösung er selbst dafür bot: Demokrit („... ließ die sinnliche Wahrnehmung folgendermaßen gegen die Vernunft reden: „Unselige Vernunft! Obwohl du von uns deine Beweise nimmst, streckst du uns zu Boden? Unser Fall ist dein Sturz“ (Galen, de

med. empir. 15, 114, Walzer = DK 68 B 125).[127] Porphyrios, ein Neuplatoniker, stellt sogar eine direkte Verbindung von Erkenntnis und Nutzen her: Es ist die Rede von einer verstandsgemäßen Erfassung des Nutzens „sowie von einer unbewussten Wahrnehmung des Nutzens (Porphyrios, Über die Enthaltsamkeit“ 1,7-12, Hermarchos, Epistolika über Empedokles).[128]
Vor dem Verweilen in der Galerie der großen Geister Kant und Hegel bedarf es auch in diesem Falle linguistischer Untersuchungen ad fontes, um terminologische Klarheit über die Termini „Vernunft“ und „Verstand“ zu erlangen. Dabei erweist es sich als erforderlich, auf die adäquaten Begriffe des Altgriechischen als die erste und einflussreichste Wissenschaftssprache zurück zu greifen.
Vieles, vor allem das Sprachgefühl der Kenner des Altgriechischen, spricht dafür, dass dem Begriff „Vernunft“ das altgriechische Wort (νουs) entspricht.[129] Es wird als das „Vermögen geistiger Wahrnehmung“ definiert.[130] Ihm ist adäquat das lateinische Wort ratio[131] und nicht intellectus, wie im allgemeinen behauptet wird.[132] Gerade durch die ratio erhebt sich der Mensch über das Tier.[133] Es ist wohl kein Zufall, dass man in der Zeit der Aufklärung von einem ius rationis (Vernunftrecht) sprach. Dem Begriff „Verstand“ ist entsprechend das altgriechische Verb: ich denke nach.[134] Der adäquate Begriff hierfür im Lateinischen ist intellectus (geistiges Verständnis, Vorstellung der Begriffe).[135] Kant versteht unter Vernunft das Vermögen der Ideen, des Unbedingten, der Totalität.[136] Bei Hegel wird die Vernunft zum Weltprinzip erhoben.[137] In etwa ähnlich formuliert Habermas die Vernunft: leitende Idee des Handelns des Menschen als Gattungswesen.[138] Konkreter ist die Begriffsdefinition von Mittelstraß: „Bezeichnung für die Fähigkeit des Menschen sich gemeinsam über die aller Verstandestätigkeit und sinnlichen Wahrnehmungen vorausliegenden und durch sie vorausgesetzten Prinzipien Rechenschaft geben zu können.“[139] Dem Wesen nach handelt es sich tatsächlich um die prinzipiellen Bedingungen allen Erkennens und Handelns[140] und um die Fähigkeit umfassender Geistestätigkeit des Menschen als Gattungswesen.[141]
Nach Kant ist der Verstand das menschliche Vermögen, Vorstellungen selbst hervorzubringen oder die Spontanität der Erkenntnis. Dieser Vorgang geschieht mit Hilfe von Begriffen und Urteilen.[142] Nach Hegel ist Verstand die aktive Geistestätigkeit, die auf abstrakter Ebene als Moment

der Totalität zu betrachten ist.[143] Insgesamt kann der Verstand eingeschätzt werden als das theoretische und praktische Vermögen des Menschen, die objektive Realität einzufangen[144] und in Begriffe zu fassen.[145] Von ihm ist der Common sense (Sensus communis) zu unterscheiden, der in etwa dem deutschen Ausdruck „Gesunder Menschenverstand“ entspricht. Hierbei handelt es sich um eine Schöpfung der „Schottischen Schule“, nach der sich die Erkenntnistheorie an der Erfahrung des „Mannes auf der Straße“ orientiert.[146] Zu dem schwierigen Verhältnis von Vernunft und Verstand meint Kant, dass die Vernunft über dem Verstand erhoben ist[147], während Hegel klarstellt: „Die Vernunft ohne Verstand ist nichts, der Verstand doch etwas ohne Vernunft“ (Aphorismen).[148]
Das Punctum qaestionis der Problematik der Vernunft ist die Verbindung mit dem Interesse. In der europäischen Aufklärung war Rousseau der erste Theoretiker, der eine enge Verknüpfung von Vernunft und Interesse herstellte[149], zumal die Aufklärung mit wissenschaftlichen Mitteln, vor allem mit philosophischen Denkgebäuden dem aufkommenden Bürgertum diente. Alles Überkommene, die Religion, die Naturanschauung, die Gesellschaft und die Staatsordnung „sollte sein Dasein vor dem Richterstuhl der Vernunft rechtfertigen oder aufs Dasein verzichten“. Das „Reich der Vernunft“ brach an (Engels).[150] Die Vernunft entwickelte sich derart zu einem Wundermittel, dass Vernunft mit Philosophie gleichgesetzt wurde. Somit ist ein progressiver Glaube, der Vernunftglaube, entstanden.[151] Kant sieht, ähnlich wie Rousseau, einen inneren Zusammenhang zwischen der Vernunft und dem Interesse. Noch konkreter: Die Vernunft wird durch Interessen definiert (Vernunftinteresse). Nach Kant ist das Interesse der Vernunft die treibende und formende Kraft für die Erkenntnisbildung. Er unterscheidet dabei zwischen dem „Interesse der Vernunft“ (auch „interessierte Vernunft“) als ideologiekritisches Instrument und der „Vernunft der Interessen“ (auch vernünftige Interessen) als Programm einer erkenntnistheoretischen Konzeption. Das Vernunftsinteresse ist nach Kant das „reine“, das „praktische“ Interesse.[152]
Das Interesse muss erkannt werden. Hierdurch gewinnt die Interessenproblematik eine epistemologische Dimension, denn es geht um die Kardinalfrage der Gnoseologie. Bereits Demokrit hat sich mit dieser extrem komplizierten Problematik befasst, „In den Regeln sagt Demokrit, dass es zwei

Arten der Erkenntnisse gebe: zum einen mittels der sinnlichen Wahrnehmung, zum anderen jene durch den Verstand." Von diesen bezeichnet er die verstandsmäßige als die „echte" und bezeugt ihre Zuverlässigkeit, die Wahrheit zu beurteilen: die Erkenntnis anhand der sinnlichen Wahrnehmung bezeichnet er hingegen als die „dunkle" (Sextus Emp. Adv. Math. VII 137=DK 68 B 11b).[153] D. h., Demokrit hat bereits vor 2400 Jahren zwischen der Sinneserkenntnis und dem Denken unterschieden. Er gehört wie auch Parmenides, Herakleitos und Empedokles zu der materialistischen Linie der antiken griechischen Philosophie. Seine glänzende Idee berechtigt dazu, ihn als Begründer der Erkenntnistheorie zu betrachten.[154]
Nach dem gegenwärtigen Stand der Epistemologie bedeutet Erkenntnis das begründete Wissen über einen Sachverhalt. Es wird dabei zwischen der diskursiven und der intuitiven bzw. evidenten Erkenntnis unterschieden.[155] Die Diskursivität charakterisiert ein methodisch fortschreitendes, das Ganze aus seinen Bestandteilen aufbauendes Denken.[156]

Die intuitive Erkenntnis hingegen bezieht sich auf die unvermittelte Erfassung von Gegenständen, Sachverhalten und Begriffen.[157] Im Grunde genommen, geht es um das geistige Schauen, Erfassenwollen der objektiven Realität unter Verzicht auf wissenschaftlichen Denken. Insgesamt ist die Intuition auch als „schöpferische Eingebung" bekannt. Dieser Begriff geht auf den idealistischen Philosophen Platon zurück.[158] Popper unterscheidet ferner zwischen der subjektiven (Geistes- oder Bewusstseinszustand) und der objektiven (sprachlich formulierter Theorien und Argumente) Erkenntnis.[159]
Bereits bei Demokrit und Epikur sind wesentliche Elemente der Abbild- bzw. Widerspiegelungstheorie festzustellen. Sie sind neubegründet und weiterentwickelt worden, in erster Linie durch den englischen materialistischen Sensualismus (Hobbes: „Lehre vom Körper" und Locke: „Über den menschlichen Verstand") und etwas später durch den französischen Materialismus (Holbach: „System der Natur" und Diderot: „Elemente der Physiologie").[160] Das Erkennen eines Gegenstandes ist nur auf Grund eines „Erkenntnisinteresses" im Sinne des Wollens möglich (E. Husserl, Erfahrung und Urteil, Untersuchungen zur Genealogie der Logis"). Husserl ist der erste, der diesen Terminus geprägt hat. Diese interessante Wortschöpfung

wird definiert als eine „allgemeine Zwecksetzung, die die Konstitution und Ausdifferenzierung des (wissenschaftlich) erkannten Gegenstandes leitet!“[161] Habermas geht weiter, indem er Wissenschaftstypen unterschiedlicher Erkenntnisinteressen annimmt. Dabei geht Habermas von der Vernunft aus, die sich im Verlauf der menschlichen Gattungsgeschichte in Erkenntnisinteressen fächert. Die Erkenntnisinteressen wiederum institutionalisieren sich in entsprechenden Typen der Wissenschaft wie z. B. Aufbau der empirisch-analytischen Wissenschaften durch das technische Interesse, Aufbau der hermeneutischen Wissenschaften durch das praktische Interesse und Reflexion auf Wissensbildung (z. B. Philosophie durch das emanzipatorische Interesse (I. Habermas, „Erkenntnis und Interesse“).[162]
Diese Gedanken könnten bei Betrachtung des Menschen nicht nur abstrakt als Gattungswesen, sondern z. B. auch als konkretes forschendes Wesen, weiter entwickelt werden. Das Erkenntnisinteresse als emanzipatorisches Interesse veranlasst einen Forscher, eine Theorie z. B. die Interessentheorie – Ziel des vorliegenden Beitrags – oder sogar eine neue Wissenschaftsdisziplin sukzessive zu erarbeiten. Voraussetzung hierfür sind sein Verstand und sein Wollen, die mentale und geistige Nützlichkeit eines Forschungsgegenstandes zu erkennen. Hierin realisiert sich die Vernunft. Der konkrete Forscher denkt und handelt außerdem im Sinne des aretologischen Hedonismus des Aristoteles, denn es wird durch eine erfolgreiche geistige Tätigkeit Lust (Glück) erzeugt (Aristoteles: Die Erkenntnis als das höchste Menschenglück). Hierdurch werden neue Erkenntnisse geschaffen. Dem entspräche der Begriff Forscherglück. Nach den neueren Erkenntnissen der Hirnforschung setzt sein Gehirn drei Mal Endorphine frei: Bei der Ideengeburt, bei der Ideenrealisierung und nach dem Abschluss der Forschungsarbeit. Insgesamt schafft die schöpferische Unruhe einen Rauschzustand höchsten Menschenglückes. Dies wiederum schafft Voraussetzungen für weitere erfolgreiche und glücksbringende Forschungstätigkeit. Hierbei handelt es sich m. E. um die edelste und höchste Selbstverwirklichungsform des menschlichen Individuums. Der geistige Nutzen oder anders formuliert, das Forscher-Erkenntnisinteresse ist identitätsformend, identitätskonstitutiv sowie identitätssichernd. Es geht im Prinzip um die Identität eines Forschers.

Das volitive Element spielt bei Hegel eine andere, entscheidendere Rolle als bei Husserl, denn für Hegel ist das Interesse ein „identitätsbildendes und identitätssicherndes Wollen", das aus praktischen Erfahrungen gewonnen wird. Dieses richtet sich auf allgemeine Formen des Lebens und Handelns. Es ist darüber hinaus Ausdruck der geistigen Identität einer Person. Ihr Leben und Handeln wird durch das Wollen im Sinne des Interesses geformt.

Hegel liefert die wichtigste Erkenntnis, um das Interesse zu verstehen: Das Interesse entsteht aus dem Willen nach Objektivität. Es geht im Wesentlichen um die Objektivierung der subjektiven Zwecke.[163] Das ist die hohe Schule der Dialektik. Es fällt auf, dass der Begründer der modernen Dialektik, des Kernstücks der Philosophie, nicht statisch von subjektiven und objektiven Interessen spricht, wie dies vor allem in der Philosophie[164] und in der Politikwissenschaft üblich ist. Dabei werden die subjektiven Interessen definiert als „Vorlieben und Präferenzen, welche der einzelne … als seine eigenen wahrnimmt und sein Verhalten entsprechend ausrichtet". Weiter werden die objektiven Interessen als „unabhängig von ihrer Wahrnehmung aufgefasst, „insofern sie essentiellen Bedürfnissen entsprechen".[165] Diese Auffassung wird von Vertretern des Dialektischen Materialismus mit besonderer Vehemenz vertreten: Die Interessen werden als „ideelle Erscheinung" als „Zustand des Bewusstseins", als „Gerichtetsein der Aufmerksamkeit" und als „bewusst gewordenen Bedürfnisse" aufgefasst. Die Interessen werden außerdem als „objektive Erscheinung oder Verhältnisse" definiert.[166] Die Psychologie wiederum bedient sich naturgemäß einer subjektivistischen Begriffsbestimmung: Interesse als „Ausdruck der Anteilnahme und Aufmerksamkeit" sowie als „individuelle und relativ konstante Bereitschaft, sich mit bestimmten Gegenständen, Zielen und Tätigkeiten zu beschäftigen, die subjektiv als besonders wichtig empfunden werden".[167] Karl Deutsch weist wiederum auf die „Doppelnatur" des Interessenbegriffes hin: zum einen die „tatsächliche Aufmerksamkeit", zum anderen „eine wahrscheinliche Belohnung"[168], also Vorteil.

Es fällt auf, dass bei den genannten Interessen-Definitionen in unterschiedlichen Wissenschaftsgebieten die Interessenproblematik nicht in ihrer Komplexität betrachtet wird. Erkenntnisse der Grundlagenwissenschaft Philosophie scheinen auch keine Rolle zu spielen, als hätte es sie überhaupt

nicht gegeben. Ein weiteres Problem liegt möglicherweise im Linguistischen. Im Griechischen gibt es zwei Wörter für unterschiedliche Sachen: Sympheron für den Nutzen (Vorteil) und Endiapheron (Ενδιαφέρον) für das Interessiertsein. Die historisch bedingt viel später entwickelten Sprachen wie die romanischen, die germanischen und die slawischen sind auf den im Mittelalter geprägten Begriff „Interesse“ angewiesen gewesen, der sehr interpretationsfähig und –bedürftig ist. Legt man aber den Begriff „Nutzen“, d. h. die deutsche Übersetzung des „Interesses“ in der Soziologie zugrunde, dann ist die Begriffsbestimmung fast problemlos: „Summe der Vorteile, welche dem Akteur aus seinem Verhalten erwachsen.“[169]
Eine Problemlösung ist nur auf der Basis der Hegelschen Dialektik möglich: Das denkende und tätige Subjekt besitzt den Willen, etwas als nützlich zu erkennen. Es stützt sich dabei auf die Vernunft und auf den Verstand.
Im Mittelpunkt steht somit das subjektive Element. Danach richtet der Mensch sein Verhalten. Es erfolgt die Objektivierung des nützlichen Charakters einer Erscheinung bzw. eines Gegenstandes. Hieraus folgt: Es gibt keine Trennung von subjektivem und objektivem Interesse. Das Interesse ist hingegen ein einheitlicher Terminus scientificus mit subjektiven und objektiven Elementen. Dabei spielt das subjektive Element eine aktive Rolle und besitzt eine konstitutive Kraft. Das subjektives und das objektives Element bilden eine dialektische Einheit und bedingen sich gegenseitig. D. h., nur in dieser Wechselbeziehung, in diesem inneren Zusammenhang wird das Interesse geortet. Gerade dies macht das Interesse zu einem dynamischen, entwicklungs- und veränderungsfähigen Phänomen.
Der Wille des Menschen (Subjekt, Akteur), eine Erscheinung als nützlich wahrzunehmen, stützt sich auf vielfältige Bedürfnisse. Hieraus ergibt sich auch die Vielfalt der Interessen. Hierzu gehören vor allem ökonomische, politische, geostrategische, ideologische, kulturelle, technologische, religiöse etc. Interessen, die gerade in der Epoche der Globalisierung von großer Bedeutung sind.
Bedürfnisse, Interesse, Wahrnehmung, Vernunft, Verstand, Wille, Erkenntnis, Verhalten gehören epistemologisch derart eng zusammen, dass es als angemessen erscheint, sie als System zu betrachten. D. h. in concreto, zwischen allen Systemelementen gibt es Wechselbeziehungen, die die Struktur dieses Systems darstellen. Hierdurch erlangt das System eine hohe

Dynamik. Gerade in dem so verstandenen System bestehen Möglichkeiten für Erkenntniszuwachs. Die hier entwickelten Gedanken sind für die völkerrechtssoziologische Dimension der Interessenproblematik von größtem Nutzen.

Es ist bereits in dem Prolegomenon der vorliegenden Studie darauf hingewiesen worden, dass Forschungsneuland beschritten wird.[170] Das Interesse gehört zwar u. E. in erster Linie zu den Hauptkategorien der Völkerrechtssoziologie, eine tiefer gehende und seriöse Auslotung der Interessenfrage hat sich jedoch uneingeschränkt auf philosophische und wissenschaftstheoretische Erkenntnisse zu stützen. Andernfalls bleibt es bei den bisher üblichen sporadischen und oberflächlichen Meinungsäußerungen zu der Interessenproblematik.
Die meisten Arbeiten beziehen sich auf ganz konkrete Aspekte (Kategorie, Staat) des Gegenstandes. Die knappen Äußerungen zu theoretischen Teilaspekten muten ziemlich voluntaristisch an, weil eben eine theoretische Konzeption fehlt.
Es ist den Zielen dieses Abschnittes dienlich, zielgerichtet entscheidende philosophische und wissenschaftstheoretische Erkenntnisse zu bündeln.

3.7.5 Interesse als Hauptkategorie und Hauptgegenstand der Völkerrechtssoziologie

Generell sind die Hauptgategorien derVölkerrechtssoziologie erwähnt worden.[171]
Ein besseres Verständnis der Staatsinteressen als eine dieser Hauptkategorien erfordert die Herstellung einer engen Verbindung mit den Eigenschaften des Staates als Völkerrechtssubjekt und allgemeiner als Akteur in den internationalen Beziehungen sowie mit den eigentlichen konstitutiven Elementen des Staates, namentlich mit dem Territorium, der Bevölkerung und der Herrschaftsausübung. Gerade auf der Basis dieser drei Elemente erwachsen Bedürfnisse, von denen bestimmte Interessen abgeleitet werden. Derartige Interessen sind für die Staaten identitätsstiftend und identitätssichernd (Hegel). Hieraus leitet sich ihre herausragende Bedeutung für die Staaten ab. Man kann sie als originäre, grundlegende, existentielle, vitale

oder höchste Interessen bezeichnen. Die Verwendung dieser und ähnlicher Adjektiva im Allgemeinen erfolgt in der Fachliteratur ohne Konzeption, voluntaristisch bis willkürlich und größtenteils en passant, d. h. auf alle Fälle nicht überzeugend. Jeder Autor stellt dabei eigene Kriterien auf und ignoriert fast demonstrativ die äußerst nützlichen Erkenntnisse der Philosophie und der Wissenschaftstheorie. Hierdurch nimmt jedoch die Sache chaotische Züge an.[172] Bei dieser Interessenkategorie geht es um das Überleben eines Staates.[173] Infolgedessen sind die Staaten nicht bereit, noch nicht einmal partiell, auf solche Interessen zu verzichten. Es bedarf daher kaum besonderer Anstrengung (Wahrnehmung, Verstand), diese Interessen zu erkennen und sich in den internationalen Vertragsbeziehungen danach zu richten (Verhalten). Deswegen wundert es nicht, dass fast alle Abrüstungsverträge zwischen den USA und der damaligen UdSSR die „Interessenklausel" erhalten. So heißt es im „Vertrag zwischen der UdSSR und den USA über die Begrenzung der strategischen Offensivwaffen" (SALT II) vom 18. Juni 1979, Art. XIX, Absatz 3: „Jede Seite hat in Verwirklichung ihrer staatlichen Souveränität das Recht, von diesem Vertrag zurückzutreten, wenn sie entscheidet, dass mit dem Inhalt dieses Vertrages zusammenhängende außerordentliche Umstände ihre höchsten Interessen bedrohen."[174] Internationale Konventionen zu ähnlichen Materien enthalten ebenso diese Sicherheitsklausel mit der üblichen Standard-Formulierung „höchste Interessen".

Aus der großen Anzahl derartiger Vertragswerke sei beispielsweise die „Konvention über das Verbot der Entwicklung, Herstellung und Lagerung von bakteriologischen (biologischen) und Toxin-Waffen und über ihre Vernichtung" vom 10. April 1972 genannt (Art. XIII, Absatz 2).[175] Die UN-Generalversammlung hat des öfteren, im Zusammenhang mit dem Abrüstungsprozess auf die „vitalen Sicherheitsinteressen" aller Staaten hingewiesen, so auch auf der Zehnten Sondertagung (23. Mai – 30. Juni 1978, A/S-10/4).

Von der jedem Staat de iure immanenten Souveränität ergeben sich die Gebietshoheit und die Handlungsfähigkeit. Letztere wird in den internationalen Beziehungen von dem Staat als das originäre und wichtigste Völkerrechtssubjekt abgeleitet. Hiermit werden seine Interessen bezüglich ihrer

Realisierung internationalisiert. Bei der Durchsetzung ihrer Interessen neigen viele Staaten dazu, bestimmten Interessenkategorien ad hoc das Adjektiv „legitim“ zu verleihen, ohne allerdings dies zu begründen.[176] In der entsprechenden Literatur sieht es ähnlich aus.[177] Es ist fast unvorstellbar, dass man nicht auf die Idee kommt, das Adjektiv „legitim“ linguistisch, d. h. etymologisch-semantisch zu hinterfragen. „Legitim“ (lex, legis) deutet doch auf das Recht, in diesem Falle auf das Völkerrecht hin. Dabei sind die sieben grundlegenden Prinzipien dessen Kernstück. Sie sind das Hauptkriterium für die Legitimität, für die Rechtmäßigkeit jedweder Interessenkategorie. Andernfalls besteht die reale Gefahr von willkürlichen und teilweise auch von egoistischen Interpretationen. Hieraus folgt: Alle Interessenarten, die dem Völkerrecht widersprechen, besitzen nicht die Eigenschaft des Legitimen. Hierbei handelt es sich um eine strenge völkerrechtsdogmatische Betrachtungsweise.

Bei dem Hierarchiekatalog der Interessen genießen Priorität die Menschheitsinteressen („Interessen der gesamten Menschheit“, „Interessen aller Staaten“, „Interessen aller Völker“, „Interessen aller“, „Allgemeine Interessen der Menschheit“, „Allgemeinmenschliche Interessen“, „Internationale Interessen“). Hierbei handelt es sich nicht um die rechtspositivistische Konzeption von dem Interesse der Menschheit im Zusammenhang mit den internationalen Gemeinschaftsräumen (z. B. Antarktis, Hohes Meer, Meeresboden und Weltraum)[178], sondern um jene besondere Interessenkategorie, die mit den globalen Problemen der Menschheit verknüpft ist. Dies ist eine andere Konzeption. Sporadisch ist bereits nach dem Ersten Weltkrieg und später auf die Priorität der Menschheitsinteressen gegenüber den nationalen Interessen hingewiesen worden[179], jedoch Wolfgang Friedmann („The Changing Structure of International Law“, 1964) erwähnte im Sinne des von ihm entworfenen „Law of Cooperation“ als erster die universellen menschlichen Interessen und damit den allgemeinmenschlichen Charakter bestimmter Interessen.[180]
Unter den Bedingungen der allgegenwärtigen und omnipotenten Globalisierung ist es nunmehr an der Zeit, das Menschheitsinteresse konzeptioneller, d. h. in concreto, philosophisch und epistemologisch zu betrachten. Das Menschheitsinteresse ist Menschheitsnutzen bzw. Menschheitsvorteil. Dem

entspricht vollauf das Commune bonum humanitatis, einer Hauptkategorien der Völkerrechtsphilosophie.[181] Das Menschheitsinteresse entspringt Bedürfnissen, die bei den globalen Problemen der Menschheit angesiedelt sind. Es kommt nun darauf an, dass die Staaten dieses Interesse als nützlich für die gesamte Menschheit wahrnehmen und anerkennen wollen. Hierzu benötigen sie Willen, Verstand sowie Vernunft, sozusagen als ein „Weltprinzip“ (Hegel). Erst hierdurch kann man von einem „vernünftigen Interesse“ (Kant) sprechen. Unter völlig anderen historischen Bedingungen wurde die Vernunft als das umfassende höchste moralische Prinzip konzipiert, um dem Kampf des aufkommenden Bürgertums gegen die verrottete Feudalabsolutistische Ordnung und gegen den finsteren Klerikalismus zu legitimieren. Es ging schlicht und einfach um die Interessen (Nutzen, Vorteil) der neuen sozialen Klasse. Die Vernunft wird ohnehin durch Interessen definiert (Hegel). Es wäre daher durchaus möglich, den Gedanken des Commune bonum humanitatis als ideelle Widerspiegelung der praktischen Menschheitsinteressen als Ausdruck der allgemeinmenschlichen und universellen Vernunft in der Epoche der Globalisierung anzusehen. Was diesem Gedanken und damit dem Menschheitsinteresse widerspricht, ist unvernünftig und amoralisch. Das Gemeinwohl der Menschheit könnte das höchste Kriterium für alle anderen Interessentypen sein. Somit gäbe es zwei Grenzen bei der Durchsetzung der Staatsinteressen, nämlich die universelle Vernunft sowie das Völkerrecht, vor allem seine grundlegenden Prinzipien. Die Realisierung egoistischer Staatsinteressen, d. h. Interessen auf Kosten anderer Staaten sowie der gesamten Menschheit ist sowohl unvernünftig und amoralisch als auch völkerrechtlich untersagt, denn es wird unweigerlich das Völkerrecht in Mitleidenschaft gezogen.

Genau dies ist der Fall bei der Durchsetzung der amerikanischen Interessen (ökonomischen, politischen, geostrategischen). Die USA waren jahrelang bis vor kurzem nichts weiter als ein Imperium Supremum Americanum Arrogans.[182] Die jeweilige Regierung der USA dachte ausschließlich an die eigenen „nationalen Sicherheitsinteressen“ und versuchte, sie vorwiegend auf Kosten anderer Staaten in die Tat umzusetzen. Zugleich wurde das Völkerrecht gröblichst und massiv verletzt (militärische Interventionen, Aggressionen etc.). Bisher haben die USA öfters unvernünftig, amoralisch sowie völkerrechtswidrig gehandelt. Hieraus kann die folgende Schlussfolgerung gezogen werden: Der ehemalige Präsident Bush jr. besaß weder das Wahrnehmungsvermögen, noch den Willen, die legitimen Interessen der anderen Staaten, geschweige denn das Menschheitsinteresse, auf der Basis der allgemeinmenschlichen Vernunft zu erkennen und danach zu handeln. Es ist kein Zufall, dass die moralischen Folgen dieser Unvernunft tragische Dimensionen historischen Ausmaßes angenommen haben. Eine relativ intensive Beschäftigung mit dem US-amerikanischen Schrifttum in Völkerrecht und in der „Theory of International Relations" in den vergangenen 40 Jahren hat ergeben, dass der Begriff „Menschheitsinteresse" so gut wie unbekannt ist. Gleiches gilt auch für den Begriff „Commune bonum humanitatis". Stattdessen hat die Wendung „national interest" eigentlich spätestens seit Anfang der 50er-Jahre des 20. Jh. Hochkonjunktur. Vieles spricht dafür, dass diese unangenehmen Erscheinungen in den USA tiefere Ursachen haben und in der angelsächsisch-amerikanischen Tradition verwurzelt sind. Um es nach Hegel zu formulieren, das stark utilitarisch ausgerichtete individualistische und egoistische „nationale Interesse" der USA ist stets „identitätsstiftend" und „identitätssichernd" gewesen. Im Grunde genommen hat Jeremy Bentham die Engländer und die Amerikaner stark geprägt. Speziell die USA hätten durchaus die Möglichkeit gehabt, nach dem Zusammenbruch der UdSSR sich etwas nach dem utilitaristischen Verständnis von John Mill zu richten und die Führung des großen Kampfes um die sukzessive Lösung der globalen Probleme der Menschheit im Sinne des Commune bonum humanitatis zu übernehmen. Der jahrelang entstandene Gegensatz zwischen dem extrem egoistischen Hedonismus der USA und dem festgestellt werden, dass hierdurch die USA bei der Erlangung ihrer eigenen Glückseligkeit andere Völker unglücklich machen. Solcher Hybris folgt die gerechte Nemesis. Nachträglich betrachtet, kann man das Interessenverständnis in der „Bush-Ära" als extrem egoistisch qualifizieren. Es fragt sich, ob ein der menschlichen Vernunft widersprechendes egoistisches Interesse letzten Endes ein „verum" Interesse ist. Es gibt allen Grund dazu, dieses Interesse eher als „imaginarium" (Pufendorf) zu qualifizieren, vor allem wenn man prognostisch denkt. Denn durch solche Praktiken stets gegen Vernunft und Völkerrecht werden alle Voraussetzungen für Tragödien unvorstellbarer Dimension in der Zukunft geschaffen. Alle Staaten, die bei der Durchsetzung ihrer Interessen eine Hybris nach der anderen begehen und weder in der Lage noch willens und bereit sind, Maß zu halten und die legitimen sowie grundlegenden Interessen anderer Staaten zu respektieren, führen fast zwangsläufig ihre eigenen Völker in Katastrophen biblischen Ausmaßes.

Der unter US-amerikanischen Politologen und teilweise auch unter Völkerrechtlern verwendetet Begriff „national interest" sei zwar gleichbedeutend mit „Wert", beschränkt sich letzten Endes auf die „nationale Sicherheit".[183]

Sehr zutreffend ist die von einem US-Politologen getroffene Definition des „nationalen Interesses": „Unter nationalem Eigeninteresse wird eine Summe von Gegebenheiten verstanden, die allein unter dem Gesichtspunkt ihres Vorteils für den Staat bewertet werden." Dies wird als Eigenliebe und Egoismus qualifiziert. Bei prinzipieller Zustimmung mit dem Inhalt dieser Definition, sei darauf hingewiesen, dass ausgehend von den bereits gewonnenen philosophischen und wissenschaftstheoretischen Erkenntnissen über die Interessenproblematik, sich hier um Individualismus und nicht unbedingt um Egoismus handelt, der noch etwas Zusätzliches voraussetzt: Interessendurchsetzung auf Kosten anderer Staaten. Dass der Egoismus die Realität in der Außenpolitik der USA gewesen ist, ist eine andere Frage.

Inzwischen sind von den US-amerikanischen Politologen die Ansätze des Utilitarismus im Sinne einer „Theorie des utilitaristischen Liberalismus" wesentlich weiter entwickelt worden. Die Kernthese dieser durchaus als realistisch einzuschätzenden Strömung ist die folgende: Die Interessen gesellschaftlicher Akteure bestimmen das außenpolitische Handeln eines Landes. Man kann nicht umhin, die beeindruckende Ehrlichkeit dieser politikwissenschaftlichen Richtung zu registrieren. Es ist ferner die Rede von „gesellschaftlichen Interessenvermittlungsstrukturen". Es geht darum, dass die Interessen der gesellschaftlichen Akteuren, die sich im „politischen Vermittlungsprozess" durchsetzen, zum zentralen Bestimmungsfaktor des außenpolitischen Verhaltens werden. Somit ist dem US-amerikanischen Lobbyismus sogar ein politikwissenschaftliches Denkmal gesetzt worden. Ein weiterer Grundgedanke dieser Theorie ist die „Eigennutzmaximierung" der materiellen sowie der immateriellen Gewinne. Ein Akteur orientiert sich an der Maximierung seines Eigennutzens. Gerade das ist sein Interesse.[184] Letztlich feiert der „Homo Oeconomicus" Triumphe, allerdings bis zu den „Hedge Funds" und der masochistisch anmutenden Selbstzerstörung.

Der wissenschaftspolitische Boden für dieses Desaster ist bereits in den 50er-Jahren des vergangenen Jahrhunderts durch die realistische Schule vorbereitet worden. H. J. Morgenthau („Politics among Nations“, 1948) formuliert sein Interessenverständnis in enger Verbindung mit der Macht ziemlich deutlich: „Das hervorstechendste Wegzeichen, an dem sich der politische Realismus im weiten Gebiet der internationalen Politik orientieren kann, ist der im Sinne der Macht verstandene Begriff des Interesses.“[185]
So versteht man besser die Militarisierung der US-amerikanischen Außenpolitik im Jahre 2001, als es darum ging, die „globalen Interessen“ der USA mit den „Machtprojektionsmöglichkeiten“ in Übereinstimmung zu bringen.[186]
Verglichen mit den neueren Forschungsaktivitäten der amerikanischen Politologen, sehen die Ansichten europäischer Wissenschaftler sehr dürftig und oberflächlich aus. Es wird z. B. auf das Verhältnis zwischen den Bedürfnissen und den Interessen[187] oder lapidar und abstrakt auf eine mögliche „Lehre von den Interessen der souveränen Staaten“ als die eigentliche „Theorie der auswärtigen Politik“ hingewiesen.[188]

Die souveränen Staaten realisieren als Völkerrechtssubjekte ihre Interessen über die Außenpolitik. Weil jeder Staat so handelt, entsteht in den internationalen Beziehungen ein engmaschiges Interessenkoordinationssystem, das sich gnoseologisch auf die Kardinaltermini Bedürfnisse, Interessen, Wahrnehmung, Vernunft, Verstand, Willen, Erkenntnis und Verhalten stützt. Dies aber gilt für viele Schein- oder Pseudostaaten nicht, d. h. für Staaten, die im Grunde genommen dahin vegetieren und sich weder nach der allgemeinmenschlichen und damit universellen Vernunft, noch nach dem internationalen Gewohnheitsrecht, noch nach dem allgemeingeltenden Völkerrecht richten. Von ihnen gehen große Gefahren aus.
Hinsichtlich ihrer Realisierungsform lassen sich bestimmte Interessenarten voneinander unterscheiden. Hierbei handelt es sich um eine in der Lehre der Internationalen Beziehungen sowie in der allgemeinen Völkerrechtswissenschaft, insbesondere in der Völkerrechtsdogmatik, stark vernachlässigte Fragestellung. Möglicherweise eignet sich für die notwendige Problemfindung die Völkerrechtssoziologie, gestützt auf die bereits gewonnenen Erkenntnisse der Philosophie und der Epistemologie. Andernfalls be-

stünde die Gefahr einer oberflächlichen Nabelschau und Selbstzufriedenheit.
Im Großen und Ganzen geht es um die folgenden Interessenarten, die sich vorwiegend auf die essentiellen, namentlich auf die ökonomischen, die politischen, die geostrategischen und die ideologischen Interessen stützen.

3.7.5.1 Parallele Interessen

Das Adjektiv der altgriechischen Sprache „parallelos" (παράλληλος) bedeutet in linguistischer Hinsicht „nebeneinander stehend" oder „nebeneinander laufend". Symbolisch bedeutet parallelos „gleichzeitig und voneinander unabhängig laufende Prozesse".[189] Festzuhalten sind für die weitere Untersuchung die Wörter „nebeneinander" oder auch „gleichzeitig", „von einander unabhängig" und „Prozesse".[190] Dies reicht allerdings nicht aus, um in das Wesen der parallelen Interessen einzudringen.
Die Staaten haben bestimmte Bedürfnisse, aus denen Interessen erwachsen. Bedürfnisse und Interessen werden zunächst wahrgenommen. Es erfolgt die gedankliche Verarbeitung des „Objekts" durch den Verstand und auf der Grundlage der Vernunft. Bei den Staaten entsteht der Wille, das Interesse im Sinne des möglichen Vorteils bzw. Nutzens zu erkennen. Bereits nach diesem entscheidenden Studium dieses dynamischen Prozesses wird sein Verhalten im Ansatz beeinflusst. Es könnte hierdurch zu einem qualitativen Sprung, d. h. zu einer Umwandlung dieser Interessen in eine qualitativ höhere Stufe kommen. Spielt sich dieser Prozess auch bei anderen Staaten ähnlich ab, dann könnten hieraus die folgenden Schlussfolgerungen gezogen werden: Ähnlichkeit der Bedürfnisse, der Interessen, der Verstandeskapazität – sie ist nicht immer gegeben-, des Wollens, der Erkenntnisfähigkeit – sie ist durchaus nicht in jedem Falle vorhanden – sowie nicht zuletzt des Objektes; dieser Prozess verläuft bei unterschiedlichen Staaten verschieden und fast „im Verborgenen"; infolgedessen gibt es keinerlei Berührung der ähnlichen Prozesse; konsequenterweise sind in den zwischenstaatlichen Beziehungen bei solchen Interessen keine Ergebnisse zu registrieren; die ähnlichen Prozesse sind prinzipiell veränderungsfähig.

3.7.5.2 Gemeinsame Interessen

Auch hier gilt die Kette vom Bedürfnis bis zum Verhalten der in Frage kommenden Staaten. Unabhängig voneinander erkennen die Staaten, dass eine Sache von Vorteil für sie ist. Dieses Erkennen geht jedoch über den eigenen Vorteil hinaus und registriert, dass ein ähnlicher Vorteil auch bei anderen Staaten, zumindest als Feststellung, vorhanden ist. Der weitere Verlauf dieses eher kognitiven Prozesses hängt von dem Verhalten der Akteure ab. Sie können sich z. B. gegenseitig offiziell oder inoffiziell hierüber informieren, oder weitergehen, indem sie Kontakte, Konsultationen, Vorverhandlungen oder sogar Verhandlungen aufnehmen, um ein entsprechendes Dokument gemeinsam zu erarbeiten. Erkennt nur ein Akteur „gemeinsame Interessen" für mehrere Akteure, die noch nicht so weit mit solchen Erkenntnissen sind, dann kann er versuchen, die anderen dazu aufzurufen. Dies war in der Antike der Fall, als die Korinther die anderen „Bundesgenossen" zum Kampf an der Seite Athens gegen die Spartaner aufforderten.[191] Es geht hier nicht so sehr um irgendwelche moralische Regeln, sondern um sicherheitspolitische und ökonomische Interessen.[192] Thukydides mutet erstaunlich modern an. Dennoch hat die Supermacht USA Jahrzehnte gebraucht, um dahinter zu kommen, dass es zwischen ihr und anderen Staaten „gemeinsame Interessen" gibt. In seiner Antrittsrede als Präsident kündigt Obama den „Dialog" mit den Staaten des islamischen Kulturkreises erläuternd „neue Wege vorwärts, begründet auf gemeinsame Interessen und gegenseitigen Respekt" an.[193] Allem Anschein nach ist die islamische Welt mit derartigen Erkenntnissen und Bekenntnissen noch nicht so weit. Diesw erfreuliche Einstellung Obamas gilt unter Trump nicht im Geringsten.

Die Nichtbeachtung philosophischer und epistemologischer Erkenntnisse, was bei den Rechtspositivisten üblich ist, kann allerdings dazu führen, dass vor den gemeinsamen Interessen eine andere Interessenkategorie, namentlich jene der übereinstimmenden Interessen gesehen wird. Dies ist bei A. P. Sereni der Fall: „...an che quando si ha solidarieta die interessi tra due o piú Stati, i loro interessi possono essere communi sino ad un certo punto soltanto."[194] Es verwundert auch nicht, dass G. Morelli das „interesse commune" oder die „comunanza o solidarietà di interessi" nebenbei er-

wähnt, Beispiele nennt, ohne zu erläutern, was die „gemeinsamen Interessen" sind.[195]
Während die „gemeinsamen Interessen" in der Realität der internationalen Beziehungen häufig vorkommen, ist die „Interessensolidarität" eher als eine Wunschvorstellung zu werten, weil eben das Interesse Nutzen, Vorteil bedeutet, während die Solidarität eher eine ethische Kategorie, genauer, was die internationalen Beziehungen betrifft, eine Kategorie der Völkerrechtsphilosophie ist. Als sehr problematisch ist auch die Wendung „identische Interessen", die schon logisch-etymologisch nicht tragfähig und überzeugend ist. In linguistischer Hinsicht drückt die identitas im Spätlateinischen die Wesensgleichheit, das „Selbst"[196] aus. Daher können „identische Interessen" in den zwischenstaatlichen Beziehungen kaum angenommen werden. Dennoch wird in der Fachliteratur die Existenz dieser Interessenkategorie hin und wieder behauptet.[197]

3.7.5.3 Konkurrierende Interessen

Staaten erkennen die Nützlichkeit eines Objektes zwar unabhängig voreinander, aber zugleich wird ihnen bewusst, dass sich andere Staaten in einer ähnlichen Erkenntnissituation befinden. Dabei könnte das Objekt beispielsweise eine wichtige geostrategische Region oder die Erdölfelder eines Landes oder sogar die Erforschung des Weltraumes sein. Objektiv kommt es zunächst zu einer neutralen Berührung der Interessen, dem Wesen nach der Vorteilserwartungen. Es ist von den bisherigen Beziehungen der in Frage kommenden Staaten untereinander abhängig, wie die „sich berührenden" oder „sich kreuzenden" oder schlicht die „konkurrierenden" Interessen betrachtet werden. Davon hängt es wiederum ab, wie die entstandene Problemsituation überwunden werden kann. Grundsätzlich gäbe es die folgenden Möglichkeiten: Bei nur zwei Interessenlagen zieht der eine Staat seine Vorteilserwartung freiwillig zurück; es kommt zu einer Umwandlung der konkurrierenden in gemeinsame Interessen; man erzielt einen Interessenausgleich durch Kompromisse. Hieraus wird ersichtlich, dass die konkurrierenden Interessen eine hohe Wandlungsfähigkeit besitzen. Konkurrierende Interessen sind gegenwärtig hinsichtlich der Arktis und Antarktis, auf dem Kaukasus (Russland – USA vor dem russischen Einmarsch), auf den

Weltmärkten zwischen den exportierenden Nationen vor allem zwischen den USA und China, im Persischen Golf zwischen dem schiitischen Iran und dem sunnitischen Saudi-Arabien etc. zu konstatieren. Unter den Bedingungen der Globalisierung nehmen derartige Interessen zu.[198]

3.7.5.4 Konträre Interessen

Ausgehend von unterschiedlichen Bedürfnissen sind die Staaten willens, durch Verstand und auf der Basis der Vernunft die Nützlichkeit eines Objekts (materiell oder ideell) zu erkennen und danach entsprechend zu handeln. Das tatsächliche Problem besteht mitunter aber aus verschiedenen Faktoren: extrem unterschiedliche Bedürfnislagen, divergierende Verstandesfähigkeit der konkreten Akteure, divergierende Position zu der Vernunft, divergierende Widerspiegelung des Objekts – z. B. bei dem einen Staat einigermaßen korrekte Widerspiegelung, bei dem anderen eine verzerrte Wiederspiegelung – und infolgedessen extrem unterschiedliche Erkenntnisintensität und Erkenntnisqualität. Davon lässt sich ein gegensätzliches Verhaltensmuster ableiten. Hierbei geht es nicht um gegensätzliche Interessen ideologisch-weltanschaulicher oder religiös-traditioneller Art, sondern nur um einen auf Staaten bezogenen Interessengegensatz. Eine derartige Situation führt nicht automatisch und nicht in jedem Fall zu einem Zusammenprall bzw. zu einem Konflikt. Die Staaten sind vielmehr völkerrechtlich verpflichtet, miteinander zu kooperieren. Die einzige vernünftige Lösung wäre ein Interessenausgleich[199], vorrangig durch vertragliche Regelung. Andernfalls könnte ein ernsthafter Konflikt entstehen. Auch in diesem Fall gilt die völkerrechtlich verankerte Pflicht zu der friedlichen Streitbeilegung (Art. 33 der UN-Charta).

Am Beispiel des Konfliktes zwischen Israel und den Palästinensern soll die Problematik der gegensätzlichen Interessen demonstriert werden. Die Probleme beginnen schon bei den entgegengesetzten Bedürfnissen. Die Palästinenser streben die Schaffung eines eigenen Staates an. Dies entspricht der Vernunft sowie dem Völkerrecht. Israel baut auf besetztem palästinensischem Boden immer mehr jüdische Siedlungen. Dies aber widerspricht sowohl der Vernunft als auch dem Völkerrecht. Die im Gaza-Streifen herrschende Hamas strebt letzten Endes die Vernichtung Israels an. Eine solche Haltung widerspricht dem „gesunden Menschenverstand“, der Vernunft und dem Völkerrecht und stellt außerdem eine verzerrte Widerspiegelung der Realität dar. Im Grunde genommen, fehlen bei der Hamas die Ratio (Vernunft) sowie die Fähigkeit und der Wille, die Realität anzuerkennen. Ist Israel weiterhin gegen einen eigenen palästinensischen Staat, schon ist dies ein Beweis dafür, dass Israel zumindest in diesem Kontext die Ratio (Vernunft) abhanden gekommen ist. Diese Irrationalität beiderseits hat zur Schaffung von gefährlichen Konflikten und sogar schwerwiegenden militärischen Auseinandersetzungen geführt. Es gäbe grundsätzlich eine Lösungsmöglichkeit des Konfliktes auf der Grundlage eines Interessenausgleiches durch Kompromisse, vorausgesetzt, dass das Handeln der Hauptakteure beiderseits sich nach der menschlichen Vernunft und nicht nach nationalen und religiösen Mythen und Dogmen richtet. Die wichtigste Voraussetzung hierfür besteht darin, dass Israel mit der Durchsetzung seiner egoistischen Interessen auf Kosten der Palästinenser aufhört. Israel sollte ferner das Mesotes-Prinzip des Aristoteles, bekannt auch als „aurea mediocritas“, in dem Sinne beachten, dass die Proportionalität der eingesetzten militärischen Mittel gegen die Palästinenser einigermaßen zur Anwendung kommt.

3.7.6 Interesse als Gegenstand der Völkerrechtstheorie, speziell der Normbildungstheorie

Obwohl das Interesse für das Recht überhaupt von eminenter Bedeutung ist, kann darauf nicht ausführlich eingegangen werden, weil es über diese Thematik konkret als Interessenjurisprudenz zahlreiche Standardwerke gibt.[200] Folgend sollen die Kerngedanken des Begründers der „Interessenjurisprudenz“, des „deutschen Bentham“[201] Rudolf von Ihering („Der Zweck im Recht“) zusammengefasst werden. Ihering verknüpft das gesellschaftlich Nützliche mit dem Sittlichen. Nach seinem Nutzens- und Interessendenken darf nur was die Gesellschaft fördert, zur rechtlichen Norm erhoben werden. Er polemisiert gegen die Idee des abstrakten Rechtswillens und stellt die Bedürfnisse und die Interessen in den Mittelpunkt des Rechtslebens. Ihering betrachtet das Recht als die Sicherheit des Genusses.[202] In seiner Konzeption spielt die bei deutschen Juristen übliche mystisch anmutende „Rechtsidee“ keine Rolle.[203] Nach Hermann Klenner versucht Ihering den Inhalt des Rechts nicht mittels deduktiv-logischer Operationen, sondern aus den Zwecksetzungen des realen Lebens zu erschließen. Er subjektiviert das Interesse. Die Interessenjurisprudenz begibt sich von einem juristischen auf einen soziologischen Positivismus und diente zur damaligen Zeit (Ende des 19 Jh.) den herrschenden Produktions- und Machverhältnissen.[204] Es kann sachlich festgestellt werden, dass der gesellschaftliche Utilitarismus der Interessenjurisprudenz durch die Überhöhung der Rolle des Zwecks bei der Rechtsbildung den Bogen überspannt, denn es gibt tatsächlich keinen „mechanischen Transformationsakt“ der Umsetzung von Interessen in Rechtsnormen.[205] Mit dieser Monoklonalität der Interessenjurisprudenz kann die Völkerrechtswissenschaft nicht viel anfangen, wenn auch einzelne Völkerrechtler die Bedeutung des Interesses für den völkerrechtlichen Rechtsnormenbildungsprozess hervorheben.[206] Dies ist aber keine ausgereifte Konzeption, sondern lediglich Meinungsäußerung.

Folgend soll der Versuch unternommen werden, die bereits gewonnenen philosophischen und wissenschaftstheoretischen Erkenntnisse auf das Völkerrecht anzuwenden. Spätestens seit Thukydides ist bekannt, dass das Interesse (Nutzen, Vorteil) die treibende Kraft für das Verhalten der Staaten in den internationalen Beziehungen ist. Das Interesse ist auch für die Staaten „identitätsstiftend“ und „identitätssichernd“ (Hegel). Im Allgemeinen leuchtet ein, dass die Staaten in dem engmaschigen System der internationalen Beziehungen ihre Interessen nicht uneingeschränkt durchsetzen können. Daher kommt es unweigerlich zu einem Interessenausgleich. Konkretes Ergebnis dieses Ausgleichs ist, generell betrachtet, das Völkerrecht. Dies geschieht allerdings weder automatisch noch im Selbstlauf. Dabei geht es nicht nur um politische[207] oder nur um ökonomische Interessen. Dem Interessenausgleich geht eine Interessenkoordinierung vor. Nur die Interessenkoordinierung reicht allerdings nicht aus, um dieses Phänomen zu erklären.[208]

Neben der oben behandelten allgemeinen Bedeutung des Interesses für das Völkerrecht gibt es jene konkrete im Rahmen des internationalen Normenbildungsprozesses. Diesbezüglich ist bereits vor 30 Jahren[209] eine eigene theoretische Konzeption erarbeitet worden, die über verschiedene Etappen in einer Monographie gipfelte.[210] In diesen Arbeiten ist sukzessive eine normbildungstheoretische „Kette" erarbeitet worden: Bedürfnisse – Interessen – Wille – Norm – Verhalten. Darauf stützt sich im Wesentlichen der internationale Normenbildungsprozess, der mehrere Phasen durchläuft. Dieser Prozess besitzt einen konsensualen und dialektischen Charakter: Zuerst wird von den Staaten erkannt, dass es bestimmte Probleme in den internationalen Beziehungen gibt: Hierüber entsteht ein consensus generalis oder sogar ein consensus omnium. Bereits an der kognitiven Seite des consensus der Staaten sind mehrere Determinanten (materielle und ideelle, ökonomische und politische etc.) in ihrer Komplexität beteiligt. In ihrer Gesamtheit und ihrem Zusammenwirken bedingen sie die Staatsinteressen. Danach wird von einigen oder von mehreren Staaten aus ähnlichen oder aus unterschiedlichen Gründen die Bedeutung der betreffenden Probleme erkannt. Hierüber kann ebenfalls ein consensus generalis oder sogar ein consensus omnium entstehen. Erkennen danach die in Frage kommenden Staaten die Normierungsnotwendigkeit und die Normierungswürdigkeit, dann wird auch hierüber je nachdem ein consensus generalis oder sogar ein consensus omnium bejaht. Danach erstreckt sich der consensus der Staaten auf die klärenden Verfahrensfragen. Er wird durch Verhandlungen und Kompromisse erreicht. Eine weitere Phase bezieht sich auf die Regelung der substantiellen Fragen. Sie ist deshalb die wichtigste. In diesem Stadium spielen Interesse, Wille, Rechtsbewusstsein und Gerechtigkeitsempfinden eine entscheidende Rolle. Im Verhandlungsverlauf versuchen die Staaten, einen Interessenausgleich zu erzielen. In diesem Stadium spielen viele Faktoren eine beeinflussende Rolle. Im Verhandlungsprozess koordinieren die Staaten ihre Interessen, die darauf fußenden Willen sowie die hauptsächlich von den Interessen beeinflussten opiniones (Überzeugungen). Das Ergebnis dieses Vorganges ist Ausdruck eines inhalts- und sachbezogenen consensus. Er wiederum findet in recht unterschiedlichen Dokumenten Ausdruck (von völkerrechtlichen Verträgen bis zu Absichtserklärungen). Diese Dokumente enthalten in normbildungstheoretischer Hinsicht Verhaltensregeln. Somit bezieht sich der erreichte consensus der Staaten auf Inhalt und Form der angenommenen Dokumente.

Erst bei der nächsten Phase des Normenbildungsprozesses wird darüber entschieden, ob sie Normen rechtlichen oder nichtrechtlichen Charakters schaffen wollen. Hierüber wird durch ihre gemeinsame intentio ihre voluntas oder opinio entschieden. In einer weiteren Phase bezieht sich der Staatenconsensus darauf, die geschaffenen Verhaltensnormen als verbindlich (rechtlich oder politisch oder moralisch) zu akzeptieren und sich entsprechend danach zu richten. Der gesamte Normenbildungsprozess kann in zwei Säulen zerfallen: in einen rechtlichen (Rechtsnormen) und in einen nichtrechtlichen (politische Normen, Moralnormen). Die Rechtsnormen sind Ausdruck des consensus voluntatis (Willenübereinstimmung).[211] Sie stellen keinen Gemeinwillen dar[212], wie verschiedentlich behauptet wurde. Dagegen gibt es zwar Einwände durch andere Völkerrechtler, jedoch ohne eine klärende Begründung.[213]

Gestützt auf philosophische und epistemologische Erkenntnisse, könnte die Begründung wie folgt lauten: Wie das Individuum Willensautonomie als Bestandteil seiner Identität besitzt, so verfügt auch jeder souveräne Staat über eine Willensselbständigkeit. Deswegen kommt die Verschmelzung derartiger Identitäten nicht in Frage.

Diese theoretische Konzeption besitzt zwar durch jahrelange Grundlagenforschung einen gewissen Reifegrad, stützt sich jedoch nicht in jedem Falle auf ein solides philosophisches und epistemologisches Fundament. Erst durch die vorliegende Studie über eine mögliche Interessentheorie ist dem Autor die philosophisch-epistemologische Dimension der Interessenproblematik bewusst geworden. Es ist erneut gezeigt worden, dass die Transdisziplinarität zu einer erheblichen Erweiterung des Forscherhorizonts zu führen vermag. Andernfalls besteht tatsächlich die große Gefahr, im eigenen Saft zu schmoren, wie dies bei dem rechtspositivistischen Mikrokosmos üblich ist.

Auch bei der weiterentwickelten internationalen Normbildungstheorie wird von den Bedürfnissen (materiellen und ideellen) der Staaten als der wichtigsten Völkerrechtssubjekte und Hauptakteure in den internationalen Beziehungen ausgegangen. Auf der Grundlage dieser Prämisse erfolgt bei den Staaten die sinnliche Wahrnehmung im Sinne der Widerspiegelung bestimmter Objekte, Angelegenheiten etc. Die Staaten bringen danach das Wollen auf, auf der Basis der Vernunft und vermittels des Verstandes die

Nützlichkeit (Nutzen, Vorteil) dieses Objektes, d. h. ihr eigenes Interesse zu erkennen. Dabei erstreckt sich die Erkenntnis auch auf die wichtigsten Interessenkategorien in den internationalen Beziehungen wie die parallelen, die gemeinsamen, die sich kreuzenden (berührenden) sowie die konträren Interessen. Wenn in etwa gleichzeitig mehr als zwei Staaten einen solchen Erkenntnisstand erreicht haben, konkretisiert sich ihre Erkenntnis durch die Regelungs- (oder Normierung-) notwendigkeit, -würdigkeit und – möglichkeit der in Erwägung gezogenen Fragen. Hierüber entsteht zumindest gnoseologisch ein allgemeiner consensus. Hierdurch wird das allgemeine Verhalten der Staaten beeinflusst. Gerade hierauf stützt sich die Bereitschaft, die Interessenfrage einer Regelung zuzuführen. Es muss aber zwischen den unterschiedlichen Interessenkategorien differenziert werden. Gegensätzliche Interessen führen in der Regel zu einem Interessenausgleich, der in der völkerrechtstheoretischen Figur der Willensübereinstimmung Ausdruck findet (z. B. durch einen Vertrag).[214] Bei den parallelen Interessen wiederum besteht prinzipiell die Möglichkeit der Umwandlung in gemeinsame Interessen, durch beiderseitiges Erkennen als konsensuale Interessenlage die Qualität von übereinstimmenden Interessen erreichen. Dies ist dann der Ausgangspunkt für die Willensübereinstimmung in Form eines konkreten Dokuments. Während aber das Interesse subjektive sowie objektive Elemente aufweist, besitzt der Wille einen nur subjektiven Charakter. Im Verlaufe der Realisierung der angenommenen Dokumente kann es mitunter zur Herausbildung neuer Interessenlagen bei den Teilnehmern kommen, die zu unterschiedlichen Interpretationen oder sogar zu Vertragsverletzungen führen können. In diesem Falle geht es im Wesentlichen um das Spannungsverhältnis zwischen dem Prinzip Pacta sunt servanda und der Spezialnorm Clausula rebus sic stantibus.[215]

3.8 Gleichgewicht als Kategorie und Gegenstand der Völkerrechtssoziologie*

3.8.1 Allgemeine Bedeutung des Gleichgewichts

Am Ende des 20. Jh. brach das „Sozialistische Weltsystem“ friedlich zusammen. Mit ihm verschwand auch die Supermacht Sowjetunion. Nunmehr existiert eine einzige Supermacht, namentlich die USA. So kann man nicht mehr von einem Gleichgewicht sprechen. Zugleich hat sich China zu einer Weltmacht entwickelt. Noch mehr: Es zeichnen sich bereits die Konturen der zweiten Supermacht, namentlich Chinas, ab. Außerdem kann man die Existenz Russlands als Atom- und Weltmacht feststellen, die allerdings kaum eine bestimmende Rolle in den internationalen Beziehungen zu spielen vermag. Insgesamt könnte daher der gegenwärtige Stand in den internationalen Beziehungen als ein Übergangsstadium betrachtet werden. Im Rahmen dieser dynamischen Situation geht es nicht so sehr um ein globales Gleichgewicht, sondern vielmehr um Gegengewichte losen oder sogar organisierten Charakters. Unabhängig von der konkreten Rolle der USA in den internationalen Beziehungen, erweisen sich derartige Gegengewichte im Sinne der Wahrung der Interessen der gesamten Menschheit und des commune bonum humanitatis als absolut erforderlich. Dabei handelt es sich nicht unbedingt um Gegengewichte ausschließlich militärischen Charakters. Allgemeinpolitische, ökonomische und diplomatische Aspekte werden gleichermaßen von Bedeutung sein.

Auf regionaler Ebene sind ebenso ähnliche Prozesse zu beobachten. Der unaufhaltsame Aufstieg Chinas z. B. beginnt allmählich die Nachbarstaaten Japan und Indien zu beunruhigen. Die Stärkung des schiitischen Iran, verbunden mit einer teilweise aggressiven Außenpolitik, stellt bereits eine Bedrohung Israels und Saudi-Arabiens dar. Der allmähliche Aufstieg Brasiliens zu einer Regionalen Großmacht wird von den anderen lateinamerikanischen Staaten mit Gefühlen der Bewunderung aber auch der Beunruhigung verfolgt. Die Türkei ist dabei, ebenfalls die Rolle einer regionalen Groß-

* Der vorliegende Abschnitt stützt sich im Wesentlichen auf ein unveröffentlichtes Manuskript mit dem Titel „Die Theorie vom Gleichgewicht und von den Gegengewichten (Teil I: Gleichgewicht und Gegengewichte in der Geschichte (Anfänge bis 1945), Teil II: Das Gleichgewicht und die Gegengewichte nach dem Zweiten Weltkrieg, Theoretische Grundfragen“).

macht zu spielen. Die Nachbarstaaten beobachten entsprechende Aktivitäten der Türkei mit vielen Fragezeichen.

Es wird hier die Auffassung vertreten, dass nach der Beendigung der eingangs erwähnten Übergangszeit die Problematik des Gleichgewichts und der Gegengewichte an Bedeutung erheblich zunehmen wird. Deswegen kommt es darauf an, prognostische Grundlagenforschung zu betreiben, um den notwendigen theoretischen Vorlauf zu schaffen. Wir sind der Ansicht, dass die Untersuchung der Gleichgewichtsproblematik allein aus der Sicht der hauptsächlich US-amerikanischen „Theory of international Relations" einseitig und unzureichend ist, wie dies noch nachgewiesen wird.

3.8.2 Die Methodologie der Gleichgewichtstheorie

Das methodologische Grundgerüst der Gleichgewichtstheorie besteht in den folgenden Grundsätzen:
a) Interessenbezogenheit: Es wird davon ausgegangen, dass Interessen das Handeln der Völker bestimmten (Hegel), und dass die Interessen die wichtigste Triebkraft der menschlichen Handlungen sind (Epikur, Helvetius). Bringt man die Staatsinteressen in Verbindung mit der Gleichgewichts- und Gegengewichtspolitik der Staaten, dann wird Wesen des Gleichgewichts und der Gegengewichte evidenter. Dennoch wird hier sachlich konstatiert, dass, soweit überblickbar, dieser Zusammenhang in der internationalen Fachliteratur noch nicht herausgearbeitet worden ist. Dies gilt insbesondere bei der Untersuchung der historischen Aspekte des Gleichgewichts und der Gegengewichte.
b) Historizität (Historische Methode): Sie bedeutet in erster Linie, dass sowohl die Gleichgewichts- und die Gegengewichtspraxis der Staaten als auch die Gleichgewichtsauffassungen als ideeller Reflex der entsprechenden Realität historisch konkret gewesen sind. D. h., dass sie unter konkreten historischen Bedingungen und Interessenkonstellationen entstanden sind. Dabei sind Form (genaue Bezeichnung) und Inhalt des Phänomens Veränderungen unterworfen. Daher sind Gleichgewichts- und Gegengewichtspraktiken nur in ihrem vielschichtigen historischen Kontext zu beobachten.

Eine ahistorische Sicht derartiger Prozesse würde zu Fehlinterpretationen führen. So kann festgestellt werden, dass in den meisten relevanten Publikationen die Gleichgewichtsproblematik an sich behandelt wird, ohne äußerst entscheidende Zäsuren in der Geschichte der internationalen Beziehungen zu berücksichtigen wie z. B. die historisch essentielle Schaffung des modernen Völkerrechts nach 1945. Noch bis Ende des 19. Jh. gab es stets eine enge Verbindung von Gleichgewicht und Völkerrecht, worauf noch ausführlich eingegangen werden soll. Zu diesem Zweck erweist es sich daher als geboten und nützlich, eine Periodisierung des Völkerrechts vorzunehmen. (1) Die große Periode des „Europäischen Völkerrechts" („Droit Public de l Europe", „Jus Publicum Europaeum") und danach das „Völkerrecht der christlichen Nationen" (beides von 1648 – 1856). Die wichtigsten Ereignisse dieser Periode waren der Westfälische Friedensvertrag (1648), die Beendigung des 30-jährigen Krieges, die Koexistenz von Katholizismus und Protestantismus in Europa („cuius regio, eius religio") und die Proklamierung der Doktrin Pacta sunt servanda. (2) Die Periode des Völkerrechts der „Zivilisierten Nationen" (1856 – 1945).[216] Gerade in dieser Periode entwickelte sich der Kapitalismus zu seinem imperialistischen Stadium, und es fanden die zwei verheerenden Weltkriege statt. Abgesehen von unwesentlichen Entwicklungen, herrschte von Anfang an bis 1945 grundsätzlich das jus ad bellum, dem Wesen nach das Unrecht, Aggressions-, Annexions- und Kolonialkriege zu führen. Dieses „Recht", Kriege zu führen, wurde sogar als der höchste Ausdruck der staatlichen Souveränität betrachtet. Somit herrschten das „Recht des Stärkeren" und ungleichberechtigte Verträge. (3) Seit 1945 (UNO-Charta) gibt es die Periode des Völkerrechts der „friedliebenden Nationen". Es liegt auch eine weitere Periodisierung des Völkerrechts vor: Spanisches Zeitalter (1500 – 1648); Französisches Zeitalter (1648 – 1815); Englisches Zeitalter (1648 – 1815); Epoche der beiden Weltkriege (1914 – 1945); Amerikanisch-Sowjetisches Zeitalter (1945 – 1991), (K.-H. Ziegler: Völkerrechtsgeschichte. München 1994). Diese Periodisierung kann jedoch auf die hier zu behandelnde Problematik nur sehr bedingt anwendbar sein.

c) Globalität: Der eigentliche Gleichgewichtsgedanke ist in Europa geboren worden. Deswegen war jahrhundertlang die Gleichgewichtspolitik ein rein europäisches Phänomen. Spätestens seit der Beendigung des Zweiten

Weltkrieges entwickelte sich das Gleichgewicht zu einer internationalen Realität. Gerade unter den Bedingungen der Globalisierung hat nunmehr der internationale Aspekt eine höhere Qualität erlangt, da zumindest eine Weltmacht außerhalb des westlichen Kulturkreises, namentlich China, zum globalen Akteur allmählich aufsteigt. Somit entspräche die Globalität des Gleichgewichts und der Gegengewichte der Universalität des Völkerrechts.
d) Komplexität – Systemhaftigkeit: Das Gleichgewicht und die Gegengewichte weisen seit dem Verschwinden der zweiten Supermacht, namentlich der Sowjetunion, eine gewisse Komplexität auf. Während in den vergangenen Jahrhunderten das Gleichgewicht und die Gegengewichte vorwiegend aus der militärischen Perspektive betrachtet wurden, sieht es, seit die USA die einzige Supermacht sind, etwas anders aus. Dieser Zustand wird dadurch verstärkt, dass die ökonomische Supermacht Japan in militärischer Hinsicht als ein Zwerg angesehen wird. Zugleich ist die neue Weltmacht China nach dem Überholen Deutschlands als dritte ökonomische Weltmacht dabei, 2010/2011 Japan vom zweiten Weltplatz zu verdrängen. Parallel dazu erfolgt eine rasante Modernisierung der chinesischen Streitkräfte auf der Basis von Hochtechnologien. Russland wiederum ist militärstrategisch auf Grund der vorhandenen atomaren Oberkapazität eine Weltmacht mit starken Zügen einer Supermacht. In ökonomischer Hinsicht gehört jedoch Russland zu den mittleren Mächten, während die Europäische Union schon jetzt eine Weltmacht ist, die jedoch keine militärstrategischen Ambitionen besitzt. Die NATO scheint für die EU ausreichend zu sein. In politisch-diplomatischer Hinsicht spielen Russland und China die Rolle von Weltmächten. Verglichen mit ihnen, besitzen die USA allerdings alle Merkmale einer tatsächlichen Supermacht: militärstrategisch, ökonomisch, Hochtechnologien, politisch-diplomatisch. Diese Elemente sind Bestandteile eines ontologischen sowie als ideelle Reflexion eines gnoseologischen Systems. Zwischen den Bestandteilen kommt es zu mehreren Synapsen bzw. zu Wechselbeziehungen derart, dass das System eine hohe Dynamik sowie eine höhere Qualaität erlangt. Gerade diese Qualität macht gnoseologisch das Wesen der Supermacht aus. Bis auf weiteres wird sich daran nichts wesentlich ändern.
e) Komparativität: Sie bezieht sich sowohl auf den Vergleich von Staaten bzw. in Einzelfällen auch von Staatengruppen in Form von Allianzen als

auch auf den Vergleich der einzelnen Elemente innerhalb des entologischen bzw. des gnoseologischen Systems. Es ist anzunehmen, dass die oben genannten Bestandteile des Systems nicht gleichwertig sind. Zum einen besteht die militärstrategische Kraft nicht immer ohne Wirtschaftskraft und Hochtechnologien, zum anderen kommt es letzten Endes doch auf die militärstrategischen Komponenten an. Unter den Bedingungen der Globalisierung wäre es andererseits durchaus möglich und nötig, ökonomisch, politisch, diplomatisch und hochtechnologisch ausgerichtete Allianzen zu schaffen, die die militärisch-strategische Überlegenheit der Supermacht zu neutralisieren vermögen mit dem Ziel, sie zu zwingen das geltende Völkerrecht zu respektieren.

f) Differenziertheit: Es gilt, zwischen dem globalen Gleichgewicht und dem regionalen Gleichgewicht zu unterscheiden. Teilweise könnte es auch zu Überschneidungen zwischen diesen Gleichgewichtsebenen kommen. Regionale Gleichgewichte spielen speziell in militärstrategisch und rohstoffmäßig neuralgischen Regionen wie z. B. im Vorderen Orient eine eminente Rolle. Erst durch die Beseitigung des iranisch-irakischen Gleichgewichts durch die US-amerikanische Aggression gegen den Irak hat nachträglich deutlich gezeigt, wie wichtig die Existenz dieses Gleichgewichts war. Die Beseitigung des einen Gleichgewichtspartners namentlich des Irak, hat es dem Iran möglich gemacht, zu einer beachtlichen und zugleich bedrohlichen regionalen Großmacht aufzusteigen, die die Nachbarstaaten mehr als beunruhigt.

g) Realitätsbezogenheit: Das Gleichgewicht wird nicht so sehr mit verbalen Deklarationen, sondern vielmehr mit Fakten geschaffen. Es geht also um objektive Parameter wie z. B. Macht, Entwicklung von Hochtechnologien, Politik und Diplomatie. Auf alle Fälle müssen die betreffenden Staaten Sinn für Realität, u. a. vor allem Selbsterkenntnis, besitzen.

h) Prognose: Es ist bereits angedeutet worden, dass sich allmählich die Konturen der zweiten Supermacht, namentlich Chinas, abzeichnen. Allmählich wird sich auch Indien zu einer Supermacht entwickeln. Dann aber hätte die Menschheit drei Supermächte, Vertreter der drei Hauptkulturkreise, nämlich des Westens (Abendlandes), des Konfuzianischen und des Hinduistischen Kulturkreises. Ausgehend von der Menschheitsgeschichte, kann sachlich und neutral festgestellt werden, dass China und Indien in ihrer Geschichte sich als friedliebende Staatswesen bewährt haben. Sie führten vorrangig Verteidigungskriege. Im Gegensatz dazu haben die USA andere Staaten häufig mit Aggressionskriegen überzogen. Es gibt keinen Grund zur Annahme, dass die USA plötzlich zu einem friedliebenden Staat mutieren werden.

In methodischer Hinsicht hat es sich als ratsam erwiesen, zu der Gesamtproblematik des Gleichgewichts und der Gegengewichte zwei Grundsatzbeiträge zu verfassen. Im Mittelpunkt des ersten Teils stehen vorwiegend historische Aspekte. Beim zweiten Teil geht es schwerpunktmäßig um theoretische Grundfragen (z. B. vor allem Stabilität, Veränderung, Interessen, Frieden, kollektive Sicherheit, Hegemonie, Bipolarität, Multipolarität).

Hinsichtlich der Thematik liegt ein fast 40-jähriger wissenschaftlicher Vorlauf vor. Es sind auch einige Beiträge veröffentlicht worden.[217]

3.8.3 Linguistische etymologisch-semantische Aspekte des Gleichgewichts

Europäische Wissenschaftler haben sich als erste überhaupt mit der Problematik des Gleichgewichts befasst. Zu diesem Zweck haben sie sukzessive entsprechende Begriffe bzw. Termini scientifici geprägt. Hier sollen nur die wichtigsten erwähnt werden. Als Grundlage hierfür dienen mehrere ältere Publikationen.

Als Ursprung des Begriffs „Gleichgewicht“ gelten die Wörter „bilanx“ („zwei Schalen habend“, Vulgärlatein 14. Jh.), später bekannt geworden als „balance“[218] und „aequilibrium“ (etwas eher „aequilibritas“ oder „aequipondium“) mit der Bedeutung „Gleichheit des Gewichts“, „Gleichstand der Waagschalen“, „Gleichwiegung“ und „Gleichwägung“.[219] Im Französischen und im Englischen sind verschiedene Formulierungen anzutreffen wie z. B., um die bekanntesten zu nennen, „equilibre du pouvoir“ („Gleichgewicht der Kräfte“), „balance du pouvoir“ („Waagschale der Kräfte“), „balance des forces“ („Gleichgewicht der Kräfte“), „systeme des contrepoids“ („System der Gegenkräfte“), „balance egale“ („gleiche Waagschale“), „balance of Europe“ („Gleichgewicht von Europa“) etc.[220] In Deutschland wurde der Begriff „Gleichgewicht“ im 18. Jh. eingeführt.

Allmählich setzte sich in Europa die Standardformulierung „Justum potentiae Aequilibrium Europaeum“ durch.[221]

3.8.4 Wesen und Bedeutung des Gleichgewichts und der Gegengewichte

Zunächst ist herauszuarbeiten, woher ganz allgemein die Konzeption von Gleichgewicht stammt. Es liegt bereits ein Consensus Professorum et Doctorum darüber, dass die Gleichgewichtskonzeption aus der mechanischen Physik stammt.[222] Zunächst haben Philosophen diese Idee übernommen. So schreibt Hobbes: „Gleichgewicht besteht, wenn der Conatus eines Körpers, der einen der Arme drückt, dem Conatus eines anderen Körpers, der den anderen Arm drückt, widersteht, so dass die Waage nicht bewegt wird“.[223] Im Allgemeinen wird der Gleichgewichtsgedanke mit dem rationalen mathematischen Geist der Aufklärung in Verbindung gebracht.[224] Im Wesentlichen läuft dies auf ein Ausbalancieren der sozialen und politischen Kräfte hinaus, um damit wichtige Entwicklung regulieren zu können. Aber dialektisch betrachtet, kommt es insgesamt nicht auf die Entwicklung durch innere Widersprüche an. Im Mittelpunkt der Betrachtung stehen vielmehr äußere Kräfte, von denen die Entwicklung beeinflusst wird. Der äußere Anstoß könne den Zustand des Gleichgewichts verändern. Hierbei handelt es sich um eine „mechanische philosophische Lehre“, der jedwede Dialektik fehlt.[225] Diese eher status-quo mechanische Konzeption kann allerdings auf soziale, ökonomische, politische und ähnliche Prozesse, die stets einen dynamischen Charakter besitzen, nicht ohne weiteres angewandt werden. Dies gilt uneingeschränkt für die äußerst dynamischen internationalen Beziehungen. Für derartige Prozesse gibt es bereits adäquate, weiterentwickelte Gleichgewichtsmodelle sowohl für soziale Phänomene des Mikrokosmos als auch des Makrokosmos.[226]

Aus der oben erwähnten Dynamik der internationalen Beziehungen ergibt sich, dass das Gleichgewicht ebenfalls ein dynamisches Phänomen ist, das jedoch nur in einer Momentaufnahme als Zustand erscheint. Dieser entscheidende Aspekt bleibt in der internationalen Fachliteratur weitestgehend unbeachtet. In vielen Variationen wird das Gleichgewicht generell als Zustand gekennzeichnet. Zu nennen ist z. B. in erster Linie Hans J. Morgenthau, der als einer der besten Kenner dieser Materie gilt: „Der Begriff „Gleichgewicht der Mächte“ wird hier in vier verschiedenen Bedeutungen gebraucht im Sinne (1) einer Politik, die auf einen bestimmten Zustand abzielt, (2) eines tatsächlichen Zustandes, (3) ungefähr gleicher Verteilung der Macht und (4) jeder Art der Verteilung der Macht“.[227] Diese Position ist oft von führenden Vertretern der Wissenschaft von den internationalen Beziehungen wiederholt worden.[228] Im Unterschied dazu wird hier entsprechend der Theorie der Interaktion die Auffassung vertreten, dass das Gleichgewicht dem Wesen nach eine Beziehung zwischen einem Staat und anderen Staaten darstellt. Bezugspunkt dieser allgemeinen Relation ist die Machtverteilung. Darüber hinaus gibt es noch das Verhältnis zwischen den speziellen Interessen und der Macht.

Diese Beziehung deutet ferner auf eine Konkurrenz der Macht zwischen bestimmten Staaten hin.[229] Interessentheoretisch betrachtet, versucht ein Staat seine Machtinteressen auf eine Art und Weise durchzusetzen, dass hierdurch existentielle Interessen, vor allem die Unabhängigkeit anderer Staaten und damit das Völkerrecht bedroht werden. Dies ist der entscheidende Punkt, an dem die oben genannte Beziehung entsteht. Die betroffenen Staaten reagieren auf die egoistische Interessendurchsetzung eines Staates je nach der jeweiligen eigenen Kraft. Ein ohnehin starker Staat versucht, seine Macht noch mehr zu stärken, um seine Interessen besser schützen zu können. Kleineren Staaten bleibt nichts anderes übrig, als sich zusammen zu schließen. Hierdurch werden die notwendigen Allianzen geschaffen, die der Zielstellung nach wirksame Gegengewichte sein sollen. Somit gehören Gleichgewicht und Gegengewichte als ontologische sowie gnoseologische Fragenstellungen aufs engste zusammen. Erst durch die Schaffung von Gegengewichten gewinnt die Gleichgewichtsproblematik an Relevanz. Logischer- und konsequenterweise sollte es eher „Theorie der Gegengewichte“ als „Theorie des Gleichgewichts“ heißen. Dies ist der Grund, warum in diesem Kapitel die Rede von einer Theorie des Gleichgewichts und der Gegengewichte die Rede ist. Somit überblickbar ist dies, international gesehen, zum ersten Mal erfolgt. Gerade durch die Schaffung der adäquaten Gegengewichte wird das in der Fachliteratur oft erwähnte „Ausbalancieren der Kräfte“ erreicht. Am zutreffendsten hat Carl Schmitt bereits in den 50er-Jahren des 20. Jh. dies formuliert: „In vieler Hinsicht besagt das Wort und die Vorstellung eines Gleichgewichts, eine équilibre, auch heute noch für viele nichts anderes als eine ausbalancierte Ordnung von Kräften und Gegenkräften im Allgemeinen, die zu einem Ausgleich gekommen sind“.[230]

Es besteht gleichermaßen die Möglichkeit einer Annäherung an die Problematik auf der Grundlage der Systemtheorie. Es wird davon ausgegangen, dass in Frage kommende Staaten hinsichtlich der Macht ein ontologisches System darstellen, das sich durch Stabilität auszeichnet. Sie kann erheblich dadurch gestört werden oder sogar das bestehende Gleichgewicht kann zerstört werden, wenn eines dieser Elemente seine Macht wesentlich zu ungunsten der anderen Elemente stärkt.[231] In diesem Falle kommt es auf die objektive Tatsache des zunehmenden Bedrohungspotentials an. Hinzu käme auch der subjektive Faktor, nämlich die Angst anderer Staaten, dass ihre Unabhängigkeit eingeschränkt wird, ihre grundlegenden Interessen beeinträchtigt werden oder ungebeten die Hegemonie in einer Region oder international übernommen wird. Wenn in Ausnahmefällen, das diplomatische Geschick fehlt und parallel zu großen Rüstungsanstrengungen konkrete Drohungen wiederholt gegen einen bestimmten Staat ausgestoßen werden, dann muss wohl der betroffene Staat angemessen darauf reagieren. So war dies bei dem Iran unter Mahmud Ahmadineschād der Fall. Immerhin erklärt der iranische Präsident fast im Stil einer thibetanischen Gebetsmühle die feste Absicht seines Landes, Israel zu vernichten, was in den gegenwärtigen internationalen Beziehungen einmalig sein dürfte. In diesem konkreten Fall geht es nicht in erster Linie um theoretische Überlegungen über Sinn und Tiefe der Gleichgewichts- bzw. der Systemstörung, sondern um eine offenkundige Bedrohungssituation eines souveränen Staates. Möglicherweise spielte bei dem Iran die historisch wohlbekannte orientalische Prahlerei eine entscheidende Rolle. Dennoch ist es Fakt, dass derartige Drohungen gegen das in der UN-Charta grundlegende Prinzip des Verbots von Gewaltandrohung und Gewaltanwendung massiv verstoßen (Artikel 2, Ziffer 4). Der Regelfall liegt aber vor, wenn mehrere Staaten von der rapiden Machtzunahme eines Staates betroffen sind. Letztere können nicht tatenlos zusehen, wie die Bedrohung ständig wächst. Sie müssen handeln, denn „balance of power do not appear or reproduce in a mechanical fashion“.[232] Dazu bedarf es vielmehr entsprechender Entscheidungen und Handlungen der Akteure. Letzten Endes kommt es auf die Schaffung von notwendigen und rettenden Gegengewichten an. Dies aber setzt derart den Urheber der Gleichgewichtsstörung unter Druck, dass man durchaus berechtigt von einer „Koalitionsfurcht“[233] sprechen kann. Sogar die wesentliche Ausdehnung der Macht eines Staates kann unter Umständen durch geeignete Gegenmaßnahmen im Sinne von Gegengewichten verhindert werden, so zu sagen, bevor es zu spät ist.[234] Soweit überblickbar, ist bisher die Problematik der Gegengewichte nicht untersucht worden. Das Gleichgewicht stellt eine Beziehung zwischen den Staaten dar. Durch die einseitige und übermäßige Stärkung der Macht eines Staates wird in einer bipolaren Welt dieses Verhältnis erheblich gestört. Der in die ungünstige Lage geratene Staat kann durch eigene Anstrengungen den Gleichgewichtsstand wieder erreichen. Wenn aber seine Kräfte nicht ausreichen, kann er einen ebenso starken Staat oder mehrere mittlere oder kleinere Staaten als Verbündete (Allianz) gewinnen. Hierdurch entsteht ein kollektives Gegengewicht, ohne jedoch die Überlegenheit anzustreben. Andernfalls würde eine endlose Spirale von Aktion und Reaktion bzw. von Gleichgewicht und Gegengewichten entstehen. Dabei darf für alle in Frage kommenden Staaten die subjektive Seite, d. h. die Bedrohungsangst nicht unterschätzt werden. Ebenso prekär kann es sein, wenn kein Gegengewicht bzw. keine Gegengewichte geschaffen werden können. Ein derartiger Zustand könnte den überlegenen Staat trotz Völkerrechts dazu verleiten, militärische Gewalt anzuwenden. So betrachtet, dienen Gegengewichte der Erhaltung des Friedens und der internationalen Sicherheit.

Bezugspunkt des Gleichgewichts bzw. der Gegengewichte ist die Macht der Staaten. Zu ihr gehören mehrere Elemente wie z. B. der Umfang und die Zusammensetzung der Bevölkerung, die Lage und die Größe des Territoriums sowie die klimatischen Bedingungen, das technisch-ökonomische Element (technische Entwicklung, Stand der Industrie und der Ökonomie, Hochtechnologien etc.), die Frage des Typs und der Wirksamkeit der Regierung, historisch-psychologische Aspekte (Erfahrungen, Mentalität) und schließlich das mitunter entscheidend militär-strategische Element (Umgang und Qualität der Streitkräfte).[235] Der Soziologe Max Weber gilt als

der erste Forscher, der die Macht umschrieben hat: „Macht bedeutet jede Chance, innerhalb einer sozialen Beziehung den eigenen Willen auch gegen Widerstreben durchzusetzen, gleichviel, woraus diese Chance besteht.“[236] Dieser Machtdefinition fehlt leider ein Bezug auf das Recht. Zumindest gnoseologisch stellen Macht und Recht, in den internationalen Beziehungen zwischen Macht und Völkerrecht, keinen Gegensatz dar. Im Gegenteil, sie bedingen sich durchaus gegenseitig. Denn „eine rechtlose Macht wird zur nackten Gewalt, ein machtloses Recht zur bloßen Farce.“[237] Bezogen auf die Gewährleistung des Völkerrechts wird hier die Auffassung vertreten, dass das Gleichgewicht im Sinne des Ausgleichs der Kräfte eine durchaus positive Rolle zu spielen vermag[238], obwohl es in der Fachliteratur auch Meinungen gibt, die nur auf mögliche Unzulänglichkeiten des Gleichgewichts hinweisen. Dabei wird zwischen dem traditionellen „europäischen Gleichgewicht“ und einer möglichen modernen Form der Gleichgewichtsanwendungen nicht konsequent differenziert.[239]
Obschon der Gleichgewichtsgedanke als Ausdruck von Konkurrenz, Misstrauen und Interessen in den zwischenstaatlichen Beziehungen betrachtet werden kann, dient es zum ersten dem Selbstschutzbedürfnis der Staaten und zweitens ist es auch mitunter für die Erhaltung des Friedens durchaus nützlich.[240] Es ist daher kein Zufall, dass der international als exzelenter Kenner der Gleichgewichtsmaterie bekannte ehemalige Außenminister der USA, Henry Kissinger, meint: „Alle ernsthafte Außenpolitik beginnt deshalb damit, das Gleichgewicht der Kräfte beizubehalten.“[241] Hier wird die Meinung vertreten, dass dem Gleichgewicht der Kräfte ein starkes psychologisches Element innewohnt. Erst die subjektive Wahrnehmung und die damit im Zusammenhang stehende gefühlte Bedrohungssituation setzt den Mechanismus der Schaffung von Gegengewichten in Form von Allianzen in Gange. Dies kann auch dann gelten, wenn der übermächtig gewordene Staat beteuert, er habe keine Absicht, andere Staaten zu überfallen. Zumindest zum traditionellen Gleichgewichtsverständnis gehört auch das berüchtigte „Zünglein an der Wage“. Sein Wesen besteht im Folgenden: Eine Großmacht kann durch den Beitritt zu einer Staatengruppe ein gestörtes Gleichgewicht wieder herstellen oder aber die Störung eines bereits existierenden Gleichgewichts verhindern.[242]

3.8.5 Die Bipolarität zwischen den USA und der ehemaligen Sowjetunion

Das in den vergangenen Jahrhunderten in Europa geltende Gleichgewichtssystem hatte in erster Linie vier wesentliche Merkmale aufzuweisen: a) Es war multipolar ausgerichtet. b) Es gab wechselnde Allianzen. c) Es gab einen „holder of the balance", ein „Zünglein an der Waage". d) Es herrschte im Großen und Ganzen eine gemeinsame Weltanschauung vor. Im großen Unterschied davon ist nach dem Zweiten Weltkrieg eine bipolare Welt mit einem eigenartigen Gleichgewicht entstanden. Die typischen Merkmale dieser neuen Situation in den internationalen Beziehungen waren die Folgenden: a) Existenz von zwei Supermächten, die bis Anfang der 60er-Jahre des 20. Jh. eine gefährliche Konfrontationspolitik betrieben („antagonistische Bipolarität"). Nach der „Kuba-Krise" wurde sie durch eine „kooperative Bipolarität"[243] abgelöst. b) Es gab jahrzehntelang zwei entgegengesetzte Weltanschauungen, die um die Vorherrschaft in der Welt kämpften. c) Es existierten zwei mächtige starre Militärkoalitionen, angeführt von der jeweiligen Führungsmacht in Gestalt einer atomaren Supermacht. d) Ein Allianzwechsel war auf Grund der entgegengesetzten Ideologien völlig ausgeschlossen. e) Während die NATO auf Freiwilligkeit und Souveränität der Mitglieder beruhte, wurde der Warschauer Pakt mit eiserner Hand von der ehemaligen Sowjetunion zusammen gehalten. f) Es hat in „holder of the balance" stets gefehlt.[244] g) Nach dem Zweiten Weltkrieg ist die UNO als eine universelle zwischenstaatliche Organisation entstanden, deren wichtigsten Ziele die Erhaltung des Weltfriedens und der internationalen Sicherheit sowie die Förderung der friedlichen internationalen Kooperation sind. h) Auf dieser Grundlage sowie durch zahlreiche Konventionen ist das moderne Völkerrecht mit den sieben grundlegenden Prinzipien entstanden. Dieses hat mehrere Funktionen, darunter vor allem die Friedens- und Sicherheitsfunktion, die Stabilisierungsfunktion, die Ordnungsfunktion und die Regulierungsfunktion.[245]

Zwischen den Staaten unterschiedlicher Gesellschaftsordnung wurde das politische Prinzip der friedlichen Koexistenz angewandt. Seine wichtigsten Elemente waren (ideologischer) Kampf und Zusammenarbeit. Dieses äußerst wichtige Prinzip schloss den Einsatz militärischer Mittel aus. Größtenteils wurde es auch deswegen als eine allgemeine politische Grundlage des modernen Völkerrechts betrachtet.

Ursprünglich diente das weltweite Mächtegleichgewicht in erster Linie seitens der USA dazu, die Expansion der Sowjetunion zu bremsen. Danach schränkten sich jedoch beide Supermächte durch die Gleichgewichtspolitik gegenseitig ein.[246] Die USA haben sich relativ früh veranlasst gesehen, die Sowjetunion als gleichberechtigten Verhandlungspartner anzuerkennen, wodurch bestimmte „Regeln“ des Gleichgewichts zwischen den beiden Supermächten entstanden.[247]

Das „bipolare Gleichgewicht“ wurde von den beiden Supermächten im Großen und Ganzen als das zwischen ihnen existierende Kräfteverhältnis aufgefasst.[248] Führende sowjetische Spezialisten für internationale Beziehungen betrachteten hingegen das „bipolare Gleichgewicht“ in der konkretisierten Form des „militärstrategischen Gleichgewichts“ als ein Element unter mehreren des Kräfteverhältnisses.[249] Die Bipolarität setzte zwei Zentren von größter Bedeutung in den internationalen Beziehungen voraus. Es gab allerdings weitere Machtzentren wie z. B. die Europäische Union, Japan, China und Indien. So betrachtet, war die Welt vor dem Zusammenbruch der Sowjetunion polygonal bzw. polyzentrisch oder multipolar. Der Einfluss der beiden Supermächte auf die Ausgestaltung der internationalen Beziehungen war so gewaltig, dass die anderen Machtzentren eine nur untergeordnete Rolle spielten. „These two centers of power and influence exercise control over wealth so great that no realistic combination of other states can overpower either of them“.[250] Jede der beiden Supermächte war die führende Kraft des jeweiligen Weltsystems und der entsprechenden Militärkoalition.

3.8.6 Militärisches Gleichgewicht als spezieller Ausdruck der Bipolarität

In erster Linie durch die fast gleichzeitig erfolgte Entwicklung der Wasserstoffbombe entstand das atomare Gleichgewicht zwischen den beiden Supermächten.[251] Hierdurch wurde eine militärstrategische Situation geschaffen, sodass keine von den beiden Supermächten ungestraft den „Erstschlag“[252] führen konnte. Vielmehr galt der Satz „Wer als erster schießt, stirbt als zweiter". Insgesamt erreichten beide Mächte eine „overkill"-Kapazität, d. h. die Fähigkeit der mehrfachen gegenseitigen Vernichtung.

Das militärstrategische Gleichgewicht ging jedoch über die atomaren Waffen hinaus und umfasste weitere gewichtige Elemente wie die folgenden: Quantität und Qualität der konventionellen Waffensysteme, die Zahl und die Feuerkraft dieser Waffen, die Truppenstärke, die geostrategischen Gegebenheiten sowie die Dislozierung der Streitkräfte und der Waffen.[253]

Das bipolare militärstrategische Gleichgewicht erlangte durch zwei fast entgegengesetzte Tendenzen eine hohe Dynamik. Zum einen wurden immer modernere Waffensysteme entwickelt. Zum anderen jedoch wurden gewichtige völkerrechtliche Verträge über die Begrenzung bzw. Reduzierung bestimmter Waffensysteme abgeschlossen. Zu nennen sind vor allem der „Vertrag über eine Begrenzung der Raketenabwehrsysteme" (ABM-Vertrag), vom 26. Mai 1972, das „Protokoll zum Vertrag über eine Begrenzung der Raketenabwehrsysteme" vom 3. Juli 1974, das „Zeitweilige Abkommen über einige Maßnahmen auf dem Gebiet der Begrenzung der strategischen Offensivwaffen" (SALT/I) vom 26. Mai 1972, der „Vertrag zur Begrenzung der strategischen Offensivwaffen" (SALT/II) vom 18. Juni 1979 und der erste Nuklearabrüstungsvertrag („Vertrag zwischen der UdSSR und den USA über die Liquidierung ihrer Raketen mittlerer und kürzerer Reichweiten" vom 8. Dezember 1987, 2019 durch Austritt beendet)). Nach langer Pause erreichten diese Bemühungen unter günstigen internationalen Bedingungen ihren vorläufigen Höhepunkt durch den „Vertrag zur Verringerung der strategischen Nuklearwaffen von 1991 (Inkrafttreten im Dezember 1994). Dieses als START I (Strategie Arms Reduction Treaty) gewordene Dokument sah die Reduzierung der weitreichenden Systeme (über 5000 Kilometer) um 30 % vor. Es ging um die Reduzierung der amerikanischen Sprengköpfe auf 8500 und der sowjetischen auf 7000. Der Vertrag lief am 5. Dezember 2009 aus. Inzwischen liegt das START II-Abkommen vor. Am 26. März 2010 ist die Vernichtung eines Viertels der Atomwaffen und die Hälfte ihrer Trägersysteme vereinbart worden. Die Zahl der einsatzbereiten Trägersysteme für Atomwaffen wird auf beiden Seiten auf 800 begrenzt. Dazu werden Raketen, Bomben und U-Boote gerechnet. Es wird außerdem ein Limit von je 1550 Atomsprengköpfen festgelegt (Spiegel-online 26. März 2010). Hierbei handelt es sich um einen der umfassendsten Abrüstungsverträge der Geschichte. Dies ist ein Musterbeispiel für den dynamischen Charakter des militärstrategischen Gleichgewichts, in diesem Fall Dynamik nach unten.

Das bipolare militärstrategische Gleichgewicht führte zu subjektivistisch gefärbten Wortungetümen, die allerdings zumindest in der Zeit des „Kalten Krieges" der Realität entsprachen. Gemeint sind solche Begriffe wie „Gleichgewicht des Schreckens" bzw. „Gleichgewicht der Abschreckung".[254] Es ist stets ein Gebot der menschlichen Vernunft, verheerende eigene Schäden bis hin zu der totalen Vernichtung in Kauf zu nehmen, sollte eine der beiden Supermacht versuchen, einen atomaren Erstschlag zu führen. Auch wenn solche Gedankengänge seltsam sind, ist die friedenserhaltende Funktion der Angst vor Vernichtung nicht zu übersehen. Hierdurch standen die Supermächte vor einem großen Dilemma: Entweder thermonuklear abrüsten oder den Rüstungswettlauf grenzenlos fortsetzen. Beides ist festzustellen. Gerade aber diese sinnlose Aufrüstung ist einer der Gründe, die zum Zusammenbruch der ehemaligen Sowjetunion geführt haben. Unter den gegenwärtigen vorherrschenden relativ normalen, fast günstigen Bedingungen haben sich die beiden Supermächte zu einer allmählichen thermonuklearen Abrüstung entschlossen. Dies hängt allerdings von den jeweiligen Staatsführern ab. Was z. B. unter dem Präsidenten Bush jr. unvorstellbar war, ist unter Barack Obama teilweise zur Realität geworden. Somit ist die Rolle des subjektiven Faktors (Politiker) in den internationalen Beziehungen erneut bestätigt worden. Jedoch unter Trump läuft das Ganze in die entgegengesetzte Richtung.

3.8.7 Gleichgewicht im Spannungsfeld von Stabilität und Veränderung

Obwohl es sich hierbei nicht um eine philosophische Abhandlung handelt, erweist es sich als nützlich, auf den philosophischen Begriff der Stabilität zurück zu greifen: „Eigenschaft oder Zustand eines Systems der zufolge das System in der Lage ist, gegenüber einer Störung oder einer Klasse von Störungen sein Gleichgewicht zu wahren oder die Störung in der Weise zu bewältigen, dass es selbsttätig in den Zustand eines Gleichgewichts zurückkehrt".[255] Zunächst ist die philosophische Erkenntnis festzuhalten, dass das Gleichgewicht zur Wesensbestimmung der Stabilität gehört. Diese Erkenntnis kann etwas modifiziert, auf die internationalen Beziehungen angewandt werden. In der politologischen Literatur wird der Stabilitätsbegriff verwirrend verwendet, worauf J. Frankel zu Recht aufmerksam macht: „Statility is a frequently explored aspect of international system. It is sometimes confusingly applied either to structural stability i. e. the continuation across time of the essential variables of the system without major change, or to dynamic stability which denotes a tendency to move towards an equilibrium following disturbances".[256] Hiermit werden einige theoretische Fragen aufgeworfen: Genannt sei vor allem jene nach dem eigentlichen Wesen der Stabilität: Ist sie statisch oder vielleicht dynamisch aufzufassen?

Die Beantwortung dieser Frage ist insofern diffizil, da Statik und Dynamik ebenfalls sehr interpretationsfähige Begriffe sind. Die Statik hat z. B. in der Politik (Innen- und Außenpolitik) sowie im Recht (Landes- und Völkerrecht) zwei Hauptzüge aufzuweisen: Zum einen ist das Beharren einer politischen Erscheinung in einem Zustand, der in seiner Wesenheit schlecht oder gut, progressiv oder konservativ sein kann. Dies gilt für die Politik genauso wie für das Recht. Zum anderen gehört im Recht die Rechtssicherheit. Die Praxis der internationalen Beziehungen zeigt jedoch, dass vielfältige Entwicklungen die Schaffung neuer Normen des Völkerrechts notwendig machen (Kodifikation des Völkerrechts). Die Dynamik hingegen impliziert a priori Entwicklung und Veränderung, was zumindest begrifflich der Stabilität widersprechen würde. Hierbei gilt es, ein Kriterium zu finden, dass die dynamische Stabilität stützen würde. Ein solches Kriterium wäre z. B. die Gewährleistung des Weltfriedens. Legt man ihn den angestellten Überlegungen zugrunde, so würde die Stabilität in den internationalen Beziehungen in erster Linie die Aufrechterhaltung des Weltfriedens bedeuten. Dies wiederum erfordert weitere Schritte, um den Weltfrieden sicherer zu machen. Sie würden zu einer weiteren Verbesserung die Stabilität auf einer höheren Ebene und damit zu einer Qualitätswandlung führen. Diese friedensbejahende Stabilität wird gegenwärtig durch die oben erwähnten Abrüstungsverträge zwischen den USA und Russland erreicht.

Dies gilt auch für eine bessere Kontrolle von Atommaterial, auch mit dem Ziel, dass es nicht in die Hände von Terroristen fällt.
Die Stabilität in den internationalen Beziehungen erstreckt sich hauptsächlich auf stabile friedliche Beziehungen, die den Grundinteressen aller Völker entsprechen.[257] Dies kann sich auch auf das Gebiet der nuklearen Abrüstung erstrecken. Gerade dieser Aspekt wurde in relativ vielen Dokumenten unterstrichen. In diesem Zusammenhang taucht die Formulierung der „strategischen Stabilität" auf. So heißt es z. B. in der Präambel des SALT-II-Vertrages vom 18. Juni 1979: „In Anerkennung der Tatsache, dass die Stärkung der den Interessen der Seiten und den Interessen der internationalen Sicherheit entspricht …"[258] Raymond Aron betrachtet eine Lage als militärisch stabil („militärische Stabilität"), wenn keiner der beteiligten Staaten versucht, Gewalt anzuwenden „und zwar auch dann nicht, wenn er mit dem status quo nicht zufrieden ist".[259] Dieser Auffassung kann man uneingeschränkt zustimmen. Eine unerlässliche Voraussetzung der strategischen Stabilität ist das „strategische Gleichgewicht". In der „Gemeinsamen Erklärung über die Prinzipien und die Hauptrichtungen künftiger Verhandlungen über die Begrenzung der strategischen Rüstungen zwischen der UdSSR und den USA" vom 18. Juni 1979 bekunden beide Atommächte ihre Entschlossenheit, „um die Gefahr des Ausbruchs eines Kernwaffenkrieges zu verringern und anzuwenden, weiterhin nach Maßnahmen zur Festigung der strategischen Stabilität, unter anderem durch die Begrenzung der strategischen Offensivwaffen, die das strategische Gleichgewicht destabilisieren ... zu suchen."[260]

Von der strategischen Stabilität ist die politische Stabilität im Sinne der Aufrechterhaltung des sozialpolitischen Status quo in der Welt zu unterscheiden. Wie der friedliche Zusammenbruch des „sozialistischen Weltsystems" deutlich gezeigt hat, kann es eine derartige Stabilität nicht geben. Davon wiederum ist die Stabilität im Sinne des Völkerrechts zu unterscheiden. Sie ist hauptsächlich als Rechtssicherheit aufzufassen. Sie setzt die unbedingte Achtung der Prinzipien und Normen des Völkerrechts voraus.[261] Dies gilt in besonderem Maße für das Prinzip der Vertragstreue (Pacta sund servanda), denn eines der Ziele der internationalen Vertragsabschlüsse ist, im Interesse der Aufrechterhaltung des Weltfriedens und der internationalen Sicherheit stabile und beständige internationale Beziehungen zu schaffen.[262] Konkret bedeutet dies, dass auch die Verträge auf dem Gebiet der Rüstungsbegrenzung und der Abrüstung strikt einzuhalten sind.

Die im philosophischen Sinne vorhandene engste Beziehung zwischen der Stabilität und dem Gleichgewicht gilt ebenso in den internationalen Beziehungen und speziell für die Materien der Abrüstung. Darauf ist bereits seitens einiger Politologen hingewiesen worden.[263] Der Auffassung hingegen von R. Aron kann nicht gefolgt werden. Er schlägt vor, den Begriff „Gleichgewicht" durch jenen der „Stabilität" zu ersetzen. Dies würde in der wissenschaftlichen Beschäftigung mit komplizierten Gegenständen zu großen Unschärfen führen.
In direktem Verhältnis zur Stabilität steht der status quo. Dabei kommt es auf den konkreten Bezug an. Geht es um den sozial-politischen Zustand, so ist eine Abmachung darüber so gut wie ausgeschlossen. Davon wiederum ist die grundsätzliche Respektierung der sozial-politischen Ausrichtung eines Staates zu unterscheiden, vorausgesetzt, dass die grundlegenden Menschenrechte respektiert werden. Handelt es sich um den militärstrategischen Zustand, so sind konkrete Abmachungen über das Festschreiben dieses Zustandes normal und notwendig. Dies ist der Fall bei einem Moratorium der Rüstungen. Verglichen damit ist jedoch eine Rüstungsreduzierung, d. h. Dynamik auf einem niedrigeren Niveau oder sogar die Abrüstung friedensbejahender. Somit läge ein dynamischer status quo vor.[264] Die militärstrategische Komponente ist allerdings eine unter mehreren wie z. B. die Wirtschaftkraft, der Industrie- und der Technologiestand etc. Eine wesentliche Veränderung dieser Komponenten könnte unter Umständen zu einer Störung des Gleichgewichts führen.

Sogar innerhalb des militärstrategischen Gleichgewichts sollte zwischen den konventionellen Waffensystemen und den Kernwaffen unterschieden werden. Veränderungen dieser Elemente würden unweigerlich zu einer Störung des Gleichgewichts führen, was die relativ schnelle Schaffung von Gegengewichten herbeiführen könnte.
Den Gegenpol der Stabilität bilden die Veränderungen in den internationalen Beziehungen.

Derartige Veränderungen besitzen einen vorrangig objektiven Charakter. Zu ihnen gehört in erster Linie die Zuspitzung der globalen Herausforderungen der Menschheit. Eine weitere Veränderung mit gewaltigen Konsequenzen für die internationalen Beziehungen ist das allmähliche Wachsen Chinas zu einer Supermacht.

Auch im Völkerrecht vollziehen sich Veränderungen, die jedoch das Ergebnis der vobuntas juris der Staaten sind, obwohl die tieferen Ursachen objektiv bedingt sind. Das Völkerrecht ist nicht statisch, sondern dynamisch. Hierauf hat bereits einer der Väter der Völkerrechtswissenschaft, der berühmte spanische Jurist und Theologe Francisco Suarez hingewiesen: Er meinte, „dass das Völkerrecht, soweit es von menschlicher Übereinkunft abhängt, veränderlich ist“[265] Dies bedeutet in conreto, dass das Völkerrecht Veränderungen unterworfen ist.[266] Diese Aussage gilt jedoch für sämtliche Jus cogens Prinzipien und Normen des Völkerrechts nur bedingt. Bei den Veränderungen des Völkerrechts geht es der Zielstellung nach um eine Anpassung des Völkerrechts an veränderte Bedürfnisse der internationalen Staatengemeinschaft. Je schneller diese Anpassung erfolgt, umso vollkommener ist das Rechtssystem in den internationalen Beziehungen. In der völkerrechtlichen Fachliteratur hat vor allem Wilfred Jenks immer wieder das Anpassungserfordernis unterstrichen, das er offenkundig als Bestandteil des von ihm entworfenen „common law of mankind“ ansieht.[267] In diesem Sinne ist das Völkerrecht tatsächlich Ausdruck eines konkreten Kräfteverhältnisses.[268]

Veränderungen in den realen internationalen Beziehungen wirken sich auf die zwischenstaatlichen Vertragsbeziehungen aus. Dies findet seine Wiederspiegelung in der „Norm der grundlegenden Veränderung der Umstände“ (dem Wesen nach die alte Regel „Clausula rebus sic stantibus“). Nach dieser Norm kann unter bestimmten Bedingungen eine grundlegende Veränderung der Umstände gegenüber jenen, die zur Zeit des Vertragsabschlusses bestanden und die von den Vertragspartnern nicht vorausgesehen werden konnten, als Grund für die Beendigung des Vertrages oder den Austritt auf ihm geltend gemacht werden.[269] In diesem Zusammenhang stellt sich die Frage nach dem Verhältnis zwischen der Norm der grundlegenden Veränderung der Umstände und der Pacta sunt servcanda. Zwischen ihnen besteht ein großer qualitativer Unterschied: Während erstere

eine Regel des internationalen Vertragsrecht ist, stellt die Pacta sunt servanda in der Ausformulierung der UN-Charta ein grundlegendes Prinzip dar. Diese Klarstellung ist für die Verträge zu den Materien des militärstrategischen Gleichgewichts von eminenter Bedeutung. Die Priorität der Vertragstreue erweist sich auf diesem Gebiet als betont friedenserhaltend.
Insgesamt sollten Veränderungen in den internationalen Beziehungen nicht leichtfertig zu Vertragsverletzungen führen. Die Vertragserfüllung schafft hingegen stabile und friedliche internationale Beziehungen, die der Friedenserhaltung dienen.[270] Aus der Sicht des Völkerrechts ist entscheidend, ob durch die Stabilität und die Veränderungen bestehende und geltende Rechtsnormen verletzt werden. So kann zwar einerseits die Stabilität nicht bedeuten, dass Rechtsnormen weiterhin existieren, obwohl sie von der Entwicklung der internationalen Beziehungen völlig veraltet geworden sind. Andererseits können jedoch erfolgte Veränderungen nicht automatisch bestehenden Normen und Verträge außer Kraft setzen.

Im Völkerrecht geht es allgemein um ein ausgewogenes Verhältnis von Stabilität (Achtung der grundlegenden Prinzipien des Völkerrechts, stabile zwischenstaatliche Vertragsbeziehungen) und Veränderung (Weiterentwicklung des Völkerrechts in erster Linie auf vertraglicher Grundlage bei gleichzeitiger Respektierung des jus cogens). Es wäre allerdings unkorrekt, von einem ausgewogenen Verhältnis zwischen Pacta sunt servanda und der Clausula rebus sic stantibus zu sprechen[271], weil sie zwei völlig unterschiedliche Ebenen des Völkerrechts zum Ausdruck bringen.
Das Spannungsfeld von Stabilität und Veränderung lässt sich am Gleichgewicht aus systemtheoretischer Sicht vertiefender untersuchen. Hierbei aber gilbt es, sich unbedingt auf die Termini „System" und „Struktur" im philosophischen Sinne zu stützen. Demnach versteht man unter „System" eine nach Ordnungsprinzipien gegliederte Mannigfaltigkeit von materiellen Dingen, Prozessen usw. (materielles System) oder von Begriffen, Aussagen usw. („ideelles System").[272] Im Allgemeinen müssen die folgenden Voraussetzungen vorliegen, damit man ein Phänomen als System auffassen kann: ein Ordnungsprinzip und ein zusammenhängendes, durchgegliedertes Ganzes. Eine bloße Fülle von zusammenhanglosen Einheiten bilden lange kein System; ferner die Unterscheidbarkeit eines Systems von seiner Um-

welt.[273] In der Philosophie und speziell in der Systemtheorie wird zwischen den Objektsystemen und den Ideen oder wissenschaftlichen Systemen unterschieden. Letztere können Strukturähnlichkeiten (Isomorphien) mit den Objektsystemen aufweisen, ohne jedoch ein getreues Abbild zu sein.[274] Es wird ferner unterschieden zwischen den „geschlossenen“(so in den Naturwissenschaften) und den „offenen“ (z. b. in den Sozialwissenschaften) Systemen.[275] Es ist jenen Autoren zu folgen, die bei den „offenen“ Systemen solche Eigenschaften unterstreichen wie z. B. Unabgeschlossenheit, Entwicklungsfähigkeit und Modifiziertbarkeit.[276] Es ist anzunehmen, dass weder die sozialen Phänomene noch die sich auf diese beziehenden Wissenschaften statisch und ewig, sondern dynamisch und wandelbar sind. Dies ergibt sich aus den Wechselbeziehungen zwischen den Elementen eines Systems sowie allgemeiner aus den gegenseitigen Beziehungen des Systems mit seiner Umgebung. Systeme sind außerdem prinzipiell hierarchisch. Dies ist abhängig von den Ordnungsprinzipien und den Ordnungskriterien. Bedingung ist, dass zwischen den hierarchischen Systemen innere Beziehungen existieren. So gibt es im Allgemeinen Systeme und Subsysteme bzw. Teilsysteme. Zwischen ihnen bestehen ebenso derartige Prinzipien.
Angewandt auf das Völkerrecht als eine internationale Rechtsordnung könnte das Völkerrechtssystem folgendermaßen definiert werden: Ein Ordnungsgefüge in den internationalen Beziehungen, das eine nach Ordnungskriterien gegliederte Mannigfaltigkeit von Prinzipien und Normen sowie anderen Elementen darstellt, wodurch das Verhalten der Staaten untereinander geregelt wird. Das Völkerrecht ist somit ein System, weil es a) Ordnungskriterien, die grundlegenden Prinzipien besitzt, b) seine einzelnen Elemente miteinander eng zusammenhängen und c) sich von anderen Systemen unterscheidet. Deswegen reicht es nicht aus, wenn das Völkerrechtssystem als ein „Konglomerat“ von verschiedenen Elementen, die die Beziehungen zwischen den Völkerrechtssubjekten regulieren, definiert wird.

Folgend soll auf der Grundlage der dialektisch-analytischen Methode das Wechselverhältnis von Gleichgewicht des Systems und von dem System des Gleichgewichts etwas genauer ausgelotet werden. Ausgangspunkt soll das dynamische Gleichgewicht sein. Die Untersuchung stütz sich dabei auf

übereinstimmende Auffassungen in der Philosophie und in der Wissenschaftstheorie sowie in der Soziologie. Linguistische Aspekte der Problemstellung sollten gebührend beachtet werden. Hiernach bedeutet das aus dem Griechischen stammende Wort „Dynamik“ (Δυναμική) Einfluss der Kraft auf die Bewegungsvorgänge und damit Veränderung und Entwicklung.[277] In dem modernen analytischen Theorieverständnis bedeutet es im Wesentlichen Kinematik, also Bewegung.[278] In soziologischer Hinsicht bedeutet „Dynamik“ vor allem Veränderungen in einem Teil in der Gesellschaft. Sie sind einerseits bedingt durch Wandlungen in anderen Bereichen. Sie können ihrerseits auf andere Bereiche einwirken. „Daraus folgt für die Untersuchungsmethode der Anspruch, einzelne Wandlungsprozesse stets vor dem Hintergrund des gesamten Wirkungsmechanismus zu erklären“.[279]
Will man die Dynamik des Gleichgewichts, also das dynamische Gleichgewicht erfassen, so bedarf es der Beachtung des Bezugspunktes des Gleichgewichts, namentlich der Macht. Sie setzt sich aus verschiedenen Elementen zusammen. Dazu gehören hauptsächlich der Umfang und die Zusammensetzung der Bevölkerung, die Lage und die Größe des Territoriums, die klimatischen Bedingungen, die Wirtschaftmacht, die Industrie, der Stand der Technologien, historisch-psychologische Elemente (Erfahrung, Mentalität) und vor allem das militärstrategische Element (Umfang und Bewaffnung der Streitkräfte). In gnoseologischer Hinsicht bilden diese Elemente ein dynamisches System. Zwischen den einzelnen Elementen bestehen Interrelationen bzw. Interaktionen. Hierdurch erlangt das System der Macht eine höhere Qualität. Kommt es zu negativen Entwicklungen bei einem Element, so können bei dem ganzen System Störungen auftreten. Somit wird die Struktur des gesamten Systems erheblich beeinträchtigt. Qualitative Veränderungen wie z. B eine wesentliche Stärkung des militärisch-strategischen Elements, würde das Gleichgewicht als Beziehung zu den anderen Staaten derart stören, dass mitunter die Schaffung von Gegengewichten nötig wäre. Das Gleichgewicht, bipolar oder multipolar, wiederum stellt ein eigenes System, eben das Gleichgewichts-System, dar, dessen Grundlage die Macht der betreffenden Staaten ist. Kommt es zu einer entscheidenden Störung innerhalb des Macht-Systems eines Staates wie z. B. in der ehemaligen Sowjetunion (Zusammenbruch als Gesellschaftsordnung sowie Zerfall als Zentralstaat), dann verschwindet eine Super-

macht von der Bühne der Welt. Hierdurch ist die andere Supermacht als einzige übrig geblieben. Somit wurde die Welt monopolar und zwar mit allen negativen Folgen die sich daraus ergeben. Sogar die konventionellen Waffensysteme bilden gnoseologisch ein eigenes System, das aus relativ vielen Elementen besteht, die miteinander verbunden sind und gegenseitig aufeinander einwirken. Nach Presseberichten beabsichtigen z. B. die USA eine völlig neue Generation von konventionellen Waffensystemen, vor allem Raketen zu entwickeln, die die bisher vorhandenen, bei weitem übertreffen. Dies wird innerhalb des Gesamtsystems der konventionellen Waffen zu Rüstungsveränderungen, d. h., zu Störung des Systems führen. Hierdurch wird allerdings ein nicht atomarer Krieg wahrscheinlicher. Eine weitere Folge wäre eine erhebliche Veränderung des gesamten militärstrategischen Gleichgewichts.

Von dem System des Gleichgewichts ist generell das Gleichgewicht des Systems zu unterscheiden. Entscheidend hierfür ist der Bezugspunkt des Systems. Aus der Sicht der Theorie der internationalen Beziehungen ist in erster Linie das System der internationalen Beziehungen zwischen den unterschiedlichen Akteuren, den staatlichen und den nichtstaatlichen, zu nennen. Hierbei handelt es sich gnoseologisch um ein umfassendes System der internationalen Beziehungen. Sein Kern jedoch, die Beziehungen zwischen den souveränen Staaten als den Hauptakteuren und zugleich Hauptsubjekten des Völkerrechts haben insgesamt eine höhere Bedeutung. Deswegen kommt es darauf an, dass gerade dieses System gut funktioniert. Dies war im Prinzip der Fall unter den Bedingungen der Existenz von Staaten entgegengesetzter Gesellschaftsordnung. Jedoch seit dem Untergang des „sozialistischen Weltsystems" ist es derart zu einer entscheidenden Störung des Gleichgewichts in den internationalen Beziehungen gekommen, dass man entweder von einem Ungleichgewicht oder höchstens von einem dynamischen Gleichgewicht auf einer sehr niedrigen Stufe sprechen kann. Hierbei geht es um qualitative Aspekte des radikal veränderten Systems des Gleichgewichts. Mit der wachsenden Bedeutung Chinas in den internationalen Beziehungen erfolgt zum einen das Funktionieren des Systems über Ungleichgewichte, die sich allerdings in ständiger Veränderung befinden. Qualitativ vollziehen sich zugleich kompensatorische Prozesse innerhalb des nunmehr existierenden dynamischen Gleichgewichts, dessen Niveau sich sukzessive erhöht. Erreicht China den Status einer Supermacht, dann wird das Gleichgewicht des Systems in den internationalen Beziehungen eine höhere Qualität etwa im Sinne der Stabilität dieser Beziehungen erlangen. Diese Stabilität wiederum wird relativ sein, da weitere Staaten als Spieler/Akteure in den internationalen Beziehungen eine größere Rolle spielen werden (z. B. insbesondere Indien). Hierdurch wird evident, dass zum einen die Stabilität nur von temporärer und relativer Bedeutung sein kann, während die Veränderung das bestimmende Element in den internationalen Beziehungen ist. Daher wäre es durchaus berechtigt, der Veränderung das Adjektiv des Absoluten zu verleihen.[280] Gleiches gilt ohnehin für das dynamische Gleichgewicht und zwar unabhängig von der Art und der Ebene eines Systems. Die welthistorische Veränderung durch den Untergang der ehemaligen Sowjetunion führte dazu, dass die USA seit fast zwanzig Jahren die einzige Supermacht der Welt sind. Sie haben diese einmalige historische Situation bzw. Chance genutzt, um teilweise als Hegemon und darüber hinaus als Imperium aufzutreten.

3.8.8 Supermacht, Hegemon und Imperium unter den Bedingungen des gestörten Weltgleichgewichtes

Abgesehen von einigen Wandlungen unter Präsident Barack Obama haben die USA große Probleme mit dem Status der einzigen Supermacht der Welt. Bis auf weiteres werden sie es sein. Es kann sachlich eingeschätzt werden, dass die USA als Supermacht nicht besonders erfolgreich gewesen sind. Sie sind dabei, „to return from Megalomania to rational foreign policy“.[281] Die USA müssen lernen, mit anderen Staaten zu kooperieren und dabei den internationalen consensus zu suchen sowie die weltweit geltenden Werte zu akzeptieren.[282]

Jedoch besitzt eine Supermacht ein spezifisches Grundverhaltensmuster, dessen prägendes Merkmal das starke Überlegenheitsgefühl gegenüber allen anderen Staaten ist. Dies kann mitunter zu einer betont arroganten Grundhaltung zu Fragen der internationalen Beziehungen führen. Parallel dazu läuft eine Geringschätzung der Potenzen der anderen Staaten einher.

Besonders unangenehm ist es, wenn die Supermacht dies plump zeigt. So war es z. B. unter Bush jr., als die amerikanische Regierung sogar die eigenen NATO-Verbündeten in Europa verbal beleidigte („das alte und das neue Europa“ etc.). Ein derart entwickeltes Überlegenheitsgefühl führt aber unweigerlich zu einer mitunter erheblichen Störung der zwischenstaatlichen Beziehungen und sogar zu einer allmähliche Isolierung der Supermacht. Eine der Folgen kann sein, dass sukzessive politische, diplomatische und ökonomische Gegengewichte entstehen. Im Gegensatz zu der Bush-Administration war das Grundverhaltungsmuster der USA unter Barack Obama kultivierter, intelligenter und diplomatischer, also insgesamt durchaus normal. So kann man konstatieren, dass Beleidigungen und Brüskierungen anderer Staaten, darunter der eigenen Verbündeten, nicht mehr auftraten. Es wurde die Kooperation angestrebt. Es lag die Bereitschaft vor, gemeinsame Interessenfelder mit anderen Akteuren der internationalen Beziehungen zu suchen. Einerseits wurden diese positiven Wandlungen der Supermacht USA mit Genugtuung, Wohlwollen und Beruhigung registriert. Andererseits konnte niemand garantieren, dass eine republikanische Regierung, geführt von irgendwelchen Fundamentalisten, nicht wieder auf das Grundverhaltensmuster (u. a. betont imperial, völkerrechtsfeindlich und unberechenbar) zurückfällt.

Leider ist inzwischen gerade das passiert. Unter der Regierung des Präsidenten Trump betreiben die USA eine äusserst interessenengoistische, unberechenbare, mitunter sogar gegenüber den anderen NATO-Vebündeten eine beleidigende und manchmal feindliche Politik und ständdig irgendwelche Sanktionen gegenüber Feind und Freund verhängen. Die gegenwärtige Regierung hat die gesamte internationale Rechtsordnung (Völkerrecht, InternationalesWirtschaftsrecht, Internationales Finanzrecht) über Bord geworfen, was grösste Gefahren für die internationale Sicherheit in sich birgt. Als die einzige Supermacht der Gegenwart könnten die USA durchaus eine führende rolle bei der Lösung der globalen Probleme der Menschheit spielen.

Somit entsteht aber die Frage nach einer möglichen Hegemonie unter den Bedingungen einer globalisierten Welt. Die wissenschaftliche Beschäftigung mit dem hochinteressanten und komplexen Hegemonie-Problem setzt allerdings eine Begriffserklärung im linguistischen Sinne voraus. Es wäre verfehlt, den Begriff Hegemonie nur umgangssprachlich, d. h. in erster Linie journalistisch zu verwenden, was zu großen Irritationen und Unschärfen führt. Das altgriechische Wort Hegemon (Ηγεμών) bedeutet Führer, Fürst, Herrscher, Gebieter. Davon abgeleitet, bedeutet Hegemonie (Ηγεμονία) Vorherrschaft, Vormachtsstellung, Überlegenheit.[283] In den politischen Wissenschaften wird die Hegemonie etwas genauer definiert: „dominante Machtstellung eines Staates gegenüber anderen Staaten". Die Hegemonie resultiert vorwiegend aus einer militärischen, ökonomischen oder geopolitischen Stärke.[284] Die im internationalen Schrifttum, insbesondere in den USA, vertretenen Auffassungen über die Hegemonie gehen im Wesentlichen auf den deutschen Völkerrechtler Heinrich Triepel zurück. Triepel hat in seiner berühmten Schrift „Die Hegemonie, Ein Buch der führenden Staaten" bereits Anfang des 20. Jh. die Hegemonie-Problematik mit großer wissenschaftlicher Akribie untersucht. In Würdigung seiner glänzenden Leistung sollen folgend seine wichtigsten Gedanken zusammengefasst werden: a) Die Hegemonie ist ein Führungsverhältnis. Es wird von der unterschiedlichen Stellung in der Hierarchie der Staaten ausgegangen. Es gibt also Staaten, die höher und andere, die niedriger stehen. b) Das Führungsverhältnis ist nicht weiter als ein Unterordnungsverhältnis. Bei der „echten" Hegemonie erfolgt die Unterordnung der Gefolgschaft gegenüber dem Hegemon freiwillig. Andernfalls käme es zu einer Störung dieses Verhältnisses. c) Die „faktische Vormachtsstellung" stützt sich auf ein entsprechendes Machtpotential (militärische und ökonomische Überlegenheit und kulturelle Ausstrahlungskraft). d) Aus dieser komplexen Überlegenheit leitet sich die Fähigkeit ab, andere Staaten, die weniger stark sind, zu leiten bzw. zu führen. e) Ein Staat muss den Willen besitzen, eine hegemoniale Politik in der Tat auszuführen. f) Zum einen schwankt die Waage nicht zwischen mehreren Staaten, sondern zwischen der Staatenmehrheit und dem jeweils stärksten Staat. Zum anderen wäre eine „Kollektivhegemonie" der Großmächte gegenüber allen anderen Staaten durchaus möglich.[285] Diese Gedanken sind nur teilweise weiterentwickelt worden. Es wird z. B. allen Ernstes die Meinung vertreten, dass das Hegemonialverhältnis rechtlich, also durch einenvölkerrechtlichen Vertrag begründet werden könne.[286]

Es ist sogar die absurde Meinung geäußert worden, durch einen „globalen Gesellschaftsvertrag“ den USA á la Leviathan als hegemoniale Supermacht das Gewaltmonopol in der Welt unter Umgehung der UNO und des Völkerrechts zu übertragen.[287] Es kann festgestellt werden, dass in erster Linie US-amerikanische Spezialisten der „Theory of International Relations“ sich mit der Problematik der Hegemonie relativ intensiv befassen. Ob sie Vertreter des Realismus („offensiven“ oder des „defensiven“), des „liberalen Institutionalismus“ oder des „Konstruktivismus“ sind, neigen alle dazu, die amerikanische Außenpolitik im Sinne einer pseudowissenschaftlichen Apologetik zu rechtfertigen. Diesem Zweck dienen z. B. solche Konstrukte wie „hegemonic stability“, „hierarchical ralations between nominally independent actors“[288] und „wohlwollender Hegemon“, der als Koordinator der internationalen Ordnung fungieren soll.[289] Überhaupt sei die wichtigste Aufgabe des Hegemons, eine seinen Interessen entsprechende internationale Ordnung festzulegen, die durch ein konformes Verhalten durch die Gefolgschaft (Verbündete, „Allianz der Willigen“) abgesichert wird.[290]

Speziell die hegemoniale Stellung der USA begann allmählich nach dem Zweiten Weltkrieg, weil sie über eine gewaltige Überlegenheit auf allen wichtigen Gebieten gegenüber den anderen Staaten verfügten. Sie übernahmen bei der Nutzung der Hochtechnologien für militärische Zwecke eindeutig die Führung in der Welt. Hierdurch waren sie in der Lage, ihren Einfluss, abgesehen von dem „sozialistischen Weltsystem“, auf den größten Teil der Welt auszudehnen. Es entstanden zahlreiche Abhängigkeitsverhältnisse. Die USA besaßen in vielen Ländern Militärstützpunkte mit Exterritorialität und waren außerdem auf allen Weltmeeren präsent. Sie hatten gegenüber internationalen Verpflichtungen eine betont negative Haltung. Sie wollten unbedingt in ihrer Handlungsfreiheit ohne irgendwelche Einschränkungen international agieren. Im Rahmen der UNO zeigten die USA nur dann Bereitschaft mitzuwirken, wenn dies ihren Interessen entsprach bzw. diente.[291] Nach dem Zusammenbruch der Sowjetunion ist es zu einer welthistorischen Machtverschiebung zu Gunsten der USA gekommen. Die USA sind nunmehr die einzige Supermacht der Welt. Ihre dominante Stellung wird international akzeptiert. Gerade in einer solchen Situation hatten die USA nichts Besseres zu tun, als ihre Rüstungsaufgaben in unvorstellbare Höhen zu treiben. Sie spielten die Rolle des „gütigen" Hegemons. Die von den USA ausgeübte Vorherrschaft wurde im Allgemeinen als „wohlwollende" oder auch als „Sicherheitshegemonie" bezeichnet. Allmählich wurden die USA sogar in die Rolle des „Ordnungsstifters" gedrängt. Diese neue Position nahm allerdings unter Bush jr. imperiale Züge an, denn aus der Hegemonie wurde mit der Zeit eine „selektive Weltherrschaft".[292] Die USA wurden allerdings ihrer Führungsrolle nicht gerecht, weil sie möglicherweise nicht begriffen haben, dass Grundlage der Hegemonie nicht nur die militärische Macht, sondern die Autorität und die Legitimität sind.[293] Normalerweise wird nach dem Verschwinden der Bedrohung durch die Sowjetunion die Hegemonie durch die USA nicht mehr benötigt.[294]

Die Hegemonie ist sowohl interpretationsfähig als auch zeitlich bedingt. Hinsichtlich ihrer Tragweite bzw. Qualität sind Abstufungen festzustellen. Dabei ist ferner zu beachten, dass der Bezugspunkt der Hegemonie souveräne Staaten sind. Auch die Bereiche der Hegemonialpolitik sind recht unterschiedlich. Nach dem Zweiten Weltkrieg gab es zwei starre Weltsysteme mit der jeweiligen Hegemonialmacht an der Spitze. Während aber der Westen aus souveränen Staaten bestand, setzte sich das „sozialistische" Weltsystem vorwiegend aus scheinsouveränen Staaten zusammen. Bei dem Letzteren gab es zwar keine vertragliche Verankerung der Hegemonialstellung der Sowjetunion, faktisch jedoch war sie unbestrittener Hegemon. So konnte die Sowjetunion ihre Interessen fast ohne weiteres und auf Kosten der von ihr abhängigen Staaten durchsetzen. Im Gegensatz dazu wurden die USA von ihren Verbündeten regelrecht dazu bedrängt, die Rolle des Hegemons zu übernehmen. D. h., souveräne Staaten haben die USA als Hegemon akzeptiert. Unter dem militärischen Schirm der USA konnten sich diese Staaten ohne besondere Angst vor der sowjetischen Supermacht weiter entwickeln, bis das „sozialistische" Weltsystem zusammenbrach. Die USA waren dem Wesen nach die führende Macht des Westens, sie besaßen also die Führerschaft. Unter der Busch jr.- Administration entwickelten jedoch die Hegemonialmacht USA imperiale Züge, die sich u. a. darin äußerten, dass ihre führenden Politiker teilweise ihre Geringschätzung gegenüber der eigenen „Gefolgschaft" expressiv verbis äußerten. Bei entscheidenden internationalen Problemen hörten die USA kaum auf die ande-

ren NATO-Staaten. Sie entschieden vielmehr allein und oft betont imperial. Nach dem Zusammenbruch der Sowjetunion waren allerdings die anderen NATO-Staaten grundsätzlich nicht mehr bereit, dem Hegemon zu folgen. Unter den gegenwärtigen Bedingungen bedeutet Hegemonie nichts weiter als allgemeine und lose Führerschaft. So wären die USA wirtschaftlich und hochtechnologisch durchaus in der Lage, die internationale Führung bei der Lösung der globalen Probleme der Menschheit zu übernehmen. Eine derartige Führungsrolle entspräche den Menschheitsinteressen sowie dem Völkerrecht. In diesem Falle würde die internationale „Gefolgschaft“ gewaltig sein. Sie wäre sicherlich auch bereit, mit den USA sogar auf vertraglicher Grundlage hierüber zu kooperieren, wohlgemerkt, stets als vollsouveräne Staaten. In diesem Zusammenhang drängt sich die Frage auf, warum die US-amerikanischen Politologen solche Ideen nicht im Geringsten entwickelt haben. .Sie beschränken sich vielmehr darauf, Apologetik zu betreiben, d. h. in concreto, bei ihren theoretischen Konstrukten geht es nur um die Interessendurchsetzung der USA. So betrachtet, verringert sich erheblich der wissenschaftliche Wert ihrer Theoreme und Konzeptionen.[295]
Bis zum Zusammenbruch der Sowjetunion wurden die beiden Militärblöcke jeweils von einer hegemonialen Supermacht geführt. Zugleich bestand und funktionierte das militärstrategische Gleichgewicht. Hierdurch wurde der Weltfrieden gesichert. Das Gleichgewicht verhinderte ferner, dass eine der beiden Supermächte zum Welthegemon werden konnte.[296] Inzwischen hat sich die internationale Lage derart gewandelt, dass es völlig illusorisch wäre, von einem „dynamischen Konzert“ der großen Mächte zu sprechen. Demnach würden die USA als anerkannte Hegemonialmacht dominieren.[297]

Bezogen auf Europa, und speziell auf die Europäische Union, besitzt die Hegemonie-Frage eine doppelte Bedeutung. Zum einen geht es um die Beziehung zwischen den beiden Machtzentren. Es wird davon ausgegangen, dass innerhalb der EU die Notwendigkeit der Gegengewichte gegenüber der USA bereits erkannt worden ist.[298] Es ist daher kaum anzunehmen, dass die EU die Hegemonialstellung der USA ohne weiteres akzeptiert.[299] Zum anderen geht es um die wichtigsten EU-Mitglieder Deutschland und Frankreich. Es fragt sich, ob sie eine Hegemonialposition besitzen, obwohl die europäische Integration eine „antihegemoniale ratio“ besitzt. Dennoch sind neuerdings hochinteressante Entwicklungen innerhalb der EU zu beobachten: Deutschlang konnte sich allmählich zu der Führungskraft entwickeln. Frankreich ist fas deklassiert. Die Führungsrolle Deutschlands ist derart groß geworden, dass im Zusammenhang mit der großen Finanzkrise des EU-Mitgliedes Griechenland ernst zu nehmende Stimmen laut wurden, Deutschland möge auch offiziell die Führung (Führerschaft, Hegemonie) der EU übernehmen. Die meisten EU-Mitglieder, inzwischen auch Frankreich, richten sich ohnehin grundsätzlich nach Deutschland. Allerdings wird sich Deutschland in erster Linie aus historischen Gründen hüten, offiziell als Hegemon Europas zu fungieren, obwohl es sich weder um militärische noch um entscheidende ökonomische Fragen handelt. Den ökonomisch relativ schwachen EU-Mitgliedern, vorwiegend aus dem Mittelmeerraum, geht es hauptsächlich darum, dass das wirtschaftlich starke Deutschland ihre Finanzprobleme löst. Frankreich hingegen kann Derartiges nicht tun. Deswegen wächst weiterhin die bestimmende Rolle Deutschlands im Rahmen der europäischen Union.

Die Zeit der Hegemonialmächte im traditionellen Sinne des Wortes (nach Heinrich Triepel „Vorherrschaft“) ist schon längst vorbei. Dies gilt umso mehr für das Imperium. Während die Hegemonie eine „regelgebundene Form der Vorherrschaft“ ist, fühlt sich bei dem Imperium die dominierende Macht an keinerlei Regeln gebunden.[300] Innerhalb der US-amerikanischen Politologie gab es in den Jahren 2003/2004 eine relativ starke Imperiums-Debatte. Es überrascht nicht, dass einzelne Politologen versuchten, die Notwendigkeit eines Imperiums der USA zu begründen. Somit erreichte die Apologetik ihre pervertierteste Form.[301] Tatsächlich traten die USA jahrelang als Imperium (Imperium Americanum) auf. Unter Bush jr. erreichte allerdings diese Supermacht einen Stand, der die Wissenschaftler veranlasst hat, sie als ein „Imperium Supremun Americanum Monstruosum et Arrogans“[302] zu bezeichnen. Dies war zu jener Zeit durchaus eine Widerspiegelung der Realität. Für eine Überangszeit waren Veränderungen festzustellen. Es ist gerade das eingetreten, was einige Spezialisten auf dem Gebiet der internationalen Beziehungen vorausgesehen haben: Nach der vernunfts- und völkerrechtswidrigen Hybris ist mit voller Wucht der Niedergang gekommen.[303] Inzwischen kann die gesamte Außenpolitik der jetzigen Regierung der dem Wesen nach als betont hegemonial eingeschätzt werden.

3.8.9 Multipolarität, multipolares Gleichgewicht, Weltgleichgewicht

Die Multipolarität ist ein Zustand des internationalen Systems, in dem mehr als nur zwei Akteure eine wichtige Rolle spielen.[304] Bereits in den 70er-Jahren entstanden allmählich Elemente bzw. Strukturen der Multipolarität. Bei dieser Betrachtungsweise geht es um den komplexen und vielschichtigen Machtbegriff, der zu Beginn dieser Studie analysiert worden ist. Es entstand eine eigenartige Situation: Einerseits die Existenz der Bipolarität zwischen den USA und der Sowjetunion, andererseits die Existenz einer Multipolarität in Form einer pentagonalen Welt, der die USA, die Sowjetunion, Japan, Europa und China angehörten. Bereits 1972 wies der damalige USA-Präsident, Richard Nixon, auf das Phänomen der Multipolarität hin: „Ich glaube, es wird eine sichere und bessere Welt sein, wenn wir dazu kommen, dass sich starke und gesunde Vereinigte Staaten, Europa, die Sowjetunion und Japan gegenseitig ausbalancieren".[305] In der Zukunft wird die Multipolarität wahrscheinlich eine größere Rolle spielen, weil mehrere Großmächte (zwei davon Supermächte) wie z. B. die USA, China, Russland Japan, Europa, und eventuell auch Indien, existieren werden.[306] Dies wäre eine hexagonale Multipolarität. Somit wird es Ähnlichkeiten mit dem Europa des 19. Jh. geben, d. h. es wird möglicherweise zu Koalitionen und Gegenkoalitionen kommen. Neben dieser hexagonalen Multipolarität wird es auch eine Bipolarität der beiden Supermächte USA und China geben, die eine bestimmende Rolle in den zukünftigen internationalen Beziehungen spielen werden. Während zwischen den beiden Supermächten ein starkes Konkurrenzverhältnis vorherrschen wird, sind zwischen den anderen Großmächten Rivalitäten nicht auszuschließen. Es wird Aufgabe der Supermächte sein, schlichtend einzugreifen. Dennoch wäre es durchaus möglich, dass zwischen den einzelnen Großmächten Auseinandersetzungen militärischen Charakters ausbrechen, während Derartiges bei den Supermächten als undenkbar erscheint.[307] Es wird sachlich festgestellt, dass sogar bei diesem international bedeutenden Thema einzelne US-amerikanische Politologen Apologetik betreiben bzw. Konzeptionen entwickeln, die in erster Linie den Interessen der USA entsprechen. So tritt J. Nye für ein mehrstufiges Modell der internationalen multiplen Strukturen und gegenseitigen Abhängigkeiten ein. Die USA würden seiner Meinung nach militärisch dominieren. Politisch wäre dies aber nicht möglich. Deswegen sollten die USA gegenüber den anderen Großmächten Machtstreuung betreiben, um „transnationale Interdependenzen" zu schaffen. Großschlächtiger geht es wahrhaftig nicht.

Einer multipolaren Welt müsste logischerweise ein multipolares Gleichgewicht entsprechen. Dies würde existieren neben dem bipolaren Gleichgewicht zwischen den USA und China. Aus historischer Sicht ist hochinteressant festzustellen, dass der berühmte lateinamerikanische Politiker und Staatsmann Simon Bolivar, bereits 1813 den Begriff „Weltgleichgewicht" mit entsprechender Begründung geprägt hat: „Neben dem Gleichgewicht, welches Europa da sucht, wo es anscheinend am wenigsten gefunden werden kann: Inmitten von Krieg und Umsturz, besteht noch ein anderes Gleichgewicht: nur dieses ist für uns Amerikaner von Bedeutung: Es ist das Gleichgewicht der Welt."[308] Diese geniale Vision sollte gerade Anfang des 21. Jh. von hoher Aktualität und besonderer Bedeutung sein. Erst kurz nach dem Zweiten Weltkrieg, als also die Bedingungen hierfür reif waren, sprach der Schweizer Edgar Bonjour von einem „außerkontinentalen, planetarischen Gleichgewicht."[309] Die Gleichgewichtsproblematik befindet sich in einem gewissen fließenden Zustand. Einerseits besteht immer noch ein annäherndes militärstrategisches Gleichgewicht zwischen den USA und Russland. Andererseits zeichnen sich bereits die Konturen eines militärstrategischen Gleichgewichts zwischen den USA und China als Supermacht in statu nascendi ab. Schließlich gibt es Anzeichen für regionale Gleichgewichte. Diese Gleichgewichtssysteme unterschiedlicher Bedeutung und Elemente machen in ihrer Gesamtheit das internationale Gleichgewichtssystem aus.[310] Es wäre aber auch möglich, diese Problematik inhaltlich anzugehen. Unter Beachtung der globalen Probleme der Menschheit, d. h. ein Übergang von einer staatszentristischen Sicht zu einer internationalen Interdependenz auf der Basis der globalen Probleme, könnte man durchaus von einem „globalen Gleichgewicht" sprechen.[311] Die Auffassung Henry Kissingers hingegen, globale Machtbalance durch ein pentagonales Gleichgewichtssystem zu stabilisieren, hat sich gründlichst als falsch erwiesen. Es ging stets um das amerikanisch-sowjetische militärstrategische Gleichgewicht.[312] Nach einer anderen Auffassung wiederum sei das „Gleichgewicht im Weltmaßstab dem Wesen nach die Ausbalancierung der von den USA geführten Welt-„Hälfte“ gegenüber der von der Sowjetunion geführten Welt-Hälfte“.[313]

3.8.10 Verhältnis von Gleichgewicht und kollektivem Sicherheitssystem

Seit der Schaffung der UNO existiert auf der Grundlage der Charta ein vollentwickeltes, völkerrechtlich geregeltes Instrumentarium zur Aufrechterhaltung des Weltfriedens und der Gewährleistung der internationalen Sicherheit. Hierzu gehören in erster Linie die sieben grundlegenden Prinzipien des Völkerrechts. Darunter ist die Bedeutung der Prinzipien des Gewaltverbots und der Pflicht zur friedlichen Regelung der internationalen Streitigkeiten sowie der friedlichen internationalen Zusammenarbeit der Staaten. Hierzu gehören ferner die Hauptaufgaben und die Kompetenzen der Vereinten Nationen, insbesondere des Sicherheitsrates und nicht zuletzt Fragen der völkerrechtlichen Verantwortlichkeiten. Eine besondere Bedeutung besitzen die vertraglich geregelten Sicherheitssysteme. Insgesamt ist die kollektive Sicherheit direkt auf die Erhaltung des Friedens, die Gewährleistung der internationalen Sicherheit und die Verhinderung von Aggressionskriegen gerichtet. Durch Verträge verpflichten sich die Teilnehmerstaaten, jeden einzelnen von ihnen zu respektieren. Dies geschieht durch die Einhaltung des Gewaltverbots und die friedliche Lösung von Streitfragen.
Die kollektiven Sicherheitssysteme sind universell oder regional. Nach dem Ersten Weltkrieg erfolgte durch die Gründung des Völkerbundes der erste Versuch, ein internationales Sicherheitssystem zu schaffen. Unter Berücksichtigung seiner Ineffektivität kann man sagen, dass dieser Versuch fehlgeschlagen ist. Nach dem Zweiten Weltkrieg wurde der zweite Versuch unternommen, ein besseres und effektiveres internationales kollektives Sicherheitssystem zu schaffen. Dieser Versuch ist teilweise gelungen.
Die UNO kann an sich als Organisation der kollektiven Sicherheit der Staaten bezeichnet werden. Dabei wurde dem Sicherheitsrat als ihrem wichtigs-

ten Hauptorgan die Hauptverantwortung für die Aufrechterhaltung des Weltfriedens und der internationalen Sicherheit übertragen (Artikel 24 der UN-Charta). In der Charta wurde auch das Einstimmigkeitsprinzip des Sicherheitsrates verankert (Artikel 27). Der Sicherheitsrat ist der Zielstellung nach ein Organ der kollektiven Sicherheit. Es geht speziell darum, Verletzungen des Gewaltverbots zu verhindern bzw. abzuwehren. Im Kapitel VII der UN-Charta werden die Kompetenzen des Sicherheitsrates hinsichtlich einer Friedensbedrohung, bei Friedensbrüchen oder bei Angriffshandlungen geregelt. Zur Erfüllung seiner Aufgaben sind dem Sicherheitsrat Kompetenzen übertragen worden. Zu nennen sind insbesondere die folgenden Kompetenzen: a) Feststellung, ob eine Bedrohung des Friedens, ein Friedensbruch oder eine Angriffshandlung vorliegt (Artikel 39 der Charta); b) Beschließen von Zwangsmaßnahmen einschließlich der Anwendung militärischer Gewalt (Artikel 41 und 42 der Charta); c) Empfehlungen geben und Beschlüsse fassen, die für alle UNO-Mitglieder rechtsverbindlich sind (Artikel 25, 43 und 48 der Charta). Bei der Verwirklichung dieses Sicherheitssystems spielte die Mitgliedschaft von Staaten unterschiedlicher Gesellschaftsordnung im Sicherheitsrat eine negative Rolle. Es kam immer wieder zu gegenseitigen Blockaden, vor allem durch die USA und die Sowjetunion. Dies geschah hauptsächlich durch den missbräuchlichen Gebrauch des Veto-Rechts. Dennoch ist es häufig zum erfolgreichen Einsatz der UN-Truppen gekommen. Bei aller Wertschätzung des Beitrages des Sicherheitsrates zur Erhaltung des Weltfriedens und der internationalen Sicherheit muss man sachlich feststellen, dass dies eher durch das militärstrategische Gleichgewicht erzielt worden ist.

Die UN-Charta sieht außerdem zur Gewährleistung der Sicherheit auf einzelnen Kontinenten oder in bestimmten geographischen Zonen die Bildung regionaler kollektiver Sicherheitssystem vor (Kapitel VIII der Charta). Regionale kollektive Sicherheitssysteme basieren hauptsächlich auf dem Recht der Staaten auf kollektive Selbstverteidigung. Derartige System haben das Ziel, friedliche und gutnachbarliche Beziehungen zwischen den Staaten einer bestimmten Region zu gewährleisten. Es geht in erster Linie darum, durch geeignete Maßnahmen Kriege zu verhindern sowie zur friedlichen Lösung vorhandener Probleme beizutragen. Regionale Sicherheitssysteme können nur in Übereinstimmung mit den Zielen und Grundsätzen der UNO aktiv werden (Artikel 52 der Charta). Solche Organisationen bzw. regionale kollektive Sicherheitssysteme sind die Liga der Arabischen Staaten von 1945, die Organisation der Afrikanischen Einheit von 1963 und die Organisation der Amerikanischen Staaten. In Europa entwickelten sich allmählich wesentliche Elemente eines Sicherheitssystems. Dieser Prozess begann mit bilateralen Verträgen Anfang der 70er-Jahre und erreichte einen Höhepunkt mit der Schlussakte der Konferenz für Sicherheit und Zusammenarbeit in Europa von 1975. Diesem Dokument waren verpflichtet 33 europäische Staaten sowie die USA und Kanada. Die Sicherheitskomponente fand ihren Ausdruck in den folgenden Zielstellungen und Grundsätzen: Verzicht auf im Widerspruch zur UN-Charta stehenden Einsatz von bewaffneten Kräften gegeneinander; Verzicht auf Gewaltmanifestation, einschließlich wirtschaftlicher Zwangsmaßnahmen, die die souveränen Rechte der Staaten beeinträchtigen; Förderung eines Klimas des Vertrauens und die Schaffung vertrauensbildender Maßnahmen; Ergreifen effektiver Schritte zur Rüstungsbegrenzung und Abrüstung.[314]

Die Militärorganisationen der beiden Weltsysteme, die NATO und der Warschauer Vertrag, konnten nicht als regionale kollektive Sicherheitssysteme betrachtet werden. Sie sind eher, historisch betrachtet, in enger Verbindung mit dem militärstrategischen Gleichgewicht der Kräfte zwischen den USA und der Sowjetunion zu sehen. Gerade dieses Gleichgewicht trug zur Erhaltung des Friedens bei. Es ist von theoretischem Wert, zu konstatieren, dass es völkerrechtlich keinen Gegensatz zwischen dem internationalen kollektiven Sicherheitssystem der UNO, dem europäischen Sicherheitssystem auf der einen Seite und den beiden Militärblöcken (Gleichgewicht) auf der anderen Seite gab. Es existieren alle drei zugleich.

Insgesamt bestehen aber zwischen einem internationalen Sicherheitssystem und einem Gleichgewichtssystem eine Reihe von Unterschieden wie z. B.: a) Das kollektive Sicherheitssystem setzt voraus, dass bei einem Angriff auf ein Mitglied ebenso eine Gewaltaktion erfolgt. Im Gleichgewichtssystem wird hingegen auf Aktivitäten reagiert, die einen Staat zu mächtig machen können. b) Beim kollektiven Sicherheitssystem wird das Verbot der Gewaltanwendung durch eine zentrale oder regionale Organisation garantiert. Das Gleichgewichtssystem ist hingegen dezentral. c) Bei der kollektiven Sicherheit stehen gemeinsame Interessen im Mittelpunkt. Bei dem

Gleichgewichtssystem geht es in erster Linie um die Interessen der an diesem System beteiligten Staaten (z. B. USA und Sowjetunion).[315]

Diese sich schon lange anbahnende Entwicklung wird auch von amerikanischen Wissenschaftlern mit wachsendem Unbehagen verfolgt. So meint z. B. der Erfinder der übertriebenen Idee vom „Kampf der Kulturen“, Samuel/Huntington, dass der Aufstieg Chinas in Ost- und Südostasien „den amerikanischen Interessen, wie sie immer wieder gesehen worden sind, diamental zuwiderlaufen würde.“[316] Der Gleichgewichts-Spezialist und ehemalige erfolgreiche Außenminister der USA, Henry Kissinger, prophezeit bereits die Reaktion der USA auf eine derartige Gefahr mit einer Eindämmungspolitik, wie sie schon erfolgreich gegenüber der Sowjetunion angewandt worden ist. Gerade das versuchen gegenwärtigig die USA. Der Ausgangspunkt für seine Position sind die lebenswichtigen Interessen der USA. Das ist fast das einzige, was ihn seit Jahren beschäftigt. Andererseits empfiehlt er den USA die Achtung des Gleichgewichts: „Aber es (USA) muss lernen, dass das Gleichgewicht der Kräfte eine grundlegende Voraussetzung für die Verfolgung der traditionellen Ziele ist.“[317] Unter dem Präsidenten Barack Obama hat sich allerdings die Haltung der USA gegenüber China wesentlich gewandelt. In einer Mitte November 2009 in Tokio gehaltenen Rede vorwiegend zu der wachsenden Bedeutung des „pazifisch-asiatischen“ Raumes hat der damalige amerikanische Präsident eine enge Zusammenarbeit zwischen den USA und China angekündigt. Er meinte sogar, dass ein starkes und wohlhabendes China „einen wichtigen Beitrag zu einer starken internationalen Gemeinschaft leisten könnte.“ Er ist außerdem mit seinen diesbezüglichen Vorstellungen viel weiter gegangen: „Wir heißen Chinas Anstrengungen willkommen, eine größere Rolle auf der Weltbühne zu spielen, eine Rolle, bei der die wachsende Wirtschaft begleitet wird von wachsender Verantwortung.“ Hierbei handelt es sich dem Wesen nach um die Anerkennung Chinas als große Weltmacht und als einen der Hauptakteure in den internationalen Beziehungen durch die USA. In diesem Zusammenhang betonte der damalige amerikanische Präsident seine Absicht, „die amerikanische Führung zu erneuern und eine neue Ära der Verantwortung in der Welt basierend auf gemeinsamen Interessen und gegenseitigen Respekt zu bilden (/ausland/obama 1668.html). All dies ist unter Trump zur Makulatur geworden. China gilt inzwischen als Feind Nummer 1 der USA.

Im Mittelpunkt der bisherigen politologischen Untersuchungen der Apologeten der amerikanischen Außenpolitik scheint die „Assymetric Balancing" zu stehen. Hier geht es um die Einbeziehung de „subnationalen" Akteure (z. B. der Terroristen). Somit würde eine völlig neue Ebene des Gleichgewichts entstehen. Einige befassen sich mit neuen Wortschöpfungen, um die Gesamtproblematik des Gleichgewichts in der Gegenwart besser ausloten zu können. Es wird z. B. zwischen dem „external balancing" und dem „internal balancing" unterschieden. Das erste bezieht sich auf die Bildung von Allianzen, um sich besser vor einem möglichen Aggressor schützen zu können. Bei dem zweiten Begriff geht es eher um die Störung der gesamten Militärstärke auf der Basis entwickelter Ökonomie und Industrie.[318] Die Einführung derartiger Wortschöpfungen wird damit begründet, dass die bisherige Gleichgewichtstheorie sowie die dazu gehörenden Termini eurozentrisch seien.[319] Ebenso wird zwischen dem „hard balancing" und dem „soft balancing" ein Unterschied gemacht. Bei dem ersteren steht die Militärkapazität im Mittelpunkt. Dies ist die traditionelle realistische oder neorealistische Konzeption, die tatsächlich überholt ist. Der zweite Begriff bezieht sich auf Allianzen und involviert mehrere Aspekte. Letztere Gleichgewichtskonzeption setzt sich in zunehmendem Maße durch.

Im Gegensatz zu den amerikanischen Politologen hat der chinesischen Politologe Yu Xintian ein hoch interessantes und generell beruhigendes Konzept für die Zukunft Chinas in den internationalen Beziehungen bis 2020 entworfen. Danach wird sich China auf die ökonomische Entwicklung und die Modernisierung konzentrieren. Das Ziel ist dabei, ein „scientific concept of development", d. h. aus China ein prosperierendes, demokratisches und kulturvolles Land zu machen. In der Außenpolitik soll Sicherheit durch Kooperation gestützt werden. China wird seine Teilnahme an dem internationalen Dialog und an den internationalen Kooperationsmechanismen intensiviert. Gleiches gilt auch für das große Feld der internationalen Diplomatie. Die Weltmacht China wird mehr für die „soft power" in den internationalen Beziehungen eintreten. Die Basis dieser auf Frieden, Harmonie und Kooperation ausgerichteten Außenpolitik liegt in der chinesischen Tradition, denn es handelt sich um Werte dieser Kultur. Es wird seiner Meinung nach zu grundlegenden Veränderungen in den internationalen Beziehungen kommen wie z. B. die folgenden: a) Friede und Entwicklung als die Hauptströmungen in der Welt; b) nicht Feindschaft, sondern „cooperation and competition" werden in den internationalen Beziehungen vorherrschen; c) die Rolle der kleinen und mittleren Staaten wird wachsen. So werden sie einen eigenen Beitrag zur Stabilität der internationalen Ordnung leisten. Yu Xintian bezeichnet diesen Zustand nicht als „balance of power", sondern vielmehr als „balance policy". Ferner geht er davon aus, dass die USA die letzte Supermacht sind, die in der Welt dominieren kann.[320] Die bisherige 4000jährige Geschichte – defensive Theorie und Praxis – gibt Anlass zu der Annahme, dass China keine Ambitionen hat, irgendeine Hegemonialposition einzunehmen oder etwa als ein „Imperium Cinicum" in der Welt zu dominieren. D. h., China wird auch als Supermacht weder seine Nachbarn bedrängen, noch den Weltfrieden bedrohen. Das schließt jedoch nicht aus, dass die bereits vorhandene Konkurrenz zwischen den USA und China in der Zukunft noch stärker sein wird.

Folgend sollen einige interessante Einzelheiten auch über den militärischen Aufstieg Chinas erwähnt werden. China hat bereits jetzt den Status einer Weltmacht erreicht. China ist bereits die zweitstärkste Wirtschaftsmacht der Welt. Die gelungene Mischung von Konfuzianismus (Disziplin, Fleiß, Hierarchie) mit den Hochtechnologien sowie die Entdeckung des persönlichen Interesses trägt reichlich Früchte. Inzwischen erfasst der gewaltige Umwälzungsprozess auch das militärstrategische Potential. Die international zahlenmäßig stärkste Armee der Welt (3,3 Millionen Soldaten, 6.700 Panzer, 7400 Artilleriesysteme, 2300 Kampfflugzeuge, Kriegsschiffe, Atom-U-Boote, 140 einsatzfähige Atomwaffen) wird nunmehr auf der Grundlage militärischer Hochtechnologien systematisch und zügig modernisiert (Spiegel-Online vom 11. Februar 2010). Hierdurch gerät die militärtechnologische Überlegenheit der USA ins Wanken. Die USA beobachten schon seit Jahren Chinas rasanten Aufstieg am Anfang mit gemischten Gefühlen, inzwischen auch mit einer gewissen Beunruhigung und reagieren darauf mitunter irrational.

3.8.11 Ausblick-Prognose

Die Prognose ist einer der wichtigsten Grundsätze der Allgemeinen Methodologie der wissenschaftlichen Grundlagenforschung. Dies gilt auch für die Methodologie der Theorie der Internationalen Beziehungen sowie für die Methodologie der Völkerrechtswissenschaft, speziell bei dem Thema der Völkerrechtssoziologie.

Insgesamt könnten bezüglich der Probleme des Gleichgewichts, der Gegengewichte und der Hegemonie die folgenden prognostischen Aussagen getroffen werden:
a) Spätestens nach zehn Jahren wird es zwei Supermächte geben: die USA und China. Einige Jahre später wird China die USA überflügeln und sich zur führenden Supermacht der Welt entwickeln.
b) Beide Supermächte könnten konkurrieren und zugleich so kooperieren, dass sie gemeinsam die Führerschaft bei der Lösung der globalen Probleme der Menschheit übernehmen.
c) die Konkurrenz zwischen ihnen könnte die Form des militärstrategischen Gleichgewichts. im Sinne des „Gleichgewichts des Schreckens" annehmen.
d) Indien und die Europäische Union sowie Japan werden sich sich zu besonderen Großmächten entwickeln. Auf den Gebieten der Ökonomie und der Hochtechnologien würden sie den Status von Supermächten erreichen.
e) Russland wird nur auf dem militärstrategischem Gebiet eine Supermacht sein, jedoch insgesamt den Status lediglich einer Großmacht besitzen.
f) Die Welt wird polygonal bzw. multipolar sein. Die oben genannten Supermächte und Großmächte werden die Pole sein. Darauf wird sich ein Weltgleichgewicht komplexen Charakters stützen. Die militärische Komponente wird generell eine kleinere Rolle spielen.
g) Die Bedeutung der UNO und des Völkerrechts wird erheblich zunehmen.
h) Es wird das politische Prinzip der Friedlichen Koexistenz zwischen den vorhandenen Hauptkulturkreisen (Westen, Konfuzianismus, Hinduismus, Islam) als allgemeine Grundlage des Völkerrechts gelten.

3.9 Schlussfolgerungen

3.9.1 Zur Völkerrechtssoziologie (allgemein)

1. Die Völkerrechtssoziologie ist eine Wissenschaft in statu nascendi. Sie stützt sich in erster Linie auf die Soziologie, die Rechtssoziologie und die Wissenschaft von den Internationalen Beziehungen. Sie besteht aus den folgenden Bestandteilen: Theorie, Methodologie, Dogmatik und Geschichte der Völkerrechtssoziologie.
2. Die wichtigsten Gegenstände der Völkerrechtssoziologie sind die folgenden: die globalen Herausforderungen der Menschheit; die Interessen der Menschheit, der Völker und der Staaten; der politische Wille der Staaten; die Macht, der Einfluss, das internationale Kräfteverhältnis und nunmehr das fehlende Gleichgewicht; die Problemstellungen der Stabilität, der Entwicklung und Veränderung in den internationalen Beziehungen; die geopolitischen und geostrategischen Faktoren; das Verhalten der Staaten; die internationale öffentliche Meinung; die Verhandlungen, die politischen Abmachungen und politischen Normen sowie ihr Verhältnis zu den Rechtsnormen; die politische Verbindlichkeit und die politische Verantwortlichkeit sowie die politischen Reaktivmaßnahmen; das Verhältnis zwischen der Völkerrechtswissenschaft und der Wissenschaft von den Internationalen Beziehungen.
3. Die Völkerrechtssoziologie hat eine Reihe von methodologischen Grundsätzen mit spezifischem Inhalt wie Objektivität, Analyse/Synthese, Induktion, Komplexität, Systemhaftigkeit und Globalität. Bei dem internationalen Normenbildungsprozess gilt die „goldene“ Kette Bedürfnisse – Interessen – Wille – Normen – Verhalten. Dieser Prozess hat weitestgehend konsensualen Charakter. Durch ihn entstehen drei Normkategorien, namentlich die Rechtsnormen, die politischen Normen und die Moralnormen. Für die politischen Normen gilt der Grundsatz „ex consenso norma Politica oritur“.
4. Normen in Deklarationen/Resolutionen bringen einen consensus opinionis politicae generalis der Staaten zum Ausdruck. Politische Normen in konkreten Abmachungen politischen Charakters sind Ausdruck eines consensus voluntatis politicae der daran beteiligten Staaten. Aus politischen Normen erwachsen politische Verpflichtungen bzw. die politische Verbind-

lichkeit. Solche Verpflichtungen sind nach dem Grundsatz bona fides zu erfüllen. Andernfalls kommt es auf der Grundlage der politischen Verantwortlichkeit zu politischen Reaktivmaßnahmen. In diesem Falle sind vor allem die grundlegenden Prinzipien des Völkerrechts sowie spezielle Grundsätze, wie die Verhältnismäßigkeit, zu respektieren. Politische Normen können sich zu Rechtsnormen entwickeln.

5. Die Völkerrechtssoziologie ist die absolut notwendige und auch die passende völkerrechtswissenschaftliche, völkerrechtsfreundliche sowie völkerrechtsverteidigende Antwort auf die vorwiegend völkerrechtsnihilistisch, völkerrechtsleugnerisch und mitunter auch völkerrechtszerstörerisch ausgerichtete, betriebene und wirkende Wissenschaft von den Internationalen Beziehungen, insbesondere im Sinne des US-amerikanischen political sciences („Theory of International Relations"). Die Völkerrechtssoziologie weist weitestgehend die Vorzüge der Wissenschaft von den Internationalen Beziehungen auf, ohne jedoch ihre Mängel zu enthalten.

6. Politische Normen werden in der Regel dann geschaffen, wenn die Zeit für Völkerrechtsnormen noch nicht reif ist. Sie weisen in hohem Maße Dynamik, Anpassungsfähigkeit und Flexibilität auf. Politische Normen können zum Vorläufer von Rechtsnormen werden.

7. Politische Normen besitzen Aufforderungscharakter. Ihre wichtigsten Merkmale sind die folgenden: Sie werden von der politischen Überzeugung sowie von den politischen Interessen der Staaten bestimmt; sie regeln gesellschaftliche Verhältnisse; bei Verletzung besteht die Möglichkeit, Reaktivmaßnahmen (Sanktionen) politischen Charakters einzuleiten.

8. Für die politischen Normen gilt der allgemeine Grundsatz bona fides.

3.9.2 Zur Interessenproblematik

1. Die gesamte Studie stützt sich in methodologischer Hinsicht auf den konfuzianischen Grundsatz „Sowohl – Als auch", der sich durch Logik und Dialektik auszeichnet.

2. Interesse (Sympheron) bedeutet seit ca. 2500 Jahren dem Wesen nach Nutzen, Nützlichkeit, Vorteil.

3. Das Interesse ist im Wesen nach eine Erfindung realistisch und materialistisch denkender europäischer Philosophen. Die idealistischen Philosophen kamen erst im 18./19. Jh. hinzu.
4. Das Interesse ist die entscheidende Triebkraft der menschlichen Handlungen. Die Erzielung des Vorteils ist ein treibendes Motiv des Menschen als Gattungswesen.
5. Die Nutzens- bzw. Vorteilsrealisierung vermag, Glückseligkeit zu schaffen. Daher ist das Interesse Grundlage des Eudämonismus (Glückseligkeit) und des Hedonismus (Lust, materiell und ideell).
6. Das Nützlichkeitsdenken ist jedem Menschen immanent. Deswegen erfolgt seine Realisierung grundsätzlich individuell und ist Ausdruck der Autonomie des Individuums.
7. Die Realisierung des eigenen Interesses auf Kosten der Mitmenschen und der Gesellschaft ist egoistisch und daher amoralisch.
8. In der Gesellschaft geht es sowohl um den Vorteil des Individuums als auch der ganzen Gesellschaft. Die Interessenrealisierung erfolgt in erster Linie auf der Grundlage der Verfassung als Ausdruck des Interessenausgleichs der Bürger.
9. Die Vorteilsmaximierung führt in eudämonistischem Sinne zu Glückserhöhung. Sie ist nicht egoistisch, sondern höchstens individualistisch.
10. Die Vorteilsmaximierung zum Wohle der ganzen Gesellschaft im Sinne des Commune bonum – Gedankens entspricht der Moral.
11. Das Interesse (Nutzen, Nützlichkeit, Vorteil) wird von den Akteuren zuerst registriert (Wahrnehmung, Abbild, Widerspiegelung) und erkannt (Erkenntnis). Dazu bedarf es des Wollens (Wille) und des Verstandes. Dies erfolgt auf der allgemeinen Grundlage der Vernunft (ratio).
12. Die menschliche Vernunft wird durch Interessen definiert. Die Vernunft bedeutet das Begreifen der Welt durch den Menschen als Gattungswesen, der Verstand hingegen bezieht sich auf das Verstehen im konkreten Fall.
13. Das Interesse hat zwei Seiten: eine subjektive und eine objektive. Beide Seiten bedingen sich dialektisch gegenseitig. Die Trennung im „subjektive“ und „objektive“ Interessen ist weder dialektisch noch überzeugend.
14. Bedürfnisse, Interesse, Wahrnehmung, Vernunft, Verstand, Wille, Erkenntnis und Verhalten stellen ein gnoseologisches System dar. Die Wech-

selbeziehungen zwischen den einzelnen konstitutiven Elementen des Systems bilden seine Struktur. Hierdurch erhält das System eine hohe Dynamik, Entwicklungs- und Veränderungsfähigkeit.
15. Das Forscherglück ist eine besondere Ausdrucksform des Eudämonismus (Erkenntnis-Glück) und des Hedonismus (Erkenntnis als höchste Form der Lust im Sinne des Genießens).
16. Die Interessenproblematik ist mit dem Staat als souveräne Einheit sowie als Völkerrechtssubjekt/Hauptakteur in den internationalen Beziehungen zu sehen. Grundlage hierfür sind die drei Elemente des Staates: Gebiet, Bevölkerung, Herrschaftsausübung.
17. Die mit den drei Staatselementen verbundenen Interessen sind grundlegend, originär, existenziell, vital und die höchsten. Sie sind für den Staat „identitätsstiftend" und „identitätssichernd". Bei diesen Interessen machen die Staaten keine Kompromisse.
18. Das wichtigste Merkmal der legitimen Interessen ist ihre Entsprechung mit den grundlegenden Völkerrechtsprinzipien. Dies ist ein Gegenstand der Völkerrechtsdogmatik.
19. Die Menschheitsinteressen (Nutzen, Nützlichkeit, Vorteil für die gesamte Menschheit) stellen in den internationalen Beziehungen die höchste Interessenkategorie dar. Sie sind Maßstab und Kriterium für alle anderen Interessenkategorien.
20. Die Menschheitsinteressen sind in enger Verbindung mit den globalen Herausforderungen der Menschheit, speziell in der Epoche der Globalisierung, Ausdruck von Bedürfnissen, Nutzen, Allgemeinwohl und Glück der gesamten Menschheit.
21. Die Menschheitsinteressen sind in Gestalt ihrer völkerrechtsphilosophischen Widerspiegelung im Sinne des Commune bonum humanitatis eine besondere Äußerungsform der allgemeinmenschlichen und universellen Vernunft einer Ratio humanitatis universalitatis, sogar eines Ius rationis humanitatis universalitatis.
22. Die egoistische Interessendurchsetzung, d. h. Durchsetzung auf Kosten der anderen Staaten, richtet sich in der Regel gegen das Völkerrecht. Werden sie auf Kosten der gesamten Menschheit durchgesetzt, dann widersprechen sie der allgemeinmenschlichen und universellen Vernunft.

23. Die Anwendung des utilitaristischen Liberalismus in den internationalen Beziehungen schuf die internationale Variante des Homo oeconomicus. Der Siegeszug des utilitaristischen Neoliberalismus in der Epoche der Globalisierung schuf eine zutiefst pervertierte Form des Menschen, den Homo oeconomicus perversus.
24. Die parallelen Interessen der Staaten sind auf ähnliche Bedürfnisse, Wahrnehmungen, Vorteilsvorstellungen, Willensbereitschaft, Verstandeskapazität sowie auf ähnliche Erkenntnisfähigkeit der Akteure zurück zu führen. Die parallelen Interessen sind auf das gleiche Objekt gerichtet; zwischen ihnen gibt es keinerlei Berührung; sie führen daher zu keinen Ergebnissen.
25. Bei den gemeinsamen Interessen verläuft ein ähnlicher Prozess ab (Bedürfnisse, Wahrnehmung, Wollen, Verstand, Vernunft, Erkenntnis), der gegenseitig und in der Regel gleichzeitig registriert wird. Dies kann zu Konsultationen, Vorverhandlungen, Verhandlungen und konkreten Ergebnissen führen.
26. Die konkurrierenden (sich berührenden, sich kreuzenden) Interessen sind auf ein Objekt gerichtet und es kommt in der Regel zu einer neutralen Berührung der Vorteilserwartungen, was zu einer Problemsituation führen kann. Mögliche Lösungsvarianten: Umwandlung in gemeinsame Interessen, Erzielung eines Interessenausgleichs oder Verzicht auf die Interessenrealisierung oder allmähliche Umwandlung in konträre Interessen.
27. Die konträren (gegensätzlichen, antagonistischen) Interessen stützen sich auf extrem unterschiedliche, aufeinanderstoßende Bedürfnislagen, Wahrnehmungen, Verstandeskapazitäten, Erkenntnisfähigkeiten bzw. Erkenntnisqualitäten. Hieraus ergeben sich konträre Verhaltensmuster. Durch einen Interessenausgleich, vorrangig durch vertragliche Regelung, kann eine Problemlösung herbeigeführt werden.
28. Das Völkerrecht als internationale Rechtsordnung ist, allgemein betrachtet, das Ergebnis der Koordinierung sowie des Ausgleichs der Staateninteressen.
29. Der internationale Normenbildungsprozess (INBP) weist eine relativ lange Kette auf: Bedürfnisse, Wahrnehmung, Wollen, Vernunft, Verstand, Erkenntnis, (allgemeines) Verhalten. Wenn mehrere Staaten das Interesse (Nutzen, Nützlichkeit, Vorteil) sowie die Regelungsnotwendigkeit, Rege-

lungswürdigkeit und Regelungsmöglichkeit erkennen, liegt in gnoseologischer Hinsicht ein Consensus generalis oder sogar ein Consensus omnium vor.

30. Es ist zwischen den unterschiedlichen Interessenarten zu differenzieren: Bei den gegensätzlichen Interessen kommt es zu einem Interessenausgleich, der in der völkerrechtstheoretischen Figur der Willensübereinstimmung (Vertrag) seinen Ausdruck findet. Parallele Interessen können in gemeinsame Interessen umgewandelt werden. Durch mehrseitiges Erkennen als konsensuale Interessenlage erlangen die gemeinsamen Interessen die Qualität von übereinstimmenden Interessen. Sie wiederum werden in der Figur der Willensübereinstimmung ausgedrückt. Dabei besitzt der Wille nur subjektiven Charakter. Deswegen kann es weder „identische Interessen" noch eine „Willensidentität" geben.

31. Für die Verträge gilt das Prinzip Pacta sunt servanda. Gehen die Interessenlagen auseinander, dann besteht grundsätzlich die Anwendungsmöglichkeit der Clausula rebus sic stantibus in der modernen Formulierung „Regel der grundlegenden Veränderung der Umstände". Es entsteht ein Spannungsverhältnis zwischen dem Prinzip Pacta sunt servanda und der Regel Clausula rebus sic stantibus.

3.9.3 Zur Gleichgewichtsproblematik

1. Das Gleichgewicht stellt eine dynamische Beziehung zwischen Staaten dar. Bezugspunkt ist dabei die Machtverteilung. Eine derartige Beziehung entsteht, wenn ein Staat versucht, die eigenen Interessen derart durchzusetzen, dass existentielle Interessen anderer Staaten bedroht werden.
2. Die Bedrohungssituation enthält objektive und subjektive Elemente.
3. Das Beziehungsgeflecht zwischen den Staaten bildet ein Gleichgewichtssystem. Dies kann durch die wachsende Übermacht eines Staates gestört bzw. zerstört werden.
4. Gleichgewicht und Gegengewichte gehören ontologisch sowie gnoseologisch eng zusammen.
5. Für einen Staat gibt es zwei Möglichkeiten, um auf eine Bedrohungssituation zu reagieren: Stärkung der eigenen Kraft oder Schaffung von Allianzen.

6. Die Ausbalancierung der Macht stellt das eigentliche Wesen des Gleichgewichts und der Gegengewichte dar.
7. Hegemonialmacht neigt grundsätzlich dazu, den Gleichgewichtszustand zu beseitigen, weil sie auf das Gleichgewicht nicht angewiesen ist. Kleine und mittlere Staaten berufen sich hingegen auf das Gleichgewicht.
8. Nach dem Zweiten Weltkrieg war die Welt multipolar, es herrschte jedoch bis zum Zusammenbruch der ehemaligen Sowjetunion zwischen den beiden Supermächten USA und Sowjetunion ein annäherndes bipolares militärstrategisches Gleichgewicht. Dieses war starr und schloss wechselnde Militärallianzen aus.
9. Das bipolare militärstrategische Gleichgewicht trug als „Gleichgewicht des Schreckens" zur Erhaltung des Weltfriedens bei.
10. Das Gleichgewicht gehört zu der Wesenbestimmung der Stabilität. In den internationalen Beziehungen herrscht nicht die sozialpolitische status quo, sondern die dynamische Stabilität. Sie äußert sich in dem verbesserten Schutz des Weltfriedens durch Abrüstungsmaßnahmen.
11. Die dynamische Stabilität bezieht sich in erster Linie auf stabile friedliche internationale Beziehungen. Im Völkerrecht bedeutet Stabilität vorwiegend internationale Rechtssicherheit. Speziell in den internationalen Vertragsbeziehungen wird die Stabilität durch die strikte Anwendung des völkerrechtlichen Grundsatzes pacta sunt servanda erzielt.
12. Die Veränderungen in den internationalen Beziehungen haben in erster Linie einen objektiven Charakter. Speziell auf dem Gebiet des Völkerrechts vollziehen sich die Veränderungen durch Kodifikationen. Auf die Veränderungen in den internationalen Vertragsbeziehungen kann mit gebotener Vorsicht die spezielle Norm Clausula rebus sie stantibus angewandt werden.
13. Die verschiedenen Elemente der Macht als Hauptbezugspunkt des Gleichgewichts stellen ein gnoseologisches System dar. Die wechselseitigen Beziehungen zwischen ihnen machen die Struktur des Gleichgewichtssystems aus. Eine wesentliche Veränderung eines dieser Elemente führt zu einer Störung des Systems des Gleichgewichts und provoziert daher Gegengewichte durch andere Staaten.
14. Von dem System des Gleichgewichts ist das Gleichgewicht des Systems zu unterscheiden. Es geht um das System der internationalen Bezie-

hungen zwischen den Akteuren, vor allem den Staaten, die zugleich Hauptsubjekt des Völkerrechts sind. Innerhalb dieses Systems entsteht ein Spannungsverhältnis von Stabilität und Veränderung. Dabei ist die Stabilität relativ, während die Veränderung bestimmend ist.
15. Abrüstungsmaßnahmen verleihen dem militärstrategischen Gleichgewicht eine hohe friedenssichernde Dynamik. Dies ist das eigentliche Wesen des dynamischen Gleichgewichts.
16. Unter den Bedingungen der Globalisierung können die USA als einzige Supermacht die Führerschaft der Welt bei der Lösung der globalen Probleme der Menschheit übernehmen. Diese Führerschaft hat mit dem traditionellen Hegemonieverständnis nichts gemein. Zu einer solchen Hegemonialmacht entwickelt sich sukzessive Deutschland im Rahmen der Europäischen Union.
17. Die Unipolarität der USA in Gestalt der einzigen Supermacht geht allmählich zu einer hexagonalen Multipolarität (USA, China, Japan, Russland, Europa, Indien) über.
18. In der Perspektive wird es neben dieser Multipolarität auch eine Bipolarität zwischen den USA und China geben. Zwischen ihnen wird ein bipolares militärstrategisches Gleichgewicht existieren. Die Interaktionen zwischen den sechs Mächten werden das System eines multipolaren Weltgleichgewichts bilden.
19. Das internationale kollektive Sicherheitssystem stützt sich vorwiegend auf die UNO. Seine Effektivität ist jedoch nicht besonders groß. Deswegen werden sich in der Perspektive der Weltfrieden und die internationale Sicherheit auf das Weltgleichgewicht, insbesondere auf das bipolare Gleichgewicht zwischen den USA und China sowie auf das UNO-System der kollektiven Sicherheit stützen.
20. Im Rahmen einer Friedlichen Koexistenz zwischen den Staaten unterschiedlicher Kultur- und Rechtskreise wird die friedenssichernde Bedeutung des Völkerrechts wachsen.
21. Auf Grund ihrer defensiven Tradition wird China als künftige Supermacht keine Hegemonialstellung im traditionellen Sinne anstreben. Es ist vielmehr anzunehmen, dass China einen großen Beitrag zur Schaffung stabiler friedlicher internationaler Beziehungen leisten wird.

22. Brasilien ist eine regionale Großmacht, die im Interesse ganz Lateinamerikas die Führerschaft übernehmen könnte. Unter der Führerschaft Brasiliens könnte Lateinamerika ein bedeutendes politisch-diplomatisches Gegengewicht zu den USA in der westlichen Hemisphäre werden.

3.10 Anmerkungen

[1] Stellvertretend für mehrere seien erwähnt: E. Ehrlich: Grundlegung der Soziologie des Rechts. München/Leipzig 1913; E. Hirsch: Das Recht im sozialen Ordnungsgefüge. Beiträge zur Rechtssoziologie.

[2] E. Ehrlich (ibid 5), S. 322

[3] E. Hirsch, (Anm. 1), S. 27. Bereits 1910 betonte Herrmann Kantorowicz auf dem Ersten Deutschen Soziologentag: „Dogmatik ohne Soziologie ist leer, Soziologie ohne Dogmatik ist blind". Zit. nach M. Rehbinder, (Anm. 1), S. 11.

[4] Vgl. insbesondere: E. Hirsch: Aufriss einer Vorlesung „Rechtssoziologie", als Anhang zu Das Recht im sozialen Ordnungsgefüge, (Anm. 1), S. 321; B. Horvath: Probleme der Rechtssoziologie, (Anm. 1), S. 1; O. Weinberger: Norm und Institution. Eine Einführung in die Theorie des Rechts. Wien 1988, S. 47; T. Mayer-Maly: Rechtswissenschaft. München/Wien 1988, S. 160.

[5] Vgl. vor allem: J. Carbonnier (1974): Rechtssoziologie. (Übersetzung aus dem Französischen: „Sociologie juridique", Paris 1972), Berlin 1974, S. 18; H. Rottleuthner: Rechtswissenschaft als Sozialwissenschaft. Frankfurt/M. 1981, S. 11.

[6] M. Huber: Beiträge zur Kenntnis der soziologischen Grundlagen des Völkerrechts und der Staatengesellschaft. In: Jahrbuch des öffentlichen Rechts der Gegenwart. Tübingen 1910 (IV), S. 56 – 134 (als Nachdruck: Die soziologischen Grundlagen des Völkerrechts. Berlin 1928); P. Guggenheim: Die soziologischen Grundlagen des Völkerrechts. In: Friedens-Warte 1929 (XXIX), S. 38 ff; F. Jerusalem: Völkerrecht und Soziologie. Jena 1921; J. Stone: Problems confronting sociological enquiries concerning international law. London 1965; B. Landherr: On the Sociology of International Law und International Society. The Hague 1966; M. S. Mc Dougal: International Law, Power and Policy: A. Contemporary Conception. In: RdC, 153 (82-I), pp. 138 – 258; K. B. Baum: Die soziologische Begründung des Völkerrechts als Problem der Rechtssoziologie. In: Jahrbuch für Rechtssoziologie und Rechtstheorie. Bielefeld 1970; H. Neuhold: Völkerrecht und andere Sozialwissenschaften: Konkrete Ansätze zu einem Brückenschlag. In: Die Friedens-Warte, 1975 (58, 3 – 4, S. 213 – 239); E. Blenk-Knocke: Zu den soziologischen Bedingungen völkerrechtlicher Normenbefolgung. Ebelsbach 1979.

[7] B. Simma: Völkerrechtswissenschaft und Lehre von den Internationalen Beziehungen: Erste Überlegungen zur Interdependenz zweier Disziplinen. In: ÖZföRV 1972 (23), S. 294.

[8] O. Kimminich: Der Stand der Friedensforschung. In: Universitas 1971 (26), S. 295.

[9] B. Simma (Anm. 7), S. 300. Auch nach H. Neuhold brächte „der soziologische Ansatz Gefahren für die völkerrechtliche Argumentation und die Sauberkeit einer Normwissenschaft mit sich." Vgl. Internationale Konflikte – verbotene und erlaubte Mittel ihrer Austragung, New York/Wien 1977, S. 12. Deswegen richtet er sich gegen die Völkerrechtssoziologie, was nicht nachvollziehbar ist.

[10] M. Huber (Anm. 6), S. 9.

[11] Nach P. Guggenheim hat Max Huber den „lebendigen Zusammenhang" des Völkerrechts mit dem „rechtspolitischen Geschehen" sowie von Recht und „sozialen Rechtssubstrat" herausgear-

beitet. Vgl. P. Guggenheim (Anm. 6), S. 39/40. Vgl. ähnlich H. Krüger: Das Prinzip der Effektivität. oder: Über die besondere Wirklichkeitsnähe des Völkerrechts. In: Festschrift für Jean Spiropoulos, Bonn 1957, S. 265 ff.

[12] W. Benedek:, Entwicklungsvölkerrecht – neuer Bereich oder neue Perspektiven (Gestaltwandel) im Völkerrecht. In: Reformen des Rechts. Festschrift zur 200-Jahr-Feier der rechtswissenschaftlichen Fakultät der Universität Graz, 1979, S. 889.

[13] Vgl. vor allem: J. Stone: Problems … (Anm. 6), pp. 65/66, 73; W. Friedmann: The Changing Structure of International Law. New York 1966 (1. Auflage 1964), pp. 75 – 79; A. Bleckmann: Das Verhältnis des Völkerrechts zum Landesrecht im Lichte der „Bedingungstheorie“. In: AdV 1979, (18), S. 272; O. Kimminich: Einführung in das Völkerrecht. München et alt. 1990, S. 37.

[14] K. Kaiser: Völkerrecht und Internationale Beziehungen. Zum Verhältnis zweier Wissenschaften. In: Die Friedens-Warte, 1975 (58 – 34), S. 199.

[15] Vgl. ähnlich auch B. Simma: Völkerrecht und Friedensforschung. In: Die Friedens-Warte, 1974 (54), S. 83.

[16] Vgl. ebenso G. Moca: Dreptul International. Bucuresti 1983, p.18.

[17] L. Henkin: How Nations Behave (Law and Foreign Policy). London 1968, p. 85.

[18] Vgl. Seidel-Hohenveldern: Völkerrecht. Köln 1987, et alt., S. 18.

[19] Vgl. G. W. Grewe: Die Rolle der Ideologien im Völkerrecht. In: Sowjetsystem und Ostrecht. (Festschrift für Boris Meissner zum 70. Geburtstag), Berlin 1985, S. 545.

[20] Vgl. ähnlich auch K. Ipsen: Völkerrecht. München 1990. Er schreibt zutreffend: „Denn der Völkerrechtssatz, selbst ein Ergebnis der Verrechtlichung politischer Tatbestände, bleibt nach seiner Entstehung dem Politischen weiterhin verhaftet“ (S. 43).

[21] Vgl. ähnlich auch E. Kusch: Die Weiterentwicklung des Völkerrechts – eine friedenserhaltende Funktion der Vereinten Nationen. In: Österreichische Zeitschrift für Außenpolitik 1971 (2), S. 69. K. betont zutreffend, dass sich das politische Handeln „grundsätzlich an den entstehenden Völkerrechtsnormen orientieren muss“.

[22] So z. B. A. Verdross/B. Simma: Universelles Völkerrecht. Wien et alt. 1974, S. 17. Eine ähnliche Ansicht, jedoch etwas abgemildert, vertritt auch A. Bleckmann: Die Aufgaben einer Methodenlehre des Völkerrechts. Heidelberg/Karlsruhe 1978, S. 67.

[23] Es kann sachlich und wertneutral konstatiert werden, dass bisher in der Völkerrechtsforschung, höchstens das politische Umfeld von Normenbildung und Normenbefolgung und höchstens noch die Effektivität einer möglichen Völkerrechtssoziologie genannt worden sind. So z. B. A. Verdross/B. Simma (Anm. 22), S. 17; A. Bleckmann (Anm. 22), S. 67 und E. Blenk-Knocke: Zu den soziologischen Bedingungen … (Anm. 6), S. 10/11. In der älteren Völkerrechtswissenschaft werden in Verbindung mit den „soziologischen Grundlagen des Völkerrechts“ einige wenige Faktoren genannt. So z. B. M. Hubert (Anm. 6) nennt die wirtschaftlichen, kulturellen und kriegstechnischen Entwicklungen, S. 5 und R. Redslob: Das Problem des Völkerrechts. Leipzig 1917 (Teilung der Arbeit, Verbreitung der Güter, Gruppen der Gesellschaft, Recht des Staates), S. 3 ff.

[24] Vgl. A.-D. Calamaros: Internationale Beziehungen. Theorien – Kritik – Perspektiven. Stuttgart et alt. 1974, S. 16.

[25] Vgl. A. Lijphart: International relations theory: great debates and lesser debates. In: ISSJ, 1974 (XXVI-1), p. 11.

[26] R. Meyers: Die Lehre von den internationalen Beziehungen. Ein entwicklungsgeschichtlicher Überblick. Düsseldorf 1977, S. 28.

[27] So A.-D. Calamaros (Anm. 24), S. 16.

[28] So A. Lijphart (Anm. 25), pp. 11 – 21, ss.

[29] Vgl. ähnlich H. Haftendorn: Theorie der Internationalen Politik, Gegenstand und Methode der Internationalen Beziehungen. Hamburg 1975, S. 10 ff.
[30] H. Behrens/P. Noack: Theorie der Internationalen Politik. München 1984, S. 22 ff.
[31] Vgl. K. Kaiser (Anm. 14), S. 198 und E. Blenk-Knocke (Anm. 6), S. 36.
[32] Vgl. stellvertretend für andere: R. Meyers: Stichwort „Internationale Politik". In: Pipers Wörterbuch zur Politik (Hrsg. D. Nohlen), München 1984, S. 229 – 233; H. Behrens/P. Noack (Anm. 30), S. 14. Sie unterscheiden zwischen den „Internationalen Beziehungen" und der „Internationalen Politik". Letztere liegt vor, wenn Staaten die Internationalen Beziehungen als Instrument nutzen, um ihre politischen Ziele zu realisieren. In den USA hingegen würden die „Internationalen relations" sowohl die „Internationalen Beziehungen"als auch die „Internationale Politik umfassen"; Q. Wright: Development of a General Theory of International Relations – Role of Theory of International Relations. Princeton 1964, p. 20.
[33] So K. W. Deutsch: Analyse internationaler Beziehungen. Konzeptionen und Probleme der Friedensforschung. Frankfurt/M. 1968, S. 17 – 20.
[34] Vgl. beispielsweise: G. Schwarzenberger: Machtpolitik. Eine Studie über die internationale Gesellschaft. Tübingen 1955, S. 1; I. Seidl-Hohenveldern: Völkerrecht. Köln et alt. 1987, S. 17. Er beschränkt jedoch die Problematik auf die Staaten. Ihm ist zu folgen, wenn er schreibt, dass eine Untersuchung des tatsächlichen Verhaltens der Staaten es ermöglicht, Voraussagen für das künftige Verhalten zu treffen; G. Doeker: Zur Frage des Verhältnisses vom Völkerrecht und Internationalen Beziehungen: Bemerkungen zur Interdependenzanalyse. In: Revue Hellénique de Droit International Publik, 1980 (33 –1/4), pp. 35 – 36 ss. Er gibt einen umfassenden Überblick über die US-Autoren.
[35] Vgl. R. Pinto: Le Droit des Relations Internationales. Paris 1972, p. 25; A.-D. Calamaros (Anm. 24), S. 8; H. Behrens/P. Noack (Anm. 30), S. 12; E.-O. Czempiel: Recht und Frieden. Ein Beitrag zur Diskussion zwischen Völkerrecht und Friedensforschung. In: Die Friedens-Warte, 1975 (58-1/2), S. 62. Er erwähnt als Akteure der internationalen Beziehungen ferner die Parteien, die Gewerkschaften, die Unternehmerverbände und die größeren Industrieunternehmen.
[36] So z. B. E. L. E. Gaviria: Derecho internacional público. Bogotá 1988, pp. 3 – 4 ss. Nach seiner Meinung besteht die Aufgabe der Theorie der Internationalen Beziehungen darin, die vielfältigen Beziehungen zwischen den unterschiedlichen Akteuren zu analysieren.
[37] Vgl. z. B. H. Haftendorn (Anm. 29), S. 10 und H. Behrens/P. Noack (Anm. 30), S. 22. Letztere vertreten die Ansicht, dass theoretische Konzepte nicht nur mehrere Funktionen (Selektion, Ordnung), sondern auch Möglichkeiten haben, Klassifikationen und Typologien zu bilden.
[38] D. Singer: The Level of Analysis Problem in International Relations. In: World Politics, 1961 (XIV), p. 92.
[39] Vgl. H. Behrens/P. Noack (Anm. 30), S. 16/17 und A. Wolfers: Discord and Collaboration. Baltimore 1962, pp. 81 – 102, ss.
[40] Vgl. N. Rosenau: Toward the Study of National-International Linkages. In: Linkage Politics, Essays on tue Convergence of National and International Systems, New York 1969, pp. 44 – 63, ss.
[41] Vgl. ähnlich auch: H. Behrens/P. Noack (Anm. 30), S. 33. Sie erwähnen drei Stränge, an denen sich die „Internationale Politik" als Wissenschaft allmählich entwickelte: Völkerrecht, Diplomatiegeschichte und Friedensforschung (Pierre Dubois, Eméric Crusé und Immanuel Kant); G. Docker (Anm 34). S. 37 ff.
[42] Vgl. S. Verosta: Theorie und Realität von Bündnissen. Wien 1971, S. 454 ff., S. 623 ff.

[43] Vgl. ausführlicher W. Grewe: Epochen der Völkerrechtsgeschichte. Baden-Baden 1984, insbesondere S. 323 ff., sowie K.-H. Ziegler: Völkerrechtsgeschichte. München 1994, S. 177 ff.
[44] Vgl. auch H. Haftendorn (Anm. 29), S. 13.
[45] B. Simma bringt dies auf den Punkt: „So stehen die Materien, mit denen sich eine methodenpluralistische Völkerrechtswissenschaft einerseits und eine völkerrechtswertende Lehre von den Internationalen Beziehungen andererseits auseinander zu setzen haben, zueinander, bildlich gesprochen, wie zwei Kreise, die sich zum größten Teil überschneiden" (Anm. 7), S. 323.
[46] Vgl. ähnlich auch. H. Neuhold (Anm. 6), S. 8; Nagy: The theory of international relations and the science of international law. In: Annales scientiarum. Universitatis Budapestinensis 1988, p. 121; G. Doeker empört sich regelrecht über die nicht zu übersehende Ignoranz gegenüber der Völkerrechtswissenschaft seitens der führenden Vertreter der Wissenschaft von den Internationalen Beziehungen (Anm. 34), S.45/46. E.-O. Czempiel wiederum wirft der Völkerrechtswissenschaft vor, die Entstehungsursachen der in den internationalen Beziehungen stattfindenden Interaktionen nicht zu beachten (Anm. 35), S. 61. Ähnlich kritisch äußert sich gegenüber der Völkerrechtswissenschaft auch M. Merle: Sociologie des relations internationales. Paris 1974, pp. 41 – 43. Vgl. ebenso K. Kaiser (Anm. 14), S. 200. Nach seiner Meinung fehlt der Völkerrechtswissenschaft „ein klareres Selbstverständnis als eine Stückwerk-Technologie zur Veränderung der sozialen Umwelt".
[47] So z. B. Kimmich: Völkerrecht und Internationale Beziehungen. In: AdV 1974 (16 – 2), S. 135. Er schreibt ferner: „Die beiden Disziplinen müssen eine gemeinsame Plattform finden, um auf dem Gebiet der internationalen Beziehungen ein echtes Verständnis der Wechselwirkung zwischen Normen und Fakten herbeizuführen".
[48] Vgl. K. Kaiser (Anm. 14), S. 200. D. Kimminich: Einführung in das Völkerrecht. München et alt. 1990, S. 46, unterstreicht ebenfalls die Notwendigkeit einer engeren Verflechtung und gegenseitigen Durchdringung der beiden Fachdisziplinen. Im Gegensatz zu ihnen sind US-Spezialisten nicht so weit gegangen. Sie betonen zwar in epischer Breite, was die Völkerrechtswissenschaft von der „Theory of International Relations" übernehmen kann (z. B. die Diagnose und die Lösung vor allem von Handels- und Umweltschutzproblemen, ferner von ethnischen Problemen und jenen der internationalen Sicherheit, des weiteren die Analyse spezieller internationaler Rechtsinstitutionen), umgekehrt such man vergeblich nach Impulsen der Völkerrechtswissenschaft. Vgl. A.-M. Slaughter/A. S. Tulumello/S. Sood: International Law and International Relations Theory: A Generation of interdisciplinary Scholarship. In: AJIl. 1998 (92 – 3), pp. 373 – 375. Zum Verhältnis zwischen den beiden Wissenschaften vgl. weitere neuere Publikationen in den USA: K. W. Abbott: Modern International Relations Theory: A Prospectus for International Lawyers. In: Yale Journal of International Law 1989 (4), p. 335. A. M. Slaughter: International Law and International Relations Theory: A Dual Agenda. In: AJIl 1993 (87), p. 205. J. K. Setear: An Iterative Perspective on Treaties: A Synthesis of International Relations Theory and International Law. In: Harvard International Law Journal 1996 (37), p. 139, R. O. Koehane: International Relations and International Law: Two Optics. In: Harvard/International Law Journal 1997 (38), p. 487.
[49] Vgl. z. B. Blenk-Knocke (Anm. 6), S. 34 ff. Sie unterstreicht ferner den Beitrag des Völkerrechts zur Durchsetzung der Menschenrechte sowie den Stellenwert der Völkerrechtsnormen zur Regulierung internationaler Konflikte und allgemein der internationalen Beziehungen. W. Rudolf: Völkerrecht und Deutsches Recht. Tübingen 1967, S. 27, betrachtet das Völkerrecht als „normativen Überbau" der internationalen Beziehungen. Er übersieht allerdings die ebenfalls existierenden politischen Normen sowie die Moralnormen.
[50] Vgl. E. Blenk-Knocke (Anm. 6), S. 33.

[51] Vgl. auch H. Neuhold: Abgrenzungen, Strukturmerkmale und Besonderheiten der Völkerrechtsordnung. In: H. Neuhold, W. Hummer, C. Schreuer (Hrsg.): Österreichisches Handbuch des Völkerrechts. Wien 1983, S. 3 – 4.

[52] Vgl. z. B. G. Schwarzenberger: Das Völkerrecht in der modernen Staatenwelt. In: U. Nerlich (Hrsg.): Krieg und Frieden in der modernen Staatengemeinschaft. Grundprobleme der internationalen Politik. Beiträge der Sozialwissenschaft, II. Gütersloh 1966, S. 53; B. Simma (Anm. 7), S. 314. Er erwähnt außerdem die Prognose hinsichtlich der Effekte völkerrechtlicher Normen.

[53] So z. B. O. Kimmich (Anm. 48), S. 37.

[54] So z. B. Bleckmann (Anm. 22), S. 67.

[55] G. Doeker: Internationale Beziehungen und Völkerrecht als Gegenstand der Forschung und der Lehre. In: AdV 1981 (19 – 4), S. 414 – 417; id. (Anm. 34), S. 47 – 49. Seine Beiträge enthalten einen ausführlichen Überblick über die für die Völkerrechtswissenschaft in Frage kommende Fachliteratur auf dem Wissenschaftsgebiet der Internationalen Beziehungen.

[56] E.-O. Czempiel (Anm. 35), S. 62 – 63. Er macht darauf aufmerksam, dass diese theoretischen Ansätze fast ohne Ausnahme von US-amerikanischen Vertretern der Wissenschaft von den „International Relations“ entwickelt worden sind.

[57] So beispielsweise O. Kimminich: Die Disziplin der Internationalen Beziehungen an den Hochschulen der Bundesrepublik Deutschland. In: Deutsch-polnisches Völkerrechtskollegium 1972. Frankfurt/M. 1972, S. 52. Bereits 1972 in Kiel und 1974 ist an der Universität München ein interdisziplinäres Symposion über das Thema „Völkerrecht und Internationale Beziehungen“ unter der Leitung von Bruno Simma veranstaltet worden. Vgl. hierüber E. Blenk.-Knocke und W. Kühne: Völkerrecht und Internationale Beziehungen. In: Österreichische Zeitschrift für öffentliches Recht, 1976, Band 27, S. 153 ff.

[58] Sowjetische Politikwissenschaftler haben das militärische eingreifen in Afghanistan vorwiegend politikwissenschaftlich-interessentheoretisch vorbereitet. Das Völkerrecht wurde zugleich ausgeblendet. Nicht Völkerrechtler, sondern Politikwissenschaftler, vor allem Vertreter der Lehre von den „Internationalen Relations“, haben in den USA den Krieg gegen den Irak befürwortet und begründet.

[59] Der Internationale Normenbildungsprozess war von 1977 bis 1999 das offizielle Forschungshauptprojekt von P. Terz, vorwiegend im Rahmen der Grundlagenforschung. Die Untersuchungen erstreckten sich auf die Völkerrechtsnormen, die politischen Normen und die Moralnormen. In der vorliegenden Arbeit stützt sich der Autor auf eigene Publikationen, um die wichtigsten zu nennen: Der Normenbildungsprozess in den internationalen Beziehungen und speziell im Völkerrecht. In: I. Wagner (Hrsg.): Methodologie der Rechtswissenschaft 1982 (12), S. 281 ff.; Für eine moderne Vereinbarungstheorie im Völkerrecht, Thesen. In: Impact of International Organizations on public Administration. Ungarische Akademie der Wissenschaften, Budapest 1983, pp. 209 ss., Die zunehmende Bedeutung des Consensus als Übereinstimmung und als Verfahrensprinzip. In: Acta Universitatis Wratislaviensis, Ser. Pravo, Wroclaw, S. 31 ff.; Vereinbarungstheorie im Völkerrecht, Thesen zur Diskussion. In: Wissenschaftliche Zeitschrift der Universität Leipzig 1984 (643-CXI), S. 384 ff.; Regelungsmechanismus im Regelungssystem der internationalen Beziehungen und speziell im Völkerrecht. In: I. Wagner (Hrsg.): Gegenstand und Methode der rechtlichen Regelung. Leipzig 1985, S. 193 ff.; Die Normenbildungstheorie (Eine völkerrechtsphilosophische, völkerrechtssoziologische und völkerrechtstheoretische Studie), erschienen als Fasc. 9, Tomo XXXIV der Acta Universitatis Szegediensis, Szeged 1985; Für eine moderne Normenbildungstheorie in den internationalen Beziehungen und speziell im Völkerrecht im Zeitalter der globalen Probleme der Menschheit. In: P. Terz (Hrsg.): Normenbildungstheorie im Völkerrecht – Gerechtigkeit – Neue internationale Wirtschaftsordnung.

Leipzig 1988, S. 7 ff.; Normenbildung in den internationalen Beziehungen der Gegenwart. In: Wissenschaftliche Zeitschrift der Universität Leipzig 1990 (39), S. 443 ff.; For a modern theory of creation of norms in the nuklear-cosmic era. In: Pax-Jus-Libertas, Misc. in hon. D. S. Constantopuli, Aristotelea Universitas Thessalonicensis, Vol. B.; Thessaloniki 1990, S. 1163 ff.; Cuestiones teóricas fundamentales del proceso de formación de las normas internacionales, Cali 1999. In diesen Publikationen ist allmählich die abgerundete Normenbildungstheorie des Autors entstanden. Dabei hat es sich als notwendig erwiesen, neue termini scientifici in Latein zu prägen und einzuführen.

[60] Vgl. P. Terz: Die Völkerrechtstheorie. Versuch einer Grundlegung in den Hauptzügen. In: Papel Politico 2006 (2 – 11), p. 726.

[61] Vgl. P. Terz: Die Völkerrechtsphilosophie. Versuch einer Grundlegung in den Hauptzügen. Pro scientia ethica iuris inter gentes. In: ARSP 2/2000, S. 180 ff.

[62] Diese Vorzüge der politischen Normen werden im Schrifttum teilweise hervorgehoben. Vgl. beispielsweise: M. Bennouna: Défi du développement et voluntarisme normativ. In: M. Flory et alt. (Éd.): La Formation des normes en droit international du développement. Table Rond francomaghrébine Aix-en-Provence, 7 et 8 oct. 1982, Paris/Alger, 1984, p. 373; I. H. Galenskaja/W. A. Koslow: Zur Frage der Prinzipien des Völkerrechts. In: Westnik, Leningradskowo Universiteta 1976 (17), S. 94; I. I. Lukaschuk: Elementare Normen der Beziehungen zwischen sozialistischen und kapitalistischen Staaten. In: Westnik, Kiewskowo Universiteta 1980 (10), S. 17; K. K. Sandrowski: Politische und rechtliche Regelung der gegenwärtigen internationalen Beziehungen. In: Westnik, Kiewskowo Universiteta 1987 (24), S. 8 ff. Er geht system-, jedoch nicht normbildungstheoretisch vor (alle drei in Russisch).

[63] So etwa I. I. Lukaschuk: Der Mechanismus der völkerrechtlichen Regulierung. Kiew 1980, S. 60 (in Russisch).

[64] So meint z. B. M. Virally, dass die Staaten eine Krise des Völkerrechts verursacht hätten. Vgl. Panorama du Droit International, Cours général de droit international public. In: R. d. C. 1983 (183 – V), Dordrecht/Boston/Lancaster, p. 363.

[65] Vgl. auch M. Virally in einem Bericht über die Unterschiede zwischen rechtlichen und nichtrechtlichen Texten, angefertigt für das Insitut de Droit International. La Distinction entre textes internationaux ayant une portéé juridique dans les relations mutuelles entre leurs auteurs et textes qui en sont dépourvus. Rapport définitif, 1982. In: Annuaire de I'I.D.I., 1983 (60 – I), p. 336.

[66] Gerade das meint G. I. Tunkin: Law and force in the international System. Moscow 1985, S. 139 – 140.

[67] Vgl. Auch J. Gilas: Internationale politische Normen. in: Przeglad Stosunkow, Miedzynarodowych, 1978 (3), S. 20 ff. (in Polnisch).

[68] Vgl. I. I. Lukaschuk: Die internationalen politischen Normen unter den Bedingungen der Entspannung. In: SGiP 1976 (8), S. 107 – 108 (in Russisch).

[69] Vgl. insbesondere W. Grahn: Die Rechtsnorm – eine Studie. Universität Leipzig 1979.

[70] Vgl. z. B. A. Nastase: Domeniul dezermarii. In: D. Popescu/A. Nastase (Ed.): Sistemul prinicpiilor dreptului International. Bucuresti 1986, pp. 91 – 95. Es muss allerdings kritisch vermerkt werden, dass die von ihm genannten Prinzipien nicht unbedingt eine richtige Widerspiegelung der Realität sind.

[71] Vgl. ähnlich auch M. Bothe: Legal and non-legal norms, a meaningful distinction in international relations. In: Netherlands Yearbook of international Law 1980 (XI), pp. 71 ss.

[72] Diese Auffassung wird auch von M. Bothe, ibid., p. 65, und I. I. Lukaschuk (Anm. 68), S. 108 vertreten.

[73] I. I. Lukaschuk (Anm. 68), nennt eine andere Sanktionsmöglichkeit: Fernhalten des Verletzers von der Nutzung bestimmter Vorteile in den zwischenstaatlichen Beziehungen; M. Virally (Anm. 65), p. 336, erwähnt solche Sanktionen, wie Abberufung von Diplomaten, Unterbrechungen von Verhandlungen, Suspendierung der Kooperation in verschiedenen Gebieten, Suspendierung der Handelsbeziehungen.

[74] Auf die Nichtexistenz eines Gerichts macht in diesem Kontext auch W. Wengler aufmerksam. Er schreibt ferner zutreffend: „Auf die Nichterfüllung eines nichtvölkerrechtlichen Vertrages kann auch damit reagiert werden, dass die Erfüllung eines anderen nichtvölkerrechtlichen Vertrages zwischen denselben Parteien verweigert wird". Vgl. Die Wirkungen nichtrechtlicher Verträge zwischen Staaten. In: AdV 1984, S. 320.

[75] Nach O. Schachter: General course in public international law. In: RdC 1982 (178 – V), p. 131, stünden dem Opfer alle gemäß dem Völkerrecht erlaubten Handlungen zu (z. B. Wiedergutmachung). J. Delbrück hingegen weist auf soziale und politische Sanktionen hin, Vgl. Die völkerrechtliche Bedeutung der Schlussakte der Konferenz über Sicherheit und Zusammenarbeit in Europa. Drittes deutsch-polnisches Juristen-Kollegium, Band 1. Baden-Baden 1977, S. 33 ff.

[76] Damit hat sich P. Terz häufig auseinandergesetzt. Vgl. insbesondere seine normenbildungstheoretische Monographie Cuestiones teóricas … (Anm. 59), pp. 150 ss. Vgl. ferner E. Pastrana: El prinicipio de la no reciprocidad: entre el deber ser y so regulación juridica en el marco de las relaciones económicas internacionales y de cooperacion. In: Papel Politico 2005, No. 17, Pontificia Universidad Javeriane; id., Die Bedeutung der Charta der ökonomischen Rechte und Pflichten der Staaten von 1974 für die Schaffung einer Neuen Internationalen Wirtschaftsordnung. Frankfurt/M. et alt. 1996 (insbesondere S. 59 ff.)

[77] Vgl. P. Weil, Vers une normativité relative en droit international? In: RGDIP 1982, (86-1), pp. 5 ss.

[78] A. Schüle hat in dem ansonsten völkerrechtsmethodisch sehr interessanten Beitrag „Methoden der Völkerrechtswissenschaft", Berichte der Deutschen Gesellschaft für Völkerrecht, 1959, Heft 3, S. 12, der Beachtung politischer Fragestellungen den Kampf angesagt: „Nur soweit es gelingt, jenes politische Argumentieren aus der Völkerrechtswissenschaft zu verbannen, wird sich eine ungebrochene Methodenlehre entwickeln können". Das ist ein zutreffendes Beispiel für die „reine" Völkerrechtslehre, der deutschen Rechtsposivisten.

[79] Z. B. I. I. Lukaschuk (Anm. 63 und 68), J. Gilas (Anm. 67), M. Bothe (Anm. 71), M. Virally (Anm. 65), K. K. Sandrowski (Anm 61), P. Terz (Anm. 59) sowie das jahrelange Mitglied der von vom Autor geleiteten internationalen Forschungsgruppe E. Pastrana (Anm 76). In den USA sind die Würfel zu Gunsten der „Internationalen Relations" oder allgemeiner der „political scienses" gefallen. Daran sind frühere führende Völkerrechtler schuld. „Ausgezeichnete Völkerrechtler haben das Völkerrecht aufgegeben und sind mit wehenden Fahnen ins Lager des „Neo-Realismus" übergegangen". J. I. Kunz: Der heutige Stand der Wissenschaft und des Unterrichts des Völkerrechts in den Vereinigten Staaten. In: ÖZföR 1956 (VII – 4), S. 407. Vor allem die Vertreter der „Yale Law School", allen voran M. S. McDougal, haben im wahrsten Sinne des Wortes das Völkerrecht durchlöchert und verraten. Im Mittelpunkt ihrer völkerrechtsnihilistischen Schriften stehen Kommunikations- und Entscheidungsprozesse („flow of decisions"), Erwartungshaltungen der Staaten („shared expectations") und das sogenannte Prinzip der „maximization of values". Vgl. M. S. Mc Dougal: International Law, Power and Policy: A Contemporary Conception. In: RdC 1953 (82 – I), pp. 170 ss; id: Law and Power. In: AJIl 1952, tome 46, pp. 109 ss. Ferner als Mitautor mit F. P. Feliciano: Land and Minimum World Public Order. The Legal Regulations of International Coercion. New Haven et alt. 1961. Vgl. Außerdem R. A. Falk: New approaches to the study of international law. In: AJIl 1967, 61, pp. 477,

488, 497. Zu nennen sind darüber hinaus die „Bibel“ des „Neo-Realismus“, verfasst von H. Morgenthau: Politics Among Nations. New York 1948 und P. E. Corbett: Law and Society in the Relations of States. New York 1951; id., The Study of International Law. New York 1955. Davon ausgehend, dass das Völkerrecht „vielleicht werdendes Recht“ sei, fordert er ein „new approach“ sowie eine Soziologie des Völkerrechts, offenkundig im Sinne eines Soziologismus. Der Völkerrechtsnihilismus derartiger pseudowissenschaftlicher Doktrinen eignet sich bestens für die völkerrechtswidrigen Militärinterventionen der USA in mehreren Regionen des „nationalen Sicherheitsinteresses“ der USA. Dies gilt insbesondere im Nahen Osten (z. B. Irak). Vgl. hierüber N. Paech/G. Stuby: Machtpolitik und Völkerrecht in den internationalen Beziehungen. Baden-Baden 1994, S. 272 f. So wäre es durchaus gerechtfertigt, den damaligen amerikanischen Präsidenten (Bush jr.) folgendermaßen zu charakterisieren: „Frutex Amerikanus, Imperator mundi et Amator olei terrae orientalis, Terminatorque juris inter gentes“ („Bush, der Amerikaner, Beherrscher der Welt und Liebhaber des morgenländischen Erdöls sowie Zerstörer des Völkerrechts“). Vgl. hierzu P. Terz: Die Völkerrechtssoziologie. Versuch einer Grundlegung in den Hauptzügen. Defensio Scientiae Juris Inter Gentes. In: Papel Politico 2006 (1 – 11), p. 294, Fußnote 89.

[80] P. Terz: Zur Bedeutung der Norm der grundlegenden Veränderung der Umstände in den internationalen Vertragsbeziehungen und zu ihrem Verhältnis zum Prinzip Pacta sunt servanda (Ein Beitrag zur Theorie des völkerrechtlichen Vertrages). Habilitationsschrift, vert. 1975, Universität Leipzig.

[81] Id.: Das Problem der Interessen in den zwischenstaatlichen Vertragsbeziehungen. In: Wissenschaftliche Zeitschrift der Universität Leipzig, 1976 (1), S. 37 – 43; Zu der Interessen- und Willensproblematik in den Vertragsbeziehungen. In: Przeglad Stosunkow Miedzynarodowych, 1978 (2), S. 121 – 127 (in Polnisch); Interessendurchsetzung und Friedenswahrung. In: Wissenschaftliche Zeitschrift der Humbold-Universität zu Berlin (Sondernummer: Völkerrecht als Friedensordnung) 1990 (2), S. 194 – 197.

[82] Id.: Die Polydimensionalität der Völkerrechtswissenschaft ... (Anm. 60).

[83] Id.: Die Völkerrechtssoziologie (Anm. 79). P. Terz/E. Pastrana: El Derecho Internacional al despuntar el Siglo XXI, Un punto de viesta sociologico del Derecho Internacional. Ad. Defensionem Iuris inter Gentes. In: Papel Politico 2007 (2 – 12).

[84] Diese Position ist von P. Terz zum ersten Mal in Auseinandersetzung mit Samuel Huntingtons seltsamer, ja absurden These vom The Clash of Civilizations (New York 1996) erarbeitet worden.

[85] Vgl. G. Lunk: Das Interesse, 2, Band 1. Leipzig 1928, S. 8.

[86] Vgl. H. Neuendorff: Der Begriff des Interesses. Eine Studie zu den Gesellschaftstheorien von Hobbes, Smith und Marx. Frankfurt/M. 1973, S. 10.

[87] Vgl. G.Lunk, ibid.

[88] Vgl. in: Handbuch philosophischer Grundbegriffe (Hrsg. H. Krings et alt.), Band II, München 1973, S. 740 sowie W. P. Eichhorn: Stichwort, „Interessen“. In: Philosophisches Wörterbuch, S. 534.

[89] Vgl. in: Langenscheidts Taschenwörterbuch, Altgriechisch, Berlin et alt. 1990, S. 402.

[90] „Die unterschiedlichen Ansichten zwischen den Menschen beziehen sich nicht auf das politische System, sondern auf die Privatinteressen jedes Einzelnen“, Quelle: Xap., 1989, S. 95 (559).

[91] Vgl. R. Müller: Das Menschenbild der sophistischen Aufklärung. In: id. (Hrsg.): Der Mensch als Maß der Dinge. Berlin 1976, S. 252, 255 sowie id.: Menschbild und Humanismus in der Antike, Leipzig 1980, S. 339, 458. Für Protagoras ist außerdem der Nutzen weder subjektiv noch allgemeinmenschlich, sondern konkret.

[92] Nach K. Böttcher et alt.: Geflügelte Worte. Leipzig 1988, S. 57 (Nr. 270).
[93] Die Übersetzung durch Jörg Milbradt scheint korrekter zu sein: „Der Nächste – das bin ich mir, nicht der andere". Terenz: Drei Komödien. hier „Das Mädchen von Andros" (Zweiter Akt), Leipzig 1973, S. 29. Im Allgemeinen ist nicht so sehr bekannt, dass solche Gedanken viel älter sind. So ließ z. B. der Tragiker Sophokles in dem „Aias" den Heerführer Agamemnon zu Odysseus sagen: „So geht es immer: jeder müht sich nur für sich". In: Sophokles: Aias, König Ödipus, Philoktet (Übers. von R. Schottlaender). Leipzig 1977, S. 505 (Vers. 135 ff.). Der andere große Tragiker Euripides legt in der „Medeia" dem Erzieher der Kinder Medeias folgende Worte in den Mund, gerichtet an die Amme: „...Das siehst du jetzt erst ein: Es liebt sich jeder selbst mehr als den Nächsten ...". In: Euripides: Dramen (Alkestis, Medeia, Hippolytos, Hekabe, Die Hilfeflehenden), Übers. D. Ebener, Leipzig 1976, S. 53 (Vers. 63 ff.).
[94] So schrieb Antiphon: „Und die Bestimmungen der Staatsgesetze sind das Ergebnis von gegenseitiger Übereinkunft, nicht aber gewachsen". In: Die Vorsokratiker (Übers. W. Capelle). Berlin 1961, S. 376.
[95] Vgl. R. Müller: Antike Gesellschaftstheorie. In: F. Jürß (Hrsg.): Geschichte des wissenschaftlichen Denkens im Altertum. Berlin 1982, S. 338 ff.
[96] Epikur schätzt das Recht als etwas „Nutzbringendes in der gegenseitigen Gemeinschaft" ein: (Hauptlehrsatz 36). Er erklärt sogar den Nutzen zum Kriterium für die Gerechtigkeit der Gesetze. Bringen sie unter veränderten Bedingungen keinen Nutzen mehr, dann muss man sie verändern (Hauptsatz 38). In: Griechische Atomisten, Texte und Kommentare zum materialistischen Denken der Antike (Übers. und Hrsg.: F. Jürß, R. Müller und E. G. Schmidt). Leipzig 1977, S. 290/291. Das Zustandekommen der Gesetzesänderung reflektiert sich in erster Linie „als Problem der Erkenntnis" des Nutzens. Erst sie befähigt dazu, die Bürger die richtige Entscheidung zu treffen. Vgl. Müller (Anm. 91), S. 252.
[97] In: Griechische Atomisten. Ibid., S. 291.
[98] Hauptsatz 23: „Jede Freundschaft ist um ihrer selbst willen zu wählen. Ihren Ursprung hat sie freilich im Nutzen". Ibid., S. 296.
[99] Fragmente, L 3: „Die Kunst ist eine Methode, die für das Leben das Nützliche schafft", Scholion zu Dionysios Thrax, BAG S. 649, 26. Ibid., S. 306.
[100] Hauptsatz 29: „In aller Offenheit möchte ich lieber als Erforscher der Natur allen Menschen sagen, was ihnen nützt ...". Ibid., S. 296.
[101] Vgl. F. Jürss: Griechische Weltanschauung und Philosophie. In: id. (Anm. 25), S. 391.
[102] In: Griechische Atomisten (Anm. 96), S. 308 Der Eudämonismus (Glückseligkeit) ist eine „ethische Lehre, nach der das eigentliche Motiv, letzte Ziel und sittliche Kriterium des menschlichen Handelns die Glückseligkeit ist". Vgl. M. Buhr: Stichwort „Eudämonismus". In: Philosophisches Wörterbuch, Band 1, S. 346. Der Eudämonismus ist keine „Abwandlung des Hedonismus", wie irrtümlicher Weise behauptet wird. So z. B. H. Wienold/O. Rammstedt: Stichwort „Hedonismus". In: Lexikon zur Soziologie (hrsg. von W. Fuchs-Heinritz et alt.). Opladen 1995, S. 269. Der Hedonismus ist „die ethische Lehre, nach der der individuelle Genuss im Mittelpunkt des menschlichen Handelns steht". Das Ethische Element besteht darin, dass der Mensch den Lustempfindungen nicht blindlings, sondern Kraft der Weisheit über sie folgt. Als Begründer des Hedonismus gilt Aristippos (Αρίστιππος), ein Schüler des Sokrates. Vgl. M. Buhr: Stichwort „Hedonismus". In: Philosophisches Wörterbuch, ibid., S. 471. Der Hedonismus ist eine Sonderform des Eudämonismus. Denkt der Mensch nur an sich und genießt das Leben auf Kosten anderer, dann ist dies ein egoistischer Hedonismus. Vgl. J. Mittelstraß: Stichwort „Hedonismus". In: Enzyklopädie, Band 2, S. 47.
[103] In: Griechische Atomisten. Ibid., S. 284.

[104] Ibid., S. 306.
[105] Vgl. F. Jürss (Anm. 101), S. 390.
[106] Vgl. R. Müller: Die Epikureische Gesellschaftstheorie. Berlin 1972, S. 64.
[107] In: Griechische Atomisten. Ibid., S. 291.
[108] P. T. D. Holbach: System der Natur oder von den Gesetzen der physischen und der moralischen Welt (Übers. aus dem Französischen), Erster Teil, 15. Kapitel. Berlin 1960, S. 229.
[109] Weiter deckt Karl Marx auf: „Holbachs Theorie ist also die historisch berechtigte Illusion über die eben in Frankreich aufkommende Bourgeoisie, deren Exploitationslust noch ausgelebt werden konnte als Lust an der vollen Entwicklung der Individuen in einem von den feudalen Banden befreiten Verkehr". Zit. nach: M. Buhr: Stichwort „Utilitarismus". In: Philosophisches Wörterbuch, Band 2, S. 1110.
[110] C. A. Helvetius: Werk vom Menschen (Übers. aus dem Französischen), Band I. Breslau 1774, S. 247.
[111] Vgl. O. Schwemmer: Stichwort „Interesse". In: Enzyklopädie, Band 2, S. 268.
[112] Vgl. id., S. 269.
[113] Vgl. ähnlich R. Dubischar: Einführung in die Rechtstheorie. Darmstadt 1983, S. 14.
[114] Vgl. ebenso J. Mittelstraß (Anm. 102), S. 47.
[115] Vgl. auch M. Buhr: Stichwort „Hedonismus". In: Philosophisches Wörterbuch, Band 1, S. 471.
[116] Vgl. O. Schwemmer: Stichwort „Utilitarismus". In: Enzyklopädie, Band 4, S. 461.
[117] Vgl. H. R. Ganslandt: Stichwort „Bentham". In: Enzyklopädie, Band 1, S. 281.
[118] Vgl. B. W. Reimann/H. Wienold: Stichwort „Utilitarismus". In: Lexikon zur Soziologie (Anm. 102) S. 702.
[119] Vgl. H. R. Ganslandt (Anm. 117), S. 281.
[120] Vgl. auch Philosophen-Lexikon, Handwörterbuch der Philosophie nach Personen (Hrsg. W. Ziegenfuss/G. Jung), Erster Band, Berlin 1949, S. 101.
[121] In: Klassiker der Staatsphilosophie. Ausgewählte Texte (hrsg. von A. Bergstraesser und D. Olerndörfer). Stuttgart 1962, S. 139 ff.
[122] Vgl. H. Poller: Die Philosophen und ihre Gedanken. Ein geschichtlicher Überblick. Freiburg 2005, S. 299.
[123] Vgl. J. Mittelstraß (Anm. 102), S. 47.
[124] Vgl. B. W. Reimann/H. Wienold (Anm. 117), S. 702.
[125] Vgl. R. Dubischar (Anm. 113), S. 15.
[126] Insgesamt gibt es die folgenden Eudämonismus-Arten: a) hedonistischer E.: dauerhafte Lust (Epikur, J. Locke, J. Bentham); b) aretologischer E.: tugendhaftes Leben (Sokrates, Platon, Aristoteles, Stoa); c) antologischer E.: vollständige Bedürfnisbefriedigung (Augustinus, Thomas von Aquin); d) voluntaristischer E.: Erfüllung menschlichen Strebens und Wollens als geeignetes Mittel zur Glückserlangung; e) egoistischer E.: eigenes Glück auf Kosten anderer Menschen; f) altruistischer oder sozialer E.: Glück anderer Menschen als oberstes Ziel des Handelns. Das gehört wohl in die Welt der großen Illusion. Vgl. M. Glatzemeier: Stichwort „Eudämonismus". In: Enyklopädie (Anm. 8), Band 1 S. 600. Nach Aristoteles bewirkt im Allgemeinen das geistige Leben das intensivste, das eigentliche Glück gemäß der Arete (Tugend). Vgl. M. Simon: Die Aristotelische Gesellschaftstheorie. In: R. Müller (Hrsg.): Der Mensch als Maß der Dinge. Berlin 1976, S. 337.
[127] Jürss, F. et alt. (Hrsg.) (1977): Griechische Atomisten, Texte und Kommentare zum materialistischen Denken der Antike. S. 101ff.

[128] In: Griechische Atomisten (Anm. 96), S. 368. Porphyrios war Vertreter des Neuplatonismus. Vgl. Lexikon der Antike (hrsg. von I. Irmscher), Leipzig 1987, S. 464.
[129] Langenscheidts Taschenwörterbuch, Altgriechisch, Berlin et alt. 1990, S. 394.
[130] Benselers Griechisch-Deutsches Wörterbuch, Leipzig 1981, S. 539.
[131] K. E. Georges: Kleines Lateinisch-Deutsches Handwörterbuch. Leipzig 1890, S. 2157. Es werden auch andere Wörter erwähnt: Denkvermögen, Klugheit, Vernunftmäßigkeit, Vernünftigkeit.
[132] Vgl. R. Müller (Anm. 91), S. 354/355, J. Mittelstraß: Stichwort „Vernunft". In: Enzyklopädie, Band 4, S. 518.
[133] Vgl. auch O. Schwemmer: Stichwort „ratio". In: Enzyklopädie, Band 3, S. 462.
[134] Ibid. (Anm. 128), S. 116 sowie ibid. (Anm. 129), S. 179.
[135] Ibid. (Anm. 130), S. 1325. Der Terminus „Intellectus" ist eine Sprachschöpfung der mittelalterlichen Philosophie. Vgl. R. Wimmer: Stichwort „Intellectus". In: Enzyklopädie, Band 2, S. 254.
[136] Vgl. M. Buhr: Stichwort „Vernunft". In: Philosophisches Wörterbuch, Band 2, S. 1125.
[137] Vgl. O. Rammstedt: Stichwort „Vernunft". In: Lexikon zur Soziologie (Anm. 102), S. 716.
[138] Vgl. O. Schwemmer: Stichwort „Interesse". In: Enzyklopädie, Band 2, S. 271.
[139] J. Mittelstraß: Stichwort „Vernunft". In: Enzyklopädie, Band 4, S. 518.
[140] Vgl. ähnlich. C. F. Gethmann: Stichwort „Verstand". In: Enzyklopädie, Band 4, S. 528.
[141] Vgl. ebenso O. Rammstedt (Anm. 136), S. 716.
[142] M. Buhr (Anm. 138), S. 1125.
[143] Vgl. O. Rammstedt: Stichwort „Verstand". In: Lexikon zur Soziologie (Anm. 102), S. 720.
[144] Vgl. M. Buhr: Stichwort „Verstand". In: Philosophisches Wörterbuch, Band 2, S. 1125.
[145] Vgl. O. Rammstedt, ibid., S. 720.
[146] Vgl. J. Mittelstraß: Stichwort „Common sense". In: Enzyklopädie, Band 1, S. 409.
[147] I. Kant: Kritik der praktischen Vernunft, Grundlegung zur Metaphysik der Sitten. Leipzig 1978, S. 271.
[148] Zit. nach: C. F. Gethmann (Anm. 138), S. 530.
[149] Vgl. O. Schwemmer: Stichwort „Interesse". In: Enzyklopädie, Band 2, S. 268.
[150] Zit. nach: M. Buhr (Anm. 135), S. 1124.
[151] Vgl. ibid., S. 1124.
[152] Vgl. O. Schwemmer (Anm. 147), S. 268 – 270. Der Begriff „Vernunftinteresse" ist von F. Kambartel eingeführt worden. Vgl. G. Wolters: Stichwort „Vernunftinteresse". In: Enzyklopädie, Band 4, S. 524. Kant definiert das Interesse in Verbindung mit der Vernunft wie folgt: „Interesse ist das, wodurch Vernunft praktisch, d. i. eine den Willen bestimmende Ursache wird". I. Kant (Anm. 145), S. 280.
[153] In: Die Vorsokratiker (Anm. 126), S. 158.
[154] Vgl. ähnlich A. Kosing: Stichwort „Erkenntnistheorie". In: Philosophisches Wörterbuch, Band 1, S. 317.
[155] Vgl. J. Mittelstraß: Stichwort „Erkenntnis". In: Enzyklopädie, Band 1, S. 575.
[156] Vgl. K. Lorenz: Stichwort „Diskursivität". In: Enzyklopädie, Band 1, S. 492.
[157] Vgl. G. Wolters: Stichwort „Intuitive Erkenntnis". In Enzyklopädie, Band 2, S. 285.
[158] Vgl. M. Buhr: Stichwort „Intuition". In: Philosophisches Wörterbuch, Band 1, S. 539.
[159] Vgl. R. Klima: Stichwort „Erkenntnis". In: Lexikon der Soziologie (Anm. 102), S. 178.
[160] Vgl. G. Klauss: Stichwort „Abbildtheorie". In: Philosophisches Wörterbuch, Band 1, S. 32/33. Die Abbild- oder Widerspiegelungstheorie ist Kernstück der dialektisch-materialistischen Dialektik: „Das erkennende Subjekt erzeugt im Erkenntnisprozess vermittels der analytisch-

synthetischen Nerventätigkeit ideelle Abbilder der Objekte in anschaulich-sinnlicher Form (Empfindungen und Wahrnehmungen) und in abstrakt-logischer Form (Urteile und Begriffe). Vgl. ibid., S. 315.

[161] Vgl. C. F. Gethmann: Stichwort „Erkenntnisinteresse". In: Enzyklopädie, Band 1, S. 576.

[162] Vgl. O. Schwemmer: Stichwort „Interesse". In: Enzyklopädie, Band 2, S. 271.

[163] Vgl. id., S. 270.

[164] So beispielsweise J. Mittelstraß: Über Interessen. In: id. (Ed): Methodologische Probleme einer normativ-kritischen Gesellschaftstheorie. Frankfurt 1975, S. 126 ff.

[165] Kleines Politik-Lexikon (hrsg. von C. Lenz/N. Ruchlak), München 2001, S. 98.

[166] So beispielsweise W. P. Eichhorn: Stichwort „Interessen". In: Philosophisches Wörterbuch, Band 1, S. 536/537.

[167] Der Brockhaus, Psychologie, hrsg. von der Lexikon-Redaktion des Verlages, Mannheim/Leipzig 2001, S. 277.

[168] Vgl. K. Deutsch: Analyse internationaler Beziehungen (Übers. aus dem Englischen „Analysis of International Relations"). Frankfurt/M. 1968, S. 77.

[169] So R. Lautmann: Stichwort „Nutzen". In: Lexikon zur Soziologie (Anm. 102), S. 469.

[170] Vgl. P. Terz: Die Völkerrechtssoziologie (Anm. 79), hier speziell pp. 276 ss.

[171] Id., pp. 274 – 278.

[172] Stellvertretend für mehrere vgl.: vor allem E. D. Götz: Die völkerrechtlich geschützten Staatsinteressen. Dissertation. Würzburg 1967, S. 40 – 42 („primäre und sekundäre" Interessen); W. Wengler: Prolegomena zu einer Lehre von den Interessen im Völkerrecht. In: Die Friedenswarte 1950 (50 – 2), S. 109, 111, 115 („finale" und „modale", „konstante" Interessen) sowie A. Bleckmann: Die Funktionen der Lehre im Völkerrecht. Materialien zu einer Allgemeinen Methoden- und Völkerrechtslehre. Köln et alt. 1981, S. 204/205 („Individualinteressen", „Gruppeninteressen", „Allgemeininteressen"). Schon im 18. Jh. gab es Versuche, eine Interessen-Typologie zu erstellen: D. Diderot: Philosophische Schriften. hrsg. von Th. Lücke, 1. Band, Berlin 1961, S. 391 („Sagt man: Das Interesse eines Individuums, einer Körperschaft, einer Nation; mein Interesse, das Interesse des Staates, ihr Interesse, dann bedeutet dieses Wort das, was dem Staat, der Person, mir usw. zukommt"), Artikel aus der „Enzyklopädie über Philosophie und Moral"; S. Pufendorf: Einleitung zu der Historie der vornehmsten Reiche und Staaten, so itziger Zeit in Europa sich befinden. 1682, Band 1, Frankfurt 1684, S. HH („imaginarium" und „verum" Interesse).

[173] Vgl. ähnlich J. Frankel: Nationales Interesse. München 1972 (Original: „National Interest", London 1970), S. 77 – 79. Nach Frankel geht es um die „Erhaltung des lebenswichtigen Kerns". Die Staaten sind nicht bereit, Konzessionen zu machen. Vgl. ebenso D. Schwarzkopf: Atomherrschaft, Politik und Völkerrecht im Nuklearzeitalter. Stuttgart-Degerloch 1969, S. 93, 158. Er spricht von einem „primären vitalen Interesse", wenn es sich um die „Erhaltung der eigenen Substanz" handelt.

[174] Text in: Völkerrecht, Dokumente (bearb. von P. Morgenstern), Teil 3. Berlin 1980, S. 175 Text in: ibid., S. 790.

[175] In: Id., S. 787.

[176] So beispielsweise der österreichische Vertreter im UN-GV-Rechtskomitee am 2.11.1981 im Zusammenhang mit der Anwendung des Consensus-Verfahrens in UN-Organen (A/C.6/36/SR.38).

[177] So beispielsweise M. Schmidt/W. Schwarz: Neue Anforderungen an Sicherheitsdenken und Sicherheitspolitik. In: IPW-Berichte 1986 (9), S. 10/11. Die Autoren unternehmen den misslungenen Versuch, die „legitimen Interessen" zu charakterisieren: Sie dürfen nicht auf Kosten an-

derer Staaten sein; sie müssen einen Beitrag zur Lösung der Überlebensfragen der Menschheit leisten; Durchsetzbarkeit ausschließlich mit friedlichen Mitteln; Einbettung in eine Sicherheit komplexen Charakters. Sie haben leider ausgerechnet das Völkerrecht nicht beachtet.

[178] So beispielsweise H. Cassan: Humanité et développement. In: M. Flory et alt.: La formation des normes en droit international du développement. Paris 1984, p. 197 und A. Bleckmann: Die Völkerrechtsverbindlichkeit der deutschen Rechtsordnung. In: Die Öffentliche Verwaltung, 1979 (9 – 23), S. 315 (Das „internationale Allgemeininteresse" umfasse „den Schutz bestimmter fremder Interessen").

[179] So im „Vertrag über die Ächtung des Krieges (Briand-Kellog-Pakt) von 1928, Text in: Dokumente zur Abrüstung 1917 – 1976 (bearb. von P. Klein), Berlin 1978, S. 105; Isay: Völkerrecht. Breslau 1924, S. 19; B. Pallieri: Diritto internazionale pubblico. Milano 1962, pp. 505 ss.

[180] Vgl. hier das Werk in der Auflage von 1966, p. 62.

[181] Vgl. hierzu ausführlicher: P. Terz: Die Völkerrechtsphilosophie (Anm. 61), S. 168 – 184.

[182] Diese Formulierung ist zum ersten Mal in dem folgenden Beitrag geprägt worden, P. Terz: Die Völkerrechtstheorie (Anm. 60), S. 686.

[183] Vgl. sehr ausführlich die prägnante und informative Studie: D. Bienen/C. Freund/V. Rittberger: Gesellschaftliche Interessen und Außenpolitik. Die Außenpolitiktheorie des utilitaristischen Liberalismus, Nr., 33 von „Tübinger Arbeitspapiere zur internationalen Politik und Friedensforschung", Tübingen 1999, S. 2 – 6, 15, 25/26. In den 30er-Jahren des 20 Jh. waren die Untersuchungsergebnisse noch abstrakter und idealistischer. So beispielsweise H. Kraus: Staatsinteressen im internationalen Leben. In: Internationale Gegenwartsfragen (Ausgewählte kleine Schriften). Nachdruck, Würzburg 1963, S. 53 ff.: Unter „Interesse" versteht er „zunächst Wertvorstellungen und sodann Werterhaltungs- und Wertverwirklichungswillen".

[184] R. E. Osgood: Idealismus und Egoismus in der Außenpolitik. In: H. Haftendorn (Hrsg.): Theorie der internationalen Politik. Gegenstand und Methode der Internationalen Beziehungen. Hamburg 1975, S. 55. Im Unterschied zu den USA sah die regionale Großmacht Türkei das internationale Interesse viel breiter: Es ging in erster Linie um zwei Aspekte: Entscheidungen der türkischen Außenpolitik insgesamt nur auf der Basis des eigenen „nationalen Interessen", d. h. nicht wie jahrzehntelang durch die Brille der US-amerikanischen „nationalen Sicherheitsinteressen"; b) Herstellung friedlicher Beziehungen (Politik der „Null-Probleme") zu sämtlichen Nachbarstaaten. Diese neue türkische Außenpolitik stützte sich theoretisch auf das bemerkenswerte Buch, insbesondere Kapitel 10 und 11, des damaligen türkischen Außenministers Ahmet Davutoglu: „Die strategische Tiefe, die internationale Position der Türkei (im türkischen Original: „Stratejik Derinlik. Türkiye nin uluslararasi konumu"), Achiva 2010 (in Griechisch). Inzwischen hat sich die Türkei von dieser Strategie weit entfernt.

[185] H. J. Morgenthau: Macht und Frieden. Grundlegung einer Theorie der internationalen Politik. Gütersloh 1963, S. 50. Es ist kein Zufall, wenn G.-K. Kindermann konstatiert, dass im „Denken der Realistischen Schule", die „Lehre von den Interessen" als unabdingbare Ergänzung ihrer „Lehre von der Macht" sei: Vgl. Hans J. Morgenthau (ibid.), S. 26.

[186] Vgl. sehr zutreffend S. Böckenferde: Zwischen der Durchsetzung nationaler Interessen und der Rolle als globaler Ordnungsmacht. Perspektiven künftiger amerikanischer Militäreinsätze. Berlin 2001, S. 9.

[187] Stellvertretend für mehrere seien genannt: J. Kukulka: Probleme der Theorie der internationalen Beziehungen. Moskwa 1980, S. 271; E. A. Posdnjakow: Die Systembetrachtungsweise und die internationalen Beziehungen. Moskwa 1976, S. 121 (beides in Russisch).

[188] So E. Frischer-Baling: Theorie der Auswärtigen Politik. Köln/Opladen 1960, S. 18.

[189] Duden. Das große Fremdwörterbuch. Mannheim/Leipzig et alt. 2000, S. 992/993.

[190] So weit war bereits H. Kraus (Anm. 183). S. 53. Ihm folgen E. D. Götz (Anm. 172), S. 76 sowie indirekt G. Birkás: Das Staatsinteresse als Grundlage des Völkerrechts. Berlin 1933, S. 75.

[191] Thukydides: Geschichte des peloponnesischen Krieges. (übers. von Th. Braun), erstes Buch, Kap. 124 Leipzig 1964, S. 92.

[192] Vgl. ähnlich auch P. Carteledge: Thukydides, 2500 Jahre alt und doch ein Zeitgenosse. In: UNESCO-Kurier 1990 (3), S. 18.

[193] Rede m Internet: www.tagesschau.de/multime dia/video/video 438452.htme.

[194] A. P. Sereni: Diritto Internazionale, II, Organizzazione Internazionale. Milano, p. 773.

[195] Vgl. G. Morelli: Nozioni di diritto internazionale. Padova 1963, 1967, pp. 1 – 6.

[196] Duden. Das große Fremdwörterbuch. Mannheim/Leipzig et alt. 2000, S. 593.

[197] So beispielsweise F. C. Iklé: Strategie und Taktik des diplomatischen Verhandelns (Übers. von „How Nations Negotiate", New York 1964). Gütersloh 1965, S. 43.

[198] M. Virally wies bereits Mitte der 80er-Jahre auf „sich kreuzende Interessen" zwischen den USA und der damaligen UdSSR auf den Weltmeeren, auf ökonomischem, politischem und auf dem Handelsgebiet hin. Vgl. Panorama du Droit International Conemporain (Académie de Droit International), Dordrecht et alt. 1985, p. 39.

[199] Das Völkerrecht vermag nach H. Lauterpacht gegensätzliche Interessen auszugleichen und zu regeln. Vgl. Privat Law sources and analogles of International Law. London 1927, S. 31. Vgl. weiter ähnlich H. Neuhold: Abgrenzungen, Strukturmerkmale und Besonderheiten der Völkerrechtsordnung. In: H. Neuhold et alt. (Hrsg.): Österreichisches Handbuch des Völkerrechts, Band 1. Wien 1983, S. 5.

[200] Stellvertretend für mehrere seien nur die folgenden erwähnt: P. Heck: Interessenjurisprudenz. Tübingen 1933; J. Edelmann: Die Entwicklung der Interessenjurisprudenz. Bad Homburg 1967.

[201] Vgl. R. Dubischar: Einführung in die Rechtstheorie. Darmstadt 1983, S. 17/18.

[202] Id., S. 18.

[203] So W. Sauer: Einführung in die Rechtsphilosophie für Unterricht und Praxis. Berlin 1954, S. 19.

[204] Vgl. H. Klenner: Vom Recht der Natur zur Natur des Rechts. Berlin 1984, S. 151 – 153.

[205] Sehr überzeugend Henkel: Einführung in die Rechtsphilosophie. München/Berlin 1977, S. 315.

[206] Vgl. beispielsweise: W. Wengler: Prolegomena (Anm. 172), S. 108 (der Gestaltung der Normen liegen menschliche Interessen zugrunde, die „auf dem Wege über die positiven Rechtsnormen Befriedigung suchen". Im Prinzip kann man dieser Auffassung zustimmen, obwohl eine überzeugende Begründung fehlt. Bereits Mitte des 18. Jh. wurde die Meinung vertreten, dass nicht „ein Natur- und Völkerrecht oder ein Jus publicum universale", sondern die „Wissenschaft vom Interesse" für die zwischenstaatlichen Beziehungen entscheidend sei. Vgl. J. J. Schmaußens: Die Historie der Balance von Europa. Leipzig 1741. Aus der Vorrede: M. Bos richtet sich gegen die Überwertung des Interesses im Völkerrecht und weist wohl rechtspositivistisch eher auf den Willen hin. Vgl. Positiv International Law. In: Netherlands International Law Review 1982 (XXIX-1), p. 13.

[207] M. Virally beschränkt sich auf die politischen Interessen. Nach seiner Meinung vermag jedoch das Völkerrecht nicht die gesamte politische Ordnung zu erfassen, die ohnehin ihre eigenen „Spielregeln" besitzt. Vgl. Panorama (Anm. 198), pp. 30 – 33. Ähnlich geht W. Wengler vor: „Damit ist der Vorbehalt des Politischen gegenüber dem Rechtlichen zunächst als ein Werkzeug der besonderen Interesse – der Staaten … erkannt". Vgl.: Der Begriff des Politischen im internationalen Recht. In: Staat und Recht. 1956 (189 – 190), S. 33 – 35.

[208] Dies ist der Fall bei vielen ehemals sowjetischen Völkerrechtlern. Stellvertretend für mehrere seien genannt: D. B. Lewin: Das Völkerrecht, die Außenpolitik und die Diplomatie. Moskwa 1981, S. 122; G. W. Ignatenko/D. B. Ostapenko (Hrsg.): Völkerrecht. Moskwa 1978, S. 30; J. G. Barsegow: Völkerrechtliche Aspekte der globalen Probleme der Gegenwart. In: SGiP 1983 (6), S. 83 (alle drei Quellen in Russisch).

[209] Vgl. beispielsweise P. Terz: Der Normbildungsprozess in den internationalen Beziehungen und speziell im Völkerrecht. In: Methodologie der Rechtswissenschaft. 1983 (12), S. 281; id., Die Normbildungstheorie (Eine völkerrechtsphilosophische, völkerrechtssoziologische und völkerrechtstheoretische Studie, 9/XXXIV, Acta Universitatis Szegediensis, Szeged 1985; id., For a modern theory of the creation of norms in the nuclear-cosmic era. In: Pax-Jus-Libertas, Misc. in hon. D. S. Constantopuli, vol. B., Thessaloniki 1990, p. 1163.

[210] P. Terz: Cuestiones teóricas fundamentales del proceso de formación de las normas internacionales. Cali 1989, vor allem pp. 81 – 85.

[211] Id., pp. 65 – 71.

[212] Die folgenden Völkerrechtler waren in erster Linie Vertreter dieser These: H. Triepel: Völkerrecht und Landesrecht. Leipzig 1899, S. 26, 45, 50, 64 ff., 75, 82; K. Binding: Die „Vereinbarung". Ihr Begriff – ihre schöpferische Kraft. Zum Werden und Leben der Staaten. München/Leipzig 1920, S. 215, 217; D. Anzilotti: Lehrbuch des Völkerrechts, Band 1. Berlin/Leipzig 1929, S. 31, 38 ff.

[213] G. Morelli kritisiert an der Gemeinwille-These die Ungeeignetheit, ein einheitliches Völkerrechtssystem aufzubauen. Vgl. Nozioni (Anm. 197), p. 12/13. T. Giehl wirft ihr sogar Mystizismus („unio mystica") vor und schätzt ein, dass sie zum Scheitern verurteilt sei. Vgl. The legal Character and Sources of international Law. In: Scandinavian Studies in Law 1957 (1), p. 59.

[214] Vgl. P. Terz (Anm. 181), pp. 683 ss. In diesem Grundsatzbeitrag werden Interesse und Willen als Kategorien der Völkerrechtstheorie aufgefasst.

[215] Vgl. hierzu ausführlich: P. Terz: Zu der Abgrenzung der Norm der grundlegenden Veränderung der Umstände von einigen speziellen Bestimmungen der Wiener Vertragsrechtskonvention von 1969. In: Jogtudományi Közlöny 1977 (3), S. 162 – 168 (in Ungarisch); id.: Wesen und mögliche Auswirkungen von grundlegenden Veränderungen der Umstände auf die Gültigkeit zwischenstaatlicher Verträge. In: Przeglád Stosunków Miedzynarodowych 1978 (3), S. 121 – 128 (in Polnisch).

[216] Insgesamt zu der Periodisierung des Völkerrechts vgl. W. Grewe: Epochen der Völkerrechtsgeschichte. Baden-Baden 1984.

[217] P. Terz: Komplexität, Globalität und universal-historisches Vorgehen als methodologische Grundsätze gesellschaftswissenschaftlicher Forschung (demonstriert am Beispiel von Gleichgewicht, „Gemeinwohl" und Consensus). In: Das Hochschulwesen, 5; (1981); P. Terz/E. Pastrana: El Derecho Internacional al Despuntar el Siglo XXI, Un Punto de Vista Sociológico del Derecho Internacional Ad Defensionem Iuris Inter Gentes. In: Papel Politico 2007 (2 – 12), pp. 535 – 564. Es ist kein Zufall, dass Interesse und Gleichgewicht im Mittelpunkt dieses Beitrages stehen. 543 ss.

[218] Vgl. H. Fenske: Gleichgewicht, Balance. In: Geschichtliche Grundbegriffe. Historisches Lexikon zur politisch-sozialen Sprache in Deutschland (Hrsg. D. Brunner et alt.), Band 2. Stuttgart 1975, S. 360.

[219] Vgl. Deutsches Wörterbuch (Hrsg. Grimm, J./Grimm, W.), Band 7. Leipzig 1949, Erst im 16. Jh. erfolgte die Übernahme dieses lateinischen Begriffes in die deutsche Sprache.

[220] Vgl. den ausführlichen Überblick der Termini I. Bucher, Über politische Kunstausdrücke, II. Politisches Gleichgewicht. In: Deutsche Revue über das gesamte nationale Leben der Gegenwart (Hrsg. R. Fleischer), 3/12. Breslau 1887, S. 335 ff.

[221] Schon im 4. Jahrtausend v. Chr. war die symbolhafte Abbildung der Waage Sinnbild für die Gerechtigkeit. Vgl. A. Demandt: Metaphern für Geschichte, Sprachbilder und Gleichnisse im historisch-politischen Denken. München 1978, S. 303.

[222] Vgl. stellvertretend für zahlreiche C. I. Bomze (1982): Gleichgewichtstheorie: Dynamische Methode und Stabilität. Wien 1982, S. 4 ff. Es wird die engere Bedeutung des Gleichgewichts unterstrichen: „Zustand, in dem alles still steht".

[223] Thomas Hobbes: Grundzüge der Philosophie. Erster Band, III. Teil, 23. Kapitel, Nr. 157 von die Philosophische Bibliothek Leipzig (ohne Jahresangabe), S. 132. Ferner schreibt Hobbes: „Stehen Gewicht und Entfernung vom Mittelpunkt der Waage zweier Körper im reziproken Verhältnis, dann halten sie sich das Gleichgewicht und umgekehrt".

[224] Vgl. insbesondere E. Bonjour: Europäisches Gleichgewicht und Schweizerische Neutralität. Rektoratsrede, 20. Heft der Basler Universitätsreden. Basel 1946, S. 7. Nach dieser Konzeption sei es ebenso möglich, Entwicklungen künstlich anzuhalten, um unter Umständen ein ethisches Ziel wie z. B. der Friedenserhalt zu erreichen.

[225] Diesbezüglich ist uneingeschränkt zu folgen G. Heyden: Stichwort „Gleichgewichtstheorie". In: Philosophisches Wörterbuch, Band 1, S. 504. Nach seiner Meinung verändert sich auch das gesamte Milieu des jeweiligen Zustandes.

[226] Vgl. hierzu die hochinteressante Studie von A. Strohmeyer: Theorie der Interaktion: das europäische Gleichgewicht der Kräfte in der frühen Neuzeit. Wien 1994, S. 14 – 25. Der Autor spricht ferner von möglichen Gleichgewichten auch im „mikro- und makro-ökonomischen Bereich" eher im soziologischen Sinne und wendet sich gegen die bereits überholten mechanischen Gleichgewichtsmodelle.

[227] Hans Morgenthau: Macht und Frieden. Grundlegung einer Theorie der internationalen Politik (Original: „Politics among Nations", New York 1948). Gütersloh 1963, S. 145. Dieses Buch gilt übrigens als die „Bibel" des „Neo-Realismus" in den internationalen Beziehungen.

[228] Vgl. stellvertretend für mehrere Autoren L. Inis: Claude, power and International Relations. New York, (Balance of Power als eine Situation, als eine Politik und als ein System); D. Schwarzkopf: Atomherrschaft, Politik und Völkerrecht im Nuklearzeitalter. Stuttgart-Degerloch 1968, S. 96 (Gleichgewicht als augenblickliches Kräfteverhältnis, als politischer Status und als ein politisches System); T. V. Paul, James Wirtz, M. Fortmann: Balance of Power, Theory and Practice in the 21st Century, sonlusions. Standford 2004, (Gleichgewicht als eine Politik der Strategie sowie als ein Resultat), pp. 368.

[229] Vgl. ähnlich auch T. V. Paul: Introduction: The Enduring Axiom of Balance of Power Theory and their Contemporaty Relevance. In: T. V. Paul/James Wirtz, M. Fortmann, ibid., pp. 1 ss. Ausgangspunkt seiner diesbezüglichen Überlegungen ist der starke Wunsch der Staaten, weiter zu existieren. Dazu benötigen sie Macht, von der ihr Bestand abhängt. Hierdurch entsteht eine Konkurrenz der Macht als ein normaler Zustand.

[230] C. Schmitt: Der Nomos der Erde im Völkerrecht des Jus Publicum Europaeum. Köln 1959, S. 161.

[231] Dieser interessante Gedanke ist bereits in den 50er-Jahren des 20. Jh. von Hans J. Morgenthau entwickelt worden. Vgl. Macht und Frieden (Anm. 224), S. 147.

[232] So zutreffend T. V. Paul, James Wirtz, M. Fortmann: Conclusions (Anm. 231), p. 366. Indem die Autoren einen Gleichgewichts-Automatismus ablehnen, richten sie sich indirekt gegen das überholte mechanische Gleichgewichts-Verständnis vergangener Jahrhunderte. Vgl. ferner

K. Lenz, N. Ruchlak: Kleines Politik-Lexikon. Oldenburg 2001, S. 84 (Der Zusammenschluss mehrerer kleinerer Staaten soll die Hegemonie eines Staates verhindern, wodurch das Gleichgewicht wieder hergestellt wird); H. J. Morgenthau (Anm. 224), S. 159 („Bündnisse sind in einem Mehrstaatensystem zwangsläufige Folge des Gleichgewichts der Macht").

[233] So zutreffend R. Blühdorn: Internationale Beziehungen. Einführung in die Grundlagen der Außenpolitik. Wien 1956, S. 268 („Aus dem Grundsatze des Gleichgewichts ergibt sich ferner die Regel, dass Staaten sich gegen jeden Staat verbünden, der übermächtig zu werden droht. Daher stammt die „Koalitionsfurcht" aller mächtigen Staaten"). Tatsächlich „sind im Verein auch die Schwachen stark." H. Reiter: Der Niederschlag des Grundsatzes des europäischen Gleichgewichts im Völkerrecht. Dissertation. Universität Würzburg 1959, S. 11.

[234] Vgl. ähnlich A. Wolfers: Macht und Indifferenz über das Verhalten der Staaten. In: U. Nerlich (Hrsg.): Krieg und Frieden in der modernen Staatenwelt. Gütersloh 1966, S. 360. Besonders überzeugend beschreibt H. Morgenthau (Anm.224, S. 144) das Verhältnis zwischen der Machtzunahme eines Staates und der Schaffung von Gegengewichten: „Wirft eine Nation das Maximum an Macht, das sie aufzubringen vermag in die Waagschale der internationalen Politik, werden ihre Rivalen ihre maximalen Bemühungen entgegensetzen, um dieser Macht gleichzukommen oder sie zu überbieten." Vgl. in etwa ähnlich auch K. W. Deutsch, J. D. Singer: Multipolar Power Systems and International Stability. In: D. V. Edwards (1970), International Political Analysis Redings, New York 1970, p. 359.

[235] Vgl. P. R. Beahr: Power and Influence in international Politics. In: Netherlands International Law Review 1977 (XXIV-1/2), p. 7. Sicherlich gibt es weitere Elemente wie z. B. die Entwicklung modernster Technologien auf allen wichtigen Gebieten.

[236] Max Weber: Wirtschaft und Gesellschaft. Grundriss der verstehenden Soziologie. Hrsg. von Winkelmann, J. I. Halbband, Berlin/Köln 1964, S. 38. H. Morgenthau (Anm. 19, S. 71) definiert die Macht als „die Herrschaft von Menschen über das Denken und Handeln anderer Menschen". Eine ähnliche Macht-Definition prägt ebenso G. Schwarzenberger: Machtpolitik, eine Studie über die internationale Gesellschaft. (Original, „A study of International Society", New York 1951), Tübingen 1955, S. 9. Er unterscheidet zwischen der Macht und der Gewalt als Anwendung physischer Zwangsmaßnahmen.

[237] Jedoch muss beachtet werden, dass das Recht nicht von sich aus Macht schafft. Dazu bedarf es des entsprechenden Staatenwillens, O. Kimminich: Einführung in das Völkerrecht. München et alt. 1990, S. 41. J. I. Kunz: Der heutige Stand der Wissenschaft und des Unterrichts des Völkerrechts in den Vereinigten Staaten. In: ÖZföR 1956 (VII – 4), S. 409/410, stellt in Auseinandersetzung mit H. Morgenthau klar, dass bezüglich der Effektivität des Völkerrechts zwischen ihm und der Macht ein enges Verhältnis besteht.

[238] Eine ähnliche Auffassung ist bereits kurz nach dem Zweiten Weltkrieg mehrmals vertreten worden. Stellvertretend für mehrere Autoren seien nur zwei erwähnt: K. Bilfinger: Friede durch Gleichgewicht der Macht. In: ZaöRV 1950, S. 27. Er schreibt interessanterweise, die Bedeutung des Gleichgewichts für das Völkerrecht verteidigend: Das Gleichgewicht habe sich behauptet, „allen Kritikern, Leugnern und Spöttern zum trotz". S. 27. H. Mosler: Die Großmachtstellung im Völkerrecht. Heidelberg 1949, S. 35, ist noch deutlicher: „Solange es rechtlich koordinierte, aber in ihren Machtmitteln unterschiedliche Glieder der Staatengemeinschaft gibt, ist der Ausgleich ihrer Kräfte die beste Grundlage für ein Funktionieren der Völkerrechtsordnung."

[239] Vgl. beispielsweise stellvertretend für mehrere Autoren: H. Reiter (Anm. 233, S. 101 – 105). Er disqualifiziert sogar das „Prinzip des europäischen Gleichgewichts" als lächerlich und bedeutungslos angesichts des nach dem Zweiten Weltkrieg entstandenen „Staatenkolosses", der dabei war, den Westen zu überrollen. M. A. Kaplan und N. B. Katzenbach: Modernes Völkerrecht,

Form der Außenpolitik. Berlin 1965, S. 48, sehen den Zusammenbruch des bisherigen Gleichgewichtssystems und den Übergang zu einem „lokalen bipolaren System“. Eine erfolgreiche Durchsetzung der Gleichgewichtspolitik bezweifelt P. A. Reynolds: An Introduction to International Relations. Cambridge 1971, p. 200, G. Schwarzenberger, p. 116, kann dem Gleichgewichtssystem nur einen begrenzten Wert zubilligen: Man könne „höchstens sagen, dass die Gleichgewichtspolitik vorhandene Expansionsbestrebungen einigermaßen begrenzt.“ Bereits Anfang des 19. Jh. wollte L. Klüber: Europäisches Gleichgewicht. Stuttgart 1821, S.83, das Gleichgewicht in „die Rumpelkammer völkerrechtlicher Begriffe werfen“. Viel später ist vorgeschlagen worden, statt des traditionellen Gleichgewichts die friedliche Koexistenz anzuwenden. Vgl. W. Friedmann (1964): The Changing Structure of International Law. New York 1964, p. 15. Eigentlich schließt das eine das andere nicht aus, wie die Realität in den internationalen Beziehungen gezeigt hat.

[240] Vgl. sehr zutreffend M. A. Kaplan und N. B. Katzenbach (ibid., S. 42/43). Sie erheben sogar den staatlichen Selbstschutz zu der wichtigsten Verhaltensregel jeder Nation.

[241] H. Kissinger: Moral und pragmatische Politik. In: Evangelische Kommentare 1978 (7), S. 394, Vorlesungen, gehalten an der New York University am 19.9.1978. Es wäre allerdings übertrieben, die gesamte moderne Staatengeschichte mit der Geschichte des Kampfes um die Erhaltung des Gleichgewichts zu identifizieren, wie dies A. Gauland: Friedenssicherung durch Gleichgewichtspolitik. In: Archiv des Völkerrechts 1975 (4 – 16), S. 367, tut. Ebenso wenig ist das Gleichgewicht ein „klares und notwendiges Organisationsprinzip der internationalen Staatengemeinschaft“, wie F. A. Heydte behauptet. Vgl. Die politische Ausgangslage eines modernen Völkerrechts. In: Internationales Jahrbuch der Politik 1956, G. Schwarzenberger (Anm. 235, S. 116/117) hingegen ist zu folgen, wenn er die Anwendung der Gleichgewichtspolitik als Strategie der Machtpolitik als verringert sieht. Er begründet seine Auffassung mit dem „Gesetz der Machtkonzentration“.

[242] Vgl. hierzu ausführlich R. Blühdorn (Anm. 233, S. 247). Die Rolle des „Züngleins an der Waage“ hat in Europa jahrzehntelang England sehr erfolgreich im eigenen Interesse gespielt. Nach H. Reiter (Anm. 233, S. 15/16), fordert die „Zünglein“-Politik „hohe Staatskunst und ein wachsames Auge“. Dieses Phänomen könnte unter Umständen in der Perspektive wieder aktuell werden.

[243] Vgl. ausführlich W. Woyke: Stichwort „Bipolarität“. In: Pipers Wörterbuch zur Politik. Internationale Beziehungen, Theorien – Organisation – Konflikte/Hrsg.. A. Boeckh), München 1984, S. 73. W. Grewe stellt richtig klar: „Statt eines flexiblen, ausgewogenen Gleichgewichtssystems entstand ein starkes bipolares Weltsystem“. Vgl. Spiel der Kräfte in der Weltpolitik, Theorie und Praxis der internationalen Beziehungen. Düsseldorf/Wien 1970, S. 377/378.

[244] Vgl. ähnlich mehrere Autoren: D. Schwarzkopf (1969): Atomherrschaft, Politik und Völkerrecht im Nuklearzeitalter, Stuttgart-Degerloch, S. 96 (nach dem Zweiten Weltkrieg ist die Gleichgewichtspolitik über die traditionellen Grenzen Europas hinaus gegangen); J. Herz (1951/1953) will diesem neuen Gleichgewicht keinen Systemcharakter zuerkennen. D. h er lässt sich weiterhin von dem alten europäischen Gleichgewichtsmodell leiten. Vgl. Macht, Mächtegleichgewicht, Machtorganisation im Atomzeitalter. In: Die Friedenswarte, Band 50, S. 61; S. Hoffmann weist auf die militärstrategische Ebenbürtigkeit der beiden Supermächte hin, die über die Fähigkeit verfügen, „Kriege zu führen und dem Feind Schaden zuzufügen“. Vgl. Gullivers Trubbles oder die Zukunft des internationalen Systems. Bielefeld 1968, S. 34.

[245] Vgl. hierzu ausführlicher P. Terz: Die Völkerrechtstheorie (Anm. 60), pp. 698 – 701.

[246] Vgl. ähnlich H. Morgenthau (Anm. 227), S. 165/166, (1963): Macht und Frieden, Grundlegung der internationalen Politik. Gütersloh, S. 165/166. Vgl. ferner G. Lummert: Institutioneller und sozialer Frieden durch Gerechtigkeit. Köln 1962, S. 22.

[247] Vgl. insbesondere W. Grewe (Anm. 243), S. 83 – 85. Die USA waren daran interessiert, die Sowjetunion zur Respektierung der „Regeln" des Gleichgewichts zu zwingen. Sie waren auf alle Fälle gegen mögliche stabilitäts- und friedensgefährdende „Gleichgewichtsstörungen".

[248] D. Schwarzkopf (Anm. 244), S. 97, ist sogar der Ansicht, dass die beiden Supermächte beide Begriffe „bipolares Gleichgewicht" und „Kräfteverhältnis" als Synonyme verstanden.

[249] Vgl. beispielsweise W. W. Sagladin (1981): Sowjetische Philosophie des Friedens, Friedensprogramm in Aktion, Moskau, S. 13/14. Er nennt weitere Elemente des internationalen Kräfteverhältnisses wie z. B. den Zustand der internationalen Situation insgesamt in ihrer Dynamik, und Entwicklung, ferner das „Kräfteverhältnis zwischen dem Proletariat und der Bourgeoisie" und nicht zuletzt des „Kräfteverhältnis zwischen dem Sozialismus und dem Kapitalismus". Dies mutete wie Metaphysik an, denn es liegt erkenntnistheoretisch betrachtet, eine verzerrte Widerspiegelung der Realität vor.

[250] So R. Stupak, S. Gilman: Understanding Political Science, The Arena of Power. Washington et alt. 1977, p. 141.

[251] Vgl. A. Bergstraesser: Das Problem der Friedenssicherung im Atomzeitalter. In: U. Nerlich (Hrsg.): Krieg und Frieden in der modernen Staatengemeinschaft. Gütersloh 1966, S. 318; R. Aron: Einführung in die Atomstrategie. Die atlantische Kontroverse („Le Grand Debat"). Köln 1964, S. 229 spricht von einem „thermonuklearen Doupol".

[252] Vgl. auch M. Schmidt (1980): Militärstrategisches Gleichgewicht, politische und militärische Entspannung. In: IPW-Berichte, 10, S. 2. Vgl. ferner A. Etzioni (1970): Strategic models for a depolarizing World. In: D. Coplin/W. Kegly: A multilateral method, Introduction to international politics. Chicago 1971, p. 283. Er weist auf die „Zweit-Schlag-Streitkräfte" hin: „the evolution of large, invulnerable, second-strike forces allows the arrest of the strategic arms race".

[253] Vgl. insbesondere W. K. Sobakin: Prinzip der Gleichheit und der gleichen Sicherheit. In: SGiP 1982 (10), S. 88 (in Russisch). Vgl. ferner M. Schmidt (Anm. 252, S. 2). Er erwähnt weitere Elemente wie z. B. die Wirksamkeit der Verteidigungsanlagen und die strategische Situation durch mögliche Überraschungsangriffe. S. Vesely: Das militärische Gleichgewicht und sein Einfluss auf die internationale Entwicklung. In: Mezinárodni Vztahy, setzt das militärstrategische Gleichgewicht mit dem Stand im militärischen Kräfteverhältnis gleich (in Tschechisch).

[254] Vgl. stellvertretend für mehrere Autoren die folgenden: R. Aron (Anm. 251), S. 213: „Das Gleichgewicht der Abschreckung erfordert zwar nicht die Gleichheit der Kernwaffen. Er erfordert jedoch, dass der schwächere der beiden Gegner über eine ausreichende Zahl der Vergeltungswaffen verfügt. Diese müssen so unverwundbar sein, dass sie beim Gegenschlag Zerstörungen anrichten, die selbst der Stärkere als unerträglich empfindet; W. Grewe (Anm. 243), S. 378, 573: Das „Gleichgewicht des Schreckens" vermag die Katastrophe des Nuklearkrieges zu verhindern. Der angegriffene Staat könnte dem Angreifer „nach einem überraschenden Atomschlag noch fürchterlichere und vielleicht tödliche Wunden zufügen". G. Schwarzenberger (1966): Das Völkerrecht in der modernen Staatenwelt. In: U. Nerlich (Hrsg.): Krieg und Frieden in der modernen Staatenwelt. Gütersloh 1966, S. 55: Die beiden Supermächte ziehen es vor, sich mit einer unbegrenzten Fortdauer des Atompatts zu begnügen, als „eine wesentliche Veränderung des fundamentalen Gleichgewichts des thermonuklearen Schreckens zuzulassen"; H. Neuhold: Internationale Konflikte – verbotene und erlaubte Mittel ihrer Austragung. Wien/New York (1977), S. 247: „Das Gleichgewicht der gegenseitigen nuklearen Abschreckung ..., ist das Produkt eines technischen und eines subjektiven Faktors"; H. Fenske: Stichwort „Gleichge-

wicht". In: Geschichtliche Grundbegriffe. Lexikon zur politischen Sprache. Stuttgart (1972), S. 995: Die tödliche Gefahr hält die Nuklearmächte vor einer einseitigen Veränderung des atomaren Gleichgewichts zurück. Vgl. ähnlich auch M. Born, Nobelpreisträger: Was bleibt noch zu hoffen? Zürich 1963, S. 8/9: Die Atommächte unternehmen alles, damit das atomare Gleichgewicht konstant bleibt; D. Senghaas: Architektur einer Weltordnungspolitik für das 21. Jh. In: J. Müller/J. Wallacher (Hrsg.), (2000): Weltordnungspolitik für das 21. Jh. Stuttgart et alt., S. 92, Er polemisiert generell gegen das „Abschreckungs- oder Gleichgewichtssystem der Macht". Dem kann man nicht zustimmen. Andererseits muss man zugeben, dass nach der Beendigung des „Kalten Krieges" die Abschreckungsfunktion abgenommen hat.

[255] G. Klaus: Stichwort „Stabilität". In: Philosophisches Wörterbuch, Band 2, S. 117. Ähnlich lautet die soziologische Stabilitätsdefinition: „Eigenschaft eines Systems bei Abweichung von einem Gleichgewicht aufgrund von Störungen (externer Impulse) zu einem Gleichgewichtszustand zurückzukehren. Der Bereich von Abweichungen um einen bestimmten Gleichgewichtspunkt, innerhalb dessen das System zum Gleichgewicht zurückkehrt, heißt Souveränitätsbereich". H. Wienhold: Stichwort „Stabilität". In: Lexikon zur Soziologie (hrsg. von W. Fuchs-Heinritz et alt.) Opladen (1995), S. 638/639.

[256] J. Frankel: Contemporary international theory and the behaviour of states. Oxford/New York (1973), pp. 10/11 ss.

[257] Vgl. Ähnlich auch R. Stupak, S. Gilman (Anm. 250, p. 139).

[258] Dokument in: Völkerrecht, Dokumente, Teil 3. Berlin 1980, S. 1070.

[259] R. Aron (Anm. 251, S. 207).

[260] Dokument in: (Anm. 258, S. 1079 ff.).

[261] Dies wird von E. Menzel und K. Ipsen unter der „Ordnungsfunktion" des Völkerrechts subsummiert. Vgl. Völkerrecht. Ein Studienbuch. München 1979, S. 15.

[262] Theoretische Fragen der Vertragsstabilität wurden hauptsächlich in folgenden Arbeiten behandelt: M. Bourguin: Stabilité et mouvement dans l'ordre juridique international. In: Recueil des cours de l' Academie de droit international de la Haye, 1938 (II – 64), p. 347 ss, und A. Bolintineanu: Stabilitatea tratatelor-probleme esentiala a codificarii tratatelor. In: Revista romana de drept l, p. 66, Bucuresti 1969. Zum Teil gilt dies auch für S. Myslil: Kodifikace smluvniho prava. In: Gasopis pro mezinarodni prave, 1974 (XV – 2), Praha, S. 183. M. Virally (1966), betrachtet bereits den völkerrechtlichen Vertrag als ein Mittel, um die Beziehungen der Staaten „auf einer stabilen Basis zu regeln". Vgl. Reflections sur le „jus cogens". In: Annuaire Francais de Droit International, 1966 (XIII), Paris, p. 10.

[263] Vgl. beispielsweise die folgenden Autoren: H. Morgenthau (Anm. 227, S. 146). Das Gleichgewicht ist ein „wesentliches Element der Stabilität", G. Schwarzenberger: Machtpolitik. Eine Studie über die internationale Gesellschaft. („A Study of International Society", New York, 1951), Tübingen 1955, S. 113: „Koalitionen, Gegenkoalitionen können unter günstigen Bedingungen zu einer begrenzten Stabilisierung der internationalen Beziehungen führen. Eine solche Konstellation bezeichnet man als Gleichgewicht der Kräfte"; H. Kissinger: Amerikanische Außenpolitik. Düsseldorf/Wien 1969, S. 135 betrachtet es als Dilemma für die USA, „dass es keine Stabilität ohne Gleichgewicht geben kann".

[264] A. Nussbaum betrachtet das Mächtegleichgewicht, das auf eine Aufrechterhaltung des status quo abzielt an und für sich als „ein Axiom der hohen Diplomatie". Dieser Verabsolutierung kann nicht gefolgt werden. Er unterscheidet ohnehin nicht zwischen dem sozial-politischen und dem militärstrategischen Gleichgewicht. Vgl. Geschichte des Völkerrechts in gedrängter Darstellung. München/Berlin 1960, S. 153. Im Unterschied dazu kann der Ansicht von W. Grewe (Anm. 243, S. 17) zugestimmt werden: Die damaligen Supermächte waren speziell an einem

militärisch-strategischen Gleichgewicht interessiert. Der friedliche sozial politische Wandel sei weiterhin ein Ziel des Westens gewesen.

[265] Ausgewählte Texte zum Völkerrecht, Band IV („Die Klassiker des Völkerrechts in modernen Übersetzungen"). Hrsg. von W. Schätzel, Tübingen 1965, S. 75.

[266] In dieser Beurteilung stimmt der Autor mit B. Röhling: International law in an expanded world. Amsterdam 1960, p. 87, überein. G. Morelli meint zu dieser Problematik, dass bei einer Nichtanpassung des Völkerrechtssystems an die veränderte Welt ein Widerspruch entsteht. Vgl. Nozioni di diritto internazionale. Padova 1963, pp. 46 ss.

[267] Ihm ist vorbehaltlos zu folgen, wenn er schreibt: „The law of nations, like the common law, must grow out of and reflect the expansing and changing needs of life in society. The common law of mankind must be an expression of and response to human need ..." Unanimity, The Veto, weighted voting. In: Cambridge Essays in International Law. London/New York 1965, p. 63.

[268] Vgl. ähnlich auch M. Chemillier-Gendreau: A´propos de l effectivité en Droit International. In: Revue belge de droit international, 1975 (I-II), p. 41. Es wird zugleich zu Recht darauf hingewiesen, dass Rechtsnormen auch über mögliche Veränderungen des Kräfteverhältnisses ihren Charakter behalten müssen (p. 43).

[269] Vgl. hierzu ausführlich P. Terz: Wesen und mögliche Auswirkungen von grundlegenden Veränderungen der Umstände auf die Gültigkeit zwischenstaatlicher Verträge. In: Przeglad Stosunkow Miedzynarodowych, 6 (1979), S. 115 – 130 (in Polnisch).

[270] Ein ähnlicher Gedanke klingt an auch bei J. Frankel (Anm. 249), p. 173. Er meint, dass unter „Umständen" die Veränderung die Stabilität erhöhen kann, indem Elemente der Instabilität vermindert werden.

[271] Ein ausgewogenes Verhältnis zwischen der Pacta und der Clausula wird, wenn auch indirekt, von M. Bartos bejaht. Vgl. in: Yearbook of the International Law Commission, I/1963, p. 253.

[272] So G. Klaus, H. Liebscher: Stichwort „System". In: Philosophisches Wörterbuch, Band 2, S. 1059. Ferner S. Siegwart: Stichwort „System". In: Enzyklopädie, Band 4, Stuttgart/Weimar, S. 183 („geordnetes, gegliedertes Ganzes" bezogen auf „organische, politisch-soziale, künstliche und kognitive Gebilde").

[273] Vgl. stellvertretend für mehrere Autoren: J. Lotz (1985): Stichwort „System". In: Philosophisches Wörterbuch (hrsg. von W. Brugger), Wien et alt., S. 344, 382; M. Müller/A. Halder (1988), Hrsg.: Philosophisches Wörterbuch. Freiburg i. B. et alt. 1988, S. 305; C. W. Canaris: Systemdenken und Systembegriff in der Jurisprudenz. Berlin 1983, S. 12; T. Eckhoff/K. Sundby: Rechtssysteme. Eine systematische Einführung in die Rechtstheorie. Berlin 1988, S. 19.

[274] Vgl. ähnlich auch W. Afanasjew (1983): Ganzheitliche Systeme. In: Gesellschaftswissenschaften, 1983 (2), S. 137. eine Widerspiegelung kann nach der Erkenntnistheorie niemals ein getreues Abbild der objektiven Realität sein.

[275] Vgl. G. Klaus/H. Liebscher (Anm. 272, S. 1061); T. Eckhoff/K. Sundby (Anm. 273, S. 19); A. Büllesbach (1985): Systemtheoretische Ansätze. In: A. Kaufmann/W. Hassemer (Hrsg.): Rechtsphilosophie, Rechtstheorie, Rechtsdogmatik. Heidelberg, S. 305.

[276] Vgl. beispielsweise: K. Larenz (1991): Methodenlehre der Rechtswissenschaft. Berlin et alt., S. 134; W. Sauer (1940): Juristische Methodenlehre. Stuttgart, S. 172; W. Canaris (Anm. 215, S. 67 – 73).

[277] Vgl. in: Duden. Das große Fremdwörterbuch. Mannheim et alt. 2000, S. 368. Dynamik heißt ferner Triebkraft und Schwung.

[278] Vgl. P. Janich: Stichwort „Dynamik". In: Enzyklopädie, Band 1, S. 515.

[279] F. Hegner (1994): Stichwort „Dynamik". In: Lexikon zur Soziologie, S. 154. In dieser Auffassung kommt der Systemcharakter der dynamischen Prozesse deutlich zum Ausdruck.

[280] Es gab bereits in den 70er-Jahren Publikationen, in denen von dem absoluten Charakter der Veränderung des Gleichgewichts des Systems in den internationalen Beziehungen die Rede ist. Vgl. insbesondere E. A. Posdnjakow: Die Systembetrachtungsweise und die internationalen Beziehungen. Moskwa 1976, S. 85 – 102. Hierbei handelt es sich um eine Publikation, die durch wissenschaftliche Akribie besticht (in Russisch).

[281] So E. Hobsbawm: War, peace and hegemony at the beginning ot the twenty-first century. In: (Chandra Chari [Ed]): War peace and hegemony in a globalized world. The changing balance of power in the twenty-first century. New York 2008, p. 21. Er meint ferner, man sollte den USA die beste Chance geben, um diese Metamorphose erfolgreich realisieren zu können.

[282] Vgl. J. Nye: The furture of American power. In: Chandra, Chari ibid., p. 48. Ferner „The test for the United State will be whether it can turn its curent predominant power …".

[283] Vgl. Langenscheits Taschenwörterbuch Altgriechisch, Berlin 1990, S. 210 und Das große Fremdwörterbuch, Mannheim 2000, S. 546.

[284] C. Lenz/N. Ruchlak: Kleines Politik-Lexikon. München/Wien 2001, S. 90. Außerdem wird auf die Deutung der Hegemonie hingewiesen: Oberbefehl. Dies ist nur militärisch gemeint und ist schon längst überholt.

[285] H. Triepel: Die Hegemonie. Ein Buch der führenden Staaten. Berlin 1938, vor allem S. 17 ff., 134, 141, 174, 212, 213 (Erste Auflage 1914).

[286] Vgl. beispielsweise H. U. Demme: Der ständige Sitz im Sicherheitsrat der Vereinten Nationen. Dissertation, Frankfurt/M. et alt. (2006), S. 5; A. Bachmann: Politik zwischen Hegemonie und Gleichgewicht: Die Geschichte der internationalen Beziehungen. Saarbrücken (2007), S. 15 – 19; L. Dehio: Gleichgewicht oder Hegemonie, Krefeld 1968, S. 14 (er zählt zu den Machtpotential die große militärische Schlagkraft, die militärischen Ressourcen und die geostrategischen Vorteile); D. Kennedy: Vom Aufstieg und Fall der großen Mächte. Ökonomischer Wandel und militärischer Konflikt von 1500 bis 2000, Frankfurt/M. 1989. (er betonte insbesondere den engen Zusammenhang von Produktionskapazitäten (Wirtschaft) und militärischer Stärke); R. Koehane/J. Nyes: Power and Intependence. New York 2009, p. 11. Für sie ist die militärische Überlegenheit die unabdingbare Voraussetzung der hegemonialen Macht; R. Koehane: After Hegemony, Cooperation and Discord in the World Political Economy. Princeton (1984), p. 31 (Die Hegemonialmacht übernimmt die Schutzfunktion für die Gefolgsstaaten. Hierdurch hat sie aber überproportionale Rüstungsausgaben); R. Gilpin: War and Change in World Politics. Cambridge 1981, pp. 79, 156, 239 ss. (Wenn die Hegemonialmacht nicht mehr kann oder nicht mehr will, diese Rolle zu spielen, dann kommt es zu einer großen Diskrepanz zwischen der Hegemonialordnung und den tatsächlichen Machtverhältnissen).

[287] So S. Tönnies: Die notwendige Legitimierung der Supermacht. In: Nationale Interessen und internationale Politik. Frankfurt/M. (2005), S. 142 – 150. Vgl. hierzu die zutreffende Auseinandersetzung mit dieser seltsamen These: Ch. Krüger (2005): Braucht das Völkerrecht einen Leviathan? In: ibid., S. 149/150.

[288] Vgl. beispielsweise S. J. Kaufmann, R. Little, Wohlforth (Ed.): The Balance of Power in World History. New York 2007, p. 233. Sie unterscheiden zwischen den „offensiven" (militärischen Expansionen) und den „degensiven" Realisten (Gleichgewicht gegen die Expansion einer Großmacht), p. 235, vgl. ähnlich auch J. Levy (2004): What do great Powers Balance against and when. In: T. V. Paul/J. Wirtz/M. Fortmann (Ed.): Balance of Power Theory and Practice in the 21st Century. Standford 2004, p. 121.

[289] So beispielsweise C. Kegley, E. Wittkopf: World Politics. Boston 1999. Sie sind offenkundig Anhänger der „Hegemonialen Stabilitäts-Theorie".
[290] Vgl. L. Brilmayer: American Hegemony. Political morality in a on superpower world. New Haven 1994, p. 18. Er meint ferner, dass die Anerkennung der Superiorität der Hegemonialmacht die unbedingte Voraussetzung für die Lösung vieler Probleme und für die Schaffung einer „institutionalisierten Kooperation" sei.
[291] Vgl. hierzu sehr ausführlich und mit vielen Quellen A. Bachmann: Politik zwischen Hegemonie und Gleichgewicht: die Geschichte der internationalen Beziehungen. Saarbrücken 2007, S. 47 ff.
[292] Vgl. hierzu ähnlich E. O. Czembiel: Weltpolitik im Umbruch. München 2003, S. 94/95, 121, 181. Er betrachtet die „selektive" Weltherrschaft der USA als „eine Zwischenphase, die entweder in eine Machtfigur und eine neue Ordnung der Weltgesellschaft überleitet oder in eine Zeit der Wirren mündet". Unter Bush jr. geschah die zweite Annahme in einer besonders krassen Form.
[293] Vgl. ebenso auch F. Nuscheler (2001): Multilateralismus vs. Unilateralismus, Kooperation vs. Hegemonie in den transatlantischen Beziehungen. In: Policy Paper 2001 (16), S. 8.
[294] Vgl. ebenso S. Huntington: Kampf der Kulturen: Die Neugestaltung der Weltpolitik im 21. Jahrhundert. (Original: The Clash of Civilisations, New York, 1996), Wien 1997, S. 511. Nach der Beendigung der Bush Ära in den USA hat sich die Kernaussage Huntingtons als völlig falsch erwiesen.
[295] Es wird z. B. die unzutreffende These aufgestellt, dass das die Hegemonie „is a normal condition of the international system". So S. J. Kaufmann et alt. (Anm. 288, p. 244/245).
[296] Insofern haben S. Brooks/W. Wohlforth Recht, wenn sie schreiben: „Balance-of-power-theory predicts that states try to prevent rise of a hegemon". World out of balance international relations and the challenge of American primacy. Brinceton 2008, p. 21 und 34.
[297] Dazu wären allerdings völkerrechtlich regulierte Kooperationsbeziehungen zwischen den USA und den anderen Staaten notwendig, vgl. B. Laubach et alt.: Die Rolle des Völkerrechts in einer globalisierten Welt. Baden-Baden 2006, S. 23/24.
[298] So L. Hewel: Hegemonie und Gleichgewicht in der europäischen Integration: eine Untersuchung der Führungsproblematik. Baden-Baden 2006, S. 400. Er weist allerdings darauf hin, dass die meisten EU-Mitglieder proatlantisch ausgerichtet seien.
[299] So E. O. Gzembiel (Anm. 292, S. 182). Nach seiner Meinung gäbe es ferner „keine latente hegemonial-Rivalität" zwischen der EU und den USA. Im Kosovo-Krieg hingegen seien die Europäer von den USA gedemütigt worden. Der „hegemoniale Leidensdruck" sei größer gewesen als die Bündnissolidarität.
[300] So zutreffend M. Mann: Die ohnmächtige Supermacht. Warum die USA die Welt nicht regieren können. Frankfurt/New York 2003, S. 331. H. Münkler trifft die folgende Unterscheidung zwischen der Hegemonie und dem Imperium: Bei der Hegemonie ist der dominierende Staat der Erste unter tendenziell Gleichen. Er hat Rechte sowie Pflichten und besitzt außerdem entsprechende Fähigkeiten und Leistungen. Bei dem Imperium sei im Unterschied davon das Machtgefälle zwischen der Zentralmacht zu den anderen Staaten sehr groß. Das Imperium sei letzten Endes eine gefestigte Hegemonie mit großer Dauer. Vgl. Imperien. Die Logik der Weltherrschaft – vom Alten Rom bis zu den Vereinigten Staaten. Berlin 2005, S. 72, 76.
[301] In diesem Sinne haben sich besonders hervorgetan die folgenden Autoren: M. Ignatieff: Empire lite. Die amerikanische Mission und die Grenzen der Macht. Hamburg 2003, S. 10 ff. Er bejaht die Notwendigkeit eines Imperiums der USA, das mit starken militärischen Mitteln ausgestattet ist. Es soll in der ganzen Welt die Menschenrechte entsprechend militärisch verteidi-

gen. Ignatieff nennt es „Menschenrechtsimperium“!; A. Bacevic: American Empire. The realities and consequences of U. S. diplomacy. Cambridge 2003, p. 14 (er sieht die USA als „informelles Imperium“ unter „formell gleichberechtigten Staaten“); N. Ferguson: Das verleugnete Imperium, Chancen und Risiken amerikanischer Weltmacht. München 2004, S. 13 (Die USA sind bereits ein Imperium, sie geben es jedoch nicht zu).

302 Vgl. beispielsweise P. Terz/E. Pastrana (Anm. 217), p. 545.

303 So beispielsweise M. Stürmer: Schicksal der Imperien: Hybris, gefolgt von Niedergang. Berlin 2001, S. 10. E. O. Czembiel: Die amerikanische Weltordnung. In: Aus Politik und Zeitgeschichte 2002, B. 48. Er wendet sich mit Vehemenz gegen die „Supermachtallüren“ der USA und empfiehlt eine „Selbstbändigung“. Sie erfolgte teilweise unter dem Präsidenten Obama.

304 Vgl. zutreffend W. Woyke: Stichwort „Multipolarität“. In: Pipers Wörterbuch zur Politik (Hrsg. D. Nohlen), Internationale Beziehungen. München 1984, S. 333.

305 Zitiert nach J. Chace (1973): A. world elsewhere. The new American foreign policy. New York, p. 27.

306 Vgl. auch H. Kissinger: Die Vernunft der Nationen: Über das Wesen der Außenpolitik. München 1996, S. 19 ff.; id.: Die sechs Säulen der Weltordnung. Berlin 1992, S. 17. Diese sechs Großmächte könnten sich ausbalancieren.

307 Edwards, d. V.: International Political Analysis, Redings. New York 1970, p. 371 geht auf das Verhältnis zwischen Multipolarität und Bipolarität relativ ausführlich ein. Er stellt dabei in den Mittelpunkt seiner Überlegungen die Staateninteressen. Edwards schließt Konflikte zwischen den bipolaren und den multipolaren Mächten aus. „multipolar powers would not develop irrevocamble antagonism among themselves; and the multipolar and bipolar worlds would not be completely opposed“.

308 Zitiert bei H. Fenske: Stichworte „Gleichgewicht“, „Balance“. In: Geschichtliche Grundbegriffe, Historisches Lexikon zur politisch-sozialen Sprache in Deutschland (Hrsg. D. Brunner et alt.), Band 2, Stuttgart 1975, S. 986. Er meint dazu: „Dieser Gedanke der einer Ausdehnung des Gedankens des europäischen Gleichgewichts zu einem Weltgleichgewicht scheint eigentlich nahe zu liegen“. Dennoch ist, soweit überblickbar, kein anderer Politiker auf die Idee gekommen, derartiges zu artikulieren.

309 E. Bonjour: Gleichgewicht und schweizerische Neutralität. Basel 1946, S. 29. Er meinte, es zeichnet sich ab ein neues Gleichgewicht, „das Aequilibrium nicht mehr in europäischen, sondern in Weltdimensionen“.

310 W. Sauer: Die Gerechtigkeit, Wesen und Bedeutung im Leben der Menschen und Völker. Berlin 1959, S. 164, hat bereits Ende der 50er-Jahre die Ansicht vertreten, dass das Gleichgewicht in politischer und ökonomischer Hinsicht bereits globale Formen angenommen hat.

311 So G. Haufe: Stichwort „Gleichgewicht“. In: Pipers Wörterbuch zur Politik (hrsg. von D. Nohlen). München 1984, S. 174. Sie meint zu Recht, dass im klassischen Gleichgewichtsgedanken ökonomische, soziale und psychologische Faktoren vernachlässigt wurden. Aber gerade sie gewinnen in den internationalen Beziehungen an Bedeutung.

312 Vgl. H. Kissinger: Amerikanische Außenpolitik. Düsseldorf/Wien 1969, S. 90 ff.

313 So beispielsweise R. Strauß-Hupe: US-Foreign, Policy and the Balance of Power. In: The Review of Politics, 1948 (1 – 10), 1/10, pp. 176 ss. Er begründet seine Meinung damit, dass die UNO bei der Schaffung einer stabilen Friedensordnung keinen Erfolg erzielt hätte. Deswegen sollte ein „Gleichgewicht im Weltmaßstab“ geschaffen werden.

314 Vgl. ausführlicher: Völkerrecht, Grundriss (hrsg. von E. Oeser, /W. Poeggel), Berlin 1987, S. 81 – 85, 270 – 279.

[315] Vgl. ausführlicher W. D. Coplin: The Function of International Law. Chicago 1966, p. 88; id.: Introduction to International Politics. Chicago 1971, pp. 308 – 314; Vgl. teilweise auch H. Morgenthau (Anm. 227, S. 170). Die kollektive Sicherheit würde seiner Meinung nach den Frieden und die Sicherheit am wirksamsten schützen. Es ist jedoch darauf hinzuweisen, dass beide Autoren ein anderes Verständnis von der kollektiven Sicherheit haben.
[316] S. Huntington: Kampf der Kulturen (Original: „The Clash of Civilizations", New York 1996), Wien 1997, S. 515. Es ist unglaublich, dass ein Harvard-Professor die Welt ausschließlich durch die verengte Brille des Kampfes sieht.
[317] H. Kissinger (Anm. 312, S. 903, 928). Er registriert sehr aufmerksam die Entstehung eines neuen internationalen Systems, das komplexer ist als je ein anderes bisher. Ihn beunruhigt insbesondere die Entstehung einer neuen politischen Landschaft (Europa plus Asien – Eurasien). Darin erblickt Kissinger eine große strategische Gefahr. C. Kupchan: Die europäische Herausforderung. geht noch weiter, indem er China in der Zukunft als einen „erbitterten ideologischen und geopolitischen Gegner" der USA betrachtet, Berlin 2003, S. 158.
[318] Vgl. beispielsweise T. V. Paul: Introduction. In: T. V. Paul/J. Wirtz/M. Fortmann: The Enduring Axioms of Balance of Power Theory. Stanford 2004, p. 3a.
[319] Vgl. beispielsweise J. Levy: What do great Powers Balance against and when? In: Paul ..., ibid., p. 35, p. 45/46.
[320] Xintian, Yu: The change of the world in the early twenty-century and China´s strategy of peacful rise. In: Chandra, Chari (Ed.): War, Peace and hegemony in a globalizes world. The changing balance of power in the twenty first century. New York 2008. pp. 137/138, 143, 145/146). Ohne Übertreibung kann man diese Konzeption als sensationell bezeichnen. Dies ist beruhigend, vor allem für sämtliche Nachbarn Chinas.

4 Die Völkerrechtsmethodologie als Bestandteil der Völkerrechtswissenschaft und als Wissenschaftsgebiet in statu nascendi*

4.1 Allgemeine Bedeutung der Völkerrechtsmethodologie

In zunehmendem Maße erweist es sich als erforderlich, dass die Völkerrechtswissenschaftler sowohl das Völkerrecht als eine objektive friedensstiftende internationale Rechtsordnung, als auch die Völkerrechtswissenschaft konsequent verteidigen.

Eine essentielle Möglichkeit, dieser Aufgabenstellung gerecht zu werden, ist, einen entsprechenden Beitrag zur Weiterentwicklung der Völkerrechtswissenschaft zu leisten. Hierzu gehört vorrangig die sukzessive Erarbeitung einer den gegenwärtigen Bedingungen in den internationalen Beziehungen adäquaten Völkerrechtsmethodologie. D. h. in erster Linie unter unbedingter Beachtung der quaestiones potentiae und des common sense problemtypische Orientierungen des methodischen Vorgehens zu erarbeiten, ohne sich an den Jahrzehnten alten Schaukämpfen, vor allem zwischen den Naturrechtlern und den Rechtspositivisten, zu beteiligen.

Hierzu bedarf es einer transdisziplinären Sicht, was das Ablegen der üblichen rechtswissenschaftlichen methodischen Scheuklappen voraussetzt. Geht es noch dazu um die Erarbeitung einer Völkerrechtsmethodologie, so hat sich der forschende Völkerrechtler hauptsächlich auf die gesicherten philosophischen Erkenntnisse zu stützen. Zugleich kann das in der internationalen Völkerrechtswissenschaft anzutreffende Wirrwarr im Begriffsapparat vermieden bzw. beseitig werden. Versuche jedoch, die Völkerrechtswissenschaft aus ihr heraus zu erklären, sind fehlgeschlagen, wie bei jeder Einseitigkeit der Sicht dies üblich ist.

Bereits Ende der 1970er-Jahre ist ein offizielles Forschungsvorhaben nach einer etwa fünfjährigen Vorbereitung sukzessive und systematisch in Angriff genommen worden, mit dem Ziel, in der Perspektive eine Völkerrechts-

* Dieses Kapitel stützt sich teilweise auf die folgenden Grundsatzbeiträge: P. Terz: Die Völkerrechtsmethodologie. Versuch einer Grundlegung in den Hauptzügen. Ad promotionem gradus investigationis scientiae iuris inter gentes. In: Papel Politico 2007 (1 – 12), pp. 173 – 208; id.: Völkerrechtstheorie, Völkerrechtsphilosophie und Völkerrechtsmethodologie, Unterschiede, Demonstratio et Defensio Scientiae latae Iuris inter Gentes. ARSP 2010 (3 – 96), S. 323 – 336.

methodologie zu erarbeiten. Schon Anfang der 80er-Jahre lagen die ersten Untersuchungsergebnisse vor, die dem damaligen Wissensstand des Autors entsprachen. D. h. die waren unzureichend.[1] Aber etwa Mitte der 80er-Jahre erreichten die diesbezüglichen Versuche einen besseren Stand.[2] Erst eine intensivere Beschäftigung mit der Philosophie und speziell mit der allgemeinen Methodologie in den 90er-Jahren konnte das eigentliche Anliegen entscheidend vorantreiben. Die erforderlichen Bemühungen fanden ihren konkreten Ausdruck in einer Reihe von Vorlesungen vor Doktoranden und Wissenschaftlern der Universidad Santiago de Cali Ende der 90er-Jahre.[3]

Einige Ergebnisse völkerrechtsmethodologischer Untersuchungen lagen jedoch im Gesamtkontext der Völkerrechtswissenschaft bereits Anfang der 90er-Jahre vor.[4]
Erst in neueren Publikationen erfuhr die Problematik der Völkerrechtsmethodologie eine gründlichere Behandlung.[5] Spätestens durch diese Forschungsergebnisse ist klar geworden, dass die Bestandteile der Völkerrechtswissenschaft in ihrer Mehrheit eine eigene Methodologie besitzen. Somit besteht die Völkerrechtsmethodologie aus der Zusammenlegung dieser Methodologien. Die Erklärung hierfür liegt darin, dass die Gegenstände z. B. der Völkerrechtsphilosophie sich von jenen der Völkerrechtssoziologie unterscheiden, auch in dem Falle, dass einige Methoden mitunter gleich lauten. Hiervon ist wiederum die wohl ziemlich konkrete Methodologie eines besonderen Teils der Völkerrechtswissenschaft, z. B. der Normbildungstheorie, zu unterscheiden.[6] Hieraus folgt konsequenterweise, dass die konkreten Methoden, auf die sich die jeweilige Methodologie stützt, gegenstandsspezifisch bzw. problemorientiert sind.

4.2 Allgemeine Aspekte der Völkerrechtsmethodologie

Die solideste Grundlage für die wissenschaftliche Untersuchung der allgemeinen Aspekte der Völkerrechtsmethodologie sind gesicherte Erkenntnisse der Philosophie, auf die sich auch die allgemeine Methodologie normalerweise stützen sollte. Letztere hat sich jedoch derart verselbständigt, dass sie nur bedingt für die Völkerrechtswissenschaft von Bedeutung ist. Fast

ähnlich sieht es aus bei der Rechtsmethodologie, die größtenteils ohne philosophische bzw. allgemein-wissenschaftliche Fundierung und noch dazu nur unter Berücksichtigung der Fachdisziplinen des innerstaatlichen Rechts erarbeitet worden sind.[7] Es handelt sich daher dem Wesen nach nicht um eine Mehodologie, sondern um eineMethodik. Die in diesem begrenzten Rahmen gewonnenen rechtsmethodologischen Erkenntnisse sind für die Völkerrechtsmethodologie kaum von Nutzen.
Aus philosophischer Sicht stellt die Methodologie die Lehre der Methoden zur Erkenntnis und Veränderung der objektiv bestehenden Realität dar. Hierbei dreht es sich um die allgemeine Methodologie, die sich sowohl aus dem Entwicklungsstand und den Anforderungen der sozialen Realität als auch aus der Notwendigkeit ergibt, wissenschaftlich begründete Methoden zu entwickeln, die konkreten sozialen Phänomenen adäquat sind. Gleichwohl existiert die allgemeine Methodologie nicht unabhängig von anderen Wissenschaften. Im Gegenteil, zwischen ihnen besteht ein wechselseitiger Zusammenhang sowie eine beiderseitige Ergänzung und Befruchtung.[8]
Es gibt einen allgemeinen Konsens darüber, dass die Methodologie eine Lehre der Methoden ist.[9] Größtenteils wird jedoch die Methodologie-Zielstellung auf die Erkenntnis-Gewinnung eingeschränkt.[10] Selten wird außerdem die Realität in die entsprechenden Überlegungen einbezogen.[11]

Ist die Methodologie die Lehre von den Methoden, so ist die Methode, philosophisch betrachtet, ein „System von Regeln, das Klassen möglicher Operationssysteme bestimmt, die von gewissen Ausgangsbestimmungen zu einem bestimmten Ziel führen. Allgemeines Ziel, auf das alle Methoden gerichtet sind, ist die Veränderung oder (und) die Erkenntnis der Wirklichkeit".[12] Ein wesentliches Merkmal jeder Methode ist ihre Zielgerichtetheit. Dabei ist die Methode ein Mittel, um gesetzte Ziele zu realisieren. In der Definition der Methode ist von Klassen möglicher Operationssysteme die Rede, weil die Methode in Abhängigkeit von den gegebenen Ausgangsbedingungen, den Zielen und der Gegenstände in gleichartigen Situationen immer wieder angewandt wird.[13] In der allgemeinen Wissenschaftstheorie wird die Methode ähnlich definiert. Dabei werden drei Aspekte besonders betont: zielgerichtetes Vorgehen, Mittel-Einsatz, Zweck-Realisierung.[14]

Von diesen philosophischen Grunderkenntnissen ausgehend, haben einzelne Rechtstheoretiker und Rechtsphilosophen wichtige rechtswissenschaftliche Methoden erarbeitet. Bemerkenswert sind in Sonderheit die Forschungsergebnisse des international renommierten Rechtstheoretikers und Rechtsphilosophen Hermann Klenner: Das Recht sollte in genetischer (Rechtsbildung), struktureller (Rechtsstruktur) und funktionaler (Rechtswirkung) Hinsicht untersucht werden. Bei der genetischen Seite sollten die Reflexivität (Widerspiegelung von materiellen Gesellschaftsverhältnissen), bei der strukturellen Seite die Normativität (verbindliches Verhaltensreglement) und nicht zuletzt die Funktionalität (Machtmittel) des Rechts in ihrer Wechselwirkung gebührend beachtet werden.[15]
Mit dieser bestechenden Prägnanz geht Klenner weiter als andere Rechtstheoretiker, die ebenfalls versucht haben, die methodischen Dimensionen des Rechts aufzuzeigen, in erster Linie der Rechtstheoretiker Karl-August Mollnau, der drei Dimensionen der Rechtsmethode erwähnt: den rechtswissenschaftlichen Erkenntnisprozess, den Rechtsbildungsprozess und den Prozess des Wirkens des Rechts.[16]

4.3 Verhältnis von Theorie, Philosophie und Methodologie

Es kann sachlich und ohne Übertreibung konstatiert werden, dass hinsichtlich der Verwendung der Begriffe Methode/Methodologie, Theorie und Philosophie ein unglaublich großer Wirrwarr, um nicht zu sagen, ein wahres Chaos existiert. Völlig willkürlich und unter massiver Verletzung der Grundsätze der Philosophie, der Logik, der Erkenntnistheorie und sogar der Linguistik werden diese Begriffe oft als Synonyme oder nicht selten als identisch verwendet. Rechtswissenschaftler übernehmen diese fast oberflächliche Betrachtungsweise, was ohne Zweifel die Qualität der rechtswissenschaftlichen Arbeit erheblich zu beeinträchtigen vermag. Vielleicht ist dieses peinliche Phänomen ein Ausdruck von Bequemlichkeit oder von rechtswissenschaftlichem Fachdünkel oder von Ignoranz oder auch von Engstirnigkeit.
Die der altgriechischen Sprache entlehnten Begriffe waren schon in der Antike, d. h. vor fast 2.600 Jahren Termini scientifici und sind nicht willkürlich entstanden. Sie verdanken ihre Genesis dem hohen Stand des wis-

senschaftlichen Denkens im Antiken Hellas und entsprachen bestimmten konkreten Erfordernissen. Sie waren Produkt, Instrument sowie Ausgangspunkt wissenschaftlichen, genau theoretischen, philosophischen und methodologischen Denkens. Will man ihren Sinn, ihren Inhalt und ihr Wesen exakt erfassen, so bedarf es linguistischer Untersuchung oder zumindest der Berücksichtigung von Grunderkenntnissen der Linguistik, d. h. auch der Etymologie und der Semantik.

Zuerst soll auf die Theorie (Theoria) eingegangen werden. Der Begriff Theoria stützt sich auf das altgriechische Verb theorein. Dieses Verb besagt im ursprünglichen Sinne des Wortes betrachten oder auch untersuchen. Hieraus folgt logischerweise, dass Theoria auf die Beobachtung oder die Untersuchung hindeutet.[17] Es ist der Grundlagenforschung der altgriechischen Philosophen zu verdanken, dass der Terminus sientificus Theoria die Bedeutung der rationalen Betrachtung, der wissenschaftlichen Überlegung, Untersuchung, Erwägung, Beurteilung, des Verstehens sowie des wissenschaftlichen Erkennens erlangte.[18]

Von der Theorie und der Philosophie unterscheidet sich die Methodologie. Auch bei ihr gilt es, sich den entsprechenden linguistischen Aspekten zuzuwenden. Die Methodologie ist auf das Wort Méthodos zurück zu führen, das sich aus metá plus hodós («μετά»+»χοδός» = μέθοδος) zusammensetzt. Zum ersten Mal verwendete der altgriechische idealistische Philosoph Parmenides den Begriff „μετά χοδός“ („nach dem Weg“) als „Weg der Suche“, „Weg der Untersuchung“ bzw. als „Weg der Forschung“. Der Hodos des Parmenides entspricht unseren allgemein gebräuchlichen wissenschaftlichen Terminus „Méthodos“.[19]

Obwohl zwischen der Theorie und der Methode/Methodologie ein inneres Wechselverhältnis besteht, erweist es sich im Interesse einer weitergehenden begrifflichen Klarheit als unabdingbar, auf die zwischen ihnen vorhandenen Unterschiede hinzuweisen.

Dabei muss man sich auf die entsprechenden philosophischen Erkenntnisse stützen. Demnach gibt es zwischen der Theorie einerseits und der Methode/Methodologie andererseits hauptsächlich die folgenden Unterschiede: a) Die Theorie beschreibt jeweils einen Bereich der objektiven Realität.[20] Das heißt in concreto, sie widerspiegelt die Wirklichkeit bzw. bestimmte ihrer

Ausschnitte. Hierbei handelt es sich um ihr Objekt, wie es gegenwärtig ist, wie es in der Vergangenheit war oder wie es in der Zukunft sein wird. Somit steht die sukzessive Entwicklung des Objekts im Mittelpunkt.[21] Die Methode himgegen beschreibt Mittel und Vorgehensweise zur Erzielung von Erkenntnissen in einem konkreten Bereich der Realität und dessen ideellen Widerspiegelung.[22] Etwas philosophischer formuliert, die Methode widerspiegelt das Verhältnis zwischen dem Objekt des Erkennens und dem erkennenden Subjekt.[23] b) Bei der Theorie handelt es sich dem logischen Gehalt nach überwiegend „um ein System von Aussagesätzen".[24] Die Methode dagegen stellt „ein System von Regeln"[25] bzw. „ein System von Operationssätzen"[26] dar. c) Die Theorie hat „Aussagecharakter", besitzt eine beschreibende Funktion", während die Methode einen „Aufforderungscharakter" sowie eine „vorschreibende Funktion" besitzt.[27] d) In zeitlicher Hinsicht geht das „theorein" dem „Methodos" vor. Zugleich könnte man grundsätzlich eine gewisse Abhängigkeit der Methode von der Theorie bejahen: Ist die Theorie hoch entwickelt, dann liegen die erforderlichen Voraussetzungen für eine ebenfalls hoch entwickelte Methode vor.[28] Genauso war es bei den altgriechischen Philosophen. Umgekehrt verhält es sich ähnlich: Eine wissenschaftliche Methode führt in der Regel zu einer ebenfalls wissenschaftlichen Theorie. Hieraus lässt sich ableiten, dass Theorie und Methode eine dialektische Einheit darstellen.

Zusammenfassend kann festgehalten werden: Während die Theorie nach dem „Was" fragt, geht es bei der Methode/Methodologie um das „Wie". Bei der Philosophie steht, wie bereits nachgewiesen worden ist, die Frage nach dem „Warum" im Mittelpunkt.

Hieraus ergeben sich für die Völkerrechtswissenschaft, wie noch nachzuweisen ist, entscheidende, ja prägende Schlussfolgerungen. Dies gilt in Sonderheit für die Bestandteile der Völkerrechtswissenschaft und zugleich Wissenschaftsgebiete in statu nascendi, wie Völkerrechtstheorie, Völkerrechtsphilosophie, Völkerrechtsmethodologie, Völkerrechtssoziologie, Völkerrechtsdogmatik und Geschichte der Völkerrechtswissenschaft. Um zu solchen Schlussfolgerungen zu gelangen, benötigt die breit angelegte und hoch spezifizierte Völkerrechtswissenschaft nicht unbedingt und in jedem Falle die Erkenntnisse der Rechtswissenschaft der innerstaatlichen Rechtsordnung, zumal bei einigen Rechtswissenschaftlern offenkundig ein terminologisches Chaos festzustellen ist.[29] Eine mögliche Ursache für dieses unerfreuliche Phänomen könnte die jahrzehntelange Vernachlässigung bzw. Geringschätzung der allgemeinwissenschaftlichen Grundlagenforschung sein.

Nachdem Wesen, Funktion sowie die Unterschiede von Theorie, Philosophie und Methodologie herausgearbeitet worden sind, soll auf das mögliche Verhältnis untereinander eingegangen werden. Der Zielstellung nach geht es dabei um einen Vorstoß in übergreifende metatheoretische Fragestellungen. Ausgangspunkt der entsprechenden Überlegungen kann und muss die Definition der Wissenschaft sein. Die Wissenschaft ist nach allgemeiner und vorherrschender philosophischer Auffassung ein: „sich ständig entwickelndes System der Erkenntnisse über die wissenschaftlichen Eigenschaften, kausalen Zusammenhänge und Gesetzmäßigkeiten der Natur, der Gesellschaft und des Denkens, das in Form von Begriffen, Kategorien, Maßbestimmungen, Gesetzen, Theorien und Hypothesen fixiert wird, als Grundlage der menschlichen Tätigkeit eine wachsende Beherrschung der natürlichen und ... auch der sozialen Umwelt ermöglicht und durch die Praxis fortlaufend überprüft wird.“[30]
Es geht vorrangig darum, „menschliche Erkenntnisse zu sammeln (systematisieren, klassifizieren) und in einem Begründungszusammenhang (bzw. Begründungszusammenhängen) nach Gesetzmäßigkeiten zu erklären“.[31]
Zu den wichtigsten Bestandteilen der Wissenschaft gehören die Theorie, die Philosophie und die Methodologie, die für die Zwecke der vorliegenden Abhandlung von eminenter Bedeutung sind. Zwischen diesen drei Wissenschaftsgebieten gibt es, wie bereits nachgewiesen, inhaltliche Zusammenhänge und Wechselwirkungen. Dies scheint jedoch nicht ausreichend zu sein. Es bedarf vielmehr weitergehender Überlegungen. Logisch wäre es z. B. durchaus möglich, von einer Theorie der Philosophie zu sprechen. Genau würde es um das bereits herausgearbeitete „Was“ der Philosophie gehen. Im Mittelpunkt der Überlegungen müsste somit die Frage stehen, was die Philosophie überhaupt ist. Ähnlich würde es auch mit dem Verhältnis von Philosophie und Methodologie aussehen: Methodologie der Philosophie. In diesem Falle würde es um das „Wie“ der Philosophie gehen. Das heißt, auf welchem Wege und mit welchen Methoden gelangt man

zu philosophischen Erkenntnissen. Man könnte weiter gehen: Philosophie der Theorie. Hier ginge es um das „Warum“ der Theorie. Bei der Philosophie der Methodologie würde das „Warum“ der Methodologie im Mittelpunkt stehen.[32]

Es ist bereits vor mehreren Jahren der Versuch unternommen worden, das Wechselverhältnis von Völkerrechtstheorie, Völkerrechtsphilosophie, Völkerrechtssoziologie und teilweise auch von Völkerrechtsmethodologie zu erarbeiten.[33] Dieser Versuch ist jedoch ohne ausreichende Beachtung der wissenschaftlichen Erkenntnisse in Theorie, Philosophie und Methodologie unternommen worden. Erst im Erarbeitungsprozess der vorliegenden Abhandlung ist dem Autor bewusster geworden, dass es keine einheitliche Völkerrechtsmethodologie gibt. Wenn schon die Bestandteile der Völkerrechtswissenschaft zugleich Wissenschaftsgebiete in statu nascendi sind, dann müssten sie über eine eigene Methodologie verfügen, da sie eigene Gegenstände besitzen. Das heißt, die jeweiligen Methoden sind gegenstandsspezifisch. Dabei ist ohnehin zwischen der Methodologie des Völkerrechts und ganz allgemein der Methodologie der Völkerrechtswissenschaft (und ihrer Bestandteile) zu trennen. Es bedarf außerdem einer weiteren Unterscheidung: Methodologie des Rechtsbildungsprozesses und Methodologie des Rechtsanwendungsprozesses.[34]

Aus einem jahrzehntelangen Studium der internationalen völkerrechtswissenschaftlichen Literatur (alle Rechtskreise und Völkerrechtsschulen) lässt sich die Schlussfolgerung ableiten, dass es keine allgemein anerkannte Völkerrechtsmethodologie gibt. Einzelne Werke[35] ändern an dieser Feststellung kaum etwas. Ansonsten sind sporadische Bemerkungen zu der Völkerrechtsmethodologie zu registrieren, die größtenteils nicht nennenswert sind, da sie mit dem eigentlichen Thema nicht viel zu tun haben[36] oder mehr Elegien und Jeremiaden ähneln[37] oder bestenfalls zigfach betretene Pfade benutzen. Es ist z. B. nicht gerade hilfreich, wenn einerseits der Methodenpluralismus und Methodenanarchismus (als Zwischentitel) zu beklagen und andererseits die herkömmlichen Methoden-Hauptströmungen einfach beschrieben werden wie z. B. das Naturrecht, der Rechtspositivismus und die Völkerrechtsleugner.[38] Viel nützlicher wäre es, einen eigenen kreativen Beitrag zu der Erarbeitung einer Völkerrechtsmethodologie zu leisten. Während in Europa die meisten Völkerrechtler sich in das fruchtlose Korsett rechtspositivistischer Einseitigkeit und Kleinkariertheit zwängten, haben US-amerikanische Völkerrechtler einerseits den Sprung in andere Wissenschaftsgebiete gewagt wie z. B. Politikwissenschaft, Systemtheorie, Funktionalismus und Sozialwissenschaften[39], andererseits sind aber die führenden unter ihnen „mit wehenden Fahnen ins Lager des Neo-Realismus übergegangen", d. h. sie haben die Völkerrechtswissenschaft über Bord geworfen.[40]

Erst die International Law Associations (ILA) hat den Versuch unternommen, einen Beitrag, wenn auch nur im Ansatz, zur Entwicklung einer Völkerrechtsmethodologie zu leisten. In ihrem Arbeitspapier „Theory and Methodology of International Law" von 1978 wird, ausgehend von den realen Erfordernissen in der Völkerrechtspraxis, die weitere Entwicklung und Anpassung der Völkerrechtsmethodologie sowie der Völkerrechtstheorie gefordert: „The extent to which the traditional approaches to the theory of international law are relevant in providing a basis on which new theories can bei built" und „Adaptions that need to be made in the methodology of international law to enable new methods ..."[41] Es ist wohltuend festzustellen, dass im Arbeitspapier selbst ein anderes methodisches Vorgehen angewandt wird als dies im Allgemeinen üblich ist, ob man z. B. naturrechtlich oder etwa positivrechtlich oder soziologisdch die Völkerrechtsordnung untersuchen sollte.
Allgemein betrachtet, stellt die Völkerrechtsmethodologie die Lehre von den völkerrechtlichen Methoden dar. Diese Aussage ist allerdings nicht ganz überzeugend, weil es u. a. Methoden gibt, die auf reale Objekte und andere Methoden gibt, die auf gedankliche Objekte angewandt werden.[42] Demzufolge bestehen Methoden der Methodologie des Völkerrechts und Methoden der Völkerrechtswissenschaft. In beiden Fällen geht es um die Erlangung von Erkenntnissen sowie um Problemlösungen. Bei der Methodologie des Völkerrechts handelt es sich in erkenntnistheoretischer Sicht um eine ideelle Widerspiegelung der objektiven Rechtsrealität, während bei der Methodologie der Völkerrechtswissenschaft die Widerspiegelung der Widerspiegelung, also eine Metawiderspiegelung im Mittelpunkt der Be-

trachtung steht. Weil aber die Völkerrechtswissenschaft aus Bestandteilen, Wissenschaftsgebieten in statu nascendi besteht, setzt sich ihre Methodologie aus der Summe der Methodologien dieser Bestandteile zusammen, namentlich in erster Linie jeweils aus der Methodologie der Völkerrechtsphilosophie und der Völkerrechtssoziologie, um die für den vorliegenden Beitrag entscheidenden Bestandteile zu nennen. Weitere Bestandteile der Völkerrechtswissenschaft besitzen ebenso ihre eigene Methodologie. Dies zu behandeln, würde den Rahmen des vorliegenden Beitrages sprengen.

4.4 Spezielle Aspekte der Völkerrechtsmethodologie

Es wird zunächst von den allgemeinwissenschaftlichen Methoden ausgegangen, die von den Wissenschaftstheoretikern erarbeitet worden sind. So erwähnt der Wissenschaftstheoretiker Walter Theimer die folgenden Methoden: 1) Sachlichkeit und Objektivität, Freiheit von Emotionen und Vorurteilen. Also sich auf Tatsachen stützen. 2) Unterscheidung zwischen Fakten und ihrer Interpretation, denn erst durch die Deutung wird aus einer Faktensammlung eine Wissenschaft. 3) Unterscheidung zwischen Wissenschaft und Spekulation bzw. Glauben. 4) Die Wissenschaft basiert auf der Logik, d. h. in erster Linie, ihre Aussagen dürfen einander nicht widersprechen. 5) Die Wissenschaft darf nicht dogmatisch sein. Vielmehr muss sie damit rechnen, dass ihre Aussagen revidierbar sind.[43] Diese Methoden (Regeln) eignen sich durchaus für die Zwecke der Methodologie der Völkerrechtswissenschaft. Dies gilt ebenso für die von den Philosophen aufgeführten allgemeinwissenschaftlichen Methoden wie z. B. Verallgemeinerung, Abstraktion, Analyse, Synthese, Deduktion, Induktion etc.[44] Vereinzelt haben Völkerrechtler versucht, einige Völkerrechtsmethoden zu erarbeiten wie z. B. die historische Methode die „soziologische Betrachtungsweise“, die „normative Betrachtungsweise“, die „erkenntnistheoretischen Aspekte“ (Deduktion, Induktion)[45] oder die „normativ-analytische und die dogmatische Methode“, die vergleichende Methode sowie die Methoden der Diplomatie (Modellierung, Formalisierung und Spieltheorie)[46]. Beim grundsätzlichen Einverständnis mit diesen Ansichten lässt sich unschwer erkennen, dass die komplexe Problematik der Völkerrechtsmethodologie sehr unzureichend untersucht worden ist. Aus zusammenhanglosen Gedankensplittern lässt sich keine Methodologie zusammen zimmern.

Die Völkerrechtsmethodologie bezieht sich – philosophisch betrachtet – auf ein reales Objekt, nämlich auf das geltende positive Völkerrecht. Hierzu gehören vorrangig die grundlegenden Prinzipien, die Jus cogens-Prinzipien, das Völkervertragsrecht, vor allem die internationalen zwischenstaatlichen Konventionen, das Völkergewohnheitsrecht, IGH-Urteile, die „Allgemeinen Rechtsgrundsätze" und unter Umständen auch Beschlüsse internationaler zwischenstaatlicher Organisationen.
Die sich auf diese recht unterschiedlichen Materien beziehende Völkerrechtsmethodologie hat m. E. im Großen und Ganzen die folgenden allgemeinen Methoden: 1) Deskriptivität bzw. Rechtsdogmatik. Es geht um die Gesamtheit der Völkerrechtsprinzipien und -normen. 2) Normativität, die in erster Linie das verbindliche Verhaltenselement enthält. 3) Geneseprozess in Sonderheit bei den internationalen zwischenstaatlichen Konventionen bzw. historische Methode bei der sukzessiven Entstehung und Weiterentwicklung des Völkerrechts. 4) Funktionalität des Völkerrechts, die sich in den folgenden Funktionen äußert: Ordnungs-, Friedens-, Kooperations-, Stabilisierungs-, Anpassungs- und Umgestaltungs-, Sicherungs- und Konfliktregulierungs-, Gerechtigkeits- und Entwicklungs-, Legitimierungs-, Sanktions- und nicht zuletzt die Schutzfunktion.[47] Etwas allgemeiner betrachtet, gehört zu der Funktionalität des Völkerrechts auch dessen Ziel und Aufgabenstellung, ein Jus Pacis, Jus Cooperationis, Jus Progressionis sowie ein Jus Coexistentiae zu sein.[48] 5). Analytische Methode. Sie bedeutet vor allem Zergliederung des Völkerrechts als Rechtsordnung in die einzelnen Gebiete sowie Untersuchung der Mikro- und Makrostruktur des Völkerrechts, seiner Prinzipien und Normen. Gleiches gilt auch für die Zweige und ihre Normen.[49] 6). Systemhaftigkeit. Sie drückt aus, dass das Völkerrecht als System „ein Ordnungsgefüge in den internationalen Beziehungen (ist), das eine nach Ordnungskriterien gegliederte Mannigfaltigkeit von Prinzipien und Normen sowie anderen Elementen darstellt, wodurch das Verhalten der Völkerrechts-Subjekte untereinander geregelt wird".[50] Dies ist das „innere" System, die ontologische Seite des Völkerrechts. 7) Strukturalität: Die Beziehungen zwischen den Elementen, vor allem zwi-

schen den Normen des Völkerrechtssystems, bilden die Völkerrechtsstruktur. Es gibt horizontale und vertikale Strukturbeziehungen.[51] 8) Differenziertheit: Es gilt in Sonderheit zwischen Jus cogens und Jus dispositivum zu differenzieren. Dies sagt aus, dass es im Völkerrechtssystem eine ziemlich entwickelte Normenhierarchie gibt. 9) Komparativität: Bei ihr geht es um den Vergleich zwischen Prinzipien, Normen etc. auf der Grundlage von konkreten Kriterien, um eine unterschiedliche Bedeutung, z. B. für die Realisierung der Funktionen des Völkerrechts festzustellen. 10) Empirische Methoden: Sammlung, Auswertung und systematische Untersuchung von Dokumenten des Völkerrechts wie z. B. Konventionen, Urteile des IGH und Beschlüsse von internationalen zwischenstaatlichen Organisationen. 11) Stabilität: Stabile Völkerrechtsbeziehungen werden hauptsächlich durch die Vertragstreue, d. h. in erster Linie durch die Rechtssicherheit gewährleistet. 12) Veränderung im Sinne der fortschreitenden Weiterentwicklung und Kodifizierung des Völkerrechts erfolgt nicht automatisch durch die Interessendurchsetzung einzelner Staaten, sondern in erster Linie auf der Grundlage universeller zwischenstaatlicher Vereinbarungen.[52] 13) Prognose: Die starke Beeinträchtigung und teilweise Zerstörung der Völkerrechtsordnung durch das Imperium Americanum Supremum macht Voraussagen über die Perspektiven des Völkerrechts äußerst schwer. Hinzu kommen weitere Faktoren bzw. sind bereits anbahnende Entwicklungen zu beobachten, die die zukünftige Völkerrechtsordnung erheblich beeinflussen werden wie z. B. nach einigen Jahren die Entstehung einer neuen Supermacht, namentlich Chinas, und einer starken Großmacht, namentlich Indiens. Europa könnte sich allmählich auch zu einer Wirtschafts-Supermacht entwickeln. Es spricht vieles dafür, dass in den internationalen Beziehungen der Zukunft die Gleich- und Gegengewichtsproblematik zunehmen wird. Unabhängig davon werden sich die gegenwärtigen globalen Herausforderungen derart zuspitzen, dass vor allem den Super- und Großmächten nichts anderes übrig bleiben wird, als die internationale Rechtsordnung auch im wohlverstandenen eigenen Interesse zu respektieren.

Hinsichtlich der völkerrechtlich relevanten internationalen Probleme globalen Charakters ist jeder Völkerrechtswissenschaftler verpflichtet, prognostische Überlegungen anzustellen. In den vergangenen Jahrzehnten hat in erster Linie die ILA (International Law Association, internationale Vereinigung der Internationalrechtler) diese Arbeit am besten gemeistert. Ihre mitunter ziemlich konkreten Vorstellungen waren oft 15 bis 20 Jahre eher da, bevor die ILC (International Law Commission Spezialorgan der UNO) sich mit den entsprechenden Materien befasst hat. Dreht es sich um spezielle Zweige des Völkerrechts, so bestehen entsprechende konkretere Methoden, wie die im Art. 31 der Wiener Konvention über das Recht der Verträge 1969 genannten Interpretationsmethoden (verbal-historische und logisch-systematische (teleologische) Interpretation). Die konkreteren, vorwiegend positivrechtlich ausgerichteten Methoden des Völkerrechts sind von Maarten Bos, international betrachtet, am gründlichsten untersucht worden.[53]

4.5 Methodologie der Völkerrechtsphilosophie

Die Methoden, auf die sich die Methodologie als die Methodenlehre bezieht, sind gegenstands- bzw. problemtypisch orientiert. Daher sollen zunächst die wichtigsten Gegenstände der Völkerrechtsphilosophie knapp erwähnt werden: Werte in den internationalen Beziehungen und speziell im Völkerrecht, Humanität und Völkerrecht, Gerechtigkeit und Völkerrecht, Verhältnis von Gerechtigkeit und Gleichheit/Ungleichheit, Commune bonum humanitatis in den internationalen Beziehungen und speziell im Völkerrecht, Solidarität/Hilfeleistung, philosophische Aspekte von System und Strukturfragen des Völkerrechts, vor allem seiner Prinzipien und Normen, Widerspiegelungsproblematik bei der Normenbildung, Rolle des Rechtsbewusstseins bei der Rechtserzeugung sowie bei der Rechtsdurchsetzung, Verhältnis von Moral und Völkerrecht, Rolle der Moral bei der Normenbildung, Moralprinzipien und Normen in voller Breite (Wesen, Aufbau, System, Struktur und Hierarchiefragen), moralische Verbindlichkeit und moralische Verantwortlichkeit, Unterschied zwischen Moralnormen, moralischer Verbindlichkeit und moralischer Verantwortlichkeit auf der einen Seite und Rechtsnormen, rechtlicher Verbindlichkeit und rechtlicher Verantwortlichkeit auf der anderen Seite.[54]

In metatheoretischer Hinsicht hat die Völkerrechtsphilosophie weitere Gegenstände: Bedeutung der Völkerrechtsphilosophie als wichtiger Bestandteil der Völkerrechts-Wissenschaft; Verhältnis der Völkerrechtsphilosophie zur Philosophie, zur Rechtsphilosophie sowie zu den anderen Bestandteilen der Völkerrechtswissenschaft, vor allem zur Völkerrechtstheorie, zur Völkerrechtssoziologie, zur Völkerrechtsmethodologie und zur Geschichte der Völkerrechtswissenschaft; Verhältnis der Theorie der Völkerrechtsphilosophie zu den anderen Bestandteilen der Völkerrechtsphilosophie wie z. B. zu der Methodologie und der Geschichte der Völkerrechtsphilosophie.

Die Methodologie der Völkerrechtsphilosophie stellt die Lehre von den völkerrechtsphilosophischen Methoden, Mittel und Verfahren dar. Für die Völkerrechtsphilosophie kämen mehrere wissenschaftliche Forschungsmethoden in Frage. Als Beispiel sollen folgend die m. E. wichtigsten Methoden genannt werden. Gleichwohl wird grundsätzlich nicht ausgeschlossen, dass es möglicherweise weitere völkerrechtsphilosophische Methoden gibt.

1) Objektivität: Es wird objektiv-sachlich festgestellt, dass die Entwicklungsländer sich häufig einer wertorientiert-naturrechtlichen Argumentation bedienen, um ihre größtenteils berechtigen ökonomischen Interessen durchzusetzen. Die reichen Industrieländer hingegen argumentieren fast ausschließlich positivrechtlich.

2) Komplexität: Der Völkerrechtsphilosoph darf nicht vorrangig „Naturrechtler" sein. Er hat vielmehr im Interesse der Völkerrechtswissenschaft ebenso mindestens völkerrechtstheoretische, völkerrechtsdogmatische und völkerrechtssoziologische Aspekte zu beachten. Von der Völkerrechtsphilosophie ausgehend, bedarf es außerdem – je nach Untersuchungsobjekt – der Berücksichtigung ökonomischer, politischer, kultureller, historischer und anderer Seiten einer Problemstellung. Andernfalls käme es zu einer Einengung seines Gesichtsfeldes mit sehr negativen Folgen für die Sache sowie für die Völkerrechtsphilosophie. In diesem Falle würde der Völkerrechtsphilosoph sein Ziel bestimmt verfehlen. Erkenntnistheoretisch betrachtet ging es nur um eine äußerst eingeengte und damit fast verzerrte Widerspiegelung der objektiven Realität.

3) Globalität: Speziell gegenwärtig in der Epoche der Globalisierung ist es unabdingbar, sich von irgendwelchen Zentrismen, bezogen auf die eigenen

Grundwertvorstellungen und Moralauffassungen, zu verabschieden und entsprechende Vorstellungen bzw. Auffassungen von Völkern und Staaten, die anderen Kulturkreisen angehören, zu achten. Dies entspräche dem gegenwärtig geltenden Völkerrecht als einem Jus coexistentiae zwischen Staaten unterschiedlicher Kultur- und Rechtskreise.[55] Gerade das Gegenteil tun jedoch die USA als Supermacht.

4) Differenziertheit: Es gilt, zwischen den Grundwerten in den internationalen Beziehungen einerseits und den Spezialnormen der Moral in völkerrechtlich zwar nicht verbindlichen, jedoch mitunter für das Völkerrecht bedeutsamen Deklarationen/Resolutionen der UN-Generalversammlung zu unterscheiden.[56] Bei den Grundwerten als Hauptkategorien der Völkerrechtsphilosophie geht es vorwiegend um die Gerechtigkeit, die Gleichheit, das Commune bonum humanitatis und die Solidarität bzw. Hilfeleistung. Eine weitere Differenzierung dürfte ebenso von wissenschaftlicher Relevanz sein, nämlich zwischen einem „Jus" necessarium und einem Jus positivum, um vorrangig einige Verwechslung von Wunschvorstellung und Realität sowie eine Verwässerung der Normativität des Völkerrechts zu vermeiden. Dies jedoch setzt voraus, dass den Völkerrechtswissenschaftlern die Unterschiede zwischen der Völkerrechtsdogmatik und der Völkerrechtsphilosophie auch bewusst sind. Daher bedarf es einer weitest gehenden Feindifferenzierung und Feinspezialisierung innerhalb der Völkerrechtswissenschaft, sonst bestünde eine weitere Gefahr, dass nämlich die Völkerrechtler aneinander vorbei reden.

5) Systemhaftigkeit: Ausgehend von dem philosophischen Systembegriff, dass ein System eine nach Ordnungsprinzipien gegliederte Mannigfaltigkeit von materiellen Dingen, Prozessen usw. (materielles System) oder von Begriffen, Aussagen usw. (ideelles System) ist[57], können im Prinzip die folgenden völkerrechtsphilosophischen Systeme bejaht werden: a) Die Theorie, die Methodologie und die Geschichte der Völkerrechtsphilosophie stellen ihr System dar. Die Beziehungen zwischen diesen Bestandteilen der Völkerrechtsphilosophie machen, philosophisch betrachtet, deren Struktur aus. b) Die Hauptkategorien der Völkerrechtsphilosophie bilden das Grundwertsystem. c) Die in zahlreichen UN-Dokumenten enthaltenen Mo-

ralnormen[58] bilden ein eigenes System. Die wechselseitigen Beziehungen der Moralnormen untereinander sind die Struktur, nicht der Aufbau, dieser Normen.

6) Analyse – Synthese: Sie bedeutet vor allem die Aufgliederung der Völkerrechts-Philosophie in ihre Bestandteile, Beachtung des Verhältnisses dieser Bestandteile untereinander, Untersuchung der Mikro- und Makrostruktur der Moralnormen und nicht zuletzt die Erforschung des Verhältnisses der Völkerrechtsphilosophie zu den anderen Säulen der Völkerrechtswissenschaft.[59] Die Synthese hingegen erreicht die Vereinigung von Teilen, Eigenschaften, Seiten und Beziehungen eines Objekts zu einem Ganzen. Nur durch die Synthese kann man das Objekt in seiner Ganzheit, als System erkennen.[60] Angewandt auf die Völkerrechtsphilosophie bedeutet Synthese die Vereinigung ihrer Bestandteile. Bei den Moralnormen geht es um deren Zusammenführen, um sie als Ganzes, als System betrachten zu können.

7) Historizität (historische Methode): Sie geht davon aus, dass die gesellschaftlichen Phänomene historisch-konkret sind, d. h., sie sind unter bestimmten Bedingungen entstanden, sie haben sich in bestimmter Weise entwickelt und verändert und sie werden unter bestimmten Bedingungen wieder vergehen.[61] Bei der Völkerrechtsphilosophie geht es um die sukzessive Genese von Grundwerten und Moralnormen, um in ihr Wesen besser eindringen zu können. Dabei stehen sowohl die Termini als auch die entsprechenden Inhalte im Mittelpunkt der Untersuchung. Durch diese Methode können Entwicklung und Veränderung der Phänomene genauer verfolgt werden. Gerade dies war nachweisbar besonders wichtig und nützlich für das Commune bonum humanitatis, das in der „United Nations Convention on the Law of the Sea“ von 1982 (Art. 136) als „Common heritage of mankind“ (UN-Doc. A/CONE.62/122), d. h., in gewandelter und weiter entwickelter Form auftauchte. Die historische Methode ist ebenso bedeutsam für die Untersuchung des Bildungsprozesses von Moralnormen.

8) Normativität: Als rein moralisch-verbindliches Verhaltensmuster, welches sich von jener der Rechtsnormen in Qualität und Bedeutung in den

internationalen Beziehungen erheblich unterscheidet. Moralnormen, enthalten in UN-Instrumenten, sind Ausdruck eines Consensus opinionis moralis generalis, denn für sie gilt der Grundsatz ex opinione norma moralis.[62]

9) Funktionalität: Als Grundsatz der Völkerrechtsphilosophie, bezogen auf die internationalen Wirtschaftsbeziehungen, besitzt sie vorwiegend eine Umgestaltungs-, Entwicklungs- und Gerechtigkeitsfunktion. Dies gilt für die zahlreichen speziellen Moralnormen sowie für konkrete Bestimmungen in universellen Konventionen (z. B. in der Internationalen Seerechtskonvention von 1982 und in der Wiener Konvention über Staatennachfolge in Verträgen von 1978). Hierbei handelt es sich um Regelungen zu Gunsten von Entwicklungsländern. Moralnormen besitzen Ordnungs-, Regulierungs-, Anpassungs- und Gestaltungsfunktion.

10) Komparativität, d. h. in erster Linie, Vergleiche anzustellen zwischen den Grundwerten und den Spezialnormen, um Normenhierarchien aufzustellen. Die Komparativität gilt ebenso für die Moralnormen und die Rechtsnormen. Manche Moralnorm hat in den internationalen Beziehungen mehr gewirkt als Rechtsnormen.[63]

11) Prognose: Die Völkerrechtsphilosophie unterscheidet sich wesentlich von der traditionellen Rechtsphilosophie. Die Völkerrechtsphilosophie bezieht sich auf allgemeinmenschliche Werte, die in konkreten Instrumenten verankert worden sind, was grundsätzlich als Annäherung von Wertansichten zu betrachten ist. Dies bedeutet u. a., dass es sich dabei nicht um die Wertvorstellungen nur eines von den mehreren gegenwärtig bestehenden Kulturkreisen handelt. D. h auch, dass die Völkerrechtsphilosophie keine Priorität der Wertvorstellungen nur eines Kulturkreises anerkennt. Genau diametral entgegen gesetzt handeln jedoch die USA in ihrer Eigenschaft als die einzige Supermacht der Welt. Wie würden aber die internationalen Werte aussehen, sollte China nach 0–20 Jahren die eigentliche Supermacht werden und eine universelle Geltung der konfuzianischen Li-Normen verlangen?

4.6 Methodologie der Völkerrechtssoziologie

Die Methodologie der Völkerrechtssoziologie bezieht sich als die Lehre von den soziologischen Methoden auf Mittel, Wege und Verfahren, um völkerrechtssoziologische Erkenntnisse zu erlangen. Vor allem der Inhalt dieser Methoden hängt wesentlich von den Gegenständen der Völkerrechtsmethodologie als Bestandteil der Völkerrechtswissenschaft sowie als Wissenschaftsgebiet in statu nascendi ab.

Der Gegenstand der Völkerrechtssoziologie ist in der Realität der internationalen Beziehungen verwurzelt. Es geht dabei um soziale und politische Fragen von völkerrechtlicher Bedeutung und zum Teil auch Relevanz.

Die Völkerrechtssoziologie hat im wesentlichen die folgenden Gegenstände: die globalen Herausforderungen der Menschheit, die Interessen der Menschheit in ihrer Mannigfaltigkeit, die Interessen der Völker und der Staaten (die Interessen wurzeln in den materiellen Existenzbedingungen der Völker, zwischen ihnen und den Interessen der Menschheit besteht ein Unterordnungsverhältnis zu Gunsten der letzteren[64], der politische Wille (voluntas politica) der Staaten in den internationalen Beziehungen, die Macht, der Einfluss, das internationale sowie das gegenwärtig fehlende Gleichgewicht, die Problemstellung der Stabilität, der Entwicklung und Veränderungen in den internationalen Beziehungen; die möglichen geopolitischen und geostrategischen Faktoren; das Verhalten der Staaten; die internationale öffentliche Meinung; die Verhandlungen, die Konsultationen, die politischen Abmachungen und vor allem die politischen Prinzipien und Normen, die politische Verbindlichkeit und die politische Verantwortlichkeit; der Einfluss der internationalen Politik auf das Völkerrecht und umgekehrt. In metatheoretischer Hinsicht sind weitere Gegenstände zu konstatieren: das Verhältnis zwischen der Völkerrechtswissenschaft und der Wissenschaft von den internationalen Beziehungen; soziale und politische Aspekte des Verhältnisses von Völkerrecht und innerstaatlicher Ordnung; Bedeutung der Völkerrechtssoziologie als Bestandteil der Völkerrechtswissenschaft und als Wissenschaftsgebiet im Entstehungsprozess; das Verhältnis der Völkerrechtssoziologie zur allgemeinen Soziologie, zur Rechtssoziologie und zur Wissenschaft von den Internationalen Beziehungen; das Verhältnis der Völkerrechtssoziologie zu den anderen Bestandteilen der

Völkerrechtsmethodologie, zur Völkerrechtstheorie und zur Geschichte der Völkerrechtswissenschaft; das Verhältnis der Bestandteile der Völkerrechtssoziologie (Theorie, Methodologie, Dogmatik und Geschichte) untereinander.

Die Methodologie der Völkerrechtssoziologie als die Lehre von den Methoden dieses Wissenschaftsgebietes weist eine Reihe von konkreten Methoden auf, die mit den Gegenständen mehr oder weniger in inhaltlichem Zusammenhang stehen. Wenn sie zumindest in linguistischer Hinsicht mit den entsprechenden Methoden fast gleich lauten, bedeutet dies nicht, dass sie deckungsgleich wären. Im Gegenteil, sie unterscheiden sich wesentlich voneinander, weil beide Methoden-Kategorien recht unterschiedliche Inhalte haben (z. B. Interesse-Gerechtigkeit, voluntas politica – voluntas moralis).
Wenn folgend eine Reihe von Methoden der Völkerrechtssoziologie erwähnt werden, so ist davon auszugehen, dass kein Anspruch auf Vollständigkeit besteht. In Erkenntnistheoretischer Hinsicht handelt es sich hierbei um einen sehr langwierigen und komplizierten Prozess, vor allem, weil ein transdisziplinäres Vorgehen notwendig ist, das wiederum solide Kenntnisse in mehreren Wissenschaftsgebieten voraussetzt. Gerade diese theoriegeschwängerte Sicht ist allerdings den Völkerrechtlern mit theoriearmen rechtspositivistischen und sogar rechtsformalistischen Scheuklappen völlig fremd.

1) Priorität des Völkerrechts gegenüber der internationalen Politik: Das Völkerrecht ist nicht nur das Ergebnis des Interessenausgleichs und der Willensübereinstimmung im Sinne eines Consensus omnium et generalis, sondern auch ein konkreter Ausdruck hoher Kulturstufe der Menschheit. D. h, wer seine „nationalen Sichersichtinteressen“ (USA) stets in den Mittelpunkt stellt und außerdem die legitimen Interessen anderer Staaten verletzt, handelt völkerrechtswidrig sowie kulturlos.

2) Priorität der Völkerrechtswissenschaft gegenüber der Lehre von den Internationalen Beziehungen: Die Völkerrechtswissenschaft in erster Linie in Gestalt der Völkerrechtssoziologie geht von der Normativität des Völker-

rechts aus, d. h., bei ihr stehen die grundlegenden Völkerrechtsprinzipien im Mittelpunkt. Die Lehre von den Internationalen Beziehungen, wie sie in den USA entwickelt und betrieben wird, ignoriert hingegen das Völkerrecht als internationale Rechtsordnung und hat völlig andere Schwerpunkte wie z. B. das Interesse, die Macht und den Einfluss, um die wichtigsten zu nennen.[65] Die völkerrechtzerstörende und desaströse Außenpolitik der USA ist ein beredtes Zeugnis dafür, wozu die maßlose Überbewertung der „political scienses" (Theory of International Relations") führt.

3) Objektivität/Realitätsbezogenheit: Sie wendet sich gegen Erscheinungen des Subjektivismus und Voluntarismus. Sie fordert gebieterisch die Ratio, den Common sense und im Sinne der Erkenntnistheorie eine adäquate Widerspiegelung der Realität in den internationalen Beziehungen zu beachten. Andernfalls kommt es zu regelrechten katastrophalen Zuständen sowie zu einer erheblichen Gefährdung des Weltfriedens und der internationalen Sicherheit. Das fast völlige Fehlen der Objektivität führt zu solchen Absurditäten, dass die USA ausgerechnet dem islamischen Kulturkreis die Demokratie der US-amerikanischen Variante beibringen wollen. Dass hinter dieser ideologisch verbrämten Dunstwolke handfeste „nationale Interesse" der USA, vor allem ökonomische und politische stecken, ist zum einen unschwer nachzuweisen und zum anderen ergibt es sich logischer- und konsequenter Weise aus dem außenpolitischen Selbstverständnis der USA, das von den „political scienses" Jahrzehnte lang entwickelt worden ist. In diesem Zusammenhang sei auf den Renaissance-Staatstheoretiker Niccoló Machiavelli hingewiesen, der in seinem berühmten Werk II Principe zutreffend bemerkte: „Denn zwischen dem Leben, so wie es ist, und dem Leben, so wie es sein sollte, besteht ein so großer Unterschied, dass derjenige, der nicht beachtet, was geschieht, sondern nur das, was geschehen sollte, viel eher für seinen Ruin als für seine Erhaltung sorgt".[66] Wer so handelt, besitzt, wenn überhaupt, eine sehr unterentwickelte Intelligenz, d. h., er vermag nicht, in logischen Zusammenhängen (z. B. Verhältnis von Ursache und Wirkung) zu denken und besitzt keinen gesunden Menschenverstand. Umso verhängnisvoller ist es für die internationale Staatengemeinschaft, wenn es sich um wichtige Akteure der internationalen Beziehungen handelt.

4) Komplexität: In der Völkerrechtsoziologie bedeutet Komplexität, sowohl die internationalen Beziehungen als auch die internationale Rechtsordnung in ihrer Vielseitigkeit, Vielfalt und Vielgestaltigkeit zu sehen. Eine derartige Sicht trägt dazu bei, mitunter in der Wissenschaft Theorie der internationalen Beziehungen (Theory of international Relations) sehr gefährliche Einseitigkeit und den Völkerrechtsnhilismus zu vermeiden bzw.zu bekämpfen.
In der völkerrechtssoziologischen Forschung bedeutet die Komplexität, die völkerrechtsphilosophischen, völkerrechtstheoretischen, völkerrechtsdogmatischen und völkerrechtshistorischen Aspekte nicht aus dem Auge zu verlieren. Es gilt dabei auch, sich breiteren Horizonten wie z. B. – um die entscheidenden zu erwähnen – geopolitischen, kulturellen und religiösen Aspekten zuzuwenden.

5) Differenziertheit: Sie bezieht sich auf reale Phänomene in den internationalen Beziehungen wie z. B. die mitunter gewaltigen Unterschiede bezüglich der ökonomischen, technologischen und militärischen Kraft zwischen den Staaten in Betracht zu ziehen, um einigermaßen gerechte Regulierungsmaßnahmen einzuleiten. Ferner erstreckt sich die Differenziertheit auf die teilweise extrem unterschiedlichen Menschen- und Gesellschaftsbilder, vor allem zwischen dem abendländischen einerseits und dem islamischen und konfuzianischen Kulturkreis andererseits. Der Grundsatz der Differenziertheit ist ferner auch auf die Unterschiede zwischen den politischen Prinzipien und den politischen Spezialnormen sowie zwischen den politischen und den rechtlichen Normen anzuwenden.

6) Systemhaftigkeit: Wissenschaftliche Grundlage auch der völkerrechtssoziologischen systemhaften Betrachtungsweise und Forschungsmethode kann und muss die Philosophie, genauer die Systemtheorie sein, die ein System, eine nach Ordnungsprinzipien gegliederte Mannigfaltigkeit nach Dingen oder nach Aussagen ist.[67] Demnach bestehen grundsätzlich die folgenden völkerrechtssoziologischen Systeme: a) Das System der Hauptkategorien der Völkerrechtssoziologie, in Sonderheit der Weltfrieden, die internationale Sicherheit, die Interessen der gesamten Menschheit, vor allem in Gestalt des Commune bonum humanitatis. b) Die in zahlreichen gewichti-

gen internationalen Instrumenten, vorwiegend in Deklarationen/Resolutionen der UN-Generalversammlung enthaltenen politischen sach- und objektbezogenen Spezialnormen bilden ebenfalls ein System. c) Die Theorie, die Methodologie, die Dogmatik und die Geschichte der Völkerrechtssoziologie stellen in einem metatheoretischen Sinne ein eigenes System dar. Die Beziehungen untereinander machen die Struktur der Völkerrechtssoziologie aus. Erst durch die dialektischen Wechselbeziehungen der einzelnen Elemente erlangt die Völkerrechtssoziologie eine hohe Dynamik.

7) Analyse: Ihre besondere Bedeutung liegt im folgenden: Zergliederung der Völkerrechtssoziologie in ihre Bestandteile; das Verhältnis dieser Teile untereinander, die Erforschung der Mikro- und Makrostruktur der politischen Normen in den internationalen Beziehungen; das Verhältnis der Völkerrechtssoziologie zu den anderen Bestandteilen der Völkerrechtswissenschaft.

8) Synthese: Erst durch das Zusammenlegen der Bestandteile der Völkerrechtswissenschaft sowie der Völkerrechtssoziologie macht deren Tragweite evident. In concreto heißt dies, dass erst das Zusammenlegen der Methodologie, vor allem Völkerrechtsphilosophie und Völkerrechtssoziologie, das tiefere Verständnis der Methodologie der Völkerrechtsmethodologie ermöglicht.

9) Historizität (historische Methode): Bei dieser Methode stehen die Herausbildung der Völkerrechtssoziologie und die tieferen Gründe hierfür im Mittelpunkt. Gleiches gilt auch für ihre Hauptkategorien und teilweise ebenfalls für ihre Gegenstände. Auf den Geneseprozess der zahlreichen politischen Normen in unterschiedlichen Gebieten der politisch relevanten internationalen Beziehungen findet die historische Methode ebenso breite Anwendung.

10) Normativität: Sie ergibt sich aus dem Grundsatz „Ex consenso norma politica oritur", wobei der Konsens sich auf die voluntas politica der Staaten bezieht. Bei den internationalen Instrumenten (UN-Deklarationen/Re-

solutionen) geht es um den Consensus voluntatis politicae generalis. Diese Normen enthalten ein politisch verbindliches Verhaltensmuster.[68]

11) Funktionalität: Vorwiegend bezogen auf den Weltfrieden, die internationale Sicherheit, den Umweltschutz und die Entwicklung, konzentriert sich die Völkerrechtssoziologie auf die Ordnungsfunktion (durch Verhaltenssteuerung, Sicherung des friedlichen Zusammenlebens der Völker und Staaten), die Regulierungsfunktion (Konfliktlösung), die Stabilisierungsfunktion (Stabilisierung der internationalen politischen Beziehungen), die Friedensfunktion (Wahrung des Weltfriedens), die Gestaltungsfunktion und nicht zuletzt die Anpassungsfunktion.

12) Komparativität, um nach bestimmten sachlichen Kriterien Prioritäten bzw. Prinzipien- und Normenhierarchien erarbeiten zu können: Vergleiche zwischen den politischen und den rechtlichen Normen dürften mitunter zu einer Aufwertung bestimmter politischer Normen führen, wie die KSZE-Schlussakte von 1975 deutlich gezeigt hat. Unter Berücksichtigung der Auswirkungen hauptsächlich in Osteuropa kann man ihre Bedeutung als historisch, möglicherweise sogar als welthistorisch bezeichnen. Derartiges kann nicht von jeder internationalen Konvention universellen Charakters behauptet werden.

Ein einfacher Vergleich zwischen der hier erarbeiteten Methodologie des Völkerrechts, der Methodologie der Völkerrechtsphilosophie und der Methodologie der Völkerrechtssoziologie zeigt, wie groß die Unterschiede zwischen ihnen sind.
Hieraus folgt, dass die Völkerrechtswissenschaft bestimmte, von dem US-amerikanischen Vertretern der „Theory of International Relations" entwickelten Methoden nicht übernehmen kann, wie einige deutsche Wissenschaftler, vorwiegend Politologen, empfehlen. So ist die Rede von der möglichen Übernahme der Methoden „Spinnweb-Modell", „Interaktion unit", „Penetrated System" und „Billard-Ball-Modell".[69] Andere wiederum, die sich auch mit dem Völkerrecht befasst haben, empfehlen die Übernahme der „Systems analysis" und die Beachtung der „shared expectations" (Yale Law School).[70]

Es wird offenkundig von der deutschen Völkerrechtslehre ausgegangen, die seit über 100 Jahren im Prokrustesbett des fruchtlosen Rechtspositivismus gepeinigt wird. Es leuchtet ein, dass eine derart verknöcherte Völkerrechtslehre sich unbedingt zu neuen wissenschaftlichen Ufern bewegen muss, bevor sie von den Rechtsfakultäten vollständig verschwindet. Sie ist ohnehin ein vernachlässigtes Wahlfach. Wird jedoch die hier erarbeitete Polydimensionalität der Völkerrechtswissenschaft in Betracht gezogen, so seien die folgenden Problemstellungen von einem gewissen Interesse:

Die Erarbeitung der Völkerrechtssoziologie nimmt Übernahmeempfehlungen den Wind aus den Segeln. D. h., die Völkerrechtswissenschaft ist auf die größtenteils schillernden Begriffe bzw. Konstrukte, eigentlich Binsenwahrheiten und Allgemeinplätze, der amerikanischen Politologen nicht angewiesen, vorausgesetzt, dass sie sich auf das solide Fundament der Philosophie stützt. b) Es steht wohl fest, dass die oben genannten Methoden der „political sciens es" auf die Völkerrechtstheorie, die Völkerrechtsphilosophie, die Völkerrechtsdogmatik, die Geschichte des Völkerrechts und auf die Geschichte der Völkerrechtswissenschaft nicht angewandt werden können. c) Bei aller gebotenen Sachlichkeit kann nicht nachvollzogen werden, warum Völkerrechtler sowie teilweise auch Vertreter der Lehre von den Internationalen Beziehungen ein fast devotes Verhalten gegenüber den US-amerikanischen Politologen an den Tag legen, das unweigerlich an das vor der Schlange gelähmte Kaninchen erinnert. Speziell nach dem umfassenden Versagen des Imperium Americanum Supremum ist es an der Zeit, dass die Völkerrechtswissenschaftler der Europäischen Union selbstbewusster werden und – ausgehend von der Kultur, Geschichte und Tradition Europas – eigene, friedenssichernde und wissenschaftsfördernde Völkerrechtskonzepte entwickeln und mit aller Kraft und Intelligenz das Völkerrecht sowie die Völkerrechtswissenschaft vehement verteidigen. Die internationale Völkerrechtswissenschaft darf nie vergessen, dass mitunter amerikanische Völkerrechtler ihr Wissenschaftsgebiet durchlöchert, verwässert, verlassen und verraten haben.[71]

Die Völkerrechtswissenschaft setzt sich – wie bereits erwähnt – aus mehreren Bestandteilen und zugleich Wissenschaftsgebieten in statu nascendi zusammen. Gleiches gilt ebenso für die Völkerrechtsmethodologie, die eigentlich an sich ein Abstraktum ist. Sie wird materialisiert erst durch die Methodologien der Bestandteile der Völkerrechtswissenschaft. Gemeint sind in erster Linie die Methodologie der Völkerrechtsphilosophie und die Methodologie der Völkerrechtssoziologie, die Untersuchungsschwerpunkt des vorliegenden Kapitels sind.

Hierbei handelt es sich – so weit international überblickbar – um Forschungsneuland. Es ist noch vorgesehen, in der Perspektive die Methodologie weiterer Bestandteile der Völkerrechtswissenschaft wie z. B. der Völkerrechtsdogmatik und der Geschichte der Völkerrechtswissenschaft und darüber hinaus eine Methodologie der Geschichte des Völkerrechts zu erarbeiten. Hierzu bedarf es weiterführender Forschungsarbeit.

4.7 Schlussfolgerungen

1. Theorie, Philosophie und Methodologie sind Bestandteile der Wissenschaft. Bei der Theorie geht es um das „Was“ bei der Philosophie um das „Warum“ und bei der Methodologie um das „Wie“. Die Theorie besitzt eigene Philosophie und eigene Methodologie. Die Philosophie hat eigene Theorie und eigene Methodologie.
2. Die Völkerrechtsmethodologie setzt sich aus der Methodologie des Völkerrechts als internationale Rechtsordnung sowie aus der Methodologie der Völkerrechtswissenschaft zusammen.
3. Die Methodologie des Völkerrechts als internationale Rechtsordnung stellt die Lehre über völkerrechtliche Methoden dar, um völkerrechtsspezifische Erkenntnisse zu erlangen sowie Problemlösungen zu erzielen. Zu diesen Methoden gehören vorrangig die Deskriptivität, die Normativität, der Geneseprozess (historische Methode), die Funktionalität, die Analyse, die Systemhaftigkeit, die Strukturalität, die Differenziertheit, die Komparativität, die empirische Methode, die Stabilität, die Veränderung und die Prognose. Darüber hinaus bestehen spezielle Methoden für Völkerrechtszweige sowie für Probleme mit Querschnittscharakter (z. B. Interpretationsmethoden).

4. Die Methodologie des Völkerrechts hat eigene Theorie („Was") und eigene Philosophie („Warum").
5. Die Methodologie der Völkerrechtswissenschaft besteht aus den Methodologien der Bestandteile der Völkerrechtswissenschaft, vor allem aus der Methodologie der Völkerrechtsphilosophie und aus der Methodologie der Völkerrechtssoziologie.
6. Die Methodologie der Völkerrechtsphilosophie als Bestandteil der Völkerrechtswissenschaft sowie als Wissenschaftsgebiet in statu naschend ist die Lehre über Methoden, um völkerrechtsphilosophische Erkenntnisse zu erzielen. Sie besitzt eine Reihe von Methoden wie z. B. die Objektivität, die Komplexität, die Globalität, die Differenziertheit, die Systemhaftigkeit, die Analyse-Synthese, die Historizität, die Normativität, die Funktionalität, die Komparativität und die Prognose. Sie beziehen sich auf die Gegenstände der Völkerrechtsphilosophie, d. h., sie weisen einen spezifischen Inhalt auf.
7. Die Methodologie der Völkerrechtssoziologie stellt die Lehre über Methoden dar, um völkerrechtssoziologische Erkenntnisse zu erlangen. Sie weist eine Reihe von gegenstandsbezogenen Methoden auf, wie vorwiegend die Priorität des Völkerrechts gegenüber der internationalen Politik, die Priorität der Völkerrechtswissenschaft gegenüber der Lehre von den internationalen Beziehungen, die Objektivität, die Komplexität, die Differenziertheit, die Systemhaftigkeit, die Analyse-Synthese, die Historizität, die Normativität, die Funktionalität und die Komparativität.
8. Die Völkerrechtsmethodologie und speziell die Methodologie der Völkerrechtssoziologie benötigt nicht die von den Vertretern der „political scienses" („Theory of International Relations") entwickelten konzeptionellen Konstrukte.

4.8 Anmerkungen

[1] P. Terz: Komplexität: Globalität und universalhistorisches Vorgehen als methodologische Grundsätze gesellschaftswissenschaftlicher Forschung (demonstriert am Beispiel von Gleichgewicht, Gemeinwohl und Consensus). In: Das Hochschulwesen 1981 (5), S. 136 ff.
[2] Id.: Die Erarbeitung einer Völkerrechtsmethodologie – eine unaufschiebbare Aufgabe der Völkerrechtswissenschaft. In: I. Wagner (Hrsg.): Rechtstheorie und die methodologischen Probleme der Rechtswissenschaft. Universität Leipzig 1984, S. 221, ff.

[3] P. Terz, Id.: Methodologia, método y metódica como „condito sine qua non“ para lograr exitosamente los objektivos propuestos en investigación básica e investigación aplicada. Unveröffentlichtes Manuskript für Vorlesungen des Autors vor Doktoranden, id., Cali 1988.

[4] Id.: Die Polydimensionalität der Völkerrechtswissenschaft oder Pro scientia lata iuris inter gentes. In: AdV 1992 (4 – 30), S. 442 – 481. In diesem Beitrag bezieht sich der Abschnitt VIII auf die Völkerrechtsmethodologie (S. 468 – 480). Bereits Mitte der 80er-Jahre ist unter anderen Bedingungen ein ähnlicher Beitrag erschienen. Vgl. id.: Die Völkerrechtswissenschaft als eine politisch-juristische Wissenschaft (Thesen). In: I. Wagner (Hrsg.): Die Rechtswissenschaft als Wissenschaft – Probleme, Perspektiven. Universität Leipzig 1986, S. 240 ff.

[5] P. Terz: Die Völkerrechtsphilosophie, Versuch einer Grundlegung in den Hauptzügen. In: ARSP 2000 (2 – 86), (insbesondere S. 174 – 177); id.: Die Völkerrechtssoziologie, Versuch einer Grundlegung in den Hauptzügen, 2006 (1 – 11). In: Papel Politicos (insbesondere pp. 269 – 273).

[6] Vgl. hierzu sehr ausführlich P. Terz: Cuestiones teóricas fundamentales del proceso de formación de las normas internacionales, Con especial análisis de las resoluciones de la ONU. Cali 1999, (insbesondere pp. 25 – 43, 65 – 88, 111 – 114, 119 – 124).

[7] Stellvertretend für mehrere sei an dieser Stelle Ota Weinberger erwähnt: Norm und Institution, Eine Einführung in die Theorie des Rechts. Wien 1988, O. W. unterscheidet zwischen der „allgemeinen juristischen Methodenlehre, („Beschäftigung mit jenen Bereichen der juristischen Tätigkeit, die dem gesamten Rechtsleben zu Grunde liegen“) und der „speziellen juristischen Methodenlehre“ („Anleitung für die Arbeit in den einzelnen juristischen Berufen“ geben), S. 169.

[8] Vgl. W.Segeth: Stichwort „Methode“. In: Philosophisches Wörterbuch, Band 2, 721 – 723.

[9] Erwähnt seien stellvertretend für mehrere Autoren: W. Brugger (Hrsg.): Philosophisches Wörterbuch. (darin der Stichwort-Beitrag von J. Lotz), Wien et alt. 1985, S. 246; J. Espenbeck: Das Ganze denken. Zur Dialektik menschlicher Bewusstseinsstrukturen und -prozesse, Berlin 1986, S. 232; A. Menne: Einführung in die Methodologie, Elemente allgemeinwissenschaftlicher Denkmethoden im Überblick. Darmstadt 1980, S. 2; J. Mittelstraß: Stichwort „Methodologie“. In: Enzyklopädie und Wissenschaftstheorie, Band 2, S. 887.

[10] So z. B. A. Menne (Anm. 9), S. 2 und U. Charpa: Methodologie der Wissenschaft. Zürich et alt. 1983, S. 17.

[11] So z. B.. J. E Espenbeck (Anm. 9), S. 232.

[12] W. Segeth (Anm. 8), S. 717.

[13] Vgl. Ibid., S. 718.

[14] So z. B. C. F. Gethmann: Stichwort „Methode“. In: E. Braun/H. Rademacher (Hrsg.): Wissenschaftstheoretisches Lexikon. Graz et alt. 1978, S. 377/378; W. Segeth (Anm. 9), S. 876; K. Wagner: Rolle methodischer Prinzipien im wissenschaftlichen Erkenntnisprozessses. In: Wissenschaftliche Zeitschrift der Universistät Leipzig, 2 (1984), S. 168.

[15] H. Klenner: Systemstrukturen als Gegenstand von Rechtstheorie und Rechtsphilosophie. In: K. A. Mollnau (Hrsg.): Probleme einer Strukturtheorie des Rechts. Berlin 1985, S. 26.

[16] K. A. Mollnau: Probleme einer Rechtsmethodologie und Aspekte ihres Fragebereichs. In: G. Bartsch (Hrsg.): Philosophisch-methodologische Probleme der Gesellschaftswissenschaften (Beiträge). Berlin 1982, S. 71, Bereits Mitte der 30er-Jahre des 20. Jh. unterschied übrigens Walther Burckhardt zwischen der Methode der Rechtswissenschaft, der Methode der Rechtsetzung und jener der Rechtsanwendung. Vgl. Methode und System des Rechts. Zürich 1936, S. 16

[17] Lexikon unregelmäßiger Verben der Altgriechischen Sprache (im Original: Lexikón anomálon rimáton tis Artéas Ellinikis Glósis). Thessaloniki 1958, S. 81 (in Griechisch).

[18] Vgl. Geschichte des wissenschaftlichen Denkens im Altertum (hrsg. von Fritz Jürs), Berlin 1982, S. 153.

[19] Vgl. hierzu sehr ausführlich und sehr überzeugend die glänzende Schrift K. P. Poppers (2005): Die Welt des Parmenides. Der Ursprung des europäischen Denkens. München et alt. 2005, insbesondere S. 159, 190, 197. Vgl. ferner O. Becker (1937): Das Bild des Weges und verwandte Vorstellungen im frühgriechischen Denken. In: Hermes, Einzelschriften, 1937 (4)

[20] Vgl. G. Bartsch: Zur weltanschaulich-methodologischen Funktion der Philosophie für die gesellschaftswissenschaftliche Forschung. In: DZPh 1980 (2), S. 162; W. Segeth: Materialistische Dialektik als Methode und Methodologie und der Erkenntnis gesellschaftlicher Erscheinungen. In: G. Bartsch (Anm. 16), S. 43.

[21] Vgl. W. Segeth, ibid. S. 43.

[22] Vgl. G. Klaus: Kybernetik in philosophischer Sicht. Berlin 1961, S. 177.

[23] Vgl. W. Segeth (Anm. 20), S. 44.

[24] Vgl. W. Segeth: Materialistische Dialektik als Methode. Berlin 1977, S. 14; A. Kossing: Dialektischer Materialismus als allgemeine Methodologie der Wissenschaften. In: DZPh (Sonderheft), 1965, S. 48 ff.. 27.

[25] Vgl. W. Segeth (Anm. 9), S. 718.

[26] Vgl. W. Segeth und A. Kossing (Anm. 34).

[27] Vgl. W. Segeth (Anm. 24), S. 14.

[28] Daher kann K. Kannegießer nicht zugestimmt werden, wenn er meint, dass die Theorie selbst eine methodologische Funktion erfüllt. Hierdurch kommt es zu einer wissenschaftlich unzulässigen Vermengung der Begriffe Theorie und Methodologie. Vgl. Methoden- und Theorieentwicklung. In: Wissenschaftliche Zeitschrift der Universität Leipzig, 2, 1984 (21), S. 181. J. Espenbeck (Anm. 9), S. 231, behandelt hingegen das Verhältnis zwischen Theorie und Methode überzeugend: „Dabei führt die Weiterentwicklung von Theorien zu verbesserten Methoden, verbesserte Methoden tragen zur Weiterentwicklung der Theorie bei". Dies ist Dialektik par excellence.

[29] Hierfür sollen einige typische Beispiele terminologischer Oberflächlichkeit erwähnt werden: W. Fikentscher, 1977: Methoden des Rechts in vergleichender Darstellung, Band IV, dogmatischer Teil. Tübingen, S. 125 (er behandelt die „Methodologie des Rechts" und die Rechtstheorie als Synonyme); Gleiches tun auch A. Kaufmann/W. Hassemer: Grundprobleme der zeitgenössischen Rechtsphilosophie und Rechtstheorie. Frankfurt/M. 1971, S. 7; A. Kaufmann: Wozu Rechtsphilosophie heute? Frankfurt/M., S. 21 (die Methodologie als „Untergebiet" der Rechtstheorie).

[30] A. Kossing: Stichwort „Wissenschaft". In: Philosophisches Wörterbuch, Band 2, S. 1169.

[31] Lexikon der philosophischen Begriffe (hrsg. von A. Ulfig), Köln 1995, S. 483.

[32] Diese in der Tat sehr komplizierten metatheoretischen Überlegungen reiften sukzessive durch mehrere tiefschürfende Gespräche mit Christiane de Lemos. Dies zu erwähnen ist eine Frage des wissenschaftlichen Ethos und Anstandes.

[33] Vgl. P. Terz: Die Polydimensionalität der Völkerrechtswissenschaft (Anm. 4), S. 446 – 464, id.: Die Völkerrechtsphilosophie (Anm. 5), S. 164 – 184. Hinzu kommen neuere Versuche bzw. Publikationen: id.: Die Völkerrechtssoziologie (Anm. 5), speziell S. 269 – 272; id.: Die Völkerrechtstheorie. vor allem S. 694 – 698; Völkerrechtstheorie, Völkerrechtsphilosophie, Völkerrechtsmethodologie. In: ARSP 2010 (3 – 96), S. 322 – 336 (hier speziell S. 330 – 335).

[34] In der Allgemeinen Rechtstheorie und speziell in der „Allgemeinen juristischen Rechtslehre" wird zwischen der „Theorie des juristischen Denkens", der „Theorie der Rechtsanwendung", der „Theorie der juristischen Argumentation" und der „Theorie der Gesetzgebung" unterschie-

den. Auch in diesem Falle werden allerdings die Begriffe Theorie und Methodologie fast als Synonyme verwendet. Vgl. O. Weinberger (Anm. 7), S. 169.
[35] Zu nennen ist in erster Linie M. Bos: A Methodology of International Law. Amsterdam et alt. 1984. Er unternimmt in dieser akribischen Abhandlung den Versuch, kybernetische, spieltheoretische sowie teilweise naturwissenschaftliche Methoden auf die Völkerrechtswissenschaft und das Völkerrecht anzuwenden. Erwähnenswert ist teilweise auch A. Schüle: Methoden der Völkerrechtswissenschaft. In: AdV 1959 (3 – 60), S. 129, S. verwendet die Begriffe Völkerrechtswissenschaft, theoretische Konzeption, Methodologie und Methodik, in einem Atemzug, als wären sie Synonyme.
[36] So z. B. Ch. Rousseau: Droit International Public, Tome II. Paris 1974; E. Sauer: Zur Grundlegung der völkerrechtlichen Methodologie. In: Acta Scandinavia Juris Gentium, 3 – 4/33, 1963 (3/4 – 3), pp. 121 – 123. Sauer verwendet außerdem die Begriffe Wissenschaft, Methodologie und Methodik als Synonyme. Ferner: P. Vellas: Droit International Public. Paris, 1967, p. 24. V. Beschränkt sein ganzes methodologisches Verständnis auf die „Begriffe des Rechtsdenkens", das Verfahren und die Methode des Rechtsdenkens.
[37] So. L. Wildhaber: Wo steht das Völkerrecht heute? Versuch einer Standortbestimmung. In: Schweizerisches Jahrbuch für internationales Recht 1980 (30 – XXXV), S. 85 und E. Sauer (Anm. 46), S. 121.
[38] So L. Wildhaber (ibid.), S. 85.
[39] Vgl. hierzu ausführlicher R. A. Falk: New approaches to the study of international law. In: AJIL 1967 (3 – 61), pp. 487/488.
[40] Vgl. dazu den ausführlichen Beitrag von J. L. Kunz: Der heutige Stand der Wissenschaft und des Unterrichts des Völkerrechts in den Vereinigten Staaten. In: ÖZföR 1956 (4 – VII),S. 407.
[41] ILA, Report of the fiftyeight Conference in Manila 1978, London 1980, pp. 198/199.
[42] Vgl. W. Segeth: Stichwort „Methode" (Anm. 8), S. 720.
[43] Vgl. seine bemerkenswerte Schrift: Was ist Wissenschaft? Tübingen 1985, S. 9.
[44] Vgl. hierzu G. Bartsch: Philosophie und Methodologie der Gesellschaftswissenschaften. In: id. (Anm. 16), S. 23.
[45] So z. B. A. Schüle (Anm. 35), S. 13 – 18.
[46] Vgl. z. B. D. Lewin: Die Methodologie der sowjetischen Völkerrechtswissenschaft. In: SGiP 1969 (9), S. 64/65 (in Russisch).
[47] Vgl. hierzu sehr ausführlich P. Terz: Die Völkerrechtstheorie. Versuch einer Grundlegung in den Hauptzügen. Pro theoria generalis scientiae iuris gentes. In: Papel Politico 2006 (2 – 11), pp. 709 – 711.
[48] Vgl. ausführlich, ibid., S. 706 – 709.
[49] Vgl. ausführlicher P. Terz: Die Polydimensionalität der Völkerrechtswissenschaft (Anm. 4), S. 472.
[50] P. Terz: Die Völkerrechtstheorie (Anm. 47), S. 713 – 715.
[51] Vgl. ausführlicher, ibid., S. 717 – 721.
[52] Zu den Kategorien Stabilität und Veränderung in den internationalen Beziehungen und speziell im Völkerrecht vgl. sehr detailliert P. Terz: Zur Bedeutung der Norm der grundlegenden Veränderung der Umstände in den internationalen Vertragsbeziehungen und zu ihrem Verhältnis zum Prinzip Pacta sunt servanta. Habilitationsschrift, Universität Leipzig 1975; id.; Theoretische Aspekte der Stabilität und Veränderung in den internationalen Beziehungen. In: Sprawy Miedzynarodowe 1984 (2), Warszawa, S. 103 – 112 (in Polnisch).
[53] Vgl. M. Bos (Anm. 35).
[54] Vgl. detailliert P. Terz: Die Völkerrechtsphilosophie (Anm.5), S. 174.

[55] Hin und wieder haben einzelne Wissenschaftler für eine globale Sicht des Völkerrechts plädiert. Vgl. z. B. J. Kunz: Pluralismus der Naturrechte und Völkerrecht. In: ÖZföR 1955 (VI – 2), S. 185 ff.; W. Jenks (1958): The Common Law of Mankind. London, pp. 9155; P. Kunig: Remarks on the methodology of international law with particular regard to state practice in tue Third World. In: Law and State 1982 (25), Tübingen, pp. 88 – 101; R. David/G. Grasmann (1966): Einführung in die großen Rechtssysteme der Gegenwart, Rechtsvergleichung. München/Berlin 1966. Beide behandeln nicht nur die Rechtssysteme Europas und der USA, sondern auch des Islams (S. 471 – 501), Indiens (S. 502 – 536), des Fernen Ostens (S. 537 – 561) und Afrikas (S. 562 – 589).
[56] Vgl. P. Terz: Cuestiones teóricas (Anm. 6), pp. 131 – 203.
[57] Philosophisches Wörterbuch (Anm. 9), S. 1059; G. Klaus/H. Liebscher: Stichwort „System". In: Philosophisches Wörterbuch, Band 2, S. 1059.
[58] Vgl. in Ausführlichkeit P. Terz: Cuestiones teóricas (Anm. 6), pp. 119 – 129.
[59] Am überzeugendsten hat Karl Marx die analytische Methode formuliert: „Die Forschung hat den Stoff sich im Detail anzueignen, seine verschiedenen Entwicklungsformen zu analysieren und deren inneres Band aufzuspüren. Erst nachdem diese Arbeit vollbracht, kann die wirkliche Bewegung entsprechend dargestellt werden". Das Kapital, Erster Band, Berlin 1968, S. 17.
[60] Vgl. Wörterbuch der Soziologie. Berlin 1969, S. 469.
[61] Vgl. H. Kallabis: Zur philosophischen und gesellschaftlichen Forschung und ihrer Methode. In: DZPh 1962 (2), S. 718. Der große Philosoph Hegel warnt vor der übertriebenen Anwendung der historischen Methode: „Wenn aber ein Zeitalter alles historisch behandelt, sich also immer nur mit der Welt beschäftigt, die nicht mehr ist, sich also in Totenhäusern herumtreibt, dann gibt der Geist sein eigenes Leben, welches im Denken seiner selbst besteht, auf". F. W. G. Hegel: Einleitung in die Geschichte der Philosophie. Berlin 1966, S. 134.
[62] Vgl. hierzu besonders ausführlich, P. Terz: Für eine moderne Normbildungstheorie in den internationalen Beziehungen und speziell im Völkerrecht im Zeitalter der globalen Probleme der Menschheit. Für die Erhöhung der Humanität des Völkerrechts. In: id. (Hrsg.): Normbildungstheorien im Völkerrecht – Gerechtigkeit – Neue Internationale Wirtschaftsordnung (Beiträge bei den „Leipziger normbildungstheoretischen Symposien" mit internationaler Beteiligung von September 1986 und Oktober 1987) unter der Leitung von P. Terz an der Universität Leipzig 1988, S. 7 – 24. In diesem Beitrag sind die neuen Fachtermini in Latein vom Autor geprägt worden; id.: Die Völkerrechtsphilosophie (Anm.), S. 181 – 183, id.: Cuestiones teóricas. pp. 12 – 155.
[63] Vgl. hierzu mehr in P. Terz: Die Völkerrechtsphilosophie (Anm.5), S. 181 – 183; id., Cuestiones teóricas (Anm. 6), pp. 125 – 126.
[64] Vgl. hierzu in extenso, P. Terz: Das Problem der Interessen in den internationalen zwischenstaatlichen Vertragsbeziehungen. In: Wissenschaftliche Zeitschrift der Universität Leipzig 1976 (25 – 1), S. 37 ff.; id.: Zu der Interessen- und Willensproblematik in den Vertragsbeziehungen. In: Przeglad Stosunkow Miedzynarodowych 1978 (2), 2/Opole, S. 127 – 128; id.: Interessendurchsetzung und Friedenswahrung. In: Wissenschaftliche Zeitschrift der Humboldt-Universität zu Berlin (Sondernummer: „Völkerrecht als Friedensordnung") 1990 (2), S. 194 ff., sehr ausführlich id.: Interessentheorie. Eine Studie im Koordinatensystem von Philosophie, Epistemologie und Völkerrechtssoziologie. In: Papel Politico, 1/14 – 1.pp. 246 ss.
[65] Vgl. zu diesem Komplex ausführlicher P. Terz.: Die Völkerrechtssoziologie (Anm.5), speziell pp. 275 – 283.
[66] N. Macchiavelli (1976): Der Fürst (II Principe). (Übers. von E. Blaschke), Leipzig 1976, (ersch. 1532), S. 64.

[67] Vgl. vor allem G. Klaus/H. Liebscher (Anm. 57) 1059; C. W. Canaris: Systemdenken und Systembegriff in der Jurisprudenz. Berlin 1983, S. 12; M. Müller/A. Halder (Hrsg.): Philosophisches Wörterbuch. Freiberg i. B. et alt. 1988, S. 305; T. Eckhoff/N. K. Sundby: Rechtssystem. Eine systemtheoretische Einführung in die Rechtstheorie. Berlin 1988, S. 19.

[68] Vgl. detaillierter P. Terz: Cuestiones teóricas… (Anm.6), pp. 111 – 117.

[69] So z. B. E. O. Czempiel: Recht und Frieden. Ein Beitrag zur Diskussion zwischen Völkerrecht und Friedensforschung. In: Die Friedens-Warte 1975 (58 – 2), S. 62/63.

[70] So z. B. G. Doeker: Internationale Beziehungen und Völkerrecht als Gegenstand der Forschung und der Lehre. In: AdV 1981 (19 – 4), S. 414 ff.

[71] Vgl. hierzu ähnlich: N. Peach/G. Stuby: Machtpolitik und Völkerrecht in den internationalen Beziehungen. Baden-Baden 1984, S. 27 ff.

LITERATURVERZEICHNIS

1. ABBOT, K. W. (1989): Modern International Relations Theory: A. Prospectus for International Lawyers. In: Yale Journal of International Law, Vol 14.
2. AFANASJEW, W. (1983): Ganzheitliche Systeme. In: Gesellschaftswissenschaften, Nr. 2.
3. ALEKSEJEW, S. S. (1963): Allgemeine Theorie des Rechts, Swerdlowsk (in Russisch).
4. ALEXIDXE, L. A. (1970): Die Stellung und Rolle des jus cogens im Völkerrechtssystem. In: SEMP 1969 (in Russisch).
5. ANZILOTTI, D. (1929): Lehrbuch des Völkerrechts, Band 1. Berlin/Leipzig.
6. ARISTOTELES (2006): Politik. Düsseldorf.
7. ARISTOTELES (2009): Nikomsachische Ethik. Köln (im altgriechischen Original: ΑΡΙΣΤΟΤΕΛΗΣ (2000), Ηθικά Νικομάχεια, Αθήναι).
8. ARON, R. (1994): Einführung in die Atomstrategie. Die atlantische Kontroverse (Original: „Le Grand Debat"). Köln/Berlin.
9. AZUD, J. (1980): Die wissenschaftlich-technische Revolution und das Völkerrecht. In: Právny Obzor, 63 – 9 (in Tschechisch).
10. BACHMANN, A. (2007): Politik zwischen Hegemonie und Gleichgewicht: die Geschichte der internationalen Beziehungen. Saarbrücken.
11. BAER, P. R. (1977): Power and influence in international politics. In: Netherlands International Law Review, XXIV – 1/ 2.
12. BARBERIS, J. (1970): La liberté de traiter des états et le jus cogens. In: ZaöRVR, Band 30.
13. BARKUN, M. (1968): Law without Sanctions, Order in Primitive Societies and the World Community. New Haven/London.
14. BARSEGOW, J. G. (1983): Völkerrechtliche Aspekte der globalen Probleme der Gegenwart. In: SGiP, Nr. 2, (in Russisch).
15. BARTSCH, G. (1980): Zur weltanschaulich-methodologischen Funktion der Philosophie für die gesellschaftswissenschaftliche Forschung. In: DZPh, Heft 2.
16. BAUM, K. B. (1979): Die soziologische Begründung des Völkerrechts als Problem der Rechtssoziologie. In: Jahrbuch für Rechtssoziologie und Rechtstheorie. Bielefeld.
17. BECHER, K. (1982): Die Grundprinzipien des Völkerrechts und ihre Bedeutung für das Völkerrechtssystem. In: Deutsche Außenpolitik, Nr. 1.
18. BECKER, O. (1937): Das Bild des Weges und verwandte Vorstellungen im frühgriechischen Denken. In: Hermes, Nr. 4.
19. BEHRENS, H./NOACK, P. (1984): Theorien der internationalen Beziehungen. München.
20. BENEDEK, W. (1979): Entwicklungsvölkerrecht – neuer Bereich oder neue Perspektiven (Gestaltwandel im Völkerrecht). In: Reformen des Rechts. Festschrift zur 200-Jahr-Feier der rechtswissenschaftlichen Fakultät der Universität Graz.
21. BENNOUNA, M. (1984): Défi du développement et voluntarisme normativ. In: M. Flory et alt. (Éd.): La Formation des normes en droit international du développement. Table Rond franco-maghrébine Aix-en-Provence, oct. 1982, Paris/Alger.
22. BERGBOHM, K. (1973): Die Unsicherheit des Begriffs Recht. In: W. Maihofer: Begriff und Wesen des Rechts. Darmstadt.
23. Id. (1982). Jurisprudenz und Rechtsphilosophie, Erster Band. Leipzig.
24. BERGSTRAESSER, A./OlDENDORF, D. (1962) Hrsg.: Klassiker der Staatsphilosophie, Ausgewählte Texte. Stuttgart.
25. Id. (1966): Das Problem der Friedenssicherung im Atomzeitalter. In: U. Nerlich (Hrsg.): Krieg und Frieden in der modernen Staatengemeinschaft. Gütersloh.

26. BETTI, E. (1956): Problematica di diritto internazionale. Milano.
27. BIENEN, D./FREUND, C./RITTERBERGER, V. (1999): Gesellschaftliche Interessen und Außenpolitik. Die Außenpolitiktheorie des utilitaristischen Liberalismus. Tübingen.
28. BILFINGER, K. (1950): Friede durch Gleichgewicht der Macht. In: Zeitschrift für ausländisches Recht und Völkerrecht.
29. BINDING, K. (1920): Die „Vereinbarung". Ihr Begriff – ihre schöpferische Kraft: Zum Werden und Leben der Staaten. München/Leipzig.
30. BIRKÁS, G. (1933): Das Staatsinteresse als Grundlage des Völkerrechts. Berlin.
31. BLECKMANN, A. (1978): Zur Strukturanalyse im Völkerrecht. In: Rechtstheorie, Nr. 2
32. Id. (1978): Die Aufgaben einer Methodenlehre des Völkerrechts. Heidelberg/Karlsruhe.
33. Id. (1979): Das Verhältnis des Völkerrechts zum Landesrecht im Lichte der „Bedingungstheorie". In: AdV, 3 – 3.
34. Id. (1979): Die Völkerrechtsverbindlichkeit der deutschen Rechtsordnung. In: Die Öffentliche Verwaltung. 23 – 9.
35. Id. (1981): Die Funktionen der Lehre im Völkerrecht. Köln et alt.
36. Id. (1982): Afrika und das Völkerrecht. In: Jahrbuch für Afrikanisches Recht, Nr. 3.
37. BLENK-KNOCKE, E./KÜHNE, W. (1976): Völkerrecht und Internationale Beziehungen. In: ÖZföR, Band 27.
38. BLENK-KNOCKE, E. (1979): Zu den soziologischen Bedingungen völkerrechtlicher Normenbefolgung. Ebelsbach.
39. BLÜHDORN, R. (1956): Internationale Beziehungen, Einführung in die Grundlagen der Außenpolitik. Wien.
40. BÖCKENFERDE, S. (2001): Zwischen der Durchsetzung nationaler Interessen und der Rolle als Ordnungsmacht. Berlin.
41. BOLINTINEANU, A. (1969): Stabilitatea tratalelor-problema esentiala a codificarii dreptului tratatelor, en: Revista Romana de drept, Nr. 1.
42. BOMZE, C. I. (1982): Gleichgewichtstheorie. Dynamische Methode und Stabilität. Wien.
43. BONJOUR, E. (1946): Europäisches Gleichgewicht und Schweizerische Neutralität. Basel.
44. BORN, M. (1963): Was bleibt noch zu hoffen? Zürich.
45. BOS, M. (1982): Will and order in the nation-state system. In: Netherlands International Law Review, XXXIX – 1.
46. Id. (1984): A Methodology of International Law. Amsterdam et alt.
47. BOTHE, M. (1980): Legaland nonlegal norms an meaningful distinktion in international relations. In: Netherlands Yearbook of international Law, vol. XI.
48. BÖTTCHER, K. et alt. (1988): Geflügelte Worte. Leipzig.
49. BOURGUIN, M. (1938): Stabilité et mouvement dans l, ordre juridique international. In: RdC, II – 64.
50. BRAUN, E./RADERMACHER, H. (1978): Wissenschaftstheoretisches Lexikon. Graz et alt.
51. BRIGGS, H. (1953): The Law of Nations. Cases, Documents and Notes. London.
52. BRILMAYER, L. (1994): American Hegemony, Political morality in a one superpower world. New Haven.
53. BROOKS, S./WOHLFORTH, W. (2008): World out of balance international relations and the challenge of American primacy. Princeton.
54. BROWN, D. J. L. (1970): Public International Law. London.
55. BRUNS, V. (1954): Völkerrecht als Rechtsordnung. Darmstadt.

56. BUCHER, L. (1887): Über politische Kunstausdrücke, II. Politisches Gleichgewicht. In: Deutsche Revue über das gesamte nationale Leben der Gegenwart (Hrsg. Fleischer, R.), 12 – 3. Breslau.
57. BUDLINSKY, F. (1991): Juristische Methodenlehre und Rechtsbegriff. Wien et alt.
58. BUHR, M. (1969): Stichwörter „Eudämonismus", „Hedonismus", „Verstand", „Aution". In: Philosophisches Wörterbuch (hrsg. von Buhr, M. Klaus, G.), Bände 1 et/2. Leipzig.
59. BÜLLESBACH, A. (1985): Systemtheoretische Aufsätze. In: Kaufmann, A./Hassemer, W. (Hrsg.): Rechtsphilosophie, Rechtstheorie, Rechtsdogmatik. Heidelberg.
60. BURCKHARDT, W. (1936): Methode und System des Rechts. Zürich.
61. BUSSE-STEFFENS, M. (1980): Systemtheorie und Weltpolitik. Eine Untersuchung systemtheoretischer Ansätze im Bereich der internationalen Beziehungen. München.
62. CANARIS, C. W. (1983): Systemdenken und Systembegriff in der Jurisprudenz. Berlin.
63. CALAMAROS, A.-D. (1974): Internationale Beziehungen, Theorien – Kritik – Perspektiven. Stuttgart et alt.
64. CAPELE, W. (1961): Die Vorsokratiker. Berlin.
65. CARBONNIER, J. (1974): Rechtssoziologie (Übersetzung aus dem Französischen: „Sociologie juridique", Paris), 1972. Berlin.
66. CARTLEDGE, P. (1990): 2500 Jahre alt und doch ein Zeitgenosse. In: UNESCO-Kurier, Nr. 3.
67. CASSAN, H. (1984): Humanité et développementen. In: M. Flory et alt. (Edit.): La formation des normes en droit internationale du développement. Paris.
68. CHACE, J. (1973): A world elswhere, The new American foreign policy. New York.
69. CHARPA, U. (1983): Methodologie der Wissenschaften, 1983. Zürich et alt.
70. CHEMILLIER-GENDRAEU (1975): A propos de l'effectivité en Droit International. In: Revue belge de droit international, II – 1.
71. CORBETT, P. E. (1951): Law and Society in the Relations of States. New York.
72. Id. (1955): The Study of International Law.
73. CREIFELDS, C. (1968): Rechtswörterbuch. München.
74. CZEMPIEL, E. O. (2003): Weltpolitik im Umbruch. Die Pax Americana. Der Terrorismus und die Zukunft der internationalen Beziehungen. München.
75. Id. (2002): Die amerikanische Weltordnung. In: Aus Politik und Zeitgeschichte, B.
76. Id. (2008): Weltpolitik im Umbruch. München.
77. Id. (1999): Glaubenskriege? Der Faktor Religion in politischen Auseinandersetzungen. In: K. Hofmeister/L. Bauerochse (Hrsg.): Die Zukunft der Religion. Würzburg.
78. Id. (1975): Recht und Frieden. Ein Beitrag zur Diskussion zwischen Völkerrecht und Friedensforschung. In: Der Friedens-Warte, 58 – 1/2.
79. DAVID, R./GRASMANN, G. (1966): Einführung in die großen Rechtssysteme der Gegenwart; Rechtsvergleichung. München/Berlin.
80. DAVUTOGLU, A. (2010): Die strategische Tiefe. Die internationale Position der Türkei (Originaltitel: „Stratejik Derinlik. Türkiye'nin uluslararasi konunu"), in griechischer Übersetzung. Athina.
81. DEHIO, L. (1948): Gleichgewicht oder Hegemonie. Krefeld.
82. DELBEZ, L. (1964): Les principes généraux du droit international public. Paris.
83. DELBRÜCK, J. (1977): Die völkerrechtliche Bedeutung der Schlussakte der Konferenz über Sicherheit und Zusammenarbeit in Europa. Drittes deutsch-polnisches Juristen-Kollegium, Band I. Baden-Baden.

84. DEMANDT, A. (1978): Metaphern für Geschichte, Sprachbilder und Gleichnisse im historisch politischen Denken. München.
85. DEMME, H. U. (2006): Der ständige Sitz im Sicherheitsrat der Vereinten Nationen, Dissertation. Frankfurt/M. et alt.
86. DEUTSCH, K. W. (1968): Analyse internationaler Beziehungen, Konzeptionen und Probleme der Friedensforschung. Frankfurt/M.
87. DEUTSCH, K. W./SINGER, J. D. (1970): Multipolar power systems and international stability. In: Edwards, D. V. (1970): International Political Analysis Redings. New York.
88. DIDEROT, D. (1961): Philosophische Schriften (hrsg. von Th. Lücke), 1. Band. Berlin.
89. DIEMER, A. (1964): Was heißt Wissenschaft? Meisenheim.
90. DOEKER, G. (1981): Internationale Beziehungen und Völkerrecht als Gegenstand der Forschung und der Lehre. In: AdV, 19 – 4.
91. Id. (1989): Zur Frage des Verhältnisses von Völkerrecht und Internationalen Beziehungen. In: Revue Hellénique de Droit International Public, 33 – 1/4.
92. DREIER, R. (1981): Recht – Moral – Ideologie, Studien zur Rechtstheorie. Frankfurt/M.
93. DUPUY, P.-M. (1986): Le Droit International dans un Monde Pluriculturel. In: Revue de Droit International et Comparé, tome 38.
94. Id. (Ed.): (1984): L´Avenir du Droit International dans un Monde Multiculturel. Hague.
95. DUBISCHAR, R. (1983): Einführung in die Rechtstheorie. Darmstadt.
96. ECKHOFF, T./SUNDBY, K. (1988): Rechtssysteme. Eine systematische Einführung in die Rechtstheorie. Berlin.
97. EDELMANN, J. (1967): Die Entwicklung der Interessenjurisprudenz. Bad Homburg.
98. EDWARDS, D. V. (1970): International Political Analysis, Redings. New York.
99. EHRLICH, E. (1913): Grundlegung der Soziologie des Rechts. München/Leipzig.
100. EICHHORN, W. P. (1969): Stichwort „Interessen". In: Philosophisches Wörterbuch (hrsg. von G. Klaus und M. Buhr), folgend: Philosophisches Wörterbuch, Band 1. Leipzig.
101. ESPENBECK, J. (1986): Das Ganze denken. Zur Dialektik menschlicher Bewusstseinsstrukturen und -prozesse. Berlin.
102. ETZIONI, A. (1971): Strategic models for a de-polarizing World. In: Coplin, D. et alt.: A Multi- Method, Introduction to International Politics Observation. Chigago.
103. FALK, R. A. (1967): New approaches to the study of international law. In: AJIl, tome 61.
104. FASTENTATH, M. (1991): Lücken im Völkerrecht. Berlin.
105. FELDMANN, B. D. (1983): Das System des gegenwärtigen Völkerrechts. Moskau (in Russisch).
106. Id. GURDJUKOW/N. N. LICHATSCHOW. (1980): Über die Systembetrachtungsweise in der Völkerrechtswissenschaft. In: Prawovedenie, Nr. 6 (in Russisch).
107. FENSKE, H. (1975): Stichwort „Gleichgewicht", „Balance". In: Geschichtliche Grundbegriffe, Historisches Lexikon zur politisch-sozialen Sprache in Deutschland (Hrsg. D. Brunner et alt.), Band 2. Stuttgart.
108. FERGUSON, N. (2004): Das verleugnete Imperium, Chancen und Risiken amerikanischer Weltmacht. München.
109. FIKENTSCHER, W. (1975): Methoden des Rechts in vergleichender Darstellung, Band 1. Tübingen.
110. FISCHER-BAHLING, E. (1960): Theorie der Auswärtigen Politik. Köln/Opladen.
111. FISCHER, P./H. F. KÖCKE (1983): Allgemeines Völkerrecht, Ein Grundriss. Eisenstadt.
112. FRANKEL, J. (1973): Contemporary international theory and the behaviour of states. Oxford/New York.

113. Id. (1972): Nationales Interesse. München.
114. FREI, D. (1973): Wozu Theorien der internationalen Beziehungen? In: D. Frei (Hrsg.): Theorien der internationalen Beziehungen. München.
115. FRIEDMANN, W. (1964): The Changing Structure of International Law. New York.
116. GALENSKAJA, L. H./KOSLOW (1976): Zur Frage der Prinzipien des Völkerrechts. In: Westnik Leningradskowo Universiteta, Nr. 17.
117. GANSLANDT, H. R. (2004): Stichwort „Benthand". In: Enzyklopädie Philosophie und Wissenschaftstheorie (folgend: Enzyklopädie), hrsg. von J. Mittelstraß, Band 1. Mannheim.
118. GAULAND, A. (1975): Friedenssicherung durch Gleichgewichtspolitik. In: Archiv des Völkerrechts, 16 – 4.
119. GAVIRIA, L. E. (1988): Derecho internacional público. Bogotá.
120. GEBREHANA, T. (1978): Duty to Negotiate. An Element of International Law. Uppsala.
121. GEIGER, Th. (1964): Vorstudien zu einer Soziologie des Rechts. Neuwied/Berlin.
122. GETHMANN, C. F. (2004a): Stichwort „Erkenntnisinteresse". In: Enzyklopädie, Band 1.
123. Id. (2004b): Stichwort „Verstand". In: Enzyklopädie, Band 4.
124. Id. (1978): Stichwort „Methode". In: Wissenschaftstheoretisches Lexikon (hrsg. V. E. Baun/H. Rademacher). Graz et alt.
125. GIEHL, T. (1957): The legal character and sources of international law. In: Scandinavian Studies in Law, Vol. I.
126. GILAS, J. (1978): Internationale politische Normen. In: Pezeglad Stosunków Miedzynarodowych, Nr. 3 (in Polnisch).
127. GILPIN, R. (1981): War and Change in World Politics. Cambridge.
128. GINTHER, K. (1980): Systemwandel und Theoriendynamik im Völkerrecht. In: Multum non Multa. Festschrift für Kurt Lipstein zum 70. Geburtstag. Heidelberg/Karlsruhe.
129. GLAHN, G. (1965): Law among nations, an introduction to public international law. New York/London.
130. GLAUDE, I. L. (1969): Power and International Relations. New York.
131. GÖTZ, E. D. (1967): Die völkerrechtlich geschützten Staatsinteressen (Dissertation). Würzburg.
132. GRAHN, W. (1979): Die Rechtsnorm – eine Studie. Leipzig.
133. GRAHN, W./WAGNER, I. (1981): Rechtstheoretische Aspekte, Probleme des Systems der rechtlichen Regelung. Leipzig.
134. GRAEFRATH, B. (1985): Die Grundprinzipien des Völkerrechts und ihre Bedeutung für das Völkerrechtssystem. In: Mollnau, K. A. (Hrsg.): Probleme einer Strukturtheorie des Rechts. Berlin.
135. Id. (1985): Zur Stellung der grundlegenden Prinzipien für die Struktur des allgemeinen Völkerrechts. In: K. A. Mollnau (Hrsg.): Probleme einer Strukturtheorie des Rechts. Berlin.
136. GREWE, W. (1970): Spiel der Kräfte in der Weltpolitik, Theorie und Praxis der internationalen Beziehungen. Düsseldorf/Wien.
137. Id. (1985): Die Rolle der Ideologien im Völkerrecht. In: Sowjetsystem und Ostrecht (Festschrift für Boris Meissner zum 70. Geburtstag). Berlin.
138. GRJASIN, B. N. (1982): Methodologie des Rechts: einzige Fragen. In: SGiP, Nr. 6 (in Russisch).
139. GRUNNER, W. (Hrsg. 1989): Gleichgewicht in Geschichte und Gegenwart. Hamburg.
140. GUGGENHEIM, P. (1929): Die soziologischen Grundlagen des Völkerrechts. In: Die Friedenswarte, Band XXIV.
141. HABERMAS, J. (2008): Erkenntnis und Interesse. Hamburg.

142. HACKERMANN, M. (Übers. et. Hrsg.) (2007): Die Vorsokratiker. Köln.
143. HAFTENDORN, H. (1975): Bemühungen um eine Theorie der Internationalen Beziehungen. Eine wissenschaftstheoretische Einführung. In: H. Haftendorn et alt., Theorie der Internationalen Politik, Gegenstand und Methode der Internationalen Beziehungen. Hamburg.
144. HÄNDLE, F./S. JENSEN (Hrsg.) (1974): Systemtheorie und Systemtechnik. München.
145. HART, H. L. A. (1973): Der Begriff des Rechts („The Concept of Law". Oxford 1961). Frankfurt/M.
146. HAUFE, G. (1984): Stichwort „Gleichgewicht". In: Pipers Wörterbuch zur Politik (hrsg. von D. Nohlen). München.
147. Hegner, F. (1994. Stichwort „Dynamik". In: Lexikon zur Soziologie. hrsg. von W. F. Heinritz et alt.). Opladen.
148. HELVETIUS, C. A. (1974): Werk vom Menschen (Übers. aus dem Französischen), Band 1. Breslau.
149. HENKEL, H. (1977): Einführung in die Rechtsphilosophie. München et alt.
150. HENKIN, L. (1968): How Nations Behave (Law and Foreign Policy). London.
151. HERZ, J. (1951/1953): Macht, Mächtegleichgewicht, Machtorganisation im Atomzeitalter. In: Die Friedenswarte, Band 50.
152. HEYDEN, G. (1976): Stichwort „Gleichgewichtstheorie". In: Philosophisches, Band 1.
153. HEVEL, L. (2006): Hegemonie und Gleichgewicht in der europäischen Integration: eine Untersuchung der Führungsproblematik. Baden-Baden.
154. HIRSCH, E. (1966): Das Recht im sozialen Ordnungsgefüge. Berlin.
155. HOBSBAWN, E. (2008): War, peace and hegemony at the beginning of the twenty first century. In: Chandra Chari (Ed.): War, peace and hegemony in a globalized world. New York.
156. HOFER, E. (1986): Stand und Zukunft der Weiterentwicklung und Kodifikation des Völkerrechts in den Vereinten Nationen. In: Schweizerisches Jahrbuch für internationales Recht, Band 41.
157. HÖFFE, O. (1982): Moral und Recht: Philosophische Perspektive. In: Recht und Sittlichkeit. Freiburg.
158. HOFFMANN, S. (1968): Gullivers Trubbles oder die Zukunft des internationalen Systems. Bielefeld.
159. HÖHNE, K. (1986): Die Bedeutung der Gerechtigkeit für das demokratische Völkerrecht. Eine normbildungstheoretische Untersuchung. Diss., Universität Leipzig.
160. HOLBACH, P. T. D. (1960): System der Natur oder von den Gesetzen der physischen und der moralischen Welt (Übers. aus dem Französischen), Erster Teil, 15. Kapitel. Berlin.
161. HORVATH, B. (1971): Probleme der Rechtssoziologie. Budapest
162. HUBER, E. (1985): Stichwort „Struktur". In: Philosophisches Wörterbuch (hrsg. Von W. Brugger). Wien et alt.
163. HUBER, M. (1910): Beiträge zur Kenntnis der soziologischen Grundlagen des Völkerrechts und der Staatengesellschaft. In: Jahrbuch des öffentlichen Rechts der Gegenwart, Tome IV. Tübingen (als Nachdruck 1928: „Die soziologischen Grundlagen des Völkerrechts". Berlin/Grunewald).
164. HUNTINGTON, S. (1997): Kampf der Kulturen: die Neugestaltung der Weltpolitik im 21. Jahrhundert (Original: The Clash of Civilisations). New York.
165. IGNATIEFF, M. (2008): Empire lite. Die amerikanische Mission und die Grenzen der Macht. Hamburg.
166. IGNATENKO, G. W. (1977): Die Große Sozialistische Oktoberrevolution und das gegenwärtige Völkerrecht. In: SJMP (in Russisch).

167. Id. /D. B. OSTAPENKO (Hrsg.) (1918): Völkerrecht. Moskwa (in Russisch).
168. IHERING, R. (1973): Begriff des Rechts. In: W. Maihofer: Begriff und Wesen des Rechts. Darmstadt.
169. IKLÈ, F. C. (1965): Strategie und Taktik des diplomatischen Verhandelns. Gütersloh.
170. ILA (1980): Report of the fiftyeight Conference in Manila 1978. London.
171. IPSEN, K. (1982): Development polica and international law. In: Law and State, Vol. 25.
172. Id. (1990): Völkerrecht, Lehrbuch. München.
173. IRIYE, K. (1967).The principles of international law in the ligth of Confusian doctrine. In: RdC, 120 – L.
174. IRMSCHER, I. (Hrsg.) (1987): Lexikon der Antike. Leipzig.
175. ISAY, E. (1924): Völkerrecht. Breslau.
176. IWANASCHENKO, L. A. (1985): Internationales Sicherheitsrecht. Ein neuer Zweig des modernen Völkerrechts. In: SGiP, 6 (in Russisch).
177. JANICH, P. (2004): Stichwort „Dynamik“. In: Enzyklopädie.
178. JAYATILLEKE, K. N. (1967): The principles of international law in Buddist doctrine. In: RdC, 120 – L.
179. JELLINEK, G. (1878): Die sozialistische Bedeutung von Recht, Unrecht und Strafe. Wien.
180. JENKS, W. C. (1967): Law in the World Community. London.
181. JENKS, W. (1965): Unanimity. The Veto, weighted voting. In: Cambridge Essays in International Law. Lindon/New York.
182. Id. (1958): The Common Law of Mankind. London.
183. JERUSALEM, F. (1921): Völkerrecht und Soziologie. Jena.
184. JÜRSS, F. et alt. (Hrsg.) (1977): Griechische Atomisten, Texte und Kommentare zum materialistischen Denken der Antike. Leipzig.
185. Id. (Ltr. des Autorenkollektivs) (1982): Geschichte des wissenschaftlichen Denkens im Altertum. Berlin.
186. Id.: Griechische Weltanschauung und Philosophie. In: Id.: Geschichte des wissenschaftlichen Denkens im Altertum. Berlin.
187. KAISER, K. (1975): Völkerrecht und Internationale Beziehungen. Zum Verhältnis zweier Wissenschaften. In: Die Friedens-Warte, 58 – 3/4.
188. KALLABIS, H. (1962): Zur philosophischen und gesellschaftswissenschaftlichen Forschung und ihrer Methode. In: DZPh, 6.
189. KANNEGIESSER, K. (1984): Methoden und Theorieentwicklung. In: Wissenschaftliche Zeitschrift der Universität Leipzig, Nr. 2.
190. KANTOROWICZ, H. (1962): Rechtswissenschaft und Soziologie. Karlsruhe.
191. KAUFMANN, A. (1971): Wozu Rechtsphilosophie heute? Frankfurt/M.
192. Id. /HASSEMER, W. (1971): Grundprobleme der zeitgenössischen Rechtsphilosophie und Rechtstheorie. Frankfurt/M.
193. KAUFMANN, S. J./LITTLE, R./WOHLFORTH, W. E. (Ed.) (2007): The Balance of Power in Worl History. New York.
194. KEGLEY, C./WITTKOPF, E. (1999): World Politics. Boston.
195. KENNEDY, D. (1989): Vom Aufstieg und Fall der großen Mächte. Ökonomischer Wandel und militärischer Konflikt von 1500 bis 2000. Frankfurt/M.
196. KELSEN, H. (1952): Principles of International Law. New York.
197. Id. (1951): The Law of the United Nations. London.
198. KEOHANE, R. D. (1997): International Relations and International Law: Two Optics. In: Harvard International Law Journal, Vol 38.

199. Id. (1984): After Hegemony, Cooperation and Discord in the World Political Economy. Princeton.
200. Id. (2001): Power and Intependence. New York.
201. KIMMINICH, O. (1972): Die Disziplin der Internationalen Beziehungen an den Hochschulen der Bundesrepublik Deutschland. In: Deutsch-polnisches Völkerrechtskollegium 1972. Frankfurt/M.
202. Id. (1971): Der Stand der Friedensforschung. In: Universitas, Nr. 26.
203. Id. (1974): Völkerrecht und Internationale Beziehungen. In: AdV, 16 – 2.
204. Id. (1984): Einführung in das Völkerrecht. München.
205. Id. (1990): Einführung in das Völkerrecht. München et alt.
206. KISSINGER, H. (1969): Amerikanische Außenpolitik. Düsseldorf/Wien.
207. Id. (1992): Die sechs Säulen der Weltordnung.
208. Id. (1969): Die Vernunft der Nationen: Über das Wesen der Außenpolitik. München.
209. KLAUS, G. (1961): Kybernetik in philosophischer Sicht. Berlin.
210. Id. (1969): Stichwort „Abbildtheorie", Philosophisches Wörterbuch, Band 1.
211. Id. (1969): Stichwort „Struktur". In: Philosophisches Wörterbuch, Band 2.
212. Id. (1969): Stichwort „Stabilität". In: Philosophisches Wörterbuch, Band 2.
213. KLENNER, H. (1984): Vom Recht der Natur zur Natur des Rechts. Berlin.
214. Id. (1985): Systemstrukturen als Gegenstand von Rechtstheorie und Rechtsphilosophie. In: K. A. Mollnau (Hrsg.): Probleme einer Strukturtheorie des Rechts. Berlin.
215. KLIMA, R. (1995): Stichwort „Erkenntnis", Lexikon zur Soziologie.
216. KOLLER, P. (1992): Theorie des Rechts, Eine Einführung. Wien et alt.
217. KORZEW, M. B. (1985): Die allgemein anerkannten Prinzipien und Normen des gegenwärtigen Völkerrechts, Rechtswesen und Bedeutung. In: Prawna Misal, Nr. 2 (in Bulgarisch).
218. KOSSI, R. (1987): Das „Entwicklungsvölkerrecht". Normbildungstheoretische Aspekte der gleichberechtigten und bevorzugten Behandlung der Entwicklungsländer in den internationalen Beziehungen. Diss., Universität Leipzig.
219. KOSSING, A. (1965): Dialektischer Materialismus als allgemeine Methodologie der Wissenschaft. In: DZPh. (Sonderheft).
220. Id. (1969): Stichwort „Erkenntnistheorie". In: Philosophisches Wörterbuch, Band 1.
221. KRAKAU, K. (1967): Missionsbewusstsein und Völkerrechtsdoktrin in den Vereinigten Staaten of Amerika. Hamburg et alt.
222. KRAUS, B. H. (1963): Staatsinteressen im internationalen Leben. In: Internationale Gegenwartsfragen (Nachdruck). Würzburg.
223. KRINGS, H. et alt. (Hrsg.) (1973): Handbuch philosophischer Grundbegriffe, Band II. München.
224. KRÜGER, CH. (2005): Braucht das Völkerrecht einen Leviathan? In: Nationale Interessen und internationale Politik. Frankfurt/M.
225. KRÜGER, H. (1957): Das Prinzip der Effektivität oder über die besondere Wirklichkeitsnähe des Völkerrechts. In: Festschrift für Jean Spiropoulos. Bonn.
226. KUNIG, P. (1982): Remarks on the methodology of international law with partikular regard to state practice in the Third World. In: Law and State, Vol. 25.
227. KUKULKA, J. (1980): Probleme der Theorie der internationalen Beziehungen. Moskwa (in Russisch).
228. KUNTZ, J. L. (1956): Der heutige Stand der Wissenschaft und des Unterrichts in den Vereinigten Staaten. In: ZaöRV, Nr. 4.
229. Id. (1955): Pluralismus der Naturrechte und Völkerrechts. In: ÖZföR, VI – 2.

230. Id. (1956): Der heutige Stand der Wissenschaft und des Unterrichts des Völkerrechts in den Vereinigten Staaten. In: ÖZföR, VII – 4.
231. KUSCH, E. (1971): Die Weiterentwicklung des Völkerrechts – eine friedenserhaltende Funktion der Vereinten Nationen. In: Österreichische Zeitschrift für Außenpolitik, Nr. 2.
232. LANDHEER, B. (1966): On the Sociology of International Law an International Society. The Hague.
233. LARENZ, K. (1991): Methodenlehre der Rechtswissenschaft. Berlin et alt.
234. LASAREW, M. I. (1980): Das Völkerrecht und die wissenschaftlich-technische Revolution. In: SJMP 1978. Moskwa (in Russisch).
235. LAUBACH, B. et alt. (2006): Die Rolle des Völkerrechts in einer globalisierten Welt. Baden-Baden.
236. LAUTERBACHT, H. (1966): The Function of Law in the International Community. Connecticut.
237. Id. (1970): International Law. Cambridge.
238. Id. (1927): Private law sources and analogies of international law. London.
239. LATMANN, R. (1995): Stichwort „Nutzen“. In: Lexikon zur Soziologie.
240. LENZ, K./RUCHLAK, N. (2001): Kleines Politik-Lexikon. Oldenburg.
241. LEVY, J. (2004): What do great Powers Balance against and when? In: Paul, T. V./Wirtz, J./Fortmann, M. (Ed.): Balance of Power, Theory and Practice in the 21st Century, Conclusions. Stanford 2004.
242. LEWIN, D. B. (1959): Die Negierung des Völkerrechts in der zeitgenössischen amerikanischen Literatur. In: SGiP, Nr. 7.
243. Id. (1969): Die Methodologie der sowjetischen Völkerrechtswissenschaft. In: SGiP, Nr. 9 (in Russisch).
244. Id. (1981): Das Völkerrecht, die Außenpolitik und die Diplomatie. Moskwa (in Russisch).
245. Lexikon der philosophischen Begriffe (hrsg. v. A. Ulfig) (1997). Köln.
246. LIJPHART, A. (1974): International relations theory: great debates and lesser debates. In: ISSJ, vol. XXVI, No. 1.
247. LINK, W. (1998): Die Neuordnung der Weltpolitik, Grundprobleme an der Schwelle des 21. Jh.. München.
248. LORENZ, K. (2004): Stichwort „Diskursivität“. In: Enzyklopädie, Band 1.
249. Lotz, J. (1985): Stichwort „System“. In: Philosophisches Wörterbuch (hrsg. von W. Brugger). Wien.
250. LUHMANN, N. (1983): Rechtssoziologie. Opladen.
251. LUKASCHUK, I. I. (1976): Die internationalen politischen Normen unter den Bedingungen der Entspannung. In: SGiP, Heft 8 (in Russisch).
252. Id. (1980): Der Mechanismus der völkerrechtlichen Regulierung. Kiew (in Russisch).
253. Id. (1980): Elementare Normen der Beziehungen zwischen sozialistischen und kapitalistischen Staaten. In: Westnik Kiewskowo Universiteta, Heft 10 (in Russisch). Kiew.
254. Id. (1984): Entstehung und Entwicklung des Völkerrechts. In: Westnik Kiewskowo Universiteta, Nr. 18 (in Russisch).
255. LUMMERT, G. (1963): Institutioneller und sozialer Frieden durch Gerechtigkeit. Köln.
256. LUNK, G. (1927): Das Interesse, Band 1. Leipzig.
257. MANN, M. (2003): Die ohnmächtige Supermacht. Warum die USA die Welt nicht regieren können. Frankfurt/M./New York.
258. MCDOUGAL, M. S. (1952): Law and Power. In: AJIL, tome 46.

259. Id. (1953): International Law, Power and Policy; A Contemporaty Conception. In: RdC, 82 – I.
260. Id. /FELLICIANIO, F. P. (1961): Land and Minimum world Public Order. The Legal Regulation of International Coercion. New Haven et alt.
261. MAHIOU, A. (1976): Les implications du nouvel ordre économique et le droit international. In: Revue belge de droit internationale, No. 2.
262. MAHMASSANI, S. (1966): The principles of international law in the light of Islamic doctrin. In: RdC, 117 – I.
263. MALININ, S. A. (1971): Friedliche Nutzung der Atomenergie, Völkerrechtliche Fragen. Moskwa (in Russisch).
264. MARX, K. (1968): Das Kapital, Erster Band. Berlin.
265. MAYER-MALY, T. (1988): Rechtswissenschaft. München/Wien.
266. MAZILU, D. (1983): Dreptul pacii. Bucuresti.
267. MENNE, A. (1980): Einführung in die Methodologie. Elementare allgemeinwissenschaftliche Denkmethoden im Überblick. Darmstadt.
268. MEYERS, R. (1984): „Internationale Politik". In: Pipers Wörterbuch zur Politik.
269. Id. (1977): Die Lehren von den internationalen Beziehungen. Ein entwicklungsgeschichtlicher Überblick. Düsseldorf.
270. MENZEL, E./IPSEN, K. (1979): Völkerrecht. Ein Studienbuch. München.
271. MERLE, M. (1974): Sociologie des relations internationales. Paris.
272. MITTELSTRASS, J. (1975): Über Interessen. In: J. Mittelstraß (Ed.): Methodologische Probleme einer normativ-kritischen Gesellschaftstheorie. Frankfurt.
273. Id. (2004): Stichwort „Common sense". In: J. Mittelstraß (Hrsg.): Enzyklopädie, Philosophie und Wissenschaftstheorie, Band 1. Stuttgart/Weimar.
274. Id. (2004): Stichwort „Erkenntnis". In: Enzyklopädie, Band 1.
275. Id. (2004): Stichwort „Hedonismus". In: Enzyklopädie, Band 2.
276. Id. (2004): Stichwort „Vernunft". In: Enzyklopädie, Band 4.
277. MOCA, G. (1983): Dreptul International. Bucuresti.
278. MOLLNAU, K.-A. (1982): Probleme einer Rechtsmethodologie und Aspekte ihres Fachbereichs. In: Philosophisch-methodologische Probleme der Gesellschaftswissenschaften, Beiträge (hrsg. von G. Bartsch). Berlin.
279. Id. (1985): Zum Charakter der Rechtsstruktur. In: id. (Hrsg.): Probleme einer Strukturtheorie des Rechts. Berlin.
280. MORGENTHAU, H. J. (1963): Macht und Frieden. Grundlegung einer Theorie der internationalen Politik (Übersetzung aus dem Englischen: Politics among Nations". New York 1948, 1954, 1960). Gütersloh.
281. MORGENSTERN, P. (Bearb.) (1980): Völkerrecht, Dokumente, Teil 3. Berlin.
282. MORELLI, G. (1963): Nozioni di diritto internazionale. Padova.
283. MOSLER, H. (1949): Die Großmachtstellung im Völkerrecht. Heidelberg.
284. Id. (1980): The international society as a legal community. Alphen a. Rijin.
285. MOWTSCHAN, A. P. (1974): Probleme der Kodifikation und der progressiven Entwicklung des Völkerrechts. Moskwa (in Russisch).
286. MÜLLER, H. (1998): Das Zusammenleben der Kulturen: Ein Gegenentwurf zu Huntington. Frankfurt.
287. MÜLLER, M./HALDER, A. (Hrsg) (1988): Philosophisches Wörterbuch. Freiburg i. B.
288. MÜLLER, R. (1972): Die Epikureische Gesellschaftstheorie. Berlin.

289. Id. (1976): Das Menschenbild der sophistischen Aufklärung. In: Id. (Hrsg.): Der Mensch als Maß der Dinge. Berlin.
290. Id. (Hrsg.) (1976): Der Mensch als Maß der Dinge. Berlin.
291. Id. (1980): Menschbild und Humanismus in der Antike. Leipzig.
292. MÜNKLER, H. (2005): Imperien. Die Logik der Weltherrschaft vom Alten Rom bis zu den Vereinigten Staaten. Berlin.
293. MYSLIL, S. (1971): Kodificace smluvniho prava. In: Casopis pro mezinárodni prave, XV – 2.
294. NAGY, P. (1988): The theory of international relations and the science of international law. In: Annales Scientiarum Universitatis Budapestinensis, No. 29.
295. NARR, W.-D. (1969): Einführung in die moderne politische Theorie, 1. Theoriebegriffe und Systemtheorie. Stuttgart et alt.
296. NASTASE, A. (1986): Domeniul dezarmarii. In: D. Popescu/A. Nastase (Ed.): Sistemul principiilor dreptului International. Bucuresti.
297. NESTLE, W. (1942): Vom Mythos zum Logos. Stuttgart.
298. NEUHOLD, H. (1975): Völkerrecht und andere Sozialwissenschaften: Konkrete Ansätze zu einem Brückenschlag. In: Die Friedens-Warte, 80 – 3/4.
299. Id. (1977): Internationale Konflikte – verbotene und erlaubte Mittel ihrer Austragung. New York/Wien.
300. Id. (1983): Abgrenzungen, Strukturmerkmale und Besonderheiten der Völkerrechtsordnung. In: H. Neuhold/W. Hummer/C. Schreuer (Hrsg.): Österreichisches Handbuch des Völkerrechts, Band 1. Wien.
301. NUSCHELER, F. (2001): Multilateralismus vs. Unilateralismus. Kooperation vs. Hegemonie in den transatlantischen Beziehungen. In: Policy papers, No. 16.
302. NUSSBAUM, A. (1960): Geschichte des Völkerrechts in gedrängter Form. München/Berlin.
303. NYE, J. (2008): The future of American power. In: Chandra, Chari (ibid). New York.
304. OSGOOD, R. E. (1975): Idealismus und Egoismus in der Außenpolitik. In: H. Haftendorn (Hrsg.): Theorie der internationalen Politik, Gegenstand und Methode der Internationalen Beziehungen. Hamburg.
305. OUTRATA, V. (1961): Zum Begriff der allgemeinen und grundlegenden Prinzipien und Normen des Völkerrechts. In: Casopis pro mezinárodni právo, Nr. 3 (in Tschechisch).
306. PAECH, N./STUBY, G. (1994): Machtpolitik und Völkerrecht in den internationalen Beziehungen. Baden-Baden.
307. PALLIERI, B. (1962): Diritto internazionale. Milano.
308. PASTRANA, E. B. (1995): Die Bedeutung der Charta der ökonomischen Rechte und Pflichten der Staaten von 1974 zur Schaffung einer neuen internationalen Wirtschaftsordnung. Diss., Universität Leipzig.
309. Id. (2005): El principio de la no-reciprocidad: entre el deber ser y so regulación juridica en el marco de las relaciones económicas internacionales y de cooperscion. In: Papel Politico, 17. Cali.
310. PAUL, T. V./WIRTZ, J. J./FORMANN, M. (2004): Balance of Power, Theory and Practice in the 21st Century, Conclusions. Stanford.
311. PAUL, T. V. (2004): Introduction: The Enduring Axioms of Balance of Power Theory. In: Paul T. V./Wirtz, J./Formann, M. (ibid.).
312. PECZENIK, A. (1971): Principles of Law. The Search for Legal Theory. In: Rechtstheorie, No. 2.

313. PESCHKA V. (1974): Grundprobleme der modernen Rechtsphilosophie. Budapest.
314. PETROWSKI, B. F./KLIMENKO, B. M./ RYBAKOW, J. M. (1982): Lexikon des Völkerrechts. Moskau (in Russisch).
315. PICHOT, A. (1995): Die Geburt der Wissenschaft. Von den Babyloniern zu den frühen Griechen („La naissance de la science" Paris 1991). Darmstadt/Frankfurt/M.
316. Philosophisches Wörterbuch (1988). Hrsg. V. M. Müller und A. Halder). Berlin.
317. PINTO, R. (1972): Le Droit des Relations Internationales. Paris.
318. POLLER, H. (2005): Die Philosophen und ihre Gedanken. Ein geschichtlicher Überblick. Freiburg.
319. POPPER, K. R. (1989): Logik der Forschung. Tübingen.
320. Id. (2005): Die Welt des Parmenides. Der Ursprung des europäischen Denkens („The World of Parmenides – Essays on the Presocratic Enlightenment". London/New York 1998). München et alt.
321. POSTNJAKOW, E. A. (1976): Die Systembetrachtungsweise und die internationalen Beziehungen. Moskwa (in Russisch).
322. PREISWERK, R. (1974): Die Stellung interkultureller Beziehungen im Studium der Internationalen Beziehungen. In: Annuaire Suisse de Science Politique, Tome 14.
323. PUFENDORF, S. (1684): Einleitung zu der Historie der vornehmsten Reiche und Staaten, so itziger Zeit in Europa sich befinden, Band 1. Frankfurt.
324. PUSCHMIN, E. A. (1980): Über den Begriff der Grundprinzipien des gegenwärtigen allgemeinen Völkerrechts. In: Annuaire Suisse de Science Politique, Tome 14.
325. QUADRI, R. (1963): Diritto Internazionale Pubblico. Palermo.
326. RADBRUCH, G. (1950): Rechtsphilosophie. Stuttgart.
327. RAMBININTSOA, H. (1990): Zum Verhältnis von Gegenseitigkeit und Nichtgegenseitigkeit. Diss., Universität Leipzig.
328. RAMIREZ, M. B. (1986): El derecho internacional del desarrollo, nueva rama del derecho internacional publico. In: Bolletin Mexicano de Derecho Comparado, XIX – 57.
329. RAMMSTEDT, O. (1995): Stichwort „Vernunft". In: Lexikon zur Soziologie.
330. RAPOPORT, A. (1967): General Systems Teheory. In: International Encyklopedia of the Social Scienses, No. 15.
331. REDSLOB, R. (1917): Das Problem des Völkerrechts. Leipzig.
332. REHBINDER, M. (1917): Einführung in die Rechtssoziologie. Frankfurt/M.
333. Id. (1973): Die gesellschaftlichen Funktionen des Rechts. In: Soziologie (hrsg. von Albrecht/Daheim/Sack. Opladen).
334. REIMANN, B. W./WIENHOLD, H. (1995): Stichwort „Utilitarismus". In: Lexikon zur Soziologie.
335. REYNOLD, P. A. (1971): An Introductin to International Relations. Cambridge.
336. RÖLING, B. (1960): International law in an expanded world. Amsterdam.
337. ROSENAU, N. (1969): Toward the Study of National-International Linkages. In: Linkages Politics, Essayson the Convergence ot National and International Systems. New York.
338. ROTTLEUTHNER, H. (1973): Rechtswissenschaft als Sozialwissenschaft. Frankfurt/M.
339. Id. (1981): Rechtstheorie und Rechtssoziologie. Freiburg/München.
340. ROUSSEAU, CH. (1970): Droit International Public, Tome I. Paris.
341. Id. (1974): Droit International Public, Tome II. Paris.
342. Id. (1958): Principes du Droit International Public. In: RdG, 93 – I.
343. RUDOLF, W. (1967): Völkerrecht und Deutsches Recht. Tübingen.
344. Id. (1964): Zum Begriff des Völkerrechts. In: Festschrift für Herbert Kraus. Würzburg.

345. RULKO, E. T. (1982): Besonderheiten der Systementwicklung des Völkerrechts unter den gegenwärtigen Bedingungen. In: Westnik Kiewskowo Universiteta, Nr. 15 (in Russisch).
346. Id. (1980): Der Begriff der Struktur des Völkerrechts. Methodologische Aspekte. In: Westnik Kiewskowo Universiteta, Nr. 10 (in Russisch).
347. RÜTHERS, B. (2005): Rechtstheorie. München.
348. RYFFEL, H. (1974): Rechtssoziologie. Neuwied/Berlin.
349. SAGLADIN, W. W. (1981): Sowjetische Philosophie des Friedens, Friedensprogramm in Aktion (in Russisch). Moskau
350. SASTRY, K. R. R. (1966): Hinduism and international law. In: RdC, 117-I.
351. SAUER, E. (1963): Zur Grundlegung der völkerrechtlichen Methodologie. In: Acta Scandinavica Juris Gentium, 33 – 3/4.
352. SAUER, W. (1954): Einführung in die Rechtsphilosophie für Unterricht und Praxis. Berlin.
353. Id. (1940): Juristische Methodenlehre. Stuttgart.
354. Id. (1952): System des Völkerrechts. Bonn.
355. SCHACHTER, O. (1982): General course in public international law. In: RdC, 178 V.
356. Id. (1968): Towards a Theory of International Obligation. In: Virginia Journal of International Law, No. 8.
357. SCHÄTZEL, W. (1965): Ausgewählte Texte zum Völkerrecht, Band IV ("Die Klassiker des Völkerrechts in modernen Übersetzungen"). Tübingen.
358. SCHIBAJEWA, J. A. (1978): Das Recht der internationalen Organisationen als Zweig des gegenwärtigen Völkerrechts. In: SGiP (in Russisch).
359. SCHISCHKOW, A. T. (1983): Die Prinzipien des heutigen Völkerrechts und Errichtung einer neuen internationalen Wirtschaftsordnung. In: Pravna Misal, Nr. 2 (in Bulgarisch).
360 SCHMAUSSENS, J. J. (1741): Die Historie der Balance von Europa. Leipzig.
361. SCHMIDT, M. (1980): Militärstrategisches Gleichgewicht, politische und militärische Entspannung. In: IPW-Berichte, Nr. 10.
362. SCHMIDT, M./SCHWARZ, W. (1986): Neue Anforderungen an Sicherheitsdenken und Sicherheitspolitik. In: IPW-Berichte, Nr. 9.
363. SCHUKRI, M. A. (1973): Einführung in das Allgemeine Friedensvölkerrecht. Beirut (in Arabisch).
364. SCHÜLE, A. (1959): Methoden der Völkerrechtswissenschaft, Berichte der Deutschen Gesellschaft für Völkerrecht, Nr. 3. Frankfurt/M./Karlsruhe.
365. SCHULZE, C. (1986): Zur stärkeren rechtstheoretischen Durchdringung des Völkerrechts. In: Staat und Recht, Nr. 9.
366. SCHUR, E. M. (1968): Law and Society. New York.
367. SCHWARZENBERGER, G. (1955): Machtpolitik. Eine Studie über die internationale Gesellschaft. Tübingen.
368. Id. (1966): Das Völkerrecht in der modernen Staatenwelt. In: U. Nerlich: Krieg und Frieden in der modernen Staatenwelt. Gütersloh.
369. SCHWARZKOPF, D. (1969): Atomherrschaft, Politik und Völkerrecht im Nuklearzeitalter. Stuttgart-Degerloch.
370. SCHWEMMER, O. (2004): Stichwort „Interesse". In: Enzyklopädie, Band 2.
371. Id. (2004): Stichwort „ratio". In: Enzyklopädie, Band 3.
372. SEGETH, W. (1977): Materialistische Dialektik als Methode. Berlin.
373. Id. (1982): Materialistische Dialektik als Methode und Methodologie und der Erkenntnis gesellschaftlicher Erscheinungen. In: Philosophisch-methodologische Probleme der Gesellschaftswissenschaften. Berlin.

374. SEIDL-HOHENVELDERN, I. (1987): Völkerrecht. Köln et alt.
375. SENGHAAS, B. (2000): Architektur einer Weltordnungspolitik für das 21. Jh.. In: Müller, J./Wallacher, J. (Hrsg.) (2000): Weltordnungspolitik für das 21. Jh. Stuttgart et alt.
376. SERENI, A. P. (1956): Diritto Internazionale, Tomo I. Milano.
377. SETEAR, J. K. (1996): An Iterative Perspective on Treaties: A Synthesis of International Relations Theory and International Law. In: Harvard International Law Journal, vol. 37.
378. SHEEHAN, M. (1996): The Balance of Power, History and Theory. London.
379. SIEGWART, S. (2004): Stichwort „System". In: Enzyklopädie, Philosophie und Wissenschaftstheorie (hrsg. von J. Mittelstraß), Band 4. Stuttgart/Weimar.
380. SIMMA, B. (1972): Völkerrechtswissenschaft und Lehre von den Internationalen Beziehungen: Erste Überlegungen zur Interdependenz zweier Disziplinen. In: ÖZföRV, 23 – 3/4.
381. Id. (1974): Völkerrecht und Friedensforschung. In: Die Friedens-Warte, 1 4.
382. SIMON, M. (1976): Die Aristotelische Gesellschaftstheorie. In: R. Müller (Hrsg.): Das Menschenbild der sophistischen Aufklärung. Berlin.
383. SINGER, D. (1961): The Level of Analysis Problem in International Relations. In: World Politics, Vol. XIV.
384. SLAUGHTER, A.-M. (1993): International Law and International Relations Theory: A Dual Agenda. In: AJIL., Vol. 87.
385. Id. et alt. (1998): International Law and International Relations Theory: A new Generation of interdisciplinary Scholarship. In: AJII, Vol. 92, No. 3.
386. SMIRNOW, O. W. (1977): Das Wechselverhältnis von Normen und Prinzipien im Recht. In: SGiP, Nr. 2 (in Russisch).
387. SOBAKIN, W. K. (1982): Prinzip der Gleichheit und der gleichen Sicherheit. In: SGiP, Nr. 10 (in Russisch).
388. SOMLÒ, F. (1973): Der Begriff des Rechts. In: W. Maihofer: Begriff und Wesen des Rechts. Darmstadt.
389. SORENSEN, M. (1969): Principes de Droit International Public, In: RdC, 100 – III.
390. SOROKIN, W. D. (1976): Die Methode der rechtlichen Regelung. Moskau (in Russisch).
391. STAMMLER, R. (1923): Theorie der Rechtswissenschaft. Halle.
392. STARKE, J. G. (1954): An Introduction to International Law. London.
393. Id. (1965): Elements of the Sociology of International Law. London.
394. STIEHLER, G. (1987): Dialektik und Gesellschaftswissenschaften. Berlin.
395. STONE, J. (1956): Problems confronting sociological enquires concerning international law. In: RdC, 89-I.
396. STROHMEYER, A. (1994): Theorie der Interaktion: das europäische Gleichgewicht der Kräfte in der frühen Neuzeit. Wien.
397. STÜRMER, M. (2001): Die Kunst des Gleichgewichts. Berlin.
398. Id. (2001): Schicksal der Imperien: Hybris, gefolgt von Niedergang. Berlin.
399. STUPAK, R./GILMANN, S. et alt. (1977): Understanding Political Science, the Arena of Power. Washington.
400. TALALAJEW, A. N. (1973): Internationale Verträge in der Gegenwart. Moskwa (in Russisch).
401. Id. (1984): Völkerrecht und die Gegenwart. Moskwa (in Russisch).
402. TERZ, P. (1976): Das Problem der Interessen in den internationalen zwischenstaatlichen Vertragsbeziehungen. In: Wissenschaftliche Zeitschrift der Universität Leipzig, 25 – 1.
403. Id. (1978): Zu der Interessen- und Willensproblematik in den Vertragsbeziehungen. In: Przeglad Stosunkow, Miedzynarodowych, Nr. 2. Opole (in Polnisch).

404. Id. (1981): Komplexität, Globalität und universalhistorisches Vorgehen als methodologische Grundsätze gesellschaftswissenschaftlicher Forschung (demonstriert am Beispiel von Gleichgewicht, Gemeinwohl und Consenus). In: Das Hochschulwesen, Nr. 5.
405. Id. (1983): Für eine moderne Vereinbarungstheorie im Völkerrecht, Thesen. In: Impact of International Organizations on public Administration. Ungarische Akademie der Wissenschaften. Budapest.
406. Id. (1984): Die Erarbeitung einer Völkerrechtsmethodologie – eine unaufschiebbare Aufgabe der Gegenwart. In: I. Wagner (Hrsg.): Rechtstheorie und die methodologische Probleme der Rechtswissenschaft. Leipzig.
407. Id. (1984): Theoretische Aspekte der Stabilität und Veränderung in den internationalen Beziehungen. In: Sprawy Miedzynarodowe, Nr. 2. Warschau (in Polnisch).
408. Id. (1985): Regelungsmechanismus im Regelungssystem der internationalen Beziehungen und speziell im Völkerrecht. In: I. Wagner (Hrsg.): Gegenstand und Methode der rechtlichen Regelung. Leipzig.
409. Id. (1985): Die Normbildungstheorie (Eine völkerrechtsphilosophische, völkerrechtssoziologische und völkerrechtstheoretische Studie), als Fasc. 9, Tomo XXXIV, Acta Universitatis Szegediensis. Szeged.
410. Id. (1986): Die Völkerrechtswissenschaft als eine politisch-juristische Wissenschaft (Thesen). In: I. Wagner (Hrsg.): Die Rechtswissenschaft als Wissenschaft – Probleme, Perspektiven. Universität Leipzig.
411. Id. (1990): For a modern theory of the creation of norms in the nuklear – cosmic era. In: Pax-Jus-Libertas. Misc. in hon. D. S. Constantopuli, Aristotelea Universitas Thessalonicensis, Vol B. Thessaloniki.
412. Id. (1990): Interessendurchsetzung und Friedenswahrung. In: Wissenschaftliche Zeitschrift der Humboldt-Universität zu Berlin (Sondernummer: „Völkerrecht als Friedensordnung"), Nr. 2.
413. Id. (1992): Die Polydimensionalität der Völkerrechtswissenschaft oder scientia lata iuris inter gentes. In: AdV, 30 – 4.
414. Id. (1999): Cuestiones teóricas fundamentales del proceso de formación de las normas internacionales. Con especial análisis de las recoluciones de la ONU. Universidat Santiago de Cali.
415. Id. (2000): Die Völkerrechtsphilosophie. Versuch einer Grundlegung in den Hauptzügen. Pro scientia ethica iuris inter gentes. In: ARSP, Nr. 86 – 2.
416. Id. (2006): Die Völkerrechtssoziologie, Versuch einer Grundlegung in den Hauptzügen. Defensio Scientiae Iuris inter Gentes. In: Papel Politico, 11 – 1.
417. Id. (2006): Die Völkerrechtstheorie, Versuch einer Grundlegung in den Hauptzügen. Pro Theoria generalis Scientiae Iuris inter Gentes. In: Papel Politico, 11 – 2.
418. Id. (2007): Die Völkerrechtsmethodologie – Versuch einer Grundlegung in den Hauptzügen. Ad promotionem gradus investigationis scientiae iuris inter gentes. In: Papel Politico, 12 – 1.
419. Id. (2009): Interessentheorie. Eine Studie im Koordinatensystem von Philosophie, Epistemologie und Völkerrechtssoziologie. In: Papel Politico, 1/14 – 1.
420. Terz, P./Pastrana, E. B. (2007): El Derecho Internacional al despuntar el Siglo XXI. Un Punto de vista sociológio del Derecho Internacional, Ad defensionem Iuris inter Gentes. In: Papel Politico, 12 – 2.
421. Id. (2010): Völkerrechtstheorie, Völkerrechtsphilosophie und Völkerrechtsmethodologie, Unterschiede. Demonstration et Defensio Scientiae latae Iuris inter Gentes. In: ARSP, 93 – 3.

422. THEIMER, W. (1985): Was ist Wissenschaft. Tübingen.
423. TÖNNIES, S. (2005): Die notwendige Legitimierung der Supermacht. In: Nationale Interessen und internationale Politik. Frankfurt/M.
424. THUKYDIDES (1964): Geschichte des peloponnesischen Krieges, Erstes Buch. Leipzig. (Im altgriechischen Original «Θουκυδίδου Ιστορίαι», Τόμος Α, Αθήναι).
425. TRIEPEL, H. (1899): Völkerrecht und Landesrecht. Leipzig.
426. Id. (1938, 1961): Die Hegemonie. Ein Buch der führenden Staaten (1. Auflage 1914). Berlin.
427. TSCHAMLER, H. (1977): Wissenschaftstheorie. München.
428. TUNKIN, G. I. (1967): Ideologischer Kampf und Völkerrecht. Moskwa (in Russisch).
429. Id. (1985): Law and force in the international System. Moscow.
430. TOURET, D. (1976): Le Prinzipe de l'égalité des états: fondement du droit international. In: RGDIP, 1.
431. UDKE, G. (1991): Rechtstheorie im Umbruch. München.
432. ULFIG, A. (1997): Lexikon der philosophischen Begriffe. Frankfurt/M.
433. USSENKO, J. T. (1975): Das Prinzip des demokratischen Friedens – die Grundlage des Völkerrechts. In: SJMP, 1973. Moskwa (in Russisch).
434. Id. (1984): Zum Verhältnis von Kategorien des Völkerrechts und des internationalen Rechts. In: Sowjetwissenschaft, Gesellschaftwissenschaftliche Beiträge, Nr. 2 (in Russisch).
435. VELLAS, P. (1967): Droit International Public. Paris.
436. VERDROSS, A./B. SIMMA (1976): Universelles Völkerrecht, Theorie und Praxis. Berlin.
437. VEROSTA, S. (1971): Theorie und Realität von Bündnissen. Wien.
438. VESELY, S. (1983): Das militärstrategische Gleichgewicht und sein Einfluss auf die internationale Entwicklung. In: Mezinárodni Vzathy, Nr. 8 (in Tschechisch).
439. VIRALLY, M. (1966): Réflexions sur le „jus cogens“. In: Annuaire Francais de Droit International, Tome XIII. Paris.
440. Id. (1982): Droit International. La Distinction entre textes internationaux ayant une portée juridique dans les relations mutuelles qui en sont dépourous. Rapport définitif. In: Annuaire de l'I, D. I., 60 – I.
441. Id. (1985): Panorama du Droit International Contemporain. Dordrecht et alt.
442. VÖLKERRECHT. (1974) Moskwa (in Russisch).
443. WAGNER, K. (1984): Rolle methodischer Prinzipien im wissenschaftlichen Erkenntnisprozess. In: Wissenschaftliche Zeitschrift der Universität Leipzig.
444. WALZ, G. A. (1930): Wesen des Völkerrecht und Kritik der Völkerrechtsleugner, Handbuch des Völkerrechts, Erster Band, Erste Abteilung. Stuttgart.
445. WASSILJEW, A. M. (1985): Über Systeme des sowjetischen Rechts und des Völkerrechts. In: SGiP, Nr. 1 (in Russisch).
446. WEIL, P. (1976): Judaisme et le développement du droit international. In: RdC, 151 – III.
447. Id. (1982): Vers une normativité relative en droit international? In: RGDIP, 1.
448. WEINBERGER O. (1988): Norm und Institution. Eine Einführung in die Theorie des Rechts. Wien.
449. WENGLER, W. (1950): Prolegomena zu einer Lehre von den Interessen im Völkerrecht. In: Die Friedenswarte, 50 – 2.
450. Id. (1956): Der Begriff des Politischen im internationalen Recht. In: Staat und Recht, 189/190.
451. Id. (1984): Die Wirkungen nicht rechtlicher Verträge zwischen Staaten. In: AdV, Nr. 3.
452. Id. (2004): Stichwort „Vernunftinteresse“. In: Enzyklopädie, Band 4.

453. WIENHOLD, H. (1995): Stichwort „Stabilität“. In: Lexikon zur Soziologie.
454. WIENHOLF, H./O. RAMMSTEDT. (1995): Stichwort „Hedonismus“. In: Lexikon zur Soziologie.
455. WILDHABER, L. (1980): Wo steht das Völkerrecht heute? Versuch einer Standortbestimmung. In: Schweizerisches Jahrbuch für internationales Recht, XXXVI – 30.
456. WINKLER, G. (1989): Theorie und Methode in der Rechtswissenschaft. Wien/New York.
457. WOLFERS, M. A. (1962): Discord and Collaboration. Baltimore.
458. Id. (1966): Macht und Indifferenz. Über das Verhalten der Staaten. In: Nerlich, U. (Hrsg.): Krieg und Frieden in der modernen Staatenwelt. Gütersloh.
459. WOLTERS, G. (2004): Stichwort „Intuitive Erkenntnis“. In: Enzyklopädie, Band 2.
460. WÖRTERBUCH DER SOZIOLOGIE (1969). Berlin.
461. WOYKE, W. (1984): Stichwort „Bipolarität“. In: Pipers Wörterbuch zur Politik.
462. Id. (1984): Stichwort „Mulitpolarität“. In: Pipers Wörterbuch zur Politik.
463. WRIGHT, Q. (1964): Development of a General Theory of International Relations-Role of Theory of International Relations. Princeton.
464. ZIEGENFUSS, W./G. JUNG (Hrsg.) (1949): Philosophen-Lexikon, Handwörterbuch der Philosophie nach Personen, Erster Band. Berlin.
465. ZIEGLER, K.-H. (1994): Völkerrechtsgeschichte. München.
466. ZIPPELIUS, R. (1983): Juristische Methodenlehre. München.
467. XINTIAN YU (2008): The change of the world in the early twenty first century and China´s strategy of peaceful rise. In: Chari, Chandra (Ed.): War, peace and hegemony in a globalizes world. The changing balance of power in the twenty first century. New York.

FSC
www.fsc.org
MIX
Papier | Fördert gute Waldnutzung
FSC® C083411

Kolibri 360 GmbH
Ferdinand-Jühlke-Straße 7
99095 Erfurt, Deutschland
produktsicherheit@kolibri360.de

Druck:
CPI Druckdienstleistungen GmbH
im Auftrag der
Kolibri 360 GmbH
Ferdinand-Jühlke-Str. 7
99095 Erfurt